普通高等教育新形态系列教材

创业基础实训教程
（第 2 版）

（含实训手册）

主　编　李　莉
副主编　王　佳
编　委　徐　建　朱玉丽　宋　阳

北京理工大学出版社
BEIJING INSTITUTE OF TECHNOLOGY PRESS

版权专有　侵权必究

图书在版编目（CIP）数据

创业基础实训教程：含实训手册 / 李莉主编. —2版. —北京：北京理工大学出版社，2021.1（2022.7重印）

ISBN 978-7-5682-9394-5

Ⅰ．①创…　Ⅱ．①李…　Ⅲ．①大学生–创业–高等学校–教材　Ⅳ．①G647.38

中国版本图书馆 CIP 数据核字（2020）第 263779 号

出版发行 / 北京理工大学出版社有限责任公司	
社　　址 / 北京市海淀区中关村南大街 5 号	
邮　　编 / 100081	
电　　话 /（010）68914775（总编室）	
（010）82562903（教材售后服务热线）	
（010）68948351（其他图书服务热线）	
网　　址 / http://www.bitpress.com.cn	
经　　销 / 全国各地新华书店	
印　　刷 / 涿州市新华印刷有限公司	
开　　本 / 787 毫米×1092 毫米　1/16	
印　　张 / 25.25	责任编辑 / 徐艳君
字　　数 / 585 千字	文案编辑 / 徐艳君
版　　次 / 2021 年 1 月第 2 版　2022 年 7 月第 2 次印刷	责任校对 / 周瑞红
定　　价 / 56.00 元	责任印制 / 施胜娟

图书出现印装质量问题，请拨打售后服务热线，本社负责调换

前　言

本书的第 1 版是紧紧围绕教育部 2012 年 8 月 1 日颁发的《普通本科院校创业教育教学基本要求（试行）》和教学大纲进行编写的。在第 1 版图书出版后，我们就启动了第 2 版图书的修订工作。为了帮助教学一线的教师进行教学，本书在延续了第 1 版强化实训的风格基础上，对内容作了较大调整，并具备以下特点：

1. 兴趣引导，注重互动

每章用一个引导案例开始，结合章节内容，穿插"教学案例"和"阅读资料"，在提高学生学习兴趣的同时，也为教师和学生充分互动提供了思路。

2. 知识扩展，形式多样

本书突破了篇幅的限制和知识载体的限制，在每章配套原创教学视频，可供学生进行自学，学生通过扫描书后的二维码可以获得本书之外的知识扩展，扩展的知识包括文字、视频等多种形式，使本书成为更加立体化的教材。

3. 强化实训，自成体系

每个章节配备丰富的实训内容，包括课堂活动与课后作业，为教师组织课堂教学活动和布置作业提供丰富素材。实训手册独立装订成册，自成体系，方便教师收取作业，获取学生学习状况的反馈。

这版图书将内容重新进行了梳理，简化了结构，将原本的十二章整合成十章的内容，逻辑上也更加通顺。另外，本书对案例和阅读资料进行了更新，展示了近几年创业活动的新形势、新现象。

本书的结构和写作大纲由鞍山师范学院李莉教授组织设计。全书共十章，各章节的撰写分工为：第一章、第五章、第七章、第八章由李莉编写，第四章、第六章由王佳编写，第二章、第九章由徐建编写，第十章由朱玉丽编写，第三章由李莉、宋阳共同编写。全书内容由李莉、王佳、刘爽统稿并校对。

本书在编写过程中得到了北京理工大学出版社的鼓励和支持，对此我们深表感谢。

本书在编写过程中直接或间接地借鉴了国内外大量的论著、文献、教科书等素材，在此，谨对原作者一并表示感谢。由于编者水平有限，书中难免存在不足之处，敬请广大读者不吝赐教。

编　者

2020 年 11 月

目 录

第一章 创业、创业精神与生涯发展 ... 1
第一节 创业与创业精神 ... 3
一、创业的定义与功能 ... 4
二、创业的要素与类型 ... 5
三、创业过程与阶段划分 ... 6
四、创业精神的本质、来源、作用与培育 ... 8
第二节 知识经济发展与创业 ... 15
一、经济转型与创业热潮的关系 ... 15
二、创业活动的功能属性 ... 15
三、知识经济下的知识创新、技术创新与知本创业 ... 16
第三节 创业与职业生涯发展 ... 20
一、广义与狭义的创业概念 ... 20
二、职业生涯的发展路线 ... 20
三、职业生涯的意义与作用 ... 21
四、大学生创业的现实意义 ... 24
本章小结 ... 31
复习思考题 ... 31

第二章 创业者与创业动机 ... 32
第一节 创业者与创业者素质 ... 35
一、创业者内涵 ... 35
二、成功创业者的素质特征 ... 39
三、创业能力的训练与培养 ... 43
第二节 创业动机 ... 44
一、创业动机的含义 ... 44
二、创业动机的类型 ... 45
本章小结 ... 53
复习思考题 ... 54

第三章 创新思维及其方法开发 ... 55
第一节 创新与创新思维概述 ... 57
一、创新的含义与分类 ... 57
二、创新思维的含义与特征 ... 62
三、创新思维的作用 ... 68
第二节 突破创新思维障碍 ... 70

一、常见思维障碍 ·· 70
　　二、思维障碍的突破 ·· 76
第三节　创新思维常用方法 ·· 77
　　一、形象思维 ·· 77
　　二、逆向思维 ·· 79
　　三、灵感思维 ·· 82
　　四、逻辑思维 ·· 84
　　五、发散思维 ·· 84
　　六、收敛思维 ·· 85
　　七、系统思维 ·· 87
　　八、辩证思维 ·· 88
第四节　创新思维能力开发的具体方法 ·· 89
　　一、分析法——SWOT方法 ·· 89
　　二、协作法——头脑风暴法 ·· 90
　　三、奥斯本检核表法 ··· 91
本章小结 ·· 97
复习思考题 ··· 97

第四章　创业项目选择与评价 ·· 98
第一节　创业机会 ··· 99
　　一、创业机会的概念 ·· 99
　　二、创业机会的来源 ·· 99
　　三、创业机会的特征与类型 ·· 101
　　四、现行大学生创业模式及问题分析 ··· 104
　　五、抓住机遇　开拓市场"蓝海" ·· 108
第二节　创业机会的识别 ··· 112
　　一、发现商机的"三部曲" ··· 112
　　二、创业机会的识别 ·· 113
　　三、创业备选项目的展开 ·· 121
第三节　创业机会的评价 ··· 123
　　一、个人与创业机会的匹配 ·· 123
　　二、创业机会评价的特殊性 ·· 125
　　三、创业机会评价的技巧和策略 ·· 126
本章小结 ·· 130
复习思考题 ··· 131

第五章　商业模式与市场营销 ··· 132
第一节　商业模式的设计与开发 ·· 134
　　一、商业模式的定义与本质 ·· 134
　　二、商业模式和商业战略的关系 ·· 136
　　三、商业模式因果关系链条的分解 ··· 138

四、商业模式设计的思路与方法 …………………………………… 141
　　五、商业模式创新的逻辑与方法 …………………………………… 153
第二节　新创企业市场营销 …………………………………………… 161
　　一、创业营销的内涵、特征与过程 ………………………………… 163
　　二、创业营销定位 …………………………………………………… 167
　　三、构建营销渠道 …………………………………………………… 169
　　四、企业选址策略 …………………………………………………… 172
　　五、制定促销策略 …………………………………………………… 175
　　六、营销定价 ………………………………………………………… 176
本章小结 ………………………………………………………………… 178
复习思考题 ……………………………………………………………… 178

第六章　创业团队的组建与管理 …………………………………… 179
第一节　创业团队的概念与内涵 ……………………………………… 180
　　一、创业团队概述 …………………………………………………… 180
　　二、创业团队的互补 ………………………………………………… 185
　　三、创业团队的社会责任 …………………………………………… 191
第二节　创业团队的组建 ……………………………………………… 193
　　一、组建创业团队的基本条件 ……………………………………… 196
　　二、组建创业团队的基本原则 ……………………………………… 197
　　三、组建创业团队的模式 …………………………………………… 198
　　四、组建创业团队的程序及其主要工作 …………………………… 199
　　五、创业团队组建的主要影响因素 ………………………………… 201
第三节　创业团队的管理 ……………………………………………… 202
　　一、核心创业者的领导才能 ………………………………………… 202
　　二、核心成员所有权分配机制 ……………………………………… 205
　　三、团队内部的冲突管理 …………………………………………… 206
　　四、创业团队的创业精神 …………………………………………… 207
本章小结 ………………………………………………………………… 210
复习思考题 ……………………………………………………………… 210

第七章　创业资源的开发与整合 …………………………………… 211
第一节　创业资源概述 ………………………………………………… 212
　　一、创业资源的内涵与种类 ………………………………………… 212
　　二、创业资源与一般商业资源的异同 ……………………………… 218
　　三、创业资源的作用 ………………………………………………… 221
　　四、创业资源的获取 ………………………………………………… 224
第二节　创业资源的开发与整合 ……………………………………… 231
　　一、不同类型资源的开发 …………………………………………… 231
　　二、有限资源的创造性利用 ………………………………………… 235
　　三、创业资源开发的推进方法 ……………………………………… 238

四、创业资源的整合 ·· 240
　本章小结 ·· 246
　复习思考题 ·· 246

第八章　创业资金与创业融资 ··· 247
　第一节　创业资金测算 ·· 250
　　一、创业所需资金的前置要求 ·· 250
　　二、创业启动资金的预测 ·· 251
　　三、预估创业资金的其他财务数据 ·· 251
　第二节　创业融资 ··· 256
　　一、创业融资概述 ·· 256
　　二、创业融资的财务战略框架 ·· 257
　　三、创业融资渠道 ·· 258
　　四、创业融资的选择策略 ·· 271
　本章小结 ·· 275
　复习思考题 ·· 275

第九章　创业计划书的撰写与展示 ·· 276
　第一节　创业计划书的内涵与作用 ·· 277
　　一、创业计划书的内涵 ·· 277
　　二、创业计划书的基本特征 ··· 277
　　三、创业计划书的基本格式 ··· 278
　　四、创业计划书的作用 ·· 279
　第二节　创业计划书的撰写 ··· 281
　　一、撰写计划书的前期准备 ··· 281
　　二、创业计划书的写作步骤与撰写原则 ·· 285
　　三、创业计划书的基本内容 ··· 288
　第三节　创业计划书的展示 ··· 294
　　一、创业计划书与创业计划大赛 ··· 294
　　二、创业计划书展示的方法与技巧 ·· 295
　　三、创业计划书模板示例 ·· 297
　本章小结 ·· 302
　复习思考题 ·· 302

第十章　新企业开办与创业风险管理 ··· 303
　第一节　开办新企业的法律与政策 ·· 304
　　一、开办新企业相关的法律法规 ··· 304
　　二、大学生创办新企业的国家优惠政策 ·· 313
　第二节　开办新企业的程序 ··· 319
　　一、开办新企业前的准备 ·· 319
　　二、企业登记注册的流程 ·· 324
　第三节　创业风险防范与控制 ·· 330

一、风险的内涵与类型 ································· 330
　　二、大学生创业风险高的原因 ··························· 332
　　三、创业风险的防范与控制 ····························· 334
　本章小结 ··· 338
　复习思考题 ··· 338
附录：创业计划书模板 ··································· 339
参考文献 ··· 352

第一章 创业、创业精神与生涯发展

教学目标

学习完本章之后,学生能够达成以下目标:
1. 了解创业的概念、功能、要素及过程与阶段划分;
2. 掌握创业的类型及其不同阶段的主要特征;
3. 了解创业精神的本质、来源、作用以及与生涯规划之间的关系;
4. 理解经济转型下创业热潮兴起的深层原因;
5. 懂得知识经济下的知识创新、技术创新与知本创业的密切联系;
6. 明确大学生创业的社会意义和个人现实意义。

导入案例

龚海燕与世纪佳缘

教学视频

龚海燕2003年创办世纪佳缘交友网站,2010年10月,创办由世纪佳缘独资的婚嫁门户网站——囍鹊网。2010年7月,世纪佳缘以54.41%的市场份额牢牢占据着行业第一的位置,拥有5 000多万注册会员,并于2011年5月11日在美国纳斯达克上市。2011年,世纪佳缘第三季度净收入达到9 090万人民币。

龚海燕是个具有传奇色彩的女性,一个肯吃苦的湘妹子,凭着自己的追求和执着,无意之间铺就了自己的前程,并找到了自己的幸福。打工妹、北京大学才女、复旦大学硕士、中国网络红娘第一人,龚海燕有着多种身份。"苦尽甘来,尚需努力"正是对她现状的描述。说起来,她的成功还是源于"自我"和"本我"的结合。高二时,她辍学做起小生意,打工3年后又返回学校,以县文科状元的身份进入北京大学。在复旦大学读研二时,她用1 000元起家创办了世纪佳缘交友网站。因为这个网站,新东方创始人钱永强、徐小平、王强等先后送来4 000多万元风险投资。2007年6月,她又获得美国启明创投1 000万美元投资。2011年5月11日,世纪佳缘在美国纳斯达克上市,股票代码为"DATE"。

1992年的8月,龚海燕经历了大喜大悲:先是拿到直接保送省重点中学桃源一中的录取通知书,几天后却遭遇车祸,导致右腿粉碎性骨折。出车祸时,她在卖冰棍的路上。这次车祸,让本不富裕的龚家欠下了3 000多元的外债。坚持到高二上学期,龚海燕选择了辍学,当时,她的成绩名列年级第二。

她说服父亲，找亲戚借了3 000多元，在乡小学附近开了一家学生用品店，她一个人上常德市的批发市场进货，一个人守店，一年下来竟然赚了7 000多元。她突然发现，原来钱挺好赚的。一年后，带着对海的渴望，怀着青春的梦想，海燕赴珠海打工。在珠海的松下公司，她凭着自己的文学天赋从一个普通的打工妹做到了公司内部报纸的编辑。

虽然打工生活很顺利，可最魂牵梦绕的还是那一瓣书香。1996年11月23日，辍学三年的龚海燕回到桃源一中读高二，这时她已快21岁，而当时国家规定的高考年龄线为24岁，"正好赶个末班车"。

1998年7月，这个辍学3年的女孩，以县文科状元的成绩考取北大中文系。2001年本科毕业后，她又被保送到复旦大学新闻学院读研究生。

首次创业——读研期间办起征婚网站

因为辍学3年，从高中到大学及研究生，龚海燕一直比同班同学大，"我的个人问题就成了老大难。我妈特别着急，我只好开始征婚。"一说起这事，龚海燕就笑了起来，没有丝毫的扭捏。

龚海燕坦率地告诉笔者，读研期间，曾经两次被婚介交友网站欺骗。正是这两次受骗，让她萌发了创办一个严肃的以婚恋为目的的交友平台的想法。"当时没想到会做成这样，我自己是读媒介经营管理的，起初只想借网站练个手，同时也给自己或身边的研究生们提供一个平台。"

龚海燕说做就做。当时，她手上还有在北大读书时做家教积攒的近4万元。于是，她拿出1 000元，制作了一个简单网页，就开始游说身边的人发资料给她。"最初基本上是我的朋友、同学。网页也特别简单，一个个往上面排。一开始是同济医大的一个女硕士，接着是上海交大的一个男博士，世纪佳缘就算开张了。"龚海燕回忆道。

2004年2月15日，在会员的要求下，龚海燕在北京、上海两地同时举办了交友见面会，竟然还赚了一万多元。当年，她注册成立了上海花千树信息科技有限公司。

这个网站让龚海燕收获的不仅是物质上的财富，还让她找到了另一半。"呵呵，他其实是我们网站的会员，在见面会上见过我，就在网上对我发了邀请，一见面，感觉还不错。"谈起老公，龚海燕笑了起来，"一个多月后，他就用自行车载着我办理了结婚登记，一共才花了9元。朋友们笑我们是老房子着了火，烧得特别快。"

靠严肃赢得市场

当时的互联网上布满了形形色色的交友网站，但由于门槛太低，大都充斥着一夜情、婚外恋等不健康的交友信息。龚海燕另辟蹊径，实行会员制，将会员定位在大专以上学历，并要求会员提交真实的身份证明资料。

她最初的想法就是帮助身边大龄、高学历的朋友们找到合适的另一半，没想到，到2005年年底，"世纪佳缘"的会员已经达到32万人，连续几个月都是交友网站的排行冠军。2006年年初又被艾瑞市场资讯评为婚恋交友类网站的第一名。世纪佳缘成立3年多来，已经有近60万人在网上找到了自己的另一半。尽管没有打广告也没有投入任何宣传费用，"严肃婚恋"的定位和严格的身份鉴定制度还是很快为世纪佳缘赢得了市场。

2007年4—5月，世纪佳缘相继获得了新东方三位元老徐小平、王强、钱永强的4 000万人民币天使投资和著名风险投资公司启明创投的1 000万美元风险投资。

在困境中长大

当时，据有关机构预测，2008年中国网上婚恋交友市场规模会达到653亿元，年复合增长率为 1 062%。而根据 Alexa 的流量统计，世纪佳缘网站浏览量仅次于全球最大的交友网站 Match。在 MSN 首页上，世纪佳缘也已经占到总流量的 58%，超过了 MSN 其他合作伙伴的流量之和。"风险投资总是希望以有偿地为人民服务来获得回报，所以在实现社会效益的同时也要有经济效益，这是我的目标。"龚海燕说。

但是怎么样才能既切实体现出网站的服务特色又能真正达到盈利，是国内所有交友网站面临的一个难题。全球最大的交友网站 Match2006 年营业收入超过 20 亿人民币，其中很大一部分来源于收取入会费。而国内由于网民习惯免费，因此包括世纪佳缘在内的几乎所有婚恋交友网站都在为网民免费服务。寻找合理有效的盈利模式已经成为婚恋网站全行业面临的难题。在这种情况下，龚海燕开始着手建立独立的婚庆网站，利用手中 686 万会员的庞大资源向婚恋行业的下游发展，开发更多的增值收费项目。除了网站，世纪佳缘还开发了诺基亚、掌讯等手机合作伙伴。等待中国人习惯网上婚恋服务收费是一个漫长的过程，在此之前，龚海燕还有一段艰难的路要走。

世纪佳缘拥有 1 087 万注册会员，已有 200 万人在这里找到了另一半，龚海燕也因此得到了"中国网络红娘第一人"的美誉。

由于实行会员免费制，世纪佳缘的主要收入来自线上增值产品、线下活动。前者包括虚拟礼品、VIP 会员服务等，每年大概有 200 万元的毛利；后者即是各种相亲见面会，已做了 400 多场，有 300 万元左右的收入。世纪佳缘独立的婚庆网于 2012 年 5 月正式启动。

2012 年 12 月 25 日，婚恋网站世纪佳缘网联席 CEO 龚海燕对外表示，其于 24 日晚六点多已主动辞去了 CEO 职务，而非谣传中的投资人逼宫。辞职第二天，龚海燕便开始了第二次创业，为创办的 91 外教网招聘员工。现在龚海燕的头衔是 91 外教网创始人兼董事长。

（资料来源：http://www.chinaz.com/news/2009/0304/68475_2.shtml）

【思考与讨论】
1. 龚海燕的创业过程经历了哪几个阶段？
2. 龚海燕具备哪些创业精神？

第一节 创业与创业精神

在当今全球经济一体化的时代，国家和民族的竞争实质是人的竞争，准确地说是人才的竞争，精英人才的学识、素质、能力、创造力是国家和民族发展的关键动力。中国正处在社会发展与改革开放的关键时期，大量精英人才投身于创业活动，已经成为推动国家经济高效发展的有效途径之一。党的十八大报告明确提出"鼓励创业的方针"，提倡在"促进创业带动就业""尊重知识、尊重人才、尊重创造"的前提下进行人才培养，尤其是"加大创新创业人才培养支持力度，重视实用人才培养"。同时报告指出，青年人是国家的栋梁之材，"鼓励青年成长，支持青年创业"是建设中国特色社会主义事业的重要内容。尤其是对于大学生创业者而言，积极进行创业活动不仅有利于培养自身创新意识，锻炼克服困难的坚强意志，增强个人综合素质，同时也有利于解决就业问题，满足社会群体的多层次工作生活需要，推动经济社会发展。

一、创业的定义与功能

（一）创业的概念

"创"字在汉语中有"开始""开始做""突破"的字义；"业"字有"职业""行业""事业"的字义。"创业"的本义为"开创基业"。"创业"一词在传统语义中多代表在某一领域中"前无古人后无来者"的创举、变革、发明、奠基、文化等。诸葛亮在《出师表》中指出："先帝创业未半，而中道崩殂。"《孟子·梁惠王下》中载有"君子创业垂统，为可继也"，即是指创立功业，传给后代子孙。

近代社会尤其是西方社会经历了经济发展浪潮的洗礼，"创业"一词被赋予了更加丰富的现代含义，并且侧重于经济方面的功能。现代社会中，中西方学者对于创业的定义主要包括以下几个方面。

杰夫里·提蒙斯（Jeffry A. Timmons）认为，创业是一种思考、推理和行为的方式，它为机会所驱动，需要在方法上全盘考虑并且拥有和谐的领导能力。斯蒂文森（H. H. Stevenson）在创业的定义中强调其过程性，认为创业是追踪和捕获机会的过程，这一过程与当时控制的资源无关。同时，他还强调了三个重要的因素，即察觉机会、追逐机会的意愿以及获得成功的信心和可能性。罗伯特·赫里斯（Robert D. Hisrich）指出，创业就是通过投入必要的时间和精力，承担相应的财力、心理和社会风险并接受金钱的和个人的满足与回报，来创造具有不同价值的东西。罗伯特·荣斯戴特（Robert C. Ronstadt）认为，创业是一个创造、增长财富的动态过程，财富是由这样一些人创造的，他们承担资产价值、时间、事业承诺或提供产品或服务的危险。中国学者郁义鸿认为，创业是一个发现和捕捉机会并由此创造出新颖产品或服务和实现其潜在价值的过程，创业过程需要付出劳动、承担风险，同时也会收获利益与自我满足。

虽然诸多学者对创业界定的侧重点有所不同，但指出了创业的共同特质：创新与开拓性、利益与价值的创造与满足、创业活动的社会性。

综上所述，我们可以明确创业的基本概念。"创业"是指在兴趣、理想、责任等观念的推动下，由个体或团队开展的，承担一定风险并以价值、财富为创造目的的，不拘泥于当前资源约束，寻求商业机会，投入知识、技能、资金开创新企业、新事业的价值创造行为过程。创业具有创新性、开拓性、挑战性、持久性的基本特性。

（二）创业的功能

创业的功能包括个体功能与社会功能。个体功能是指创业活动对创业者个体自我价值实现的重要作用。创业活动有助于创业者将创业欲望转化为现实。在创业过程中，创业者将学识、经验和能力付诸实践，转化为生产力。创业活动有助于提升创业者的个人综合素质；创业活动独有的创新性、开创性特点，使创业者不得不面对市场调研、经济条件分析、经营策略、领导者素质等多个方面挑战，需要创业者在生产、策划、销售等多个环节不断创新，在市场的激烈竞争中不断迎接各方面的挑战；在应对挑战和创造机会的过程中，创业者的能力和素质得到提高。创业活动有助于提升创业者的抗压、抗挫折能力；创业中不可预知的风险，有助于培养创业者的创新意识与挑战精神。

社会功能是指创业活动对社会发展的重要价值。创业是一种多元化、广泛性的社会实践活动，创业使得市场活动的市场主体不断增加，拓宽了就业渠道，创造了就业机会；创业者通过提高技术研发能力、产品更新升级、提高服务水平等方式，满足了消费人群的多番需求；创业活动提高了知识能力转化为生产力的效率，有助于提高市场活力，推动经济结构转型，从而有助于加速经济增长。

二、创业的要素与类型

（一）创业的基本要素

创业是由一系列活动构成的实践过程，涉及多个创业要素。创业的基本要素包括机会、团队和资源。机会是市场中具有无限发展潜力的、未饱和的市场空间。企业提供商业活动，分析、选择、创造、利用各种资源和条件，为企业创造利润与价值。机会是创业过程的核心，是创业者创业成功的重要机遇，它关系到新企业的生存与发展。日本索尼公司创始人盛田昭夫提出著名的"空隙理论"就是指市场中的无限商业机会，当创业者抓住它并填补这些空白时，创业就会获得成功。

团队是指创业活动中的人力资源和主体平台。创业活动归根结底是人的活动。创业构想的提出、技术的研发、财务的管理、产品营销、后勤服务都离不开团队成员的合理分工与合作。有组织、有系统的团队协作是创业的关键要素之一。

资源是指创业过程在人力、物力、财力方面的投入。资源配置得好，可以获得投入少、效益高的效果。尤其是对于新创立的企业，合理有效地利用规模适度、经营灵活、资金有效集中等优势，可以获得更高的效益。

（二）创业的类型

创业活动根据创业主体的性质、创业动机等因素，可以划分为多种类型。

1. 按照创业主体性质分类

（1）个体独立创业。指由创业者个人或者多人组成的创业团队，从资金技术到销售等环节均完全独立的创业。许多青年人资金有限，为节约成本在初次创业时多采用个体独立创业类型。

（2）公司附属创业。指已经投入市场运营的企业投资创立新企业，或是由本企业业务中衍生出的新企业。

2. 按照创业动机分类

（1）生存型创业。创业者在无其他合适职业选择下从事的创业属于生存型创业。生存型创业以满足自身目前的生活或精神需求为立足点。

（2）机会型创业。机会型创业是指创业者因发现市场中的商机而选择的创业。机会型创业以满足自身愿望、兴趣与价值为出发点。

3. 按照对市场及个人的影响分类

（1）复制型创业。创业者根据已有的职业经历，复制其服务过的企业的经营模式而进行的创业。此种创业风险较低，缺乏一定的创新成分。

（2）模仿型创业。创业者模仿其他企业的创意、经营理念、运行方式而创立的创业。相对于复制型创业而言，模仿型创业者在缺乏一定相关行业实践经验的基础上模仿他人企业进行创业，使经营风险增大。

（3）安定型创业。即从事自身较为熟知行业的创业，企业内部的衍生创业属于此类型。安定型创业的风险相对较低，强调创业精神的功能与作用的发挥。

（4）冒险型创业。创业者根据自身的创业意愿和能力，把握时机进行新产品、新技术、新管理、新服务的创新活动。此种类型有很强的创新意识与价值，同时面临较高的创业风险。

三、创业过程与阶段划分

创业过程是指创业者从产生创业想法到创建新企业或新事业并获取回报的过程。具体涉及识别机会、组建团队、寻求融资等活动。创业过程可大致分为机会识别、资源整合、创办新企业、新企业生存和成长四个主要阶段。

（一）机会识别阶段

创业者有强烈的创业意愿与兴趣，但这仅仅停留在意识层面，它需要与具体的创业实践相结合。机会识别是创业的前提与重要步骤，创业因机会而存在。识别机会的关键是觉察到别人看不见的、想不到的、难以做到的机会。许多创业者将创业视为需要天时、地利、人和的一项社会实践，其中，天时主要指的是创业过程中的机会。机会有时效性，可能转瞬即逝；机会有广泛存在性，一种机会消失了，另一种机会又会产生，需要发现、挖掘。机会识别不仅仅要看到商机、市场需求等有利于自己创业意愿的因素，更应注重评估创业机会。比如，进行市场评估就是衡量创业机会价值和可行性的一个重要手段，即根据自己的创业想法，评估市场供求状况、竞争对手，预测企业生存的基本状况与发展前景。同时，机会识别也要注意方式方法，要注重换位思考，考虑消费者的需求与想法，透过现象抓住事物本质。

（二）资源整合阶段

资源是企业在向社会提供服务或产品的过程中所拥有的可以实现其发展目标的各种要素的组合，如资金、生产设备与厂房、技术人员等。资源整合是一个动态复杂的过程。根据企业发展战略与市场需求进行资源的优化配置与重构，将不同来源、层次、结构的物力、财力、人力进行适当的调配、激活、合理安排、进退取舍，使其更有系统性、合理性与价值性，必要时可以和其他组织或企业进行资源的互换与互补。资源的掌握与利用关系到创业是否能够顺利发展。资源可分为自有资源与外部资源，自有资源是指创业者拥有自主权的资金、技术、营销手段与网络等；外部资源是指创业者的朋友、合作伙伴、投资者、赞助者，以及社会环境、国家政策等。创业者应以巩固自有资源为主，提升自有资源，有效利用外部资源。

创业者在创业活动初期能够掌握和利用的资源较为匮乏，资源的调配与有效利用能够创造新的核心竞争力，资源整合实际是创业过程中的地利与人和。资金与设备是企业生产与运转的硬件条件，应有效利用设备与技术，集中有限资金进行重点攻关。团队成员应该合理分工、各司其职,发挥个人优势,通过相互合作产生推动资源有效整合的动力。

(三)创办新企业阶段

拥有创业兴趣与意愿,有效地抓住市场商机并进行资源整合后,创业活动可以进入创办新企业阶段。新企业应有固定的办公场所或者厂房,确定企业名称、法人代表、组织结构形式、经营范围,依照国家相关规定到工商管理部门、税务部门等相关机关申请营业执照、组织机构代码证,办理税务登记,备案公章等。同时,应拟定公司章程、各部门的工作分工,有条件者也应进行相应的广告宣传。

(四)新企业生存和成长阶段

新企业成立后,进入企业生存与发展阶段。此时的企业应该按照正规的企业运行模式进行管理,形成原材料采购、生产经营、市场推销等环节闭合的市场行为链条,不断促进企业形成完整的投入产出机制,并从中获取利润,不断发展壮大。在财务管理、税务管理、人员管理等方面逐渐步入正轨,发展成为成熟的企业。

【教学案例1.1】 ▶▶▶>>>

从月亏5 000元到年赚15万元大学生另类创业卖咖啡

渝北宝圣大道有一家不显眼的小店,进去却别有一番风味:成排的书架,精致的手工点心,新鲜烘焙的咖啡……除了品书,这里还会定期举行电影欣赏活动。该店是由4名年轻人在大学期间创办的。如今他们还开设了另外2家分店,年赚15万元。

边上课边创业每天只睡5小时

这家名为"豆芽咖啡馆"的店是由4名年轻人在大学期间创办的,目前其中两位已毕业,还有两位仍在西南政法大学读研究生一年级。

25岁的徐涛算是4人中的引领者,当时的他发现学校周边没有有特色的咖啡馆,加之自己非常喜欢咖啡馆的氛围,于是决定在附近开一家咖啡馆。一进校就认识的其他3位合作伙伴,一听到徐涛的创业想法就一致赞同。

创业初期,4人将平时积攒下来的零花钱、奖学金、生活费以及兼职赚的钱凑到一起,共筹集了10万元启动资金。2010年8月,他们以接近4 000元的价格,在离学校不远的临街,租了一个约150平方米的二层铺面。

为了节省开支,在装修、购置设备上,都是靠他们自己想办法。二手市场淘桌椅、饰品,然后回来自己上漆改造,自己粉刷墙面,拜师高级咖啡师,研习咖啡技术,花了差不多两个月的时间,咖啡馆终于正式开门营业了。

自从开了咖啡馆,徐涛他们就有点忙不过来了,"一个月瘦了13斤,为了经营好咖啡馆,常常是凌晨2点才睡觉,而早上7点又要起床上课。"尽管很累,但大家都觉得值得。

每月亏损5 000元 他们将咖啡和图书结合

由于顾客少,又要缴纳房租、水电气费,每月店里基本亏损在5 000多元。随着时间推移,周边KTV、茶吧、咖啡馆也多了起来,使原本不好的生意雪上加霜。

在这期间,徐涛与其他合伙人想到把咖啡馆与书店结合起来,通过环境优势吸引顾客。

于是，徐涛他们就把自己平时收藏的图书搬到店里，后期又与青番茄合作共建咖啡图书馆，向同学们提供免费借阅图书服务。

同时，徐涛又对咖啡馆的咖啡品质进行了提升。为此，徐涛还前往重庆当时唯一一家自家烘焙咖啡馆 Mola 咖啡学习。通过重新升级改造，店里的生意有了很大的起色。

（资料来源：大学生创业网 http://wwwstydentbosscom/html/news/2013 - 07 - 22/135769html）

【思考与讨论】

1. 通过本案例，请同学们思考，创业精神的本质是什么？创业精神作用具体有哪些？
2. 创办一家新企业通常会经历哪些阶段呢？

四、创业精神的本质、来源、作用与培育

阿里巴巴创建者马云在《马云谈创业》一书中指出，"对所有创业者来说，永远告诉自己一句话：从创业的第一天起，你每天要面对的是困难和失败，而不是成功。我最困难的时候还没有到，但有一天一定会到。困难是不能躲避，不能让别人替你去扛的。九年的创业经验告诉我，任何困难都必须你自己去面对。创业者就是面对困难。"创业精神是创业者在主观意识中形成的有关创业活动的认识、想法、观念、情感与态度，是创业者在创业过程中的重要行为特征的高度凝练，主要表现为勇于创新、敢担风险、团结合作、坚持不懈等。

（一）创业精神的本质

创业精神的本质涵盖多个方面，主要包括以下四个基本内容：

1. 勇于创新、开拓进取

创业是创业者在主观意愿引导下的自觉行为过程，需要根据自身条件积极主动地寻求机遇，克服各种不利因素，争取个人能力价值的发展空间，有所作为、有所成就。创业过程中充满艰辛与竞争，要获得成功，就必须具备开拓创新的精神。"千里之行，始于足下"，创业者在创业过程中，无论采取独立创业抑或加盟连锁等方式，都要经历企业从无到有的发展过程。因此，创业者首先必须具备突破常规、勇于创新的精神，不断开拓进取。要发现新商机、推广新理念、开发新产品、研发新技术、组建新组织、开辟新市场、完善新服务，将自己的创业兴趣、创业理想勇于付诸实践。创新是创业的本质核心。

2. 敢担风险、沉着应对

创业是机遇与挑战并存的活动，不担当一定的风险直接获得收益的经营仅是个别案例，并且这样的企业也不会有广阔的发展前景。创业过程本身具有不可抗的动态性与复杂性。在市场经济的大潮中，企业的发展受资金、经济杠杆、供求关系等多方面因素的制约。同时，创业者虽然拥有开拓进取的无限渴望与激情，但他们作为"年轻"的管理者，在经营理念、营销经验、市场商机判断等方面仍存在诸多不足。这些因素导致创业者的创业过程必然经历诸多风险，这些风险不仅包括经济方面，还包括精神方面。创业风险是不可预知、难以避免的，甚至是创业失败的致命因素。企业发展不可能一帆风顺，风险无可避免，许

多创业者的成功之道是险中求胜，或是失败后痛定思痛，东山再起。在创业过程中要避免幻想躲避一切风险，只想稳中求胜的想法，对于不可避免的风险应该勇于担当。尤其是身处逆境时，要保持头脑清醒、心态平和、戒骄戒躁，克服悲观绝望的情绪，在处理过程中沉着应对，冷静分析，尽量使不利因素降到最低限度。具备应对风险的良好心理素质与心态是创业者成功的必备条件之一。

3. 团队合作、艰苦奋斗

企业作为完整的市场运作个体，它的构成包括生产、销售、策划、财务、技术研发等多个部门的通力合作，创业者不可能完全依靠自身的单打独斗成为管理经营各方面的多面手。作为创业计划的倡导者与主要践行者，他需要财务管理、市场营销等方面的合作者为他提供创业所需的各项技术支持与帮助。作为创业团队的一个成员，他需要合作者提供对企业发展、策略调整、理念更新等方面的不同建议与意见。"兄弟齐心，其利断金"，只有坚持团队合作的精神，共同奋斗、群策群力，创业者才能实现自己的创业目标。国家与地方对创业的相关政策与资金支持、企业生存的环境、企业内部的人际关系与团队合作，是企业发展不可或缺的"软"环境。团队成员的相互信任、协作与分享，有利于凝聚共同意识，不断前进。

4. 坚持不懈、勇往直前

苏轼在《晁错论》中云："古之立大事者，不惟有超世之才，亦必有坚忍不拔之志。"指出坚韧不拔的精神对事业成功的必要性。华人首富李嘉诚认为："创业的过程，实际上就是恒心和毅力坚持不懈的发展过程，其中并没有什么秘密。"创业者创办的企业规模大小各异，经营方针百花齐放；有的企业虎头蛇尾，曾经轰动一时，到最后的结果是昙花一现；有的企业虽无风光无限、谁与争锋的迅猛势头，却是步步为营，稳扎稳打，逐步提升。创业者之所以能够投身于创业，是因为他们在创业之初对自己有足够的自信，相信"爱拼才会赢"，相信"一分耕耘，一分收获"。但是在创业过程中不可预知的各种挫折、风险使许多创业者失去了曾经的自信、曾经的理想。许多人在未成功之时，因为迷茫而丧气，因为困难而退缩，因为挫折而放弃。如果创业者在挫折面前不能坚持不懈、持之以恒，只能面对创业失败的结局。创业者应有恒心、有毅力，面对困难与挫折不气馁、不言败，要有坚持不懈的精神与气魄，才能勇往直前。

【教学案例1.2】▶▶▶>>>

创业故事三则

1. 阿蚊的大衣橱

渴望拥有一个大衣橱，里面装满漂亮的衣服，并与姐妹们分享对美的感受，这是一个"80后"女生阿蚊创业的初衷。

大学毕业以后，阿蚊一直从事着与自己专业相关的设计工作，与多数白领一样过着朝九晚五的生活。不过，那个关于"大衣橱"的梦想最终促使她迈开了创业的第一步。"终于看到了一处合适的铺位，其他各方面的条件也成熟，就一边工作一边开了这间精品服装店。"阿蚊说。

在服装店刚开张时，除了懂得挑选衣服，她对经营一无所知，无论从店面装修风格到待客之道，还是衣服的定价，都要从零开始学起。阿蚊说："那时候，我们刚试营业，有顾客选中一件衣服，问要多少钱，我一时间也不知道该卖多少钱，原来自己还没考虑到这方面，后来只是随便说了一个价格，最后当然是亏了。"刚开始创业比较艰难，很多经营的小细节都要靠摸索积累，就连服装店的名字也做了很多妥协，"考虑到市场本身的因素和传播效果，自己最喜欢的店名最后一个都没有用上。"

阿蚊说："我不是纯粹为了赚钱。"店里的每一件衣服都是自己精心挑选回来的，看到这些漂亮的衣服穿到合适的人身上是一件幸福的事情。时至今日，阿蚊还是一边做自己的设计工作，一边兼顾服装店的经营，她更愿意把这个地方当作与志同道合的人交流的场所。一年来，阿蚊很庆幸店里没有出现大的差错以及和顾客发生不愉快的纠纷。她说，这也可能是自己在背后花了很多的功夫，容易出错的细节都留意到了的原因。

2. 嘉嘉的桌游店

2009年，嘉嘉接触了一款桌面游戏——"三国杀"，从此开启了他的创业之门。

当时"三国杀"还未流行，桌面游戏还不太为人所熟知。嘉嘉说："当时就想，桌面游戏这种不插电的游戏既绿色健康，对环境设备要求简单，又能增进朋友间的沟通交流，的确是不错的玩意儿。"

后来，嘉嘉了解到，桌面游戏在欧美已经流行了几十年，而在国内才仅仅开始。于是他和合伙人选择了桌游店作为自己创业的"第一站"。"由于刚毕业，资金不太充裕，还得靠家里资助。还有就是对桌面游戏能否为本地消费群体所接受，心里没底，当时也没有做太具体的市场调查，可以说开这个店有点冒险。"嘉嘉说。做这个决定时，资金铺位等问题一度让他很苦恼，一切得从零开始。

2009年7月嘉嘉开始筹备开店，为此还专门到大城市的同类店去参观学习，找桌游的进货渠道，学习一些大型桌游的玩法，以及设计收费经营模式。两个月后桌游店正式开张。"毕竟是新鲜玩意儿，大家都好奇，桌游店一开张，客流源源不断，超出了我们的预料。"嘉嘉说开店以后才发现店内噪声问题很严重，顾客互相干扰，人手紧缺导致服务员忙不过来，收费较高导致不少人望而生畏，饮品的质量差强人意等。诸如此类的问题层出不穷。后来，嘉嘉就找朋友帮忙，重新制定收费模式，慢慢地度过了开张最繁忙的那段时间。一段时期以后，嘉嘉结交了很多好玩的朋友，拥有了一批固定的客源，"大家希望将这间店铺看作一个工作之余聊天放松的地方，很多人对它都有感情了，我会坚持做下去。"嘉嘉说。

（资料来源：http://finance.hebnews.cn/2011-06/05/content_2068166_4.htm）

3. 孟炎创业7个月

孟炎在大学是学习企业管理的，毕业后曾经在一家销售轴承的香港公司工作了一年。因为一直在跑市场，与客户打交道，孟炎很快就认为自己对这方面的知识和技巧已经全部掌握了，他渴望能够自己创业。一个偶然的机会，他得知同学小谢的家人中有人搞过机械轴承的销售，而且收入颇丰，并且，小谢也称自己曾经有过相关的经历，有一些老客户可以联系。孟炎心动了，很快就规划起具体细节。

孟炎一直觉得他们的目的很明确：一来为将来打基础，二来多赚点钱。但是，对于具体如何运作，目前的市场前景如何，这个行业的特点以及具体产品的性能等，两个人没有一个是内行。

2002年4月，孟炎在北京城东的一个小写字楼租到一个70平方米左右的办公间，每月租金5 000多元，加上电费、电话费和日常开支，月支出万元左右（原本没必要租这么贵的写字间，但两个人都觉得搞轴承销售，店面、装修都要体现一定的实力）。因此，孟炎拿出了借来的5万元，小谢也借了3万多元。之后的两个多月的时间里，孟炎没有回过家，也没有回过自己的住处，和小谢搬到了公司去住。白天，他们带着请来的两个员工一起打印各种资料、报价单等，晚上将这些资料装入发给各个企业的信封中。上万封信发出去后，如石沉大海，他们没有等来一个企业咨询的电话，却等来了天天从邮局退回的信件。两个人并没有灰心。8月份，他们开始分头到各个机械设备展览会的现场、轴承展览会现场，向往来客商递发资料，与厂商联络。没想到这种方法竟然让他们一下子收集了几百张中间商的名片，有国内的，也有海外的订货商。两个人非常兴奋，他们觉得自己的前景越来越光明。

一个月后，他们认为自己慢慢进入了状态。两个人每天忙忙碌碌，把收集到的名片输入电脑，做成数据库。借着展会的后续效应，每天都有十几个客户打电话或上门找他们谈业务。但是，匆匆忙忙地过了一个多月后，孟炎察觉到事情有些不对劲。"每天都有客户来咨询，要求提供样品或报价，但他们拿了我们的资料和报价后就很少再有回音了。"孟炎着急起来。他们专门找了一些业内人士来请教，业内人士给他们分析了原因：机械轴承这个行业很复杂，发展到现在，国内外厂商和供应商之间的关系相对稳定。因此，产品质量好、价格低未必能争取到客户。

孟炎也想过变被动等人上门为主动上门洽谈，以增加跟客户的直接沟通，他甚至动员了所有的同学、朋友、家人，帮助他寻找相关企业的熟人。然而，隔行如隔山，能够帮上忙的人一个也没有。此时，孟炎决定招几个只拿底薪的业务员，并且草拟了一份销售计划，然而，这就等于每月至少增加2 000~3 000元的支出。孟炎越来越感觉到自己就像陷入了一场赌博中一样，已经根本不可能停下来了。

业务员招来了，每月孟炎给他们开出保底的500元工资，然而两个多月一晃就过去了，公司仍然粒"米"未进，孟炎更加心急火燎。"十一"节前夕，孟炎总算吃到了"第一只螃蟹"，合同金额7万多元，孟炎将自己的利润降到了最低点，一单生意下来只赚了4 000元出头。紧接着，他又陆续签了几笔业务，都是小单子，赚了不到1万元。

随后，业务终于有了起色。几次生意过后，孟炎创下了不错的口碑，上门的客户越来越多，虽然都是很小的订单，但是所赚的利润也勉强够他们每个月的开支。孟炎再次看到了希望。

但是，暂时的成功并不能掩盖公司在制度方面，以及孟炎作为一名创业者在素质方面的欠缺。组织不健全、架构不合理的问题原本就非常突出，加上账目混乱，员工工作秩序混乱，很快麻烦就又出来了：业务员为了争一个客户明争暗斗，互相拆台。孟炎起初以为这是业务员竞争过程中的壁板现象，并未加以重视，没想到事态逐渐恶化：一个业务员为了抢到订单，竟然与厂家做了私下交易。然而，当供货出现问题时，厂家却找到了孟炎要求赔偿，因为那个业务员早就走了。为了保证公司的声誉，孟炎做出了一定的赔偿，两个月刚刚赚到的钱就这样再次被断送了。更可怕的是，对于公司业务员之间的你争我斗，业内很快就尽人皆知，厂家对孟炎的公司产生了疑虑，很快11月，小谢终于绝望提出散伙，不再与孟炎合作,并且带走了仅有的几个客户。孟炎的生意彻底陷入绝境。

刚起航的船,没行多久就这样触礁搁浅了。事后,孟炎说,如果能在同类的外贸公司做两三年,积累一定的经验和客户资源,他工作起来就不至于那么被动。

(资料来源:https://wenku.baidu.com/view/89e27a18bceb19e8b8f6bad7.html)

【思考与讨论】

1. 通过上面的三个案例,请同学们思考,哪个人更适合创业?为什么?
2. 创业精神的本质应该如何深层次的理解?

(二)创业精神的来源

创业精神的来源主要有两个方面。一方面,来源于创业者主观上强烈的创业意愿与兴趣。创业者在正式创业前,在个人创业兴趣、成功价值观衡量标准、他人创业事迹、就业选择、经济发展变化、国家政策鼓励等多方因素影响下,会产生强烈的创业意识与动机。在这种创业意识的引导与影响下,创业者会不断赋予自己正能量,充分发挥自身潜能,调动有利情绪投身创业活动,即使面对风险与挫折,他们也能不断提示自己要坚持不懈、持之以恒。创业者追求理想与价值的实现是产生创业精神的主要来源之一。另一方面,来源于创业者的客观实践。创业活动是不断参与社会实践的动态过程,为了企业的生存与发展,要在激烈的竞争中胜出,创业者必须不断调整、充实、提高企业经营管理策略,以适应市场的需要。企业的不断发展离不开技术更新、产品更新,这种更新则源于企业领导者的意识创新。随着企业的不断发展,创业者的创业精神也会不断进步与提升,由量变累积到逐步发生质的飞跃。

(三)创业精神的作用

1. 有助于鼓舞士气

多数创业者具有较高的文化知识水平与相应的技术能力,他们思维活跃、缜密,视野宽广,易于接受新鲜事物;他们乐观开朗,精力充沛,信心无限,对自身未来的发展充满激情与期待;他们有想法,有热情,有勇气,有创新意识。这些都是年轻创业者的优势条件。但是在面对困难与挫折时,许多年轻的创业者往往更容易气馁、无助、失落、彷徨,甚至消沉绝望,而自信、自主、自强、自立的心理品质很难在书本理论中获得。创业精神提倡创新、果敢、坚毅、勇于奋斗,不轻言失败有助于创业者不断完善、调整自身的兴趣、性格、能力、价值观等多方面的心理要素,有助于个体在职业生涯发展中不断走向成熟。

2. 锻炼解决实际问题的能力

创业之路充满艰险与曲折,创业者需要时刻准备面对无法预知的风险与毫无征兆的打击,经历相应的实践考验,这可以逐步锻炼他们沉着面对问题、冷静分析问题、全面解决问题的能力。创业活动中经历的诸多风险使得创业者的心态、情绪不再大起大落,使他们有足够的勇气与信心去面对生活中的挫折与打击。

3. 为创业者披荆斩棘不断向前提供精神动力

创业精神是创业者百折不挠的力量源泉,是企业诞生的原动力,是企业发展壮大的助推剂。

4. 是推动社会经济发展的智力支撑

创业精神将在新时期发挥更大的作用,可以加快转变经济增长方式与经济结构转型,促进经济社会又好又快地发展。

【阅读资料1.1】 ▶▶▶>>>

两张车票两种人生

两个乡下人外出打工,一个去上海,一个去北京。可在候车厅等车时,却又都改变了主意,因为邻座的人议论说,上海人精明,外地人问路都收费,北京人质朴,见吃不上饭的人,不仅给馒头还送衣服。

去上海的人想,还是北京好,挣不到钱也饿不死,幸亏还没上车,不然真就掉进了火坑;去北京的人想,还是上海好,给人带路都能挣钱,还有什么不能挣钱的?幸亏还没上车,不然就失去了一次致富的机会。

于是他们在退票时相遇了。原来要去北京那个得到了去上海的票,去上海的得到了去北京的票。

去北京的人发现,北京果然好。他初到北京一个月,什么都没干,竟然没有饿着,不仅银行大厅里的太空水可以白喝,而且大商场里欢迎品尝的点心也可以白吃;去上海的人发现,上海果然是一个可以发财的城市,干什么都可以赚钱,带路可以赚钱,弄盆凉水让人洗脸也可以赚钱,只要想点办法,再花点力气就可以赚钱。

凭着乡下人对泥土的感情和认识,去上海的人第二天在建筑工地装了十包含有沙子和树叶的土,以"花盆土"的名义,向不见泥土而又爱花的上海人兜售。当天他在城郊间往返六次,净赚了50元。一年后,凭借"花盆土"他竟然在大上海拥有了一间小小的门面。在常年奔波中,他又有了一个新的发现:一些公司只负责洗楼不负责洗招牌。他立即抓住这一空当办起了一个小型清洗公司。如今他的公司已有150多名员工,业务也由上海发展到杭州和南京。

前不久,他坐火车去北京考察清洗市场,在北京站,一个捡破烂的人把头伸进软卧车厢,向他要一个空啤酒瓶,就在递瓶子时,两人都愣住了,因为五年前,他们曾换过一次车票。

(图片来源:百度图片;资料来源:http://info1688com/detail/1000509357html)

(四)创业精神的培育

建立一个企业如此烦琐,而维持一个企业的生存更是一个漫长的历程。作为一个初次创业者,到底应该从哪里入手,怎样才可以把一个企业建立起来并且经营成功呢?这是每一个将要开始创业之旅的人面临的共同问题。

创业既是一种能力,也是一种精神。如果说资金和项目对创业者非常重要的话,那是否具有创业精神,将是更重要的大问题。创业者的自身素质是创业成败的关键,而创业精神需要在创业过程中慢慢培养,创业者的素质和能力,包括创业者的创业精神,都是可以培养和提高的。其实,每一位成功的企业家,在他开始创业之前,都是普通人。

1. 成功企业家对创业精神的示范作用

(1) 创业者是可以培养的。上海第一财经频道主持人崔艳在2009年4月5日采访"德丰全球创业投资基金"创始人汤姆·威尔斯时,她提问:"您认为创业者可以培养吗?"汤姆·威尔斯立刻给予了肯定的答复:"当然。"毋庸置疑,创业是可以学习的。

每一个创业者在创业初期,都应该对已经创业成功或没有创业成功的人做尽可能多的了解。当然,这种了解不能对自己的创业形成束缚。人们所学会的每一件事都是实践的结果,而每一个创业者在创业历程中,都不可避免地犯过错误。任何一位企业家都会牢记自己和其他创业者经历了怎样的磨难才取得了今天的成功,其中最典型的就是汽车大王亨利·福特曾经破产过四次。

创业实践证明:学习别人成功的经验,可以使人更快成功;汲取别人失败的教训,可以使人不复制失败。就像家长从小就告诫孩子不要用手去摸太热的东西一样,实际上如果没有家长的教诲,这个世界上不知要多出多少被烫伤的事故。

(2) 向成功者学习成功的经验。学习是获得经验的捷径。没有谁天生就有丰富的经验,所有的经验都是人们经历之后才获得的,"实践出真知",只有在挫折中"吃一堑,长一智",才可以积累有用的经验。如果想拥有经验,梦想创业成功,最好的办法就是向创业经验丰富的人讨教,分析成功企业家的案例,然后注意借鉴他们的经验,行动起来。

不要在山底下跟没有登过山的人请教攀登到山顶的经验,而是要跟那些已经成功攀到顶峰的人请教。一个没有登过山的人,怎么可能教会别人登山的技巧呢?

(3) 学会独立观察和思考问题。学习那些成功的案例,不难发现,在那些成功企业家的眼里到处都是机会。他们很少抱怨,而总是用一双善于发现的眼去看到别人看不到的商机。他们总是具有独特的思路和见解,而且行为也通常异于常人,有时甚至是不为大多数人接受,但是却从来不人云亦云,所以才能成为人群中的佼佼者。具有不同于常人的思维方式和不盲目追随"羊群效应"的行为方式,是成功企业家的普遍特点。

(4) 创业者是英雄。敢冒风险是成功人士的另一特点。风险和机遇是一对孪生兄弟,如果只选那些别人尝试过的、四平八稳而又无风险的事去做,那必将与很多机会擦肩而过。都说机会只光顾那些有准备的头脑,事实上,机遇在很多时候都给了那些敢于承担风险的人。

汤姆·威尔斯说:"创业者都是英雄。"因为,在创业者决定迈出创业这一步的时候,不管前路是成功还是失败,都做好了迎接挑战的准备。

2. 创业精神的培育

我们在大学和社区的创业培训实践中发现,真正去创建一个公司毫无疑问是学习创业、培养学生创业精神无可替代的、最好的方法。但是,在学校里如果让学生真的去开公司,则需要具备一定的客观条件。因此,可以把创业者身上最重要的创业精神、创新意识等品质提炼出来,用案例教学法、情景模拟法、项目教学法为同学们创造学习环境,同时,创造机会让同学们去实践。

人生何处不营销。因此营销实践应该是培养学生创业精神的第一课。如果在营销训练中学会取悦客户,那今后无论是对父母、对老师还是对同学,都应该明白怎样才能叫别人喜欢，这既是营销的"取悦客户"的锻炼，也是"如何做一个受大家欢迎的人"的训练。

一个人，如果可以做到在家取悦父母（孝顺、多做家务、体贴父母），在校取悦老师（认真学习、积极发言、懂事、会体谅别人）、取悦同学（互相帮助，互相关心、友爱，对人和善），谁能说这不是成功？一旦在生活和实践中培育了创业精神，就不会再惧怕困难；一旦养成了优良的习惯，形成了优秀的性格和品质，就会是一块无论到哪里都会发光的金子。一个优秀的人会习惯于优秀，一个有创业精神的人不论将来是就业还是创业，都会是一个不断进取、不断创新、对社会有用的人才。

第二节 知识经济发展与创业

一、经济转型与创业热潮的关系

经济转型是创业热潮兴起的深层次原因。中华人民共和国成立后至20世纪80年代之前，中国实行计划经济体制。改革开放之后，为了促进国民经济的增长与发展，我国调整经济发展战略，实行经济转型，坚持以经济建设为中心，逐渐开始发展社会主义市场经济。经济转型的外延概念是由一种经济运行状态转向另一种经济运行状态。经济转型的核心内涵是：一个国家或者地区的经济制度或经济结构发生根本性变化，是由量变到质变的过程，主要包括经济发展模式、资源配置、发展途径、发展目标等方面的转变。经济增长是经济转型的核心问题。经济转型是指经济体制的更新、经济增长方式的转变、经济结构的不断调整与提升。

创业活动产生的主观因素是利用个体的创新思维、意愿、能力从事以经济活动为主体的实践活动。创业活动产生的客观因素是社会中经济转型、结构调整的市场经济发展的要求，同时也是促进市场经济发展的重要内容。经济体制转型与经济结构转型是经济转型的主要类型体系，尤其是从传统到现代、从农业到工业、从封闭到开放的经济结构转型是改革的重点所在。只有将包括产业结构、技术结构、市场结构、供求结构的经济结构转型处理好，才能更好地实现经济增长方式的转变。经济结构的调整离不开提高核心竞争力。核心竞争力的提高需要培养自主创新能力。

二、创业活动的功能属性

经济社会发展的不同阶段使各时期的创业活动呈现出不同的功能属性。中国从20世纪80年代至今共产生了四次大的创业浪潮，每次创业浪潮中涌现出的创业者及所进行的创业活动体现了不同的特征。

第一次创业浪潮——20世纪80年代中期。在《中共中央关于经济体制改革的决定》中有关对内搞活经济、对外开放等国家政策的鼓励与支持下，深圳、珠海等沿海城市的许多人投入创业行列。此时的产业活动多是创业者为了生存所进行的单打独斗形式的创业，李开复将他们称为"社会相对边缘的人"，他们是最早的一批创业者。此时的创业活动多数涉及异地贱买贵卖、路边练摊、开小店等资金少、无须过多技术的小规模创业。这些第一批敢吃螃蟹的人不仅树立了创业的榜样，也繁荣了社会的市场经济。

第二次创业浪潮——20世纪90年代前期。1992年，邓小平同志南方谈话后，政府对于经商的限制进一步开放，并鼓励下海经商，由此引发第二次创业浪潮。此时在第一批成功创业者的影响下，许多个体放弃原有的职业，投身创业活动。此时的创业者素质与知识水平要高于第一批创业者，他们受过一定教育，有一定的工作经验，有自己的创业理想和目标，产业多采取创立公司的形式，投入资金与创业模式有所增强与扩大，经营方式与种类不断多样化。此时的创业活动不仅满足了人民生活的需求，还在一定程度上带动了就业市场。

第三次创业浪潮——20世纪90年代末。这次创业浪潮的主体多是有海外留学经历的海归派，他们将国外的先进创意、经营理念、运营手段等引进国内，尤其是借助网络科技的经济热点，带动了中国的第三次创业浪潮。此时的创业者具备高素质、高学识，有强烈的创新意识与勇于挑战的勇气。他们将自身的高精专知识、坚强意志融入创业活动中。第三次浪潮中的创业活动多为投资高、风险大、高科技的类型，取得的收益与回报远高于前两次浪潮，有的创业活动不仅填补了国内的行业空白，并带动了相关行业的发展与就业，其取得的成绩与创造的价值至今仍为许多人敬佩。

第四次创业浪潮——21世纪初期至今。进入21世纪，中国的市场经济体制改革不断深化，个体对市场经济与市场需求有了新的认知与理解；大学教育由精英化转向大众化，毕业生的增多与就业双向选择使就业压力增大；经济发展的全球化、一体化使国际竞争日益激烈，国内的经济发展同时受到国际环境的影响；中国正处于建设中国特色社会主义的关键时期，市场的繁荣、经济的发展是民族强盛、国家进步的重要基石。这些因素导致了创业浪潮的到来。此时的创业者来自不同层次、不同行业，有大学创业、失业者创业、集团投资新企业等类型，有代理经营、连锁加盟、技术合作、风险投资等多种经营模式。创业活动涉及的范围不断扩大，大到为国际公司提供产品与服务，小到满足群众衣食住行的经营活动。创业活动更加注重创新性，依靠新技术、研发新产品、加强新管理、提供新服务等成为企业不断关注的核心。创业活动被人们视为一种常态化的就业途径，在生产生活中发挥了极为重要的作用。

三、知识经济下的知识创新、技术创新与知本创业

（一）知识经济下的知识创新

知识创新，是指通过企业的知识管理，在知识获取、处理、共享的基础上不断追求新的发展，探索新的规律，创立新的学说，并将知识不断地应用到新的领域，并在新的领域不断创新，推动企业核心竞争力的不断增强，创造知识附加值，使企业获得经营成功。

知识创新的目的是追求新发现、探索新规律、创立新学说、创造新方法、积累新知识。知识创新包括科学知识创新、技术知识，特别是高技术创新和科技知识系统集成创新等。

总之，知识创新为人类认识世界、改造世界提供新理论和新方法，为人类社会发展和文明进步提供了不竭动力。

知识创新具有独创性。知识创新是新设想、新观念、新工艺及新方案等的采用，它甚至破坏原有的秩序。知识创新实践常常表现为打破常规、勇于探索，知识创新活动是各种相关因素相互整合的结果。知识创新也具有前瞻性。有些企业，只重视能够为当前带来经济利益的创新，而不注重能够为将来带来利益的创新，而知识创新则更注重未来的利益。知识创新还具有系统性、科学性和风险性。知识创新可以说是一个复杂的"知识创新系统"，在实际经济活动中，创新可能发生在企业价值链的任何环节，并且知识创新是以科学理论为指导，以市场为导向的实践活动。与此同时，知识创新是一种高收益与高风险并存的活动，并且风险不可避免，它没有现成的方法、程序可以套用，投入和收获未必成正比。

（二）知识经济下的技术创新

技术创新是指生产技术的创新，包括开发新技术或者将已有的技术进行改造。应用创新一般是指改进现有或创造新的产品、生产过程或服务方式的技术活动。创新包括技术方法创新、学习创新、教育创新、科技创新等，科技创新只是众多创新中的一种。科技创新又包括产品创新和工艺方法等技术创新，因此技术创新是科技创新中的一种表现方式。科学是技术之源，技术是产业之源，技术创新建立在科学道理的发现基础之上，而产业创新主要建立在技术创新基础之上。重大的技术创新会导致社会经济系统发生根本性的转变。

技术创新和产品创新有密切关系又有所区别。产品创新侧重于商业和设计行为，具有成果的特征，因而更具有外在性；技术创新具有过程的特征，往往表现得更具有内在性。一般来说，技术创新可能带来但未必带来产品的创新，产品的创新可能需要但未必需要技术的创新。运用同样的技术可以生产不同的产品，生产同样的产品可以采用不同的技术。技术创新可能并不带来产品的改变而仅仅带来成本的降低、效率的提高，例如：改善生产工艺、优化作业过程从而减少资源消费、能源消耗、人工耗费或者提高作业速度。一方面，产品创新可能包含技术创新的成分，还可能包含商业创新和设计创新的成分。另一方面，技术研发往往对应于产品或者着眼于产品创新；新技术的诞生，往往可以带来全新的产品，而新的产品构想，往往需要新的技术才能实现。

技术创新主要以企业活动为基础，企业的创新活动需要一定的动力和机制。企业作为自主经营、自负盈亏的竞技主体，在市场经济条件下，它们之间存在着竞争，要生存和发展，就必须争取市场，否则就会在竞争中被淘汰，这是促进企业技术创新的必要条件。要扩大市场，就必须在产品质量、成本上占优势，这就迫使企业必须进行技术创新。企业进行技术创新的主要动力是获取高额利润，只有当对经济前景有乐观的预期时，才愿意进行技术创新，这就要求宏观经济能稳定增长。技术创新也需要有良好的宏观环境，政府的主要经济职能就是稳定经济，减少经济波动。国家还应从财政、信贷、公共投资等方面保证技术创新的资金供应。完善的社会保障制度是企业进行技术创新的后盾，否则，技术创新的风险使一些企业难以承受。

对技术创新过程的认识和划分，目前国内外学者从不同的角度形成了不同的看法。技术创新是一个新产品或新工艺的第一次商业运用，技术创新的过程也就可以看作一个从新的产品或工艺创意到真正商业化的过程。从我国企业技术创新运行过程的实际情况出发，可以将技术创新过程划分为6个阶段。

1. 创意思想的形成阶段

创意的形成主要表现在创新思想的来源和创新思想的形成环境两个方面。创意思想可能来自市场营销人员或用户对环境、市场需要或机会的感受，也可能来自科学家或从事某项技术活动的工程师的推测或发现，但是这些创意要变成创新都还需要很长时间。创新思想的形成环境主要包括宏观政策环境、市场环境、社会人文环境、经济环境、政治法律环境等。

2. 研究开发阶段

研究开发阶段的基本任务是创造新技术，是根据技术、商业、组织等方面的可能条件对创新构思阶段的计划进行检查和修正，这一阶段一般由科学研究（基础研究、应用研究）和技术开发组成，研制出可供利用的新产品和新工艺是研究开发的基本内容。企业从事研究开发活动的目的是很实际的，那就是开发可以实现实际应用的新技术，即根据本企业的经济、技术和市场需要，敏感地捕捉各种市场机会和技术机会，探索应用的可能性，并把这种可能性变为现实性。有些企业也可能根据自身的情况购买专利或技术，从而跳过这个阶段。

3. 中试阶段

中试阶段是技术创新过程不可缺少的阶段，它的主要任务是完成从技术开发到试生产的全部技术问题，以满足生产需要。小型试验在不同规模上考验技术设计和工艺设计的可行性，解决生产中可能出现的技术和工艺问题是此阶段必须进行的工作。

4. 批量生产阶段

按商业化规模要求把中试阶段的成果转变为现实的生产力，产生出新产品或新工艺，并解决大量的技术工艺问题和生产组织管理问题。

5. 市场营销阶段

本阶段的任务是实现新技术所形成的价值与使用价值，包括试销和正式营销两个阶段，技术创新成果的实现程度取决于市场的接受程度。市场营销阶段实现了技术创新所追求的经济效益，完成技术创新过程中质的飞跃。试销具有探索性质，探索市场的可能接受程度，进一步考验其技术的完善程度，并反馈到以上各个阶段，予以不断改进与完善。

6. 创新技术扩散阶段

本阶段创新技术被赋予新的用途，进入新的市场。

在实际的创新过程中，各阶段的划分不一定十分明确，各阶段相互区别又相互联结和促进，形成技术创新的统一过程。各个阶段的创新活动也不仅仅是按线性序列递进的，有时存在着过程的多重循环与反馈以及多种活动的交叉和并行。上一阶段的活动也会从下一阶段所提出的问题及其解决中得到推动、深入和发展；下一阶段的问题会反馈到上一阶段以求解决。

（三）知识经济下的知本创业

知本是知识资本的简称，知本创业就是利用"知本"进行创业的实践活动。知识与知本，并不是等同的概念，只有经过资本运动，能带来价值增值的知识，才有可能成为创业者的知识资本。

相对于传统的创业方式来说，知本创业具有很明显的时代特征，它主要表现在以下几方面：

1. 知本创业是知识的"资本运动"

拥有知识是知本创业的前提条件，也是首要条件。知识本身并不会直接带来财富，但是加以组织，并以实际的行动计划精心引导，却能达成积累财富的目的。知识对于创业者来说是"潜在的"力量，当它经过"资本运动"转变为创业的知本，就会成为创业的力量。

2. 知本创业是一种创新过程

创新对于知本创业者来说具有十分重要的意义，创新既是创业的基础，又是创业的手段。按照熊彼特的观点，创新就是把一种从来没有过的关于生产要素的"新组合"，引入生产体系，并给企业家带来利润。知本创业者也只有通过创新过程才能够创业，他们通常也要将各种知识的组合引入生产体系，将知识转化为新工艺、新产品或新的服务。

知本创业与其他创业相比，不仅需要，而且非常需要创新精神和创新能力。比尔·盖茨就是知本创业的典型代表，他以创新为依托创办实业而取得成功。由此可见，知本创业是一种创新过程，创新是知本创业的灵魂。

3. 知本创业以知本性企业为目标

一般来说，知本创业所追求的长远目标是适应知识经济的需要，创办知本型企业。知本型企业一般具有以下特点：

（1）投入的物质成本较低。知本型企业的"物质资本"投入相对较低，"软件"投入占较大的比例。

（2）知本型企业易筹集资金及其他生产要素。一个企业的产生、发展和壮大是需要具备各种生产要素的，而且要依照一定合理的比例进行组合。知本型企业是智能型产业，它有传统产业无可比拟的优势，代表未来的发展方向，所以各种资源更易向知本型企业倾斜，使企业在市场资源配置不断变化的过程中获得有利的地位，在占有的资源市场份额上更具有优势。

（3）知本型企业产品或服务具有相对较短的生命周期。知识产权的保护虽然在不断完善，但是仍没有"硬"技术的保护那么发达，因此专有信息的生命周期相对较短暂。受到一定的市场条件限制，它们的生命周期普遍不长。市场信息的广泛传播，加速了专有产品的复制，因此，企业为了获得利润和专卖优势，必须不断地对其产品进行升级换代。

（4）产品或服务是智能型。这包括两个方面：一方面产品或服务本身是智能型，另一方面可以帮助使用者学习。

（5）知本型企业创办更容易。高智慧是知本型企业的主要生产要素，很多企业不像传统的企业那样必须有大量的投入（人力、物力、财力），所以对于学生来说，创办起来更加容易。

第三节　创业与职业生涯发展

一、广义与狭义的创业概念

"创业"的概念有广义与狭义之分。广义的创业，是指人类在社会生产生活的经济、政治、文化、军事等各个领域中所进行的具有开创性的活动；狭义的创业，主要是指创业者在经济方面的生产经营活动。无论是创办大型企业，还是小规模的个体家庭经营都是创业的范畴。

二、职业生涯的发展路线

职业生涯发展路线包括一个个发展阶梯，可以由低阶至高阶步步上升。每个人的基础素质不同，适合的职业生涯发展路线也就不一样。职业生涯发展路线主要有四种可供选择，即管理型路线、专业技术型路线、创业型路线、综合型路线。

1. 管理型路线

如果你有良好的交际能力，喜欢与别人打交道，并且对管理方面有着浓厚的兴趣，考虑问题理智全面，善于影响、监督、率领、操纵、控制组织成员，能为感情危机所激励，善于使用权力管理下级，那么你可以尝试管理方面的职务，也可以把管理这个职业本身视为自己的职业目标。管理方面的发展阶梯一般是从基层职能部门开始，然后向中级部门、高级部门逐步提升，管理的权限越来越大，独立性也会变大，承担的责任也相应地增加。

2. 专业技术型路线

专业技术型路线是指工程、财会、销售、生产、法律等职能性专业方向。共同特点是要求有一定的专门技术性知识与能力并需要有较好的分析能力，这些技能必须经过长期的培训与锻炼才能具备。这方面的人才大多在职业选择时，将主要精力放在工作的实际技术或职能内容上。即使提升，也不愿到全面管理位置，只愿在技术职能区提升。在本技术区达到最高管理位置，保持技术优势。相应的发展阶梯是技术职称的晋升及技术性成就的认可、物质待遇的改善等。

3. 创业型路线

创业型路线对选择者综合要求极高，不仅要有良好的创业能力和专业能力，还要具有良好的心理素质。因为创业的过程不是一帆风顺的，如果仅仅是因为一个暂时的跌倒就放弃了创业活动的话，那么不管你的专业技能和创业能力多么优秀，最终都是失败者。因此，创业活动要求创业者必须具有强烈的创造与成就愿望，极强的心理素质，能够承担风险，善于发现开拓新领域、新产品、新思维。

4. 综合型路线

综合型路线，顾名思义，在各个方面都能表现出自己独特的一面。如果开始时选择了专业技术方向，但仍然对管理有兴趣，并且希望在管理领域做出一番事业，也完全可以跨越发展：一开始从事某种技术性专业，不断积累充实自己的专业知识，奠定坚实的技术基础；然后，在适当的时候，转向专业技术部门的管理职位。事实上，现代社会中的很多地方都有这样的客观要求。

三、职业生涯的意义与作用

创业精神不是与生俱来的，而是在后天学习、思考和实践中逐渐形成的。创业精神一经形成，就会对人一生的发展产生重要影响。这种影响既体现在创业者创业准备和创业活动的始终，也体现在普通人的日常工作、学习和生活中。从某种意义上说，创业精神不但决定个人生涯发展的态度，而且决定个人生涯发展的高度和速度。

（一）创业精神决定个人生涯发展的态度

作为一个社会人，其生涯发展必然要受到各种社会因素的影响。但是，不同的人由于其对生涯发展的态度不同，所以在面临各种各样的发展机遇时，其选择也不相同。而创业精神作为一种思想观念、个性心理特征和行为模式的综合体，必然会对其生涯发展态度具有重要影响。例如，创业精神中思想观念的开放性、开创性，容易让人接受新思想、新事物，形成开放的态度，敢于开风气之先，从而想他人未曾想，做他人不敢做，成为事业上的领跑者。再如，创业精神中的创新精神、拼搏精神、进取精神、合作精神等，能使人树立积极的生活态度，在顺境中居安思危、不懈奋进，在逆境中不消沉萎靡，排除万难、励精图治，重新找到生涯发展的方向。有道是"态度决定一切"，在相同的个人禀赋和社会条件下，有创业精神的人因为有更积极的人生态度，所以更有可能发现和把握机会，更有可能取得事业上的成功。

【教学案例1.3】▶▶▶>>>

从中学开始的生涯规划

李想是"80后"的典型代表，泡泡网（北京泡泡信息技术有限公司）首席执行官。他的泡泡网是一家从事电脑硬件、个人和办公数码产品的信息服务的网站。2005年年底营业收入达2 000万元，利润50%，按通行的市场收购标准，即以20倍的市盈率来计算，占公司绝对股份的他，身家已过亿。2005年，从IT产品向汽车业扩张，创建汽车之家网站；2006年5月，被评为"中国十大创业新锐"。李想认为，如果一件事情比别人多付出5%的努力，就可能拿到别人200%的回报。"做事要认真"，李想每天都在这样要求身边的每一个人，因为他自己就是这个方式的受益者。

李想的家庭让他在高中时代就可以玩得起计算机和BBS，当他决定不上大学而选择创业的时候，家庭也支持了他，这可以算是李想成功故事的第一步台阶。

李想从个人网站开始，然后发展到拥有150名员工的团队。早期，李想说自己能够成功是因为兴趣和爱好；然后，支持李想继续进步的是责任心；最后，李想发现管理也是一门很有趣的学问，于是，他从一个发烧友、职业撰稿人转变为企业家。

李想定律

不是"海龟"，没有学历，在风险投资家眼里，李想的创业显得有些另类。如今，在专业IT网站排名靠前的五家，除他以外，都是靠几千万美金的投资"砸"出来的，只有他是靠自己滚雪球，因而让风险投资家大跌眼镜。

作为一个身家过亿的"80后"CEO，李想最初创业的目标就是赚。"当时觉得能赚上二三百万就不得了，很满足了，但当钱越来越多的时候，反而变成次要的东西，最重要的是带领团队去实现新的目标。"

最早接触计算机的时候，李想还是石家庄市的一个高中生。

"我是高三时开始上的网，当时上网还很贵，一个月要700~800元。"在此期间，李想迷上了个人网站，除了上学，他把所有的时间都用在计算机上，像许多电脑迷一样，他也建了一个个人网站。

"一开始是自己做着玩，但我这个人喜欢争强好胜，别人做得好，我就要比别人做得更好。"他把自己喜欢的电脑硬件产品都放在网上，有很多人上网和他交流，慢慢地就有了访问量，5个月后访问量达到1万人次/天。这时候，广告商就找上门来。

"当时所有的网站只要做得好都会有人给你投钱，而且他们什么要求都没有，只要能显示出来就行了。"当时李想的网站每个月有6 000~7 000元的广告收入，这对一个学生来说，简直太奢侈了，"赚钱原来很容易嘛。"但好景不长，1999年下半年互联网泡沫破灭，李想的广告一个都没了。

虽然遭遇挫折，但李想并不气馁，因为做网站让他找到了一个让自己全力以赴的事情，而且是自己特别喜欢的事情。因此高中毕业后李想没有选择继续读书，而是自己创业。"我觉得这个机会太难得了，早两年，没有这个机会，晚两年，这个机会可能又过去了。"2000年，李想和一个朋友创办了PCPOP（电脑泡泡）网站，初始投资就是自己做网站淘到的第一桶金，将近10万元。新网站很快就有了访问量，却见不着效益，因为在石家庄没有收入机会，李想决定移师北京。2001年年底，李想到了北京，一开始租了一间民房，半年后，网站访问量每天有3万~5万人，广告商又找上门来，而且开出的价格比原先还高。

2002年，他们搬到写字楼，这一年网站的收入达到50万元。迈出了第一步，以后的路似乎越走越顺，2003年他们的收入达到200万元。

假如一个事件比他人多付出5%的努力，就能够拿到他人200%的报答。扶持大学生自主创业，帮助他们选择好的创业项目，是许多人都愿意做的事情。李想天天都在借用这样的思想要求着身边的每一个人。比方同去参加一个新品展示，李想就请求PCPOP的文章要比别的媒体先进去，哪怕就比人家快5分钟，兴许你会因多做功课，少睡了10分钟，但结果就是第二天一切的网站论坛都是你的文章。厂商的认可、广告的投入就随之而来。

2005年5月PCPOP推出了一个独立的汽车类网站。2013年11月5日，中国垂直类汽车网站领导者汽车之家向美国证券交易委员会（SEC）提交上市申请，计划赴纽交所上市，募资12亿美元。按估值10亿美元计算，若汽车之家成功在美国上市，持股53%、年仅32岁的创始人李想的个人财富将达5 300万美元（折合人民币约32亿元）。

职业生涯历程

1998年前，给《电脑报》《计算机世界》等报刊撰写稿件；

1998年，做个人网站；

1999年，高中毕业；

2000年，注册泡泡网并开始运营；

2001年下半年，从石家庄来到北京，开始"正式的商业运作"；

2005年，从IT产品向汽车业扩张，创建汽车之家网站；

2006年5月，被评为"中国十大创业新锐"；

2007年6月，"汽车之家"日均浏览量突破千万，年营业收入1 000万元；

2009年，作为"汽车之家"和"车168"的创始人，28岁的李想实现了四年前由IT转型做汽车资讯的目标，而公司资产也从十年前的10万元升至两亿元；

2012年，汽车之家员工达到1 000人，营业收入9亿元；

2013年11月5日，中国垂直类汽车网站领导者汽车之家向美国证券交易委员会（SEC）提交上市申请，计划赴纽交所上市，募资12亿美元。李想身家超3亿元，手下团队900人。

（资料来源：http://www.wenzhaihui.com/lizhi/chuy/2016－08－03/13923_2.html）

【思考与讨论】

1. 通过李想的案例大家讨论一下职业生涯规划的重要性。
2. 请大家谈谈创业与生涯规划之间的关系。

（二）创业精神决定个人生涯发展的高度

创业精神是一个人核心素质的集中体现，它不仅决定了一个人在机遇面前的选择，而且决定了一个人的生涯目标和事业追求。具有创业精神的人，无论是创办自己的企业，还是在各种各样的企业事业单位就业，都会志存高远、目光远大、心胸宽广。这样的人不但在事业上会取得更大的成就，在个人品德和修为上，也会达到更高的境界。

随着国家经济、政治、文化、社会、生态"五位一体"的深入改革，社会结构将发生重大调整，各行各业将在变革中重新达到利益均衡，这既为个人的发展提供了更多的机会，也给其带来了更大的挑战。在这种背景下，大学生如果能够有意识地培养自己的创业精神，让个人理想与社会发展的趋势和节奏相吻合，就有可能使自己事业的发展达到计划经济时期无法想象的高度。但是，大学生如果在个人生涯发展上仍然沿袭计划经济时期的思维模式，不去主动规划自己的生涯发展，一切等着家长、学校和政府安排，一心想找个安稳、轻闲的"铁饭碗"，就很有可能一辈子也找不到理想的工作，甚至毕业就"失业"。

（三）创业精神决定个人生涯发展的速度

创业精神是一种主动精神和创造精神，这种精神能让人积极主动、优质、高效地做好自己承担的每一份工作，从而在平凡的岗位上做出不平凡的贡献。实践证明，具有创业精神的人，不管在什么岗位，不管从事什么职业，其强烈的成就动机，其追求增长、追求效益的欲望，都将转化为内心强劲的追求事业成功的标志动力。在这种动力驱使下，人们会将眼前的工作作为未来事业发展的起点，把握好生命中的每一个机会，实事求是、讲求实效、实干苦干、反对浮夸、反对空谈。在人类社会的发展史上，许多企业家正是凭借着这种精神，创造了从白手起家到富可敌国的财富神话；许多科学家、思想家、政治家、教育家和劳动模范,也正是凭借着这种精神,从一个普通学子成长为举世瞩目的世界精英。当前,我国正处于改革开放的攻坚时期,改革是一条从来没有人走过的路,既不能在"本本"中找到现成的答案,也无法从前人的经验中寻找固有的模式,更不能靠幻想和争论来解决出路问题。在这种背景下,富于创业精神的人,敢于靠自己的实践探索,"摸着石头过河",会接受更多的挑战,完成更多的任务,取得更大的业绩,因而会得到更快的发展。

【阅读资料1.2】 ▶▶▶>>>

生涯危机

工作对于一个人而言,是人生最重要的阶段,不仅衣、食、住、行要靠工作,自我的实现也不能脱离工作。然而根据美国劳工局11年来的统计,有一项令人震惊的事实:以从25岁开始工作至65岁退休计算,平均每100人中,经过40年的奋斗后,能成为巨富的只有1人;而经济独立不必依赖亲属的有4人;必须继续工作的有5人;破产的有12人;尚未到65岁死亡的有29人,而需要等待救济、抚养的共有49人。

(资料来源:京闻,职场悟语(下)[J].中国集体经济,2003(11):38-42.)

 四、大学生创业的现实意义

(一)大学生创业的社会意义

1. 大学生创业可以为社会提供更多的就业岗位

就业问题不仅是一个世界性问题,更是我国目前存在的一个必须解决的问题。现在,我国每年数百万的高校毕业生、数千万的高中和中专毕业生需要就业,难以计数的农村富余劳动力在寻求就业。面对如此庞大的就业大军,是不可能完全依靠行政的力量可以解决的,这就需要由企业特别是新的企业来解决,但是新企业的大量出现必须依靠大量的创业来实现。因此,创业企业越多,吸纳的就业人员也就越多,这一点毋庸置疑。

2. 大学生创业可以为社会创造新的生活

为了获得创业的成功,创业者必然要为社会推出新的产品、新的服务和新的经营方式。这一系列经营创新的结果都必将带来人们生活方式的改变和生活质量的提高。当爱迪生在创业中把自己发明的灯泡推向市场的时候,夜晚不再黑暗,从此人们才有了所谓的夜生活。当肯德基的创业者将秘方炸鸡、麦当劳的创业者把汉堡包通过连锁店推向全世界的时候,人们不出国门就可以享受美国的美味。当乔布斯的苹果公司推出苹果计算机、比尔·盖茨的微软推出BASIC语言、Windows操作系统以后,每个人的办公桌上拥有一台电脑由梦想变成了现实。当创业者推出了电子商务的服务平台以后,人们足不出户就可以买进卖出。观察我们的生活,几乎每天发生新的变化,这其中与创业型企业的大量出现是密不可分的。

3. 大学生创业可以促进社会的精神文明

大学生创业中体现出来的创新精神、开拓精神、奉献精神、科学精神、拼搏精神和合作精神必将成为我们新时代的社会精神,鼓舞着人们奋力向前。大学生在创业过程中进行的一次次公共关系活动,也变成了整个社会不可或缺的高尚精神和文化生活的重要组成部分。大学生创业成功后所表现出来的反哺社会和无私助人的高风亮节,也已成为精神文明建设的一面鲜艳的旗帜。

4. 大学生创业可以为我国的经济带来新的活力

一般来说,大学生创业特别是留学人员创业有以下主要特点:产品技术含量高;管理观念新;能带回资金和人才;与国外保持着密切的联系,便于及时跟踪世界高新技术发展,并有利于开展国际合作。而这四个方面恰恰是大学生创业最具活力的东西。

(1) 科技创业是大学生创业为我国经济带来的第一个活力。从"把互联网带到中国"的丁健、田溯宁,到成功开发出中国第一个打入国际市场的"星光中国芯"的中星微电子董事长邓中翰,到具有自主知识产权、覆盖防病毒和反黑客两大领域的网络安全产品研发与生产的启明星辰CEO严望佳,几乎每一个成功的大学生创业企业都选择了科技创业之路。可以说,中国IT业发展的每一步,都离不开科技创业大学生的努力。尤其是在互联网的起步与发展中,海归们既是急先锋,又是主力军。

(2) 大批专业精英人才进入经济领域,是大学生创业为我国经济带来的第二个活力。高科技、新经济、全球化改写了企业的游戏规则,纵观大学生成功创业的CEO,几乎全部出自IT、金融、传媒这些高利润的新兴行业。在这些领域里,新知识不断出现,经验降低了它的分值,前辈的话语权多少因此丧失,年轻CEO们有着高学历和国外留学的背景以及硅谷、华尔街的工作经历,从而可以高端进入,后来居上。中国企业领导人的"英雄时代"已近尾声,接下来是职业经理人时代、专业人才时代、MBA时代,中国企业将不可避免地由新一代的企业领导接棒。知识性、专业性、国际化、年轻化将会是影响新经济和传统经济接轨的重要因素。

(3) 解决了企业与风险资本的对接问题,是大学生创业给我国经济带来的第三个活力。在创业的大学生中活跃着一大批金融专家,为中国企业带来巨大的投资,像华平投资的孙强,美林的刘二飞,信中利的汪潮勇,中国创业的赵军,德意志银行的张红力,高盛的胡祖六,易凯资本的王冉等,都在为中国企业带来更多的资金。除了国外的风险投资,国内现在也开始出现了一些有影响力的风投公司。中国风险投资的发展速度虽然较快,但前进道路上还存在不少障碍。现今的中国还缺少有创业精神、能与投资人精诚合作的创业家,缺少有资本运营能力、有眼力的风险投资家,当然,目前最缺乏的还是风险投资的退出机制。

风险投资在中国的发展还任重道远。能够有勇气踏上风险投资快车的海归们,无疑是当今时代经济发展的开拓者和推进者,他们正为中国经济的繁荣做出不懈努力。

(4) 采用新的管理模式,是大学生创业为我国经济带来的第四个活力。美中经贸促进会高级顾问王张令瑜女士曾经说过:现在中国企业面临的最大危机是管理危机。中国商机无限,这其中也隐藏着令人担忧的问题,除了技术和人才方面,最危险的恐怕是在企业的管理方面。随着大学生创业大潮的到来,在某种程度上缓解甚至化解了这一危机。因为除了采用众多尖端技术,海外大学生创业者还把"现代经济元素"——企业的管理模式带回中国。全国人大常委会副委员长韩启德在评价海归创业者们对当代中国的贡献时,其中有一点是这样说的:"他们带来了对企业管理的重视和促进了新的管理理念的传播。"

（5）将中国市场融入全球，是大学生创业给中国经济带来的第五个活力。中国连续多年来成为全球吸引外国投资最多的国家之一。近年来，跨国公司加大了投资的力度和规模，全世界 500 强中的绝大部分都已经开始加大在华的投资，这和越来越多的大学生创业有关，特别是与海归创业大学生的参与有关。例如，NEC（中国）公司前总裁卢雷、MTV 中国公司前总裁李亦非、爱立信中国公司前首席市场执行官张醒生、陶氏益农中国区前总经理李雷、阿尔卡特中国区前副总裁刘江南、西门子中国一体化副总裁王春岩、Tom 公司前总裁王兟等一大批跨国公司在华企业的掌门人，作为精通中西文化，熟悉国际化运作的海归，成为跨国企业在华和中国与世界经济连接的桥梁和主力。

5. 大学生创业能够营造创业型文化

在此之前，我国大学生基本是生长在"吃老"和"分配"的文化氛围里。在吃老文化之下，家长不仅要负责学生 18 岁以前的所有事情，还要负责学生 18 岁以后的所有事情；在吃老文化之下，家长不仅要负责学生的生活，还要负责学生的一切。吃老文化使大学生变成了家长大树之下的燕雀，使大学生变成了现代社会激烈竞争的不适应者。在分配文化之下，学校不仅要负责大学生的学习，还要负责大学生的工作；在分配文化之下，学校不仅要负责大学生在校期间的事情，还要承担大学生毕业以后的事情。分配文化使高校的负担越来越重，使大学生缺少了自主创业的勇气。

大学生创业的文化精髓就是创造，其中分为两个层次：一是自己拯救自己，自己发展自己，自己创造新事业，自己创造新生活，就是变原来家长、学校主宰大学生的命运为大学生自己主宰自己的命运；二是不仅要拯救自己、发展自己，还要通过创业拯救社会、振兴社会，套用国际歌的歌词就是"从来就没有什么救世主，也不靠神仙皇帝，要创造人类的幸福全靠我们自己"。

随着大学生创业浪潮涌起，这种创造型文化必将强烈地冲击和取代吃老型文化和分配型文化，并且深刻影响着我们整个社会创造型文化的兴起。

【教学案例 1.4】▶▶▶>>>

梦想打造下沙"一卡通"

"校园一卡通"的功能和用途主要体现在校园消费、管理和金融应用（银行）等方面。消费：可直接支付校内的各种费用，如食堂就餐、商店购物、班车乘坐、上机上网、医院诊疗、资料复印、文件传真、洗衣、洗澡、理发、体育、礼堂等；管理：可用于身份识别、图书借阅、自行车存放、门禁出入、考勤考绩、教学科研、学籍学分、医疗信息等管理工作。

走进杭州下沙新城，在一些道路两旁可以看到一个叫"达斯指定消费场所"的灯箱广告。下沙高教园区的大学生只要花 25 元买一张该网站发行的"达斯卡"，在下沙 200 多家商户消费时就可以享受不同程度的折扣，即便是在杭州市中心繁华的延安路上，这些学生只要出示"达斯卡"，也能在一些商家享受消费优惠。随着加盟商户和持卡学生数量的不断增加，这个网站（www.51dass.com）被越来越多的人所关注。让人吃惊的是，瞄准学生商机办起这个网站的，竟然是四个在校的大学生。

办起这个网站的四名在校大学生叫吴敏、邱威荣、江利水和詹研，他们学的都是计算机专业。四人中只有吴敏一人有父母从商的家庭背景。目前正在浙江工业大学软件学院读大四的他，出生于中国畲乡——丽水景宁。受家庭氛围的影响，他打小就对商业、创业一类抱有浓厚的兴趣。在周围多数同学都还未对将来做规划时，他便已开始接触社会，到一些网络公司做兼职，做策划，积累经验。就读于浙江师范大学的邱威荣和江利水，是大学同班同学。在学校的三年，两人就已经有了多次的合作创业经历，开饭馆、卖小家电、二手摩托车等。

这些或成功或失败的创业经历，不仅丰富了他们的经验，更培养了他们之间很好的默契。而这些都是一个团队最不可或缺的东西。不过他们中最有创业经验的恐怕要数詹研。这位目前正在杭州电子科技大学软件工程系就读的大三学生，从小就很有生意头脑。1997年前邮票牛市，还在上小学的詹研便开始用零花钱炒邮，赚了几百元。上了初中，他炒银圆，又小赚了一些。读大学后喜欢玩网络游戏，他又琢磨着买卖游戏装备，白手赚了5 000元，后来代理游戏点卡生意，更是赚到了两万多元。

"这些小小的创业经历让我有着和别人不一样的观念：只要下了决心，就坚信自己可以成功。我最喜欢Nike的广告语：Just do it!"詹研说，小学的他是个乖学生，老师说干什么就干什么，中学的他是个好学生，怎样能提高成绩就干什么，大学的他是个野学生，觉得什么对就干什么，好几门考试不过关，后来被校方责令休学一年。休学期间，他开始冷静思考自己的将来，和吴敏、邱威荣、江利水几个好朋友琢磨一起创业的事情。

他们觉得下沙有全省最大的高教园区，学生的消费需求旺盛，但很多商机却没有人挖掘。四个怀着创业梦想的年轻人，瞄准了同一市场，自然而然地走到了一起。在进行了一番仔细激烈的讨论分析后，四人达成一致共识：打造一个全国一流的校园服务平台。先把下沙及周边的商业资源整合起来，建立一个面向校园的服务平台，让下沙高教园区的学生享受到尽量多的便利和实惠，待平台集聚起足够的人气后，许多可拓展业务便水到渠成。一幅美好蓝图已然浮现在四人脑中。"光会勾勒蓝图还不行，我们要当马良，画什么就实现什么！"吴敏认为，做平台跟做产品一样，营销是极为关键的环节，而取一个好名字可以说是成功营销的开始。"为什么叫达斯（DASS）呢？许多人看了之后都会不禁发问。虽然不明白为什么，但是否一下就记住了？阿迪达斯、哈根达斯是家喻户晓的品牌。而取个交集即得到达斯，权当傍一回大款吧。"吴敏得意地解释说。"除了一个好名字，一句好口号也是成功营销的必备元素。"吴敏说，四人苦思冥想，最终定下了这一句"爱你，是因为想你爱我"。"这个好记，又有意义。在一个服务平台，我们把它解释为'用心去服务您，就是希望您从心里去接受达斯，爱上达斯'，一个有了消费者的爱的产品，怎么可能没有价值呢？"定位明确后，说干就干。经过精心酝酿及筹备，2006年7月，杭州达斯计算机有限公司正式成立，"达斯校园服务平台"终于横空出世。

据了解，平台投资近20万元的资金基本上是四人大二、大三时靠在外兼职和做游戏点卡等小生意的积蓄凑起来的。"网站这个服务平台搭起来后，我们便开始一家一家上门与各类商户洽谈合作，近一个月便谈下了100多户。"吴敏说，目前达斯平台的联盟商户已超过200家，其中不仅包括了很多下沙的知名商户，还与延安路上的一些商户和宋城等一些旅游景点达成合作。点击该网站可以发现，联华超市、银时代饰品店、百福德健身俱乐部等知名商户和宋城集团旗下的知名景点都已成为该平台的联盟商户，持"达斯卡"均可享受不同程度的折扣优惠。"我们在大力发展联盟商户的同时,又利用新生报到、老乡会、电子竞技大赛活动等各种机会,大力发展会员,目前已有注册会员2万多人,其中持卡会员1万多人。"吴敏介绍说,目前他们公司已有固定工作人员11人,而且在下沙高教园区的14所高校中,每个学校都有5到10名左右的兼职人员。

(资料来源:http://szbz.hangzhou.com.cn/mrsb/html/2007-03/06/content_204869.htm)

【思考与讨论】

1. 下沙"一卡通"的创业经历哪些过程,给你的启示是什么?
2. 请大家谈谈大学生创业有哪些好处。

(二)在校大学生创业的现实意义

在校大学生创业不仅可以促进知识成果向生产力转换,推动社会财富的增加,而且从总体上有利于大学生的长远发展,缓解就业压力,壮大私营企业队伍,改善私营经济从业人员的素质结构。大学生创业的积极意义主要表现在:

1. 有助于增强进入社会之前必要的技能,培养积极的人生态度,确立正确的人生目标

一方面大学生创业培养了自身的胆量。所谓"不入虎穴,焉得虎子",只有敢于去做,敢于面对,才有成功的可能性。创业使大学生接触从而进入社会,对社会中层出不穷的现象及问题有了认识甚至面对的机会,进而在长期的适应过程中做到处之坦然、得心应手。另一方面,创业所应有的胆量是以一个人积极、乐观、刚强的人生态度为前提的。作为"准成人"的大学生,在面对困难、逆境时,只有以一颗顽强、乐观的心来视之,高墙般的困难才能变成脚下的踏脚石,而大学创业恰为其提供了最有效的锻炼,为大学生在面对未来漫长的路途时确立了正确的人生态度。

2. 从一定程度上减轻家庭负担以及自己的心理负担

2019年我国39.4%的人口仍在农村,农村收入增长缓慢,但大学生学习、生活的费用却在一定程度上有所提高,这样就形成了收入与开支二者之间的相互矛盾,使农村家庭不堪重负。在面对大学生高额的学费时,常使整个家庭陷入困境,进而导致大学生心理不健康等问题。创业无疑是大学生经济来源之一。通过创业不仅可以在一定程度上减轻家庭的经济负担,也可以使自己在经济状况中出现的自卑等心理问题得到缓解。据统计,师范类学校有近50%的学生会以各种方式联合在一起开设补习班、搞推销以及开店等,以此来开创自己的事业。

3. 创业是充实大学生活的一种有效方式

大学生活和高中生活有着明显的不同,这一转变往往使得大部分大学生感到空虚、无聊,尤其是大三、大四的学生,在学分将近完成或已完成而面临着沉重的就业压力时,这种感觉更是明显。鉴于此,如果处理不好,就会使自身养成很难改变的坏习惯,对将来的人生道路产生很深的负面影响。创业可以使大学生有事可做,从而使生活变得丰富多彩。

4. 在校大学生创业符合当前素质教育的大方向

大学教育不再像中学教育那样倾向于应试教育,而是大力提倡素质教育,要求学生不

仅要有渊博的知识，还必须具备较强的综合素质。现今的大学生自主创业正是素质教育的有利表现，将实践与理论相结合，既可以加深自己对理论知识的理解，又可提升自己的实践能力。

【教学案例 1.5】 ▶▶▶>>>

事业不在显赫一时，必将永远存在

关荣斌，鞍山师范学院化学与生命科学学院毕业生，一直梦想做一名光荣的人民教师；上学期间，经常做家教，在此过程中萌发了创业的想法。

创业历程：

2011年应聘成为某教育机构的教师；

2012年7月，成立自己的工作室——"关生化学工作室"；

2013年，成立鞍山知行教育有限公司，截至2014年年底，业绩达150万余元；

2015年年底，已经拥有3家分公司。

他是一位人民教师的儿子，实现的是教书育人的创业梦。忙的是教育，为的是学生。

也许是受家庭的影响，念高中的时候，关荣斌就梦想将来能够考取一所师范院校，毕业之后可以像父亲一样教书育人。

踏进了鞍山师范学院校门的他，那时虽然还是一名稚嫩的大一学生，但每每和别人提及他是在师范学院念书的时候，心里都会有一种未来将成为一名人民教师的使命感和荣誉感。2009年国庆放假休息，关荣斌接到了老师的一通电话，问他可不可以做家教，教初中化学，他欣然接受了。从专业知识的角度来讲，教授一名初中生还是很容易的。但如何能把复杂的知识体系讲解得更容易，能够让一名九年级的学生很快接受，提高成绩，对于当时的关荣斌来讲确实是一个很头疼的问题。在综合了自己高中时老师的授课方式及父亲的一些建议之后，他准备了足足两周时间，用自己的方法给学生进行讲授，最终得到了学生的认可。2010年6月下旬，随着中考的结束，关荣斌的这次家教经历也结束了。

2010年暑假，关荣斌通过应聘面试，进入了当地的一所教育机构。因为当时他还是大学生，没有太多的授课经验，当时只能做一名辅导教师，主要负责跟踪学生的授课进度及解答学生的一些基础问题。但他不放弃每个学习的机会，在辅导学生之余，他还经常去旁听一些讲师授课，希望可以多学习些知识和经验。同时，他也在心里暗下决心：明年暑假我也可以做一名授课讲师。

2011年暑假，通过一年的不懈努力，他真的应聘成为一名授课讲师。一切的一切，对于一个大学生来说，都很新鲜，同时也充满了无限的挑战。踏进课堂的那一刻，关荣斌的心中充满了能量。那一年的暑期过得很充实，开学回到校园，他充分利用了周末休息的时间去锻炼自己。

在不断的教学和学习过程中，随着关荣斌对教育行业逐渐地了解，他发现他所任职的机构在教学方面有很多需要改进的地方，例如新老师的培训、学员成绩更有效的跟踪等问题。凭着一腔热血，当初他提出了很多提议，却并没有得到领导的认可。在那之后，关荣斌便产生了自己的想法，他要把自己这些设想和需要改进的地方用于自己的培训学校，也就是说他要创立一所自己的培训学校。

2012年7月，经过了3个月的紧张筹备，他成立了自己的第一间工作室——关生化学工作室，并且凭借前期他所积累的经验，工作室运营得还一直良好。

2013年夏天，关荣斌将自己的工作室升级为鞍山知行教育有限公司，并有条不紊地组建了自己的创业团队。起初团队只有6个人，每个人除了授课，还要负责很多其他工作，比如行政制度的建设和考核，团队的发展方向定位，运营体制的确定，等等。那时，每位成员几乎每天要加班，定期开会讨论公司的发展方向、制度的改进等。正是因为团队成员的团结努力，2013年年底，他们的团队已经发展到了15人，各司其职，有条不紊地运营着。截至2013年年底，公司的业绩已经达到了40万余元。虽然当时大家对这个数字都很满意，但这并没有阻止他们继续前进的脚步，他们绝对不会满足于现状。

2014年年初，他们通过员工内训来提高教学质量，同时提高对学员和家长的服务质量。通过这一年的不断改进和团队稳定的建设，年底关荣斌团队的营业额已经达到了150万元。2015年年初，又开设了另一家分公司——鞍山知行教育湖南教学中心。截至2015年9月，已经拥有了3家分公司。

对这一路走来的经历，关荣斌深有感触，他说："创业容易，守业难。在未来，我们会争取在发展中求创新，制定更好的发展目标：（1）加快发展创建项目，争取资金搞投入；（2）打造品牌，提高信誉，占领市场，增效益。我们的目标虽然渺小，但我们力求更好！"

（资料来源：http://mip.nxing.cn/article/14273656.html）

【思考与讨论】

在校大学生创业能为我们带来哪些好处？

（三）大学毕业生创业的现实意义

随着高等教育从"精英教育"向"大众教育"迈进，高校毕业生就业形势日益严峻，大学毕业生数量将远远超过空缺岗位的数量。有专家指出，近几年城镇每年需要就业的人数将保持在2 400万人以上，而在现有经济结构下，每年大概只能提供1 100万个就业岗位，年度就业岗位缺口在1 300万左右。因此，今后在很长时期内，大学生将面临更为严峻的就业形势，大学创业具有现实意义。

1. 有利于缓解大学生就业压力

大学生创业有利于解决大学生就业难的问题。创业能力是一个人在创业实践活动中自我生存、自我发展的能力。一个创业能力很强的大学毕业生不但不会成为社会的就业压力，相反还能通过自主创业活动来增加就业岗位，缓解社会的就业压力。为此，国家各级党政部门，纷纷把"鼓励和支持高校毕业生自主创业"作为化解当前社会就业难的主要政策之一。

2. 有利于大学生自我价值的实现

大学毕业生通过自主创业，可以把自己的兴趣与职业紧密结合起来，做自己最感兴趣、最愿意做和认为最值得做的事情，在五彩缤纷的社会舞台中大显身手，最大限度地发挥自己的才能，并获得合理的报酬。当前社会鼓励大学生创业，虽然是从化解就业难的角度出发，但从大学生自身来说，其创业的主要原动力则在于谋求自我价值的实现。而只有提高大学生创业的比例，整个社会才能形成创业的风气，才能建立"价值回报"的社会新秩序。

3. 有利于大学生自身素质的提高

我国高校扩招以后，伴随着就业压力，大学生素质与我国高等教育的水平一直为人所诟病。在提高大学教育管理水平与大学生素质的各类探索实践中，大学生创业无疑是最经济、最有效的办法之一。通过创业与创业实践，大学生可以充分调动自己的主观能动性，改变自身就业心态，自主学习，独立思考，并学会自我调节与控制。也只有这样，大学生创业才能成功。对于一个能自我学习，懂得如何管理自己的时间与财务，善于拓展人脉关系，并能够主动调适工作心态，积极适应社会的大学生，其就业将不存在任何问题。

4. 有利于培养大学生的创新精神

创新是一个民族的灵魂，是一个国家兴旺发达的不竭动力。青年大学生作为中国最具活力的群体，如果失去了创造的冲动和欲望，那么中华民族最终将失去发展的不竭动力。大学生的创业活动，有利于培养勇于开拓创新的精神，把就业压力转化为创业动力，培养出越来越多的各行各业的创业者。美国作为世界最发达的国家，其大学生的创业比例一直在20%以上。美国前总统里根曾说："一个国家最珍贵的精神遗产就是创新，这是国家强大与繁荣的根源。"中国的未来在于大学生，中华民族的精神永恒则在于大学生旺盛的创造力与创新追求。

本章小结

创业是在信念指引下，体现创新性与开拓性的社会活动过程，既能实现创业者的个体价值，又有利于推动社会发展。创业需要机会、团队、资源等基本要素，经过机会识别、资源整合、创办新企业、新企业生存和成长四个主要阶段。创业活动离不开创业精神，创业精神的本质主要指勇于创新、敢担风险、团结合作、坚持不懈等内容；创业精神有助于为创业者提供战胜挫折的精神动力；创业精神的培育离不开校园文化的培养与社会条件的支持。创业活动的发展与经济转型密不可分，在知识经济时代，应以人为本，尊重知识、勇于创新。创业对人生的规划与发展影响深远，创业活动中培养出的创业能力，有利于创业者更好地从事社会实践，更快并优质化地实现个人职业规划目标。

复习思考题

1. 结合本章介绍的创业分类，你还可以说出哪些创业类型？
2. 在众多的创业活动中，你喜欢哪种或哪些类型的创业？为什么？
3. 为什么创业精神对于创业成功与否起着至关重要的作用？
4. 经济转型对于创业方式的转变产生了哪些影响？

第二章　创业者与创业动机

教学目标

学习完本章之后，学生能够达成以下目标：
1. 了解创业者内涵；
2. 掌握成功创业者应具备的基本素质；
3. 熟悉创业动机的含义及分类；
4. 认识财务自由。

导入案例

教学视频

一张借条引发的千万富翁

2006 年 11 月 30 日晚上，浙江理工大学举行了一场别开生面的报告会，报告会的主角是一位年仅 26 岁的千万富翁。浙江理工大学服装学院党委副书记王伟介绍道："今天非常高兴请来了我们学院的优秀校友吴立杰先生，他在校期间就已经是百万富翁了。大家欢迎！"

吴立杰谦虚地说："刚才王老师把我说得那么好，其实没有，只能说还可以吧。其实我的创业是从一张从借条开始的……"

这个宣称从一张借条开始创业的年轻人，是浙江省泰顺县埠下村的第一个本科大学生。他从小喜欢画画，2000 年以优异的成绩考取浙江理工大学。然而，像不少农村孩子的遭遇一样，吴立杰的父母想尽办法也凑不齐他上大学的第一笔费用。

吴立杰说道："学费，还有一些自己的费用，总共加起来，一年要 1.8 万元。这对我们这种家庭可能就是一个天文数字了。"眼看就要开学了，可学费还没有着落，最后吴立杰的姐姐吴金蝉，东挪西凑了 1 万元才解了燃眉之急。吴立杰郑重许诺，一定要早日还上姐姐的钱。

吴金蝉说："不用还了。"

吴立杰却说："如果你不要我还的话，我情愿不读书，大学我都不上。姐，借你 1 万元钱，我必须要写借条。"

吴立杰说道："写这张借条我到目前还记忆犹新，我是这样写的：借条，吴立杰向我姐姐借现金 1 万元，2000 年 8 月 25 日。"

2000 年 9 月 1 日，吴立杰如期跨入大学的校门。一张沉甸甸的借条变成了吴立杰创业的动力,也预示着他的大学生活从此与众不同。吴立杰说:"跨入大学的第一天,我就给自己定了一个目标,我必须要一边读书,一边赚钱。"

吴立杰学的专业是服装设计,日常功课就是画服装图、设计面料和服装款式。每个学期,学校都要把学生设计的好作品张贴出来。吴立杰多次在这里展出自己的作品,有几次还在国家级的服装设计大赛中获奖。吴立杰的同学李萍说他每次都是精益求精,一张不行再画第二张,第二张不行再画第三张,反正画得很多。吴立杰在校是一个普通学生,不同的是他没有纸上谈兵。从大一后半学期开始,吴立杰一边把画图作业交给老师评判,一边悄悄地走出校园,拿自己画的图和商场里的服装对照。他谋划着要用学到的东西,赚自己的学费,还姐姐的钱。

杭州是一个时尚而休闲的城市,时装店琳琅满目,服装比比皆是。凭几张服装图去赚钱谈何容易!吴立杰上大学的第一个暑假几乎是在杭州的街头度过的,带着一包画好的服装图,他跑了无数的服装公司。

这之后,吴立杰改变了策略,由漫天撒网变成主攻一家。他选择了一家在杭州比较有影响的服装公司。

第一次去,被保安拒之门外;

第二次去,老板出差不在;

第三次去,老板有事太忙;

直到第八次去的时候,老板终于发话:在门厅等候。

吴立杰说:"最后这一等,等到下午6点钟。"

这个人叫方伟明,是这家服装公司的老板,他就是吴立杰要等的人。

方伟明介绍道:"我到晚上下班的时候,看他还在等,等了一天。他当时呢,也没拿其他东西,就拿了几张样图过来。"吴立杰当时带了30多张画好的服装样图,对方经过左挑右拣最后选用了8张。

方伟明说:"他跑了几趟也很辛苦的,给他一点报酬嘛,50元一张图,付了400元给他。"吴立杰却感觉一下子好像自己的口袋装了好几万元钱一样,感觉这个钱沉甸甸的,心里在想,花了这么多时间画这个稿子,我今天晚上要好好大睡一觉,但是却怎么也睡不着,心里美滋滋的。

就在吴立杰兴奋不已的同时,对方也觉得400元买了8张图是拣了个大便宜。原来,当时在杭州请一个服装设计师,一年少说也得五六十万元的酬劳。所以公司痛快答应了吴立杰月工资600元的打工要求。

当然,打工赚钱并不容易。其打工的地方有一家国外品牌服装在杭州的代理公司,当吴立杰去这家公司打工时,第一次见面老板就给他出了一道难题:法国的一个西装品牌在国内市场怎么开拓。

这道题难住了吴立杰,他只好返回学校,与同学一起商量对策,并向几位老师请教。浙江理工大学工部部长胡天生说:"好多专业老师都很支持他,因为他自己有这方面的创业激情。"

一周以后,吴立杰带着两个建议再一次来到公司。一个建议是,欧式服装在中国卖,要根据中国人的体型适度缩小。该法国品牌的西装当时进来的时候,板型纯粹是欧版,衣服后面是开衩的。吴立杰的意思是这些衩全部不要,做成平板的,把这个腰再收一点就比较合身了。接着,吴立杰又抛出了第二个建议,找专业模特穿改版后的服装照相,制成形象画册,向消费者发放。公司欣然同意,并委托他全权操作。

服装公司经理方卫志说:"他工作纯粹是义务做的,勤勤恳恳的,也就是在学,我知道小吴刚来的时候也没想急于赚钱。"吴立杰回忆说:"实际上我当初做这本画册不是为了赚钱,是为了把我做画册的牌子做出来,因为下次我拿了这本资料,到任何一家公司都是谈判的一个筹码了。"

接下来发生的事证明了吴立杰的判断。当他拿着做好的画册去其他公司揽生意时,效果立竿见影。吴立杰打工的第一家公司也愿意做一本,并一口答应了吴立杰4万元的开价。方伟明说:"4万元,我就一口答应他们了,因为这个便宜啊,市场经济嘛,肯定是外边再加个4万元都不够。"

那么,市场上两个4万元都做不出来的东西,吴立杰为什么用一个4万元就能做呢?吴立杰介绍说:"第一呢我自己亲自去找模特,这样模特可以省掉成本一半;还有我本身会设计,设计这一块是这本画册上最重要的。这一块,等于我净赚了。"

吴立杰用低价做出了对方满意的画册,而且还从中赚了整整两万元。那天晚上,吴立杰回到学校的脚步格外轻松,因为不仅一学期的学费有了着落,而且姐姐的那1万元的欠款也终于能还上了。吴立杰说:"自己第一次赚了这么多钱,第一次拿了这么多两沓的钞票,第一件事情,马上到银行把钱打给我姐姐,就是她借给我的1万元。"

吴立杰一边上学一边赚钱,过得忙碌而快乐。但有一天,他突然改变了思路,好好的工作居然不干了!吴立杰说:"那时候在杭州的服装企业最起码有4 000家,但真正为服装品牌服务的公司实在太少了,感觉这里有一个很大的商机。以前是经常跑来跑去,这家兼职,那家兼职,倒不如自己成立一个品牌公司,专门为他们服务。"

2002年年初,吴立杰注册了一家服装品牌策划公司,核心工作就是设计服装、布置店面、为服装公司做形象画册。课堂上的知识和打工得来的经验让吴立杰干这一行如鱼得水。大二后半年,他一共为五十多家服装企业做了形象画册,源源不断的生意让吴立杰迅速身价百万。策划做了两年,赚了将近300万元。

2004年7月,吴立杰大学毕业。就在多数同学发愁何去何从的时候,他却开始大量招工。身价百万的吴立杰觉得搞设计、做画册只不过是小打小闹,他要直接办厂生产服装和皮具。

吴立杰讲道:"感觉自己手头有这么多的现金,那种像爆炸的心理一样,当时一招聘就100多号人,开始启动我的梦想,大量地生产服装。"吴立杰把做画册赚的300万元全部投入办厂。然而始料未及的是,做画册轻车熟路的他办起厂来却是一头雾水。因为管理不当,短短三个月就严重亏损,吴立杰进退维谷。

吴立杰说:"搞那么大一个厂,自己顿时感到力不从心,绝对是力不从心。"吴立杰兼职时的朋友周勤荣知道情况后,建议他悬崖勒马立即停产。"我说你不适合搞工厂,为什么?因为你对内部的管理这一块,比方说对下面怎么制定一个考核机制、怎么制定一个奖励机制把握不了。"

在朋友的建议下,吴立杰把厂子承包给了别人,还算保住了本钱。最后双方商定,由吴立杰负责设计和推销,对方负责按要求生产服装。脱开生产环节后,吴立杰开始集中精力搞销售,2005年一年销售服装10万件,纯利润350万元。

2006年，吴立杰有了更大的想法，他找到当初大学打工时的第一家公司，提出联合经营的思路，由吴立杰出技术，对方出资金，共同开拓全国市场。方伟明说："他看中我们的，关键是在营销方面，我们搞了这么多年，有营销方面的网络；还有一个方面，是我们的社会关系。"

吴立杰借助对方的销售网络，把服装和皮具卖到了15个省市，赢得了更大的利润。吴立杰白手起家，自主创业，就在还上姐姐1万元借款之后的短短四年里，已经赚了足足1 000万元。

（案例来源：《北京教育：成功就业版》，2007年）

【思考与讨论】
1. 吴立杰是否具备创业者的素质特征？
2. 吴立杰的创业动机是否强烈？你的创业动机如何？

第一节　创业者与创业者素质

一、创业者内涵

广义的创业者指创始人。狭义的创业者是指创业活动的推动者，是活跃在企业创立和新创企业成长阶段的企业经营者。创业者是主导劳动方式的领导人，是能够无中生有的人，是需要具有使命、荣誉、责任能力的人，是组织运用服务、技术、器物作业的人，是一种具有思考、推理、判断的人，是一种能被人追随并获利的人，是一种具有完全权利能力和行为能力的人。创业者既可以是个人，也可以是团队。

创业者并不等同于企业家，因为很多创业者在早期并不可能完全具备企业家必备的特质。创业者只有不断完善个人素质，带领企业获得商业上的成功，才可能逐步成为真正的企业家。

创业者不是神话。创业教育创始人之一彼得·德鲁克曾经说过："创业不是魔法，也不神秘，它与基因没有任何关系。创业是一种训练，就像任何一种训练一样，人们可以通过学习掌握它。"创业教育专家布罗克豪斯也曾经指出："教一个人成为创业者，就如同教一个人成为艺术家一样。我们不能使他成为另一个梵高，但是我们却可以教给他色彩、构图等成为艺术家必备的技能。同样，我们不能使他成为另一个布朗森，但是成为一个成功的创业者所必需的技能、创造力等却能通过创业教育而得到提升。"可见，一个人通过适当的学习和实践以及经验的积累，完全可以通过后天培养成为创业者，每个人都具备成为创业者的潜力。

【教学案例 2.1】 ▶▶▶>>>

马云三次最经典的创业经历

马云 1964 年出生于杭州西子湖畔的一个普通家庭。1982 年 18 岁的马云第一次高考失败进入社会谋生,先后当过秘书、做过搬运工,后来给杂志社蹬三轮送书。一次偶然的机会马云在帮浙江舞蹈家协会主席抄文件的时候接触到路遥的代表作《人生》,这本书迅速改变了马云的思想,马云从书中体悟到"人生的道路虽然漫长,但关键处却往往只有几步",遂下定决心,参加第二次高考。

1983 年 19 岁的马云第二次高考依然失利,总分离录取线差 140 分,但受《排球女将》永不言败的精神激励,准备参加第三次高考。因为家人反对,只得白天上班,晚上念夜校,但决心永不放弃。

1984 年 20 岁的马云第三次高考艰难过关。他的成绩是专科分数,离本科线还差 5 分,后因马云所报专业招生不满,马云被调配到外语本科专业,捡了个便宜,跌跌撞撞、摇摇晃晃进入杭州师范学院本科。

1988 年 24 岁的马云大学毕业后进入杭州电子科技大学当英语老师。

1988 至 1995 年在杭州电子科技大学任教期间,业余时间在杭州一家夜校兼职教英语,同时帮助别人从事英语翻译。1995 年辞去大学教师工作。

第一次:创办海博翻译社

1994 年 30 岁而立之年的马云开始创业,创立杭州第一家专业翻译社——海博翻译社。马云之所以要办翻译社,主要是因为三个方面:一是当时杭州很多的外贸公司,需要大量专职或兼职的外语翻译人才;二是他自己这方面的订单太多,实在忙不过来;三是当时杭州还没有一家专业的翻译机构。

很多人光有想法,从来都不会有行动。但是马云一有想法,却是马上行动。当时是 1992 年,马云是杭州电子工业学院的青年教师,28 岁,工作 4 年,每个月的工资还不到 100 元。但没钱,不是问题,他找了几个合作伙伴一起创业,风风火火地把杭州第一家专业的翻译机构成立起来了。

创业开始,也是举步维艰,第一个月,翻译社的全部收入才 700 元,而当时每个月的房租就是 2 400 元。于是好心的同事、朋友就劝马云别瞎折腾了,就连几个合作伙伴的信心也发生了动摇。但是马云没有想过放弃,为了维持翻译社的生存,马云开始贩卖内衣、礼品、医药等小商品,跟许许多多的业务员一样四处推销,受尽了屈辱,受尽了白眼。

整整三年,翻译社就靠着马云推销这些杂货来维持生存。1995 年,翻译社开始实现赢利。现在,海博翻译社已经成为杭州最大的专业翻译机构,虽然不能跟如今的阿里巴巴相提并论,但是海博翻译社在马云的创业经历中也画下了重重的一笔。

海博翻译社给马云最大的启示就是:永不放弃。

没有钱,只要你永不放弃,你就可以取得成功。

第二次:创办中国黄页

中国黄页是中国第一家网站,虽然是极其粗糙的一个网站。网站的建立缘于马云到美国的一次经历。1995 年年初,马云参观了西雅图一个朋友的网络公司,亲眼见识了互联网的神奇,他马上意识到互联网在未来的巨大发展前景,马上决定回国做互联网。

创业开始,马云仍然没有什么钱,所有的家当也只有6 000元。于是又变卖了海博翻译社的办公家具,跟亲戚朋友四处借钱,这才凑够了80 000元。再加上两个朋友的投资,一共才10万元。对于一家网络公司来说,区区10万元,实在是太寒酸了。

很多人都说,做网络公司,没个几百万上千万是玩不转的。又有人说,如今的环境跟马云创办中国黄页的时候截然不同了,那时10万可以,现在肯定不行。我说,这全都是借口。说这样的话的人,这辈子也不可能有什么大的成就,因为他们眼里看到的都是困难。

对于中国黄页来说,创办初期,资金也的确是最大的问题。由于开支大,业务又少,最凄惨的时候,公司银行账户上只有200元现金。但是马云以他不屈不挠的精神,克服了种种困难,把营业额从0做到了几百万元。

当然,后来中国黄页被杭州电信收购了。但是我以为,中国黄页在马云手里,依然是成功的。

第三次:创办阿里巴巴

阿里巴巴无疑是中国互联网史上的一次奇迹,这次奇迹是由马云和他的团队创造的。

但是阿里巴巴创业开始,钱也不多,50万元,是18个人东拼西凑凑起来的。50万元,是他们全部的家底。然而,就是这50万元,马云却喊出了这样的宣言:我们要建成世界上最大的电子商务公司,要进入全球网站排名前十位!

那是1999年。1999年,中国的互联网已经进入了白热化状态,国外风险投资商疯狂给中国网络公司投钱,网络公司也是疯狂地烧钱。50万元,只不过是像新浪、搜狐、网易这样大型的门户网站一笔小小的广告费而已。阿里巴巴创业开始时相当艰难,每个人工资只有500元,公司的开支一分钱恨不得掰成两半来用。外出办事,发扬"出门基本靠走"的精神,很少打车。据说有一次,大伙出去买东西,东西很多,实在没办法了,只好打的。大家在马路上向的士招手,来了一辆桑塔纳,他们就摆手不坐,一直等到来了一辆夏利,他们才坐上去,因为夏利每公里的费用比桑塔纳便宜2元。

2007年11月6日,阿里巴巴在香港联交所上市,市值200亿美金,成为中国市值最大的互联网公司。马云和他的创业团队,由此缔造了中国互联网史上最大的奇迹。马云的成功绝非单单因为他比我们早创业10年!也许你认为马云恰逢时运,你生不逢时;也许你认为马云资金雄厚,你身无分文;也许你认为马云运气高照,你霉字当头;但你不要忘了马云两次高考落榜,做过搬运、蹬过三轮、当过小贩;你不要忘了阿里巴巴创业之始35个人挤在一个房间,大家要集资才能创业,马云要靠借贷才能发工资;你不要忘了马云身高1米62,体重仅100出头,中国黄页推出之初很多人说他是骗子。马云的创业成功绝非偶然,那是智慧和勇气的结晶,那是信心与实干的结果,那是领袖与团队的无间结合。

马云给我们的意义更在于马云说过"如果马云能够成功,我相信中国80%的人都能成功",如果你能像马云一样敢思、敢想、敢说、敢做、敢为天下先,那你也可能实现自己的阿里巴巴帝国。

马云创业史的具体历程如下:

1. 1992年,第一次创业,成立海博翻译社,初次历练,获得最重要的创业经验——不能选择无法规模化的创业项目;

2. 1995年,创办"中国黄页",与互联网接触,不了解资本的滋味导致失败;

3. 1997年，加入外经贸商务信息中心，创业团队理念相同至关重要；
4. 1999年，创立阿里巴巴，七年创业铺就阿里巴巴，阿里集团最神秘的"隐形人"蔡崇信加入阿里，资本市场核心人才助力马云；
5. 2000年，软银孙正义投资阿里，蔡崇信发挥重大作用，同年阿里首次危机——裁员，没有盈利模式时有很多员工是危险的，同年举办"西湖论剑"，打造企业文化；
6. 2003年，成立淘宝网，创办支付宝，成熟的商业项目运作；
7. 2004年，网商大会，为电子商务生态圈鸣锣开道；
8. 2005年，阿里联姻雅虎，名满天下，谤亦随之；
9. 2006年，淘宝大战eBay，马云致命三动作击败eBay，同年在《赢在中国》任评委，奠定创业教父地位；
10. 2007年，B2B上市，马云成为符号，但也开始沉默；
11. 2008年，做阿里巴巴云，淘宝之后又一重要战略，不懂技术但要会判断技术；
12. 2009年，马云造节"双十一"，线上狂欢；
13. 2010年，拆支付宝，无法遏制的负面舆论，同年阿里巴巴实行"合伙人制度"，与港交所隔空辩论；
14. 2011年，阿里巴巴供应商涉嫌欺诈，阿里集团诚信反腐，将伤口给别人看，同年，拆分淘宝；
15. 2013年，布局物流，成立"菜鸟"；
16. 2013年，余额宝诞生，进入艰难的领域；
17. 2014年，阿里巴巴移动新布局，从IT到DT，这一年，阿里上市，全球市值最大互联网公司诞生。

看过马云创业故事，可以总结出以下几点：
1. 不甘落后，永不放弃。三次高考，两次失败只是更加激励马云坚持不懈、必须成功的信念。
2. 反应敏锐，思路清晰，善于发现和把握网络发展规律。从中国黄页到阿里巴巴到淘宝到支付宝到阿里妈妈都验证了这一点。
3. 胆大心细，一往无前。先是作为杭州十佳教师辞职下海，然后离开和杭州电信合作的中国黄页，离开和外经贸部合作的中国国际电子商务中心（EDI），一是大胆、一往无前、不留退路，二是心细，虽然离开，其实心中已经酝酿了一盘更大的棋局。
4. 激情四射，魅力服人。马云先后离开与杭州电信和外经贸部合作的公司，手下员工都愿意放弃更好的条件，甘愿吃苦受累追随马云重新创业，当年创业的18个人至今仍然追随马云发展。马云更能通过个人魅力和激情吸引某国际风险投资公司的亚洲代表蔡崇信放弃工作追随，六分钟搞定软银孙正义投入2 000万美元的风投。
5. 相信自己，理智分析。马云对自己有超级的自信，在阿里巴巴创业的第一次会议上马云就预告了未来，要求全程摄影，以此作为历史见证。很多人说马云狂妄，但马云说过自己创立海博网络的时候靠的是勇气和眼光。阿里巴巴创业初期马云要求合作伙伴"用闲钱投资，不允许借钱，因为失败的可能性极大"。马云很狂很自信，但相信这是他基于理智分析的结果。一个人成功一次是偶然，但马云自1999年阿里巴巴创业成功至今的不断发展，我们不能说马云只有大胆和自信，这里面肯定还包含了智慧和理智。

（案例来源：http://baijiahao.baidu.com/s?id=1598052009615713795&wfr=spider&for=pc）

【思考与讨论】
1. 你认为马云具备创业者的哪些内涵？
2. 创业者的内涵是什么？

 二、成功创业者的素质特征

【教学案例2.2】 ▶▶▶>>>

真正的成功是可以设计的！

"真正的成功是可以设计的！"这是辽宁省大学生创业典型、英语教育专家、辽宁百家教育集团董事长张晓旭的创业感言。张晓旭在大学期间便已经开始了创业尝试，从骑自行车去做家教到成立辽宁百家教育集团，他仅用了短短的7年时间。他努力探索教学方法和经营模式，用勇气和毅力演绎一场"疯狂"的大学生创业大戏。

2012年，张晓旭创办的百家外语遍布沈阳、大连，旗下拥有了博普雅思、兜兜少儿英语、拓文中学等教育品牌。目前，以辽宁百家外语、百家创投、百家翻译、百家传媒等为主体的百家教育集团已名震东北。

积极探索　奠定创业基础

张晓旭毕业于大连理工大学，还在大一时他便开始做英语家教，在这期间通过研究与尝试总结出一套独具特色的教学方法，这就是"K式思维"。刚上大三时，张晓旭就凭借着过硬的教学能力成为大连"疯狂英语"的副校长。

2004年，刚刚走出大学校园的张晓旭在大连已经小有名气，某国内知名教育机构想要出资100万元收购"K式思维"的专利所有权，并愿以年薪70万元来聘用他。面对如此大的诱惑，张晓旭却不为所动，因为他的心中编织了一个创业梦想，他拿出了在大学期间积累的全部积蓄开办了大连百家外语学校。学校创办的初期，张晓旭并非顺风顺水，资金、场地、人员等问题时常困扰着他，但每次遇到这些问题时他都咬紧牙关坚持，寻求解决问题的方法。伴随着时间的推移，他的"K式思维"教学法逐渐形成体系，展现出巨大的核心价值，并得到了学生及家长的认可，百家外语走上了正轨。

初创成功的百家外语并没有就此停下脚步，张晓旭带领他的团队又开始探索"K式思维"教学体系与中、高考教学的融合。同时，他也开始思考创业之路该如何能走得更好、走得更宽、走得更远，于是张晓旭又开始了新一轮的"创业设计"。

理性思考　拓展创业空间

在创办百家外语的过程中，张晓旭收获了很多的感悟。他深知将百家外语做成一个家喻户晓的品牌，除了拥有先进的教育理念和优秀的教学团队，植根于社区才是学校发展的基础，办社区学校的想法逐渐在张晓旭的脑海中清晰起来。

张晓旭首先将目标锁定在大连高新园区，2007年1月百家外语软件园分校正式成立。这所分校在成立初期并不被人看好，很多人更是等着看张晓旭的笑话，然而张晓旭又让人刮目相看了。走进社区，办社区英语活动，将培训服务送进学生家庭，让百家外语迅速在软件园区打开市场，学生纷纷慕名而来，张晓旭的"创业设计"再次成功。

软件园分校成立不久，张晓旭又开辟了大连交通大学2号教学区。与此同时，百家外语加进了新的培训项目，日、韩语培训和大学四、六级英语培训，由此开始进军大学，开辟高端教学市场。

也正是在这个时候，张晓旭开始以一个"大学生创业者"的身份来审视大学生创业问题，帮助大学生创业的想法在他的脑海里浮现。他开始用行动来践行这个想法，吸收大学生创业者来到百家外语创业团队，为有志于创业的大学生提供舞台。

"大连百家外语学校愿意为每一位有梦想、有抱负、有热情的大学生搭建起一个专业、开放的发展平台"——张晓旭。

跨越发展　成就创业梦想

发展才是硬道理，只有发展才能更好地生存。2009年，在外语培训行业普遍收缩的大环境下，张晓旭又一次做出"疯狂"的举动，他卖掉了居住的房子，又多方筹资，力图打造大连外语旗舰校。2010年1月，旗舰校正式开业，一跃成为大连市最大的英语学习中心，良好的教学环境、清新的教学氛围堪称行业内的典范。

2011年，百家外语对大连博普雅思进行了强力收购，在完整吸纳博普雅思教学团队的同时，百家外语也完成了自身产业链的搭建。实际上，在被收购之前，博普雅思已经是大连雅思培训界的佼佼者，这一收购案引发了大连培训界的一次强震，《大连晚报》《半岛晨报》《新商报》争相推出整版报道，百家外语轰动一时。

2012年，百家外语走出大连，进军沈阳，百家教育集团初具规模。也是在这一年，酝酿多年的扶持大学生创业的想法开始付诸实际，以扶持大学生创业为己任的辽宁百家创业投资公司正式成立。10月30日，辽宁百家"创投基金"落户大连东软信息学院，并向大学生创业中心（SOVO）注资300万元用于扶持大学生创业，"百家创投"自此在扶持大学生创业的道路上迈出了坚实的一步。未来将会有越来越多的大学生创业者融入百家创投，在其支持下开启创业航船。

张晓旭的创业之路离不开"设计"，更离不开他敢为天下先的勇气与毅力，这是每一个大学生创业者都需要拥有的一种创业精神。

【思考与讨论】

1. 你认为张晓旭具备哪些创业者的素质特征？
2. 这个案例给了你哪些启示？

在创业的诸多要素当中，创业者的素质往往是决定创业能否成功的最关键要素，它的重要性甚至远远超过创业项目本身和创业资金的状况。一个成功的创业者一般需要具备以下四个方面的素质特征。

（一）创业意识

1. 强烈的创业欲望

成功的创业者往往在创业之前和创业的过程中具有强烈的创业欲望。著名的房地产商人冯仑曾经有过这样一段非常精辟的论述，他说："企业家的预期和他的努力相互作用，预期越高努力越大,努力越大预期越高,这两个作用力交替起作用,逼着企业家往前冲。"创业者的欲望决定着创业开始与过程中的斗志与动力。

2. 坚定的创业信念

坚定的创业信念是指创业者在创业行为中所持的坚定不移的态度和坚决执行下去的观念,是认识、情感和意志三者的有机融合与统一。既然选择了创业,就要保持自信、坚定果敢地走下去。美国成功学家罗宾说过:"面对人生逆境或困境时所持的信念,远比任何事情都来得重要。"日本企业家松下幸之助也说过:"在荆棘的道路上,唯有信念和忍耐能开辟出康庄大道。"

3. 积极的创业心态

创业的过程很可能不是一帆风顺的,遇到困难与挫折在所难免,消极的心态必然会成为创业成功的巨大阻力。大学生要想创业成功,必须保持积极向上、锐意进取的乐观心态。积极的心态是创业成功的催化剂,而消极的心态将决定失败的必然。

(二)创业品质

1. 勤奋

勤奋是所有成功的创业者的共同普遍特征。李嘉诚曾经说过:"事业成功虽然有运气在其中,主要还是要靠勤奋,勤劳苦干可以提高自己的能力,就会有很多机会降临在你的面前。""2006胡润百富榜"中国首富张茵认为:"勤奋和厚道是创业者第一要素。"

2. 诚信

诚信是企业的立足与发展之本。在2003年的中国财富品质论坛上,有100位中国内地企业家将诚信列为十大财富品质之首。诺贝尔经济学奖得主弗里曼曾明确指出:"企业家只有一个责任,就是在符合游戏规则的前提下,运用生产资源从事营利的活动,亦即须从事公开和自由的竞争,不能有欺瞒和诈欺。"

3. 承受力

承受力是创业者的必备品质,也是很多创业者都可能经历的过程,无论遇到任何逆境,都能勇敢面对并坚强忍耐,才能越战越勇。美国苹果公司联合创办人史蒂夫·乔布斯曾在斯坦福大学的演讲中讲过他的经历:"……董事会站在他那边,炒了我鱿鱼,公开把我请了出去。曾经是我整个成年生活重心的东西不见了,令我不知所措。有几个月,我实在不知道要干什么好。我觉得我令企业界的前辈们失望——我把他们交给我的接力棒弄丢了。我见了创办HP的David Packard跟创办Intel的Bob Noyce,跟他们说我很抱歉把事情搞砸得很厉害了。我成了公众的非常负面的示范,我甚至想要离开硅谷。但是渐渐地,我发现,我还是喜爱着我做过的事情,在苹果的日子经历的事件没有丝毫改变我爱做的事。我被否定了,可是我还是爱做那些事情,所以我决定从头来过。"

4. 踏实

创业是需要全身心投入的事业,只有脚踏实地才能成功,任何凭空想象和一蹴而就都将使创业现实成为海市蜃楼。马云曾经说过:"这个世界没有优秀的理念,只有脚踏实地的结果。"

5. 敢于冒险

创业是一项富有风险的活动。史玉柱在深圳开发M-6401桌面排版印刷系统,当时身上只剩 4 000 元钱,他却向《计算机世界》定下了一个 8 400 元的广告版面,唯一要求就是先刊广告后付钱。他的期限只有 15 天,可前 12 天却分文未进,直到第 13 天才收到了汇款,可一收就是三笔,总计 15 820 元,足够支付 8 400 元的广告费。两个月后,他赚到了 10 万元。史玉柱又将这 10 万元全部投入做广告,四个月后,史玉柱成了百万富翁。

(三)创业知识

1. 通用性知识

通用性知识主要包括社会政治和经济发展的相关知识、商业活动的相关规则、企业经营和管理的知识和方法、法律法规、人文知识等。

2. 经验性知识

经验包括自身参与实践所获得的直接经验以及亲人、专家等传授的间接经验。有些成功的创业者,通过课余时间参加的社会实践活动积累了很多的直接经验,也有些创业者是家族式创业,从亲人的身上耳濡目染地接受了很多间接经验,还有一部分人受周围人的影响或某个导师的影响,激发了自己的创业热情。

3. 专业性知识

专业性知识是指与所要从事的创业活动密切相关的本行业的相关专业知识。每个行业都有其自身的规律及特殊性,具备了本行业的专业性知识,将在创业中事半功倍。

【阅读资料 2.1】 ▶▶▶>>>

利用专业优势的陈稞

陈稞,男,杭州立天动画有限公司总经理,浙江工业技术学院 2004 届计算机辅助设计专业毕业生。该学生在平时的学习中专业知识非常扎实,同时表现出了很好的实践动手能力。2004 年刚毕业,该同学就在杭州动漫基地找到了自己理想的单位——杭州神舟视景数字科技有限公司,刚开始工作就表现出了不凡的能力,很快就被单位聘为动漫设计师。但是平时的创业热情没有在他心中消失,2007 年 1 月该同学辞去了这份令人羡慕的工作,利用自己专业的优势进行创业,考虑到资金和风险等问题,选择合伙经营方式组建以动漫服务为主的杭州立天动画有限公司。现在该公司经营步入了正轨,员工已达 10 多人,已经走出了创业初期的困境。陈稞的感悟:IT 行业发展较快,从业人员也较多,竞争激烈;进行该行业的创业,除了要自身努力,还要找准方向,有自己的特色,用心去打动客户。

(资料来源:https://www.doc88.com/p-981347690054.html)

(四)创业能力

1. 创新能力

创业就是创造一个新事物的过程,其本身就是一项创新活动。在激烈的市场竞争中,改革和创新永远是企业活力与竞争力的源泉。企业的发展不仅需要产品和服务创新,更需要创业者具有很强的创新能力。有专家指出:新经济的本质就是创新,就是促使个人的潜能得到充分的发挥。要鼓励所有人在一切可能的方向上创新,创新与速度是新经济的真正内涵,是市场竞争的不败法则。

2. 决策能力

创业是需要不断决策的过程，任何一个阶段都离不开创业者的决策，包括创业项目的选择、创业机会的识别、企业产品的定位、企业的运营模式、企业的发展战略、企业的用人模式等，都需要进行准确的判断。创业者的领导决策能力直接关系着企业的生存与发展。

3. 经营管理能力

经营管理能力是指根据企业内外部环境、社会发展趋势、社会需求对自身及社会资源的有效利用、合理配置、统筹规划，对企业所拥有的资源，企业经营活动的各个方面、各个环节进行有效管理的能力。创业者的经营管理能力是创业成功的核心能力。

4. 人际协调能力

人际协调能力是创业者发展和巩固其人脉资源的重要保障。在社会分工日益细化的今天，创业者很难只靠个人取得成功，需要大量的人脉资源。人际协调既包括处理与政府部门、新闻媒体和客户之间的关系，也包括处理与企业成员之间的关系。企业与外界的联系越多，对企业发展越有帮助，同时对创业者的人际协调能力的要求也越高。

5. 可持续学习能力

可持续学习能力是贯穿于人生各个历程、涵盖个人发展各个方面的一种积极、主动、自觉的自我学习、自我完善的能力。人类已进入知识经济时代，终身可持续学习将成为一种重要的生存方式和生活方式，将成为个人可持续发展的重要手段。可持续学习的价值就在于培养终身的学习习惯，使人生的各个阶段都能获得相应的学习机会，不断提升自身能力和素质，应对知识经济和信息时代的挑战，实现成功创业。

值得注意的是，在头绪繁杂的创业初期，即便是成功的创业者也不可能完全具备以上所有的素质。创业意识是保证创业开始进行的前提基础，创业品质是创业成功的最重要保障，创业知识和创业能力是可以在创业的过程中不断完善和逐渐提升的。

三、创业能力的训练与培养

大量事实表明，创业者具有先天素质，并可以在后天被塑造得更好，某些态度和行为可以通过经验和学习学到、被开发、实践或被提炼出来。蒂蒙斯教授总结出通过训练强化的态度和行为，它们包括：

1. 责任感与决策力

承担责任和决策力是创业者具备的第一要素。有了责任承诺（承诺指对过去所做努力的坚持）和决策力，创业者可以克服难以想象的障碍，并且可以弥补其他缺点。责任感与决策力通常意味着个人牺牲。衡量创业者的责任承诺有以下三方面：是否把自己净资产的一大部分投资于企业；是否愿意接受较少的薪水；在生活方式和家庭上是否做出较大牺牲。

2. 领导力

成功的创业者不需要凭借正式权利（多为组织授予的权利）就能向别人施加影响，这是领导力。他们善于化解冲突，懂得什么时候以理服人，什么时候以情感人，什么时候该做出妥协，什么时候寸步不让。成功经营企业，创业者必须学会与许多角色，包括客户、供应商、资金援助者、债权人、合伙人以及内部员工等相处。由于不同的角色在目标上常会有冲突,创业者要成为一个调停者、磋商者,而非独裁者。

3. 执着于创业机会

成功的创业者都会为创业机会而殚精竭虑。他们的目标是寻求并抓住商机,并将其变成有价值的东西。他们受到的困扰往往是陷在商机里不能自拔,他们总能发现机会。这就要求创业者区分各种创意和机会的价值,抓住重点。

4. 对风险、模糊和不确定性的容纳度

创业总是伴随着高风险、模糊和不确定性,成功的创业者需要容忍风险、模糊和不确定性。他们能乐观而清晰地看到公司的未来,从而保持勇气;他们通过仔细定义目标、战略,控制和监督他们的行动方式,并按照他们预见的未来加以调整,减少了创业风险。成功的创业者把压力化为好的结果,将绩效最大化,并把负面影响、精疲力竭和沮丧情绪最小化。

5. 创造

自我依赖和适应能力。成功的创业者不满足也不会停留于现状,是持续的革新者。真正的创业者会积极寻找主动权并采取主动。他们喜欢主动解决问题,通过创新和创造实现生存和发展。成功的创业者有很强的适应力和恢复力,从错误和挫折中学习经验,能在将来避免类似的问题发生。创业者总是优秀的听众和快速的学习者。

6. 超越别人的动机

成功企业家受到内心强烈愿望的驱动,希望和自己定下的目标竞争,追寻并达到富有挑战性的目标。新创建企业的创业者对地位和权力需求很低,他们从创建企业的挑战和兴奋中产生个人动机。他们受获取成就的渴望,而不是地位和权力的驱动。如何提升创业者(包括潜在创业者)的创业能力,是创业教育需要回答的问题。伴随着工业社会向信息社会的转型,创业教育受到前所未有的重视并迅速普及。20 世纪 80 年代初期,创业教育的重点在于新创企业管理与大公司专业化管理的区别。创业教育的重点首先是培养学生对机会的识别、评估和捕捉能力,能够看到或者想到做事情的新方法是创业精神的根本所在,对机会的评估是一种重要的技能;其次是培养学生掌握和运用管理知识和技能创建并管理新企业、新事业,使机会转化为商业利润和社会价值;最后是培养学生应对不确定性环境的能力。

第二节 创业动机

一、创业动机的含义

创业动机是激发和维持创业者进行创业活动的动力,是创业者坚持不懈、最终实现创业梦想的原始激励,是创业者由于个体的需要而在创业时所表现出来的愿景或目标。创业动机激发和调节创业者的创业活动,并引导和鼓励其为实现创业梦想而努力行动。

【阅读资料2.2】 ▶▶▶>>>

李开复微博分享4个正确与8个错误的创业动机

李开复指出,拥有强烈的内在热忱打造一个有价值的企业,渴望财富但能理解这需要时间和耐心,渴望和一个志同道合的团队一起改变世界但能够不畏惧巨大风险,这是正确的创业动机。

失业或就业困难,讨厌老板或公司,讨厌被人使唤,想做老板过瘾,看到比自己差的人都创业致富了,这是错误的创业动机。

李开复同时强调,并不是说不可以有这些欲望,而是不应该。

4个正确的创业动机:

1. 拥有强烈的内在热忱打造一个有价值的企业;
2. 渴望财富但能理解这需要时间和耐心;
3. 渴望和一个志同道合的团队一起改变世界但能够不畏惧巨大风险;
4. 想让一个点子成真,或想在一个特别好的领域或机会做点什么,但是深深理解执行和深度、理解行业更重要。

8个错误的创业动机:

1. 失业或就业困难;
2. 讨厌老板或公司;
3. 讨厌被人使唤,想做老板过瘾;
4. 看到比自己差的人都创业致富了;
5. 希望可以自己支配时间;
6. 想快速致富;
7. 偶像崇拜;
8. 认为自己有个超好的点子,靠这个就够了。

(资料来源:站长之家 Chinaz.com)

二、创业动机的类型

从短期看,创业者的需求层次及其影响因素的共同作用形成了创业者不同的创业动机,不同的创业动机导致创业者创业行为过程与行为结果的差异;同时,创业者的创业活动导致创业者的现实需求得到满足。而从长期看,由于需求在时间上的连续性,已有需求的满足又会导致新需求的产生,从而形成一个循环,最终表现为创业精神对经济增长的贡献与经济的繁荣。由此可见,决定创业者行为差异的深层次原因是创业者的需求层次及其影响因素。

创业决策是各种因素共同作用的结果。一方面包括创业者的个性特点、个人环境、相关的商业环境、个人目标和可行的商业计划;另一方面,创业者将预期的结果同自己的心理期望相比较。此外,创业者还关心创业中付出的努力与可能的收获之间的关系。

创业者最初的期望和最终的结果会极大地影响到他们创建和维持一个企业的动力。当企业的经营业绩达到或超出期望，创业行为就会被正面强化，创业者将有动力继续创业。而到底是留在现在的企业，还是创建另一家企业就依他们的创业目标而定。当实际结果难以达到预期时，创业者的动力就会下降。这些对未来的预期同样会影响到后面的企业战略、战略的实施和企业管理。

创业者的需求层次不同，由此产生的创业动机也存在差异。机会拉动型创业者的需求层次比生存推动型创业者高，机会拉动型创业者的创业动机受自我实现需求的推动，因为机会拉动型创业者大多没有生活压力，具备一定的知识、经验和能力，敢于承担风险，并相信能通过创业活动来实现自己的价值；生存推动型创业者则处于生理需求或安全需求的较低的需求层次，生活压力是生存推动型创业者处于生理或安全需求的根本原因。由此可见，不同的需求层次决定了不同的创业动机，从而影响了创业者的行为过程与行为结果。

从间接影响创业动机形成的原因看，创业者的需求层次还受诸多具有长远意义的宏观因素的影响。一是社会保障。高水平的社会保障可以提高人们的需求层次，由于需求层次决定创业动机，从而可以得出：社会保障越高，机会拉动型创业比例就越高；社会保障越低，生存推动型创业者比例就越高。二是收入水平。创业者作为理性个体，短期内的收入变化不会对创业者需求层次产生显著作用，长期内的收入变化必然导致创业者需求层次的变化，长期内的收入水平提高有利于创业者需求层次的提升，反之下降。三是人口统计特征。人口统计特征是创业者自身特点的整体体现，主要表现为创业者群体的受教育水平、经验和经历等因素。由于人口统计特征的差异，相同的外部要素对创业者个体的作用产生不同的结果，从而形成了同一国家或同一地区创业者需求层次的多样性和创业者创业动机的差异。

根据马斯洛需求理论，创业者的创业动机可以分为以下五类：

（一）生存的需要

一部分人为了实现最基本的生存，或因不满足目前的生存状态而进行创业。通过创业可以获得个人收入，并可以不依赖他人而独立地生存。这类创业者大多数为下岗职工、失去土地或因种种原因不愿意困守乡村的农民，以及刚刚毕业找不到工作的大学生。这是中国数量最大的一拨创业人群。根据清华大学的调查显示，这一类型的创业者占中国创业者总数的90%。一般创业范围均局限于商业贸易，少量从事实业。

【阅读资料2.3】 ▶▶▶>>>

大三女生当老板　专卖家乡特产

在其他同学仍尽情享受青春，享受大学的美好生活时，鞍山师范学院的大三女孩王晓青已经抢跑在就业的起跑线前。她在学校附近开了一家农产品销售点，让老家自产的农产品走出了大山。作为"五证合一"后，在鞍山注册工商执照的第一个在读大学生，这个一说话就笑，一笑就露出两颗小虎牙的女孩说，"我觉得自己特别幸运，总会遇到好心人帮我。"

校园贫困生　业余打工挣生活费

王晓青家在丹东宽甸县大西岔镇杨林村，"你都想象不到我家有多偏僻！"从宽甸坐车一个半小时才到大西岔镇，然后再坐40分钟车才能到杨林村，而且每天只有3趟班车。王晓青的父母靠养蜂的收入维持全家四口人的生活，家里还产板栗、松子、玉米。

2014年9月，王晓青成为鞍山师范学院历史系的一名大学生。她说自己是村里的第一个大学生，对于这一说法，记者有些难以置信，但可以想象那个小山村一定几年也考不出一个大学生。王晓青同龄的孩子要么早早辍学打工了，要么早早嫁人了。王晓青是一个喜欢接受挑战的山里妹子，她也有过辍学创业的想法，但父母是坚决反对的，想创业也必须读完大学。

王晓青知道父母挣钱不容易，还要供15岁的妹妹读书，从上大学起，懂事的她就开始自己在业余时间到处打工挣生活费。她做过家教，到水果店卖过水果，做过快递分拣员，还干过网络兼职……每月都能把生活费挣出来。当时，王晓青的想法就是听父母话，大学毕业后稳稳当当找份工作。直到去年四月份，因为体质不好加上劳累，她得了很严重的胸腔积水，住了一个多月院。在医院这一个多月，王晓青有了不一样的想法，"说不上啥时候意外就来了，我必须干自己喜欢的事了！"

胸怀梦想　大一开始积累创业资本

从大一开始，学校就开设了创业基础课。王晓青说，因为以前有过创业的想法，她当时就特别喜欢创业课，学得也特别认真。后来，她还成为学校创业先锋班的第二批学员，学校从校外请来了创业老师给上课。因为父母不支持创业，当时，王晓青就想多学些东西，万一将来哪天用上了呢！

去年四月份那次病好后，大三一开学，王晓青就向她自己的目标努力了。她首先想到的是把自家产的蜂蜜推销出来，让真正的好产品走出大山。当时父母是强烈反对的，"我知道他们反对是因为心疼我，他们怕我太辛苦了，就想让我安安稳稳找份工作！"但父母越是反对，王晓青就越是想努力干好，她想用自己的努力让父母过上好生活。

因为自家产的蜂蜜都是用最原始的塑料瓶包装，王晓青首先想到的就是包装问题。因为身边的群体都是学生，大包装不合适，如果能换成独立的小包装会更受欢迎。王晓青开始在网上研究玻璃瓶的小包装，她分别找了50克、75克、140克的小玻璃瓶。"当时手里没钱，就是自己平时节省下来的一点生活费。"为了省钱，她在淘宝一家一家店地比较，至少挑了几十家店。然后，她又自己在网上买了消毒柜、封口器。家里邮过来的大瓶蜂蜜被她分装在一个个漂亮的小玻璃瓶里。

政策支持　各种手续顺风又顺水

最开始的时候，蜂蜜卖不出去，为了打开销路，王晓青在她那个背了三年多的小背包里装满蜂蜜，每天晚上挨个宿舍推销。每天晚上走一个多小时，就能卖出去三四十瓶。这样的成果让王晓青很满意。尤其是去年参加辽宁省创业创新大赛，她的参赛项目获得计划类项目的铜奖后，王晓青对未来更是充满了信心。

"我感觉自己特别幸运，每次当我遇到困难的时候都会有人帮我。"参加创业大赛后，王晓青申请了学校的大创项目，幸运地成为第一批入驻校园创业孵化园的学生，获得了学校提供的办公室、电脑。去年12月，王晓青开始研究办营业执照，正在她不知如何下手的时候，学校请来了工商局的工作人员来讲座，主要讲注册营业执照的流程。"我当时太兴奋了，当场就和工作人员说要办营业执照。"王晓青说，她的想法得到工商局工作人员的支持，因为以前在校生不可以办执照，她可以说是"五证合一"后在校生办执照的第一人。而且现在办证的门槛低，程序简化，经工作人员的指点，她只去了两趟工商局就拿到了营业执照。

拿到了营业执照，王晓青的创业老师又给她提出了问题，"你的产品虽然过关，但也要有自己的品牌。"王晓青又开始研究注册商标。当时，她咨询了一下，她这四个类别的商标注册下来至少要4 000多元。这对于她可是一笔大开销。正当她一筹莫展的时候，她接到工商局的电话，告诉她可以网上自主申请商标注册了，每个类别只需300元，这又给她省了一大笔钱。于是王晓青于2017年10月成功注册了商品的商标——御清源。

向着光亮　创业道路才刚刚起航

如今，王晓青已经注册了自己的商标，还申请到了首次创业的创业场地补贴资金，这样，她的房租钱也有了着落。创业半年多，虽然辛苦，充满了挑战，但王晓青感觉这半年特别充实，"这半年学到的东西是以前多少年都学不来的。"

"我太爱我的家乡了，希望家乡的好产品得到更多人的认可。"除了各种包装的蜂蜜，她还开始推广家乡自产的松子、蓝莓干等产品。虽然还有一年多才毕业，但她已经开始设计自己的未来了。商标已经注册成功，下一步，她会准备好材料开始大力推广，并且已经有外地的特产店准备要她的产品。她还准备和老家村里的特产基地联合起来，做他们的销售商。如果将来卖得好了，还可以把村里的养蜂人联合起来组成合作社，进一步扩大经营。

王晓青是一个乐观自信的女孩，但创业的过程中也有过迷惘。当时好朋友特意送给她一本书《向着光亮那方》，她对其中一句话印象特别深：选择了，就尽力去享受，不做逃兵。而且她觉得年轻时的工作不在乎当下为你赚了多少钱，而是今后为你的人生创下多少财富。她相信自己目前所做的都是在为今后的人生创造财富。

（资料来源：2017年04月17日　北方晨报·印象鞍山）

（二）安全的需要

通过创业，可以增加个人经济收入，不用担心失业，实现人身自由和自我雇用，并可以控制自己的职业生涯。

前两个层次是马斯洛需求理论的底部，是向上发展的最基础的东西。很多创业者在他们早期开始自己的创业项目时，并没想到将来一定会怎么样，只是在保证温饱的基础上，去做自己喜欢的事情，在做的过程当中逐渐产生更高层次的需要。

【阅读资料2.4】 ▶▶▶>>>

鞍山师范学院毕业生姜仁涛

姜仁涛，鞍山师范学院数学与信息科学学院2004级学生，在校期间曾担任大学生自主就业与创业服务站站长，并创立青蛙市场，是鞍山达程全脑开发负责人。自创业至今，达程全脑开发已经发展到鞍山、营口、盘锦三个城市，并设立分公司。经历大学阶段的打拼与学习的积累，从一个大学生团队，发展到如今有80多个员工，跨越三个城市，这其中的艰难可想而知。达程全脑开发以线下现场教学和出版相关图书的经营方式，在市场竞争中争得一席之地。

姜仁涛是一个有自信、有力量的人。他在决定要创业的那天起就预见到未来要面对的艰辛与挑战。"在口袋里只剩3块钱的日子时，吃了3天的清汤挂面。""自己一个人去找房子、招聘老师，一个人要处理所有的事情。""面对来自父母、亲戚的压力，要顶得住。"这就是他在创业之初遇到的艰辛，却是大多数创业者都要经历的。

上高中的时候家里出现了一些变故，他并没有像其他小孩子一样对家庭产生抱怨，而是想到自己可以赚钱贴补家用。于是他创业的第一步就这样开始了。他们学校举办一个晚会，而他们的学校又是封闭的，所以，他就托了朋友在外面帮他进荧光棒，他就在学校卖。他的第一个生意就让他赚到了2 000元。

从高中"非典"的非常时期卖荧光棒赚到第一桶金，到大学暑假期间在大连理工校园门口冒着被城管抓的危险摆烧烤摊卖羊肉串，组旅游团，再到后来的为大连"发现王国"代理门票，从凌晨四点起床，一直忙碌到深夜，到现在创立达程教育，这其中的辛酸与苦楚，只有他本人知道。

然而这些兼职无疑都是给自己当老板的铺垫，在这个过程中他深入地接触到了社会，提前进入社会的他比其他大学生具备的更多的是一份沉稳和从容，因为在社会中摔打所得到的东西是在学校学不来的。此时的他，已经不甘居于人下，因为他所走过的路告诉他可以自己去做老板，可以这样去寻找一种存在感和安全感。姜仁涛说："创业除了需要魄力还需要学习如何管理人员，如何提升整个团队的实力，保持团队内部的平衡。""法律知识、财务知识、管理知识，这都是一个创业者要去学习的！你们是否考虑过呢？"

他说他在高中时赚钱的愿望就很强，所以在"非典"的危急时刻能抓到商机，赚到了第一桶金。商机无处不在，需要我们用心去留意，大胆地去迈出第一步，即使失败了，我们还很年轻，我们的资本就是年轻，就是那血气方刚的激情，我们还可以重新再来！

大学期间要敢闯敢做，要锻炼自己的各方面能力。现在的社会就业是残酷的，只有不断地强化自己，才能为自己争取更多的机会。姜仁涛说："你们现在不是装深沉的时候，你们不用低调，张扬自己那是一种个性，那是你展现才能的一面。"

姜仁涛毕业后曾在新东方做过主管，月薪高达上万元，但是经过多方面考虑，顶住了多方面的压力辞去工作，开始了创业之旅，他最艰难的时候是把自己多年的资金全部投入了进去，身上只剩3元，买了两把挂面吃了3天。

他说在大学时期就要对未来有所打算，有四种选择：一是考公务员、考研；二是家里安排好工作；三是自己找工作；四是自己打拼创业。他说无论选择哪种，从大学时期就应该开始准备，为未来铺路。

大学里的他独具慧眼，兼职的同时创办了校园青蛙市场，这些经验更使得他在毕业后找到了月薪一万多元的工作，在别人眼里这是多么令人骄傲的成就，但是他却开始了恐惧与担忧。开始思考"难道自己就这样过一辈子吗？这是自己想要的生活吗？不，不应该这样的。"他就这样放弃了那份待遇优厚的工作，在众人的反对下拿出了自己所有的积蓄开始创业。这其中的压力若不是亲身经历谁能够想象出来呢！在重压下他成功了，拥有了自己的公司，但是他依旧没有满足，他说他要继续壮大公司。从首次创业的"荧光棒"，到二次创业的"烤肉摊",到大学校园的首次创业"青蛙市场",再到如今的"达程全脑开发"学校,无不体现着他的头脑灵活、乐观开朗、胆大心细、沟通能力强、注重集体精神。

功夫不负有心人,当年3天两把挂面拌辣酱的苦日子终于有了回报,现在的他一年收入300万元,真是令我们瞠目结舌。

他说他是成功了,但他下面还有老师,他要让每一个老师能买起价值60多万元的房子。他在自己成功的同时,也想到了别人。而作为员工,有这样一个老板无疑会更加踏踏实实地为他工作,帮他把事业发展得更好。

(资料来源:根据采访整理)

(三)社会和他人的需要

马斯洛认为,人的心理需求首先指的是社交需求,社交需求也叫归属和爱的需求,是指个人渴望得到家人、同事、朋友等他人的理解与关爱。因此一部分人创业,是为了通过获取家人、亲人的认可,同时也可以帮助他人渡过难关,或通过开发和应用某种产品或某项服务来解决社会的某方面问题。

【阅读资料2.5】 ▶▶▶>>>

带领村民致富的大学生村官——魏相飞

魏相飞是鞍山师范学院2013年选聘到村任职的大学生村官,现任本溪县碱厂镇胡堡村主任助理。目前到村里工作已经两年了。在这两年时间里,在市县委组织部领导的关心和帮助下,从一天一家人的走访到今天村民主动找他反映要求解决困难,终于完成了从一名学生向一名干部的蜕变,完成了从村官到村民的角色转换。

在他没有当村官之前,就在大学时期开始了创业之路。在大学一年级,他分别开了一家早餐店和一家化妆品店,帮助了5名下岗妇女,还有两名勤工俭学的同学,并一直积极参与学校的各项活动,也一直担任学校的学生会干部。在校期间学校推荐他参加"挑战杯创业大赛",他是学校建校以来唯一获此奖项的学生。

魏相飞来自农村。大学毕业时,他深刻地体会到社会主义新农村建设迫切需要青年大学生的服务。如果到农村这片广阔的天地扎根,将有利于实现自己的人生价值。虽然他从小生长在农村,但上学后一直在城市生活,农村的工作对他来说非常陌生。自从步入工作岗位后,组织部各级领导一直关心和支持着大学生村官,积极为大学生村官搭建创业平台。这时的他觉得这样的环境正是一个创业的环境,这对他来说无疑是一个最好的创业平台。因此他一直在思考着创业,精心筹划着创业,稳步实施着创业。他认为"既然选择了村官,就必须在村官的岗位上有所作为"。任职后,他便在做好各项村务工作的同时,进村入户与百姓交谈,倾听百姓对发展经济的诉求。经过1个月的调查研究,渐渐地他发现,村民发展经济和创业致富的愿望十分强烈,但是,村里的主要劳动力普遍外出打工,留守妇女在家无事可做。于是他带头投身到"全民创业"的大潮中来,希望通过自己的创业实践,影响一批人,带动一班人,致富一村人。紧接着他又开始分析农村的地理因素并结合胡堡村的实际情况,开始有针对性的搜集资料,分析对比优势项目,最终确立食用菌(东北黑木耳）种植项目。

他说做任何事情都要有详细的规划，周密的计划，于是开始拟订创业计划书，以便以后项目实施能有条不紊地进行。开始他找到一些村民做创业动员，但是没有人愿意投资，最后以失败告终。因此他索性决定自己带领大家开办本溪市广成农业开发有限公司。公司的费用较高，他便将大学创业盈利的17万元全部拿了出来作为启动资金。项目确定以后，便租赁了胡堡村废弃多年的原村小学，这样一来不仅解决了场地问题，而且为村委会增加了承包费收入。与此同时，还雇用留守妇女，让她们既能找到事情做，又能顾及家庭，还可以赚钱贴补家用。经过一系列前期工作，2014年2月12日，他取得了营业执照。公司成立初期也遇到一点小小的挫折，由于实际经验不足，养菌时没有控制好温度，省农科院专家到场地亲自指导才得以挽回菌种，可是投放市场后销售很不理想。但经过魏相飞的不断努力，种植的木耳供不应求，绿佳鲜品牌最终推向了市场。

魏相飞想告诉大家，作为一名村官他感到骄傲和自豪，因为大家有组织的关爱和帮助，还有村民的体贴与支持。他说："我们应该去努力改变现有的贫穷与落后，互联网+农业科技创新等等途径，我相信这是我们的优势，这也正是我们的舞台，同志们，抓住这个舞台，农村将会有美好的未来，若干年后，不再会有农村这个词语，青年们，奋斗吧！去实现自己的人生理想和价值！"相信他将会把自己打造成为一名优秀的，真正能为村民办实事、办好事的大学生村官。

魏相飞的事迹告诉我们，创业绝非易事，在光环的背后，也需要用辛勤的汗水去灌溉。青年朋友们，我们不仅要拥有丰富的知识、蓬勃的朝气与活力，更要有持之以恒的精神、不断进取的决心和毅力，只有这样才能收获最后的成功。

（资料来源：根据创业者情况整理）

（四）尊重的需要

马斯洛需求理论中的人的心理需求的第二方面指的是尊重需求，是指一个人希望自己有地位、有威信、有价值，能得到别人的尊重、信赖、肯定乃至高度评价。尊重需求得到满足，能使人对自己充满信心，体验到存在的意义与价值。因此，成功的创业可以向世人证明自己的能力，并得到公众的认可，从而享受其中的成就感和兴奋，实现被他人尊重。

【阅读资料2.6】 ▶▶▶>>>

刘建刚创建上海天镜家政服务有限公司

创业感言：如果当初筹集不到资金，开设涉外家政服务公司的计划会就会继续搁浅；而现在，一切都因YBC而改变了。YBC导师像长辈一样指导我创业，让我和公司少走了很多弯路。现在，我最想做的事就是早点把全部贷款还清，让YBC用这些钱去帮助更多的青年人创业。

项目综述：

经营项目：涉外家政服务；

目标客户：驻沪外籍人士，其中欧美客户占 90%；

创业资助：2004 年 4 月接受 YBC 资助 5 万元；

创业导师：朱建新，上海市科学技术职业学院董事长，中欧 EMBA 硕士；

带动就业人数：管理层 11 人，上岗签约员工 72 人。

刘建刚 1978 年出生于内蒙古包头市，2002 年毕业于上海同济大学电子信息工程专业。毕业后，在一家科技公司任高级客户主任。半年后，不安于现状的刘建刚辞职，开始筹划创办自己的企业。

最初，刘建刚曾考虑过旅游、咨询、环保等多个项目，甚至想回内蒙家乡开一个小超市。但是，由于这些项目初期资金投入门槛过高而放弃了。经过市场调查，他发现上海虽然家政服务遍地开花，但高档的涉外家政服务企业屈指可数，大有发展空间。于是，刘建刚决定涉足高端家政服务业。他的创业计划得到 YBC 专家的认可。

2003 年 11 月 25 日，中国青年创业国际计划在上海启动，25 岁的刘建刚成为第一位受资助的青年。2004 年 4 月，刘建刚拿着 YBC 资助的启动资金，创办了自己的公司——上海天镜家政服务有限公司。4 个月后公司开始微赢利。

如今，刘建刚的公司从一间不足 20 平方米的 4 人小公司，发展成为拥有 1 500 平方米的办公、宿舍和培训场地，员工 70 多人的企业，固定客户 151 家，其中包括和记黄埔（上海）、埃森哲（中国）等大公司。此外，他还签约了一家劳务基地，年输送劳务人员 1 000 人，初步具备面向整个上海涉外家政服务市场进一步扩张的规模和实力。

作为第一位接受中国青年创业国际计划（YBC）资助的青年，刘建刚的创业注定一开始就是人们关注的焦点。他的一举一动、成败得失，不仅是对 YBC 创业模式的实际检验，也为后来者提供了不可多得的经验和教训。从某种意义上来说，刘建刚和他的公司正成为 YBC 的一个标本。

分析：刘建刚具有创业者的特质，表现为他有改变现状的强烈追求，敢于尝试，吃苦耐劳，并选择了与之相匹配的服务对象。随着上海日益现代化和国际化，涉外家政服务行业还有很大增长空间。他重视客户服务质量，关注企业管理制度的建立，赢得了客户的认同和企业的发展。

（资料来源：新浪财经 http://finance.sina.com.cn/roll/20051220/1701457202.shtml）

（五）自我超越的需要

马斯洛认为最高层次的需求是自我实现的需求。自我实现的需求是人成长与发展、发挥自身潜能、实现个人理想的需求，这种需求表现为胜任感和成就感，能胜任某项工作以及工作成功的喜悦比任何报酬都大。马斯洛认为高层次需求比低层次需求具有更大的价值，热情是由高层次需求而激发的。此外，有一些成功的企业家不仅通过创业实现了自身的个人价值，又将价值观进一步延伸到他人和社会，开展公益咨询和慈善事业，甚至向社会捐出个人全部财产，实现自我超越。

（三）认识财务自由

财务自由，是指当一个人不去工作的时候，也不必为金钱发愁，因为有其他渠道的现金收入。当工作不再是获得金钱的唯一手段时，便实现了财务自由。达到财务自由，可以有足够的金钱和时间去做自己真正想做的事情，比如旅游、摄影、写作，或者参加公益事业。

成功创业可以实现财务自由，但这绝不是人生的唯一目的。只有将创业作为一种理想和事业并为之不懈奋斗，才能既实现个人愿望，又体现自身社会价值，并为社会和他人创造价值。

【阅读资料 2.7】 ▶▶▶>>>

穷爸爸与富爸爸

罗伯特·清崎在他的《穷爸爸与富爸爸》一书中讲述了两个爸爸："穷爸爸"是他的亲生父亲，一个高学历的教育官员；"富爸爸"是他好朋友的父亲，一个高中没毕业却善于投资理财的企业家。清崎遵从"穷爸爸"为他设计的人生道路：上大学，服兵役，参加越战，走过了平凡的人生初期。直到 1977 年，清崎亲眼看到一生辛劳的"穷爸爸"失了业，"富爸爸"则成了夏威夷最富有的人之一。罗伯特·清崎毅然追寻"富爸爸"的脚步，踏入商界，从此登上了致富快车。

穷爸爸与富爸爸语录：

语录一：穷爸爸建议为企业而工作；富爸爸建议拥有自己的企业。

语录二：穷爸爸鼓励成为聪明人；富爸爸则鼓励雇用聪明人。

语录三：穷爸爸爱说，我可付不起；富爸爸会说，怎样我才能付得起。

语录四：穷爸爸说，努力学习能去好公司工作；富爸爸则会说，努力学习能发现并将有能力收购好的公司。

语录五：穷爸爸说，我不富有的原因是我有孩子；富爸爸说，我必须富有的原因是我有孩子。

语录六：穷爸爸说挣钱的时候要小心，别去冒险；富爸爸则说要学会管理风险。

语录七：穷爸爸努力存钱；富爸爸则在不断地投资。

语录八：穷爸爸教我怎样去写一份出色的简历以便找到一份好工作；富爸爸教我写下雄心勃勃的事业规划和财产计划进而创造创业的机会。

（资料摘自：《穷爸爸与富爸爸》）

本 章 小 结

创业是一种勇敢而积极的人生抉择。通过本章的学习，希望同学们对创业者形成理性的认识，纠正神化创业者的片面认识，了解创业者并不是特殊人群，创业者的技能和素质大多数是可以通过后天学习和培养获得的，每个人的身上都有潜在的创业者特质。创业动机的产生有可能是被动的，也可能是主动的。创业成功既可以满足自身财富的需求，也可以实现个人的价值，那些将创业作为理想和事业并为之不懈奋斗的人，不仅创业成功率高、事业发展稳定，也能为社会做出巨大贡献。

复习思考题

1. 试着发现你身上潜在的创业者特质。
2. 你是否具备创业动机？哪些因素驱动你产生创业动机？

第三章 创新思维及其方法开发

教学目标

学习完本章之后,学生能够达成以下目标:
1. 了解创新以及创新思维的含义、类型与特点;
2. 认识创新思维障碍的类型,掌握突破思维障碍的方法;
3. 学会用创新思维来思考问题和产生想法;
4. 掌握创新思维开发的具体方法以及应用。

导入案例

21世纪12项伟大发明

教学视频

科技的进步,人们思维的创新,几乎使每时每刻有新发明,虽然并不是每样发明都适用于大众,都跟我们生活息息相关,但是也有不少发明为我们人类做出了伟大贡献,下面就为大家介绍一下21世纪12项伟大发明。

1. 室内云朵

Berndnaut Smilde是阿姆斯特丹的一名艺术家。自2010年以来,他就一直致力于发明室内云朵。云朵持续时间非常短暂,然而确实能帮助人们拍出令人印象深刻的照片。除此之外,我们想象不出它还有哪些用途,或许那些影片制作厂会很感兴趣。

2. 苹果iPod

一个小小的电子产品iPod为MP3播放器带来了全新的思路,在推出时便引起了轰动,它不但漂亮,而且拥有独特和人性化的操作方式以及巨大的容量。

3. 虚拟键盘

说实话,虚拟键盘对于我们平常人没有多大用处,即使是那些每天必须用键盘的人也没有必要去使用虚拟键盘。但是如果你想表明你很酷的话,那虚拟键盘会是一个很好的选择。还有一点,你会花费很大一笔钱。

4. Flower Sound

2004年,日本推出了一个名为Flower Sound 的装置,即在花瓶底部有一个环形的磁铁和线圈。Flower Sound可以安装到CD播放器,电视或者音响上面,那样声音就会通过茎到达花瓣。我们并不确定这个既奇怪又很酷的发明有什么实际作用,但它绝对会让你感叹人类的创造力，难道不是吗？

5. The Oculus Rift

世界上最好的电子游戏网站之一 GameSpy 评价 The Oculus Rift 为"最接近星际迷航的全息甲板"，从一个玩家的角度看，这毫不夸张，但 Oculus 仅仅是为了娱乐。如果你不知道这个游戏也不要太激动，它也许会让你失望的。

6. 苹果 iPhone

21 世纪，可以用手机上网，可以通过 5.1 英寸①的高清屏幕看电影，可以拍照，听音乐，做各种各样的事情，但这在二三十年前是不可能的。

7. The Tower Infinity

韩国的隐形大楼 The Tower Infinity 被《时代》杂志列为 2013 年 25 项最伟大发明之一。目前还在建设当中。世界上大多数建筑师都把它视为一个建筑奇迹，它将在建筑和工程界打开新的视野。

8. 谷歌眼镜

谷歌眼镜是一款智能眼镜，它能够帮助你找到你想要的眼睛正前方的东西。你要戴上而不是拿着它，它就会给你提示信息。先不要太激动，因为它将花费你一大笔钱，而且谷歌也停止销售了。

9. The Plus Pool

第一个 Plus Pool 是在纽约设计的，用来过滤河水，使当地人和游客们能在干净的河水里游泳。分层过滤系统能去除细菌和污染物，确保进入游泳池的水达到国家和城市的标准。无化学物质，无任何添加剂，过滤后的水是纯天然的河水。

10. 混合动力汽车

混合动力汽车比传统汽车更环保，这也正是专家支持混合动力车的原因。而有些人认为混合动力车与传统汽车是一样的。只有时间能告诉我们混合动力车到底是不是一项伟大的发明。

11. SixthSense

SixthSense 来源于一项神奇的高科技，这项高科技被命名为"第六感通信科技"。据说，这套装置的费用仅仅 350 美元，它能让你在不改变平时生活习惯的情况下随时随地享受各种服务。比如，你到超市买东西，想搜一下关于物品的一些信息，那么你可以用该装置中的摄像头来获取物品包装上的一些信息，进行联网查询。如果你到外地旅游，看到美丽的风景，想留作纪念，你可以用你的手指做照相的姿势，然后你手指上的感应芯片会帮你解决这个问题。你还可以通过摄像设备，将你拍摄的内容投放到墙上，或一张纸上。

12. 亚马逊 Kindle 电子书阅读器

一个典型的 Kindle 可以通过无线网络网上购物，下载数以千计的电子图书、报纸、杂志，和其他数字媒体。换句话说，有了 Kindle，你就可以轻松地将整个图书馆纳入你的口袋或者钱包里。

（案例来源：http://www.360doc.com/content/15/0321/16/3328689_456953929.shtml）

---

① 1 英寸=2.54 厘米。

【思考与讨论】

1. 什么是创新思维？
2. 创新思维对于人类文明进步有什么意义？

第一节 创新与创新思维概述

一、创新的含义与分类

凡是创新的时代总会有人死在半路上，但是这些失败或者遇到困难的公司并不代表它没有价值，它的价值就是告诉大家其实这个领域是可以一试的。——李学凌

【阅读资料3.1】 ▶▶▶>>>

3D打印技术的发明历程和前景

看过3D电影，玩过3D游戏，查过3D地图……那么，你见过3D打印机吗？3D打印技术如今的飞速发展和巨大市场潜力，或许是发明人查克·赫尔当初没有预料到的。30年前，赫尔在加州南部一家名为紫外产品公司的制造企业工作，开发用于家具保护涂层的紫外线固化树脂胶技术。

而到现在，随着世界第一辆通过3D打印出来的汽车在2011年9月问世，打印出来的可不是玩具哦，是实实在在的汽车，最高时速达112千米。3D打印机也可以1小时内打印出成本在2元上下的茶壶。

现年73岁的赫尔回忆说："那时，我已经当了20年工程师，深知制造塑料模具有多麻烦。一旦设计有问题需要修改，一切都得重来。我很想能拥有一台机器自己制造模具。"

几经努力，在紫外产品公司办公楼的一间密室里，赫尔研制出第一台3D打印机。它使用树脂当墨，用一盏可移动的紫外线灯使树脂固化定型。

在同行布雷·佩蒂斯眼里，赫尔的发明意味着单调大规模制造模式的终结。生产商将不再需要设计千篇一律的产品，而可以由顾客提供自行设计的产品图。

现在，3D打印机已不再仅仅用于制造塑料模具了，可用翻天覆地来形容这种变化。可能大家早就听说过克隆技术，但由于伦理道德问题一直备受争议，所以克隆技术只局限于医疗领域。但现在确实是复制时代，除了生命体可以复制，无生命的东西更能被复制。今天的打印技术已经超越了传统的文本复印，或者实物平面复印，3D复印技术能复制与原物一模一样的实物出来，堪称新世纪的克隆技术。而且这种技术不涉及生命价值，必将迅速应用到我们生活的方方面面。

（案例来源：https://wenku.baidu.com/view/db97f568f524ccbff021845b.html）

（一）创新的定义

创新是指以现有的思维模式提出有别于常规或常人思路的见解为导向，利用现有的知识和物质，在特定的环境中，本着理想化需要或为满足社会需求，而改进或创造新的事物、方法、元素、路径、环境，并能获得一定有益效果的行为。

创新是以新思维、新发明和新描述为特征的一种概念化过程。创新一词起源于拉丁语，它原意有三层含义：第一，更新；第二，创造新的东西；第三，改变。创新是人类特有的认识能力和实践能力，是人类主观能动性的高级表现形式，是推动民族进步和社会发展的不竭动力。一个民族要想走在时代前列，就一刻也不能没有理论思维，一刻也不能停止理论创新。创新在经济、商业、技术、社会学以及建筑学这些领域的研究中有着举足轻重的作用。

经济学上，创新概念起源于美籍经济学家熊彼特在1912年出版的《经济发展概论》。熊彼特在其著作中提出：创新是指把一种新的生产要素和生产条件的"新结合"引入生产体系。它包括五种情况：引入一种新产品，引入一种新的生产方法，开辟一个新的市场，获得原材料或半成品的一种新的供应来源，新的组织形式。熊彼特的创新概念包含的范围很广，如涉及技术性变化的创新及非技术性变化的组织创新。

20世纪60年代，随着新技术革命迅猛发展，美国经济学家华尔特·罗斯托提出了"起飞"六阶段理论，将"创新"的概念发展为"技术创新"，把"技术创新"提高到"创新"的主导地位。

1962年，伊诺思在其《石油加工业中的发明与创新》一文中首次直接明确地对技术创新下定义："技术创新是几种行为综合的结果，这些行为包括发明的选择、资本投入保证、组织建立、制订计划、招用工人和开辟市场等。"伊诺思是从行为的集合的角度来下定义的。而首次从创新时序过程角度来定义技术创新的林恩认为技术创新是"始于对技术的商业潜力的认识而终于将其完全转化为商业化产品的整个行为过程"。

美国国家科学基金会（National Science Foundation of USA，NSF）从20世纪60年代开始兴起并组织对技术的变革和技术创新的研究。迈尔斯和马奎斯作为主要的倡议者和参与者，在其1969年的研究报告《成功的工业创新》中将创新定义为技术变革的集合，认为技术创新是一个复杂的活动过程，从新思想、新概念开始，通过不断地解决各种问题，最终使一个有经济价值和社会价值的新项目得到实际的成功应用。到70年代下半期，他们对技术创新的界定大大扩宽了，在NSF报告《1976年：科学指示器》中，将创新定义为"技术创新是将新的或改进的产品、过程或服务引入市场"，明确地将模仿和不需要引入新技术知识的改进作为最终层次上的两类创新而划入技术创新定义范围中。

20世纪70—80年代，有关创新的研究进一步深入，并开始形成系统的理论。厄特巴克在70年代的创新研究中独树一帜，他在1974年发表的《产业创新与技术扩散》中认为："与发明或技术样品相区别，创新就是技术的实际采用或首次应用。"缪尔赛在80年代中期对技术创新概念作了系统的整理分析。在整理分析的基础上，他认为："技术创新是以其构思新颖性和成功实现为特征的有意义的非连续性事件。"

著名学者弗里曼把创新对象基本上限定为规范化的重要创新。他从经济学的角度考虑创新，认为技术创新在经济学上的意义只是包括新产品、新过程、新系统和新装备等形式在内的技术向商业化实现的首次转化。他在1973年发表的《工业创新中的成功与失败研究》中认为："技术创新是一技术的、工艺的和商业化的全过程，其导致新产品的市场实现和新技术工艺与装备的商业化应用。"其后，他在1982年的《工业创新经济学》修订本中明确指出，技术创新就是指新产品、新过程、新系统和新服务的首次商业性转化。

我国20世纪80年代以来开展了技术创新方面的研究。傅家骥先生对技术创新的定义是：企业家抓住市场的潜在盈利机会，以获取商业利益为目标，重新组织生产条件和要素，建立起效能更强、效率更高和费用更低的生产经营方法，从而推出新的产品、新的生产（工艺）方法，开辟新的市场，获得新的原材料或半成品供给来源或建立企业新的组织，它包括科技、组织、商业和金融等一系列活动的综合过程。此定义是从企业的角度给出的。彭玉冰、白国红也从企业的角度为技术创新下了定义：企业技术创新是企业家对生产要素、生产条件、生产组织进行重新组合，以建立效能更好、效率更高的新生产体系，获得更大利润的过程。

进入21世纪，信息技术推动下知识社会的形成及其对技术创新的影响进一步被认识，科学界进一步反思对创新的认识：技术创新是一个科技、经济一体化过程，是技术进步与应用创新"双螺旋结构"（创新双螺旋）共同作用催生的产物，而且知识社会条件下以需求为导向、以人为本的创新2.0模式进一步得到关注。《复杂性科学视野下的科技创新》在对科技创新复杂性分析的基础上，指出了技术创新是各创新主体、创新要素交互复杂作用下的一种复杂涌现现象，是技术进步与应用创新的"双螺旋结构"共同演进的产物；信息通信技术的融合与发展推动了社会形态的变革，催生了知识社会，使得传统的实验室边界逐步"融化"，进一步推动了科技创新模式的嬗变。要完善科技创新体系急需构建以用户为中心、以需求为驱动、以社会实践为舞台的共同创新、开放创新的应用创新平台，通过创新双螺旋结构的呼应与互动形成有利于创新涌现的创新生态，打造以人为本的创新2.0模式。

《创新2.0：知识社会环境下的创新民主化》进一步对面向知识社会的下一代创新，即创新2.0模式进行了分析，将创新2.0总结为以用户创新、大众创新、开放创新、共同创新为特点的，强化用户参与、以人为本的创新民主化。

对于本教材的研究来说，从企业角度对创新加以定义更有意义。我们总结前人的观点，以傅家骥先生的定义为基础，对创新加以界定：企业家抓住市场潜在的盈利机会，或技术的潜在商业价值，以获取利润为目的，对生产要素和生产条件进行新的组合，建立效能更强、效率更高的新生产经营体系，从而推出新的产品、新的生产（工艺）方法，开辟新的市场，获得新的原材料或半成品供给来源或建立企业新的组织，它包括科技、组织、商业和金融等一系列活动的综合过程。

（二）创新的类型

创新有很多类型，如产品技术创新、产品设计创新、产品工艺创新，这些可以统称为产品创新。这里的产品是广义上的产品，还包括服务。此外，创新的类型还包括营销创新、管理创新和商业模式创新。摆在国有企业面前的还有一个特殊类型的创新，就是机制创新或制度创新。

1. 产品创新

产品创新是指将新产品种类、新产品技术、新产品工艺、新产品设计成功地引入市场，以实现商业价值。产品的创新通常包括技术上的创新，但是产品创新不限于技术创新，因为新材料、新工艺、现有技术的组合和应用都可以实现产品创新。

【阅读资料 3.2】▶▶▶>>>

技术改变世界　设计描绘未来：中国巴铁

据悉，世界第一辆"巴铁"样车于 2016 年的 8 月份在秦皇岛试运行。目前，巴铁科技已与周口、天津、秦皇岛、沈北新区、南阳签订了合约。

21 世纪最伟大的交通发明有两项：一项是美国超高速高铁，把飞机速度从天上移动到地面上；另一项是中国巴铁，把地铁从地底下搬到了地面上。中华人民共和国成立以来，一共有几百万件专利，唯有巴铁一件荣登时代周刊。

所谓"巴铁"，是城市大巴和地铁的创新结合，也可以说就是"巴士+地铁=巴铁"。外形犹如一辆在公路上奔跑的宽体短型列车，时速可达每小时 60 千米，平均时速为 40 千米，远高于普通公交大巴平均 20 千米的速度；而且一辆巴铁可以容纳 1 200~1 400 名乘客，是普通公交大巴的几十倍！因此被称为未来城市中的"陆地空客"。

巴铁是一种完全依靠电力驱动的大运量宽体高架电车，采用高效低碳公共交通新技术，集城市快速公交（BRT）与地铁优点于一身。具有缓解交通拥堵、载客效率高、成本低、建设施工周期短、不占用停车场、节能环保等众多优点。

一、节能环保。巴铁完全采用电力驱动，一辆巴铁可代替 40 辆普通燃油公交大巴，每年可减少 864 吨耗油，减少 2 684 吨碳排放。

二、成本低、建设周期短。巴铁相对地铁高昂的造价及较长的时间周期，其优势令人震撼。巴铁建设成本是地铁的 1/10，造价是地铁的 1/5 还不到。

三、创造就业机会。巴铁是一个新兴产业，它的诞生也将创造出一个新兴产业集群，能拉动地方经济，解决地方就业问题。资料表明，每投资 1 亿元轨道交通可带动 2.6 亿元 GDP，解决 8 000 人就业。巴铁拥有 70 万亿元的投资需求，对解决世界范围内的就业问题具有重大意义。

（案例来源：http://auto.zol.com.cn/585/5856680_all.html）

2. 营销创新

营销创新是指在产品推向市场阶段，基于现有的核心产品，针对市场定位、整体产品、渠道策略、营销传播沟通（品牌、广告、公关和促销等），为取得最大化的市场效果所进行的创新活动。

【教学案例 3.1】 ▶▶▶>>>

抖音营销为什么这么火？剖析酒企抖音营销模式的三大优势

酒企的营销之路可真是五花八门，八仙过海，各显神通。最近年轻人经常玩的抖音，走路刷，地铁里刷，上厕所也刷，这么多的流量不能浪费喽。酒企觊觎这片商业蓝海已久，终于江小白、洋河等发力了，也玩起了抖音营销。抖音营销模式怎么样呢？巨大的流量能否变现？我们先来看看抖音营销模式以及优势。

据最近抖音官方数据显示，抖音全球月度活跃用户数超过 5 亿，下载量超越 Facebook、Youtube、Instagram 等成为全球下载量最高的 iPhone 应用。日活 2 亿，意味着平均每天有 1/6 的人在刷抖音。

一边是抖友们惊呼抖音是"时间杀手"，一边是互联网巨头们纷纷进入短视频赛道争夺年轻网民的时间，还有一边是企业商家纷纷在抖音上投入营销试图抓住年轻群体巨大的消费力。

郎酒、江小白、洋河、泸州老窖、剑南春、小黄瓶弱碱酒等酒企和品牌已经早早在抖音上玩起了营销，虽然已经入驻抖音的酒行业品牌抖音风格迥异，但各有爆款和亮点视频，已经开始享受抖音的红利。当然，酒行业当中抖音营销应用最好的是西安摔碗酒，摔碗酒火爆抖音，成了去西安旅游必去的景点之一，被人戏称"一个卖酒的救活了一村卖碗的"。

抖音目前是很火的短视频应用，短视频依然是风口，玩抖音营销的成本低、门槛低，其他行业有多个成功案例，酒行业有意愿，目前酒行业参与品牌少，酒企自身可挖掘场地多，先发优势明显……这些关键的因素让酒行业在玩抖音营销时会面对巨大的蓝海市场。

抖音营销模式的三大优势：

对于酒行业来讲，玩抖音营销有非常多的场景可以和抖友连接、互动，只是大部分的酒企还没有挖掘。而目前来讲，在巨大的蓝海市场面前，谁先杀出重围谁就可以抢占头部优势。

对于大多数酒企来说，内容营销更多的就是做品牌传播，在抖友们中间获取好感，占领用户的心智，让大家在国民级的应用里增加自己的品牌曝光和活跃度。

（1）酒企自己独特的酿酒方式、生产工艺、生产车间、酿酒博物馆、厂区布局，等等，这些是非常独特的题材。酒文化在我国文明发展史上有重要的传承，这也导致了喝酒的场景频繁出现在大部分人的生活中，但是人们并没有直接接触酒企的机会，没有见过酒企的样子，没有见过酒是如何酿造的，除了自己常喝的酒还有哪些好酒？从厂区到产品，酒企自身的元素本身都是稀缺的素材。

（2）每一家酒企都有自己非常独特和被人熟知的特点，比如茅台镇的美酒河、泸州老窖的龙泉井、汾酒的牧童雕塑和杏花、古井贡的无极酒窖、红洋酒酒庄的橡木桶以及酒窖，等等。物以稀为贵，这是最好的秀肌肉的机会和场景。

（3）很多白酒企业曾经是国有企业，大部分的酒企高管的形象在外都是端庄、严肃，事实上每个人的形象都应该是立体的。相较于文字、图片，视频是一个更全面的内容表达形式，能够更好地让用户融入其中，引发共鸣，所以酒企的高层可以利用抖音短视频来展示自己。曾经汾酒集团的常建伟在汾酒粉丝节上下厨给酒友炒土豆丝的故事在行业内被广泛传播，大家更喜欢有血有肉真实活泼的形象。而且酒企高管本身已经积累了非常高的知名度，自己就是"网红"，影响力巨大。

对于酒企来说，抓住抖音上的黄金 15 秒，将自身的产品亮点做一次 15 秒内的有效传播，就可以在抖音模式下赢得更多流量。

（案例来源：http://www.9918.tv/news/24972.html）

【思考与讨论】

1. 抖音的营销模式是什么？
2. 分析抖音营销的优势有哪些。

3. 商业模式的创新

商业模式的创新就是要对现有商业模式的要素加以改变，最终使公司在为顾客提供价值方面有更好的业绩表现。商业模式是对企业如何运作的描述。

好的商业模式应该能够回答这几个问题：谁是客户？客户认为什么对他们最有价值？在这个生意中如何赚钱？如何才能以合适的成本为客户提供价值？

以苹果公司 iPod 产品为例：苹果公司应该说是 MP3 播放器市场的后辈，然而苹果除了提供不俗的 MP3 播放器产品，还成功地构建了企业的经济生态系统。在推出硬件的同时，苹果公司还联合唱片公司等内容提供商，配合易用的 iTunes 软件推出了便宜、便捷的音乐下载服务，用户可以选择下载音乐专辑中的单曲，而无须为整张专辑付费。苹果公司并没有重新发明 MP3，而是依靠商业模式的创新，在美国市场取得了巨大的商业成功。

4. 管理创新

管理创新是指基于新的管理思想、管理原则和管理方法，改变企业的管理流程、业务运作流程和组织形式。企业的管理流程主要包括战略规划、资本预算、项目管理、绩效评估、内部沟通、知识管理。企业的业务运作流程有产品开发、生产、后勤、采购和客户服务等。通过管理创新，企业可以解决面临的管理问题，降低成本和费用，提高效率，增加客户满意度和忠诚度。

这几种创新类型是密切相关、相辅相成的。产品技术创新、产品设计创新、产品工艺创新、营销创新、商业模式创新和管理创新，所有这些创新的类型在某种意义上可以成为实现企业目标、解决企业问题的创新工具。

二、创新思维的含义与特征

（一）创新思维的含义

所谓思维，是指人脑利用已存在的知识，对记忆的信息进行分析、计算、比较、判断、推理、决策的动态活动过程。思维是对事物的间接反映，它通过其他媒介作用认识客观事物，及借助于已有的知识和经验、已知的条件推测未知的事物。它是获取知识及运用知识求解问题的根本途径，是人类区别于其他动物的最根本的特征。在自然界的竞争中，思维帮助人类在优胜劣汰的规则中脱颖而出，人有着任何其他动物都无法比拟的思维能力，人靠着思维所显示的无限智慧而不断探索利用自然。

创新思维是对事物间的联系进行前所未有的思考，从而创造出新事物的思维方法，是一切产生崭新内容的思维形式的总和。凡是能发现新例子、想出新点子、创造出新事物的思维都属于创新思维。

【阅读资料3.3】 ▶▶▶>>>

自动摘收番茄问题的解决

我们在想问题的时候往往只想一个方面，而不从另一个方面想，其实当我们遇到困难时，多花点时间从另一个方面想也许会柳暗花明，起到意想不到的效果。下面这个小故事，就是运用这种思维方式的最好例子。

农业机械化在20世纪初的发达国家就已经得到解决，拖拉机、播种机、收割机、开沟机……几乎是应有尽有。然而，能自动摘收番茄的机器始终没能研制出来，这主要是因为番茄的皮太柔嫩，在摘收番茄时能够抓紧的机械都可能因抓得过紧而将番茄夹碎。

那么，怎样才能实现自动摘收番茄呢？这里有两种不同的思维方式：第一种方式是致力于研究控制机器的抓力，使其既能抓住番茄又不会将番茄夹碎，但是始终未能成功；第二种方式则是采用一种从问题的源头解决问题的办法。它把研究机器转化为研究如何才能培育出韧性十足，能够承受机器夹摘的番茄，终于研制出一种"硬皮番茄"，使机器可以很方便地摘收。

（案例来源：https://www.docin.com/p-1571584273.html）

（二）创新思维的特征

1. 对传统的突破性

创造性思维的结果体现为创新。追求创新，是创造性思维的本质。而要创造出新成果，往往需要创造者在思维的某些方面有所突破。可以说，突破性是创造性思维的一个最明显特征。

首先，突破性体现为创造者突破原有的思维框架。这是指在思考有待创造的问题时，要有意识地抛开头脑中以往思考类似问题所形成的思维程序和模式，解脱以往的思维程序和模式对寻求新的设想的束缚，就可能取得意想不到的创造性的成功。

【阅读资料3.4】 ▶▶▶>>>

智商测试

美国科普作家阿西莫夫曾经讲过一个关于自己的故事。阿西莫夫从小就聪明，年轻时多次参加"智商测试"，得分总在160左右，属于"天赋极高者"之列，他一直为此而扬扬得意。有一次，他遇到一位汽车修理工，是他的老熟人。修理工对阿西莫夫说："嗨，博士！我来考考你的智力，出一道思考题，看你能不能回答正确。"

阿西莫夫点头同意。修理工便开始说思考题："有一位既聋又哑的人，想买几根钉子，来到五金商店，对售货员做了这样一个手势：左手两个指头立在柜台上，右手握紧拳头做出敲击状的样子。售货员见状，先给他拿来一把锤子。聋哑人摇摇头，指了指立着的那两根指头。于是售货员就明白了，聋哑人想买的是钉子。聋哑人买好钉子，刚走出商店，接着进来一位盲人。这位盲人想买一把剪刀，请问：盲人将会怎样做？"阿西莫夫顺口答道："盲人肯定会这样。"说着，伸出食指和中指，做出剪刀的形状。汽车修理工一听笑了："哈哈，你答错了吧！盲人想买剪刀，只需要开口说'我买剪刀'就行了，他干吗要做手势呀？"

智商160的阿西莫夫，这时不得不承认自己确实是个"笨蛋"。而那位汽车修理工人却得理不饶人，用教训的口吻说："在考你之前，我就料定你肯定要答错，因为，你所受的教育太多了，不可能很聪明。"实际上，修理工所说的受教育多与不可能聪明之间的关系，并不是因为学的知识多了人反而变笨了，而是因为人的知识和经验多，会在头脑中形成较多的思维定式。这种思维定式会束缚人的思维，使思维按照固有的路径展开。

（案例来源：http://www.795.com.cn/dz/dzxt/907.html）

其次，突破性还体现为突破已有的思维定式。

俗话说习惯成自然，特别是思维上的习惯一旦形成，就会让你不知不觉地按着已形成的思维定式去思考问题。

突破习惯性思维对于现代中国人尤为重要。中国是农业社会，人们以往的习惯是，根据去年或往年的春种秋收的经验教训来安排当年的春种秋收工作，根据过去的经验来安排眼前的事宜。而搞现代化，就应克服这一原有的思维习惯，根据未来需要来安排现实的工作。这样，我们的事业才有发展前途。

【阅读资料3.5】 ▶▶▶▶>>>

吉列刀片的突破

吉列刀片是美国一位40岁的瓶盖公司推销员吉列于1895年发明的。1903年开始生产。1904年一年就销售了1 240万个。小刀片使该服务员成了富翁并拥有了自己庞大的公司。有趣的是，这种不起眼的小玩意儿，竟然改变了欧美男子的审美观。原来，在吉列刀片问世前，欧美人以留须留发为美。吉列刀片一问世，剃须既方便又安全，使他们纷纷用吉列刀片剃须，于是变成以不留胡须为美。

不留胡须留长发则不协调，所以，欧美男子的长发也剪短了，美男子的标准也变了。

总部设于波士顿的吉列公司成立于1901年，目前有雇员3万人，主要生产剃须产品、电池和口腔清洁卫生产品。提到"吉列"，人们就会想到世界上最好的剃具。"掌握全世界男人的胡子"的吉列剃刀产品，在美国市场占有率高达90%，全球市场的份额竟达到70%以上。据估计，如今在北美每3个男性中就有1个使用吉列速锋Ⅲ剃须刀。2005年在《商业周刊》评出的世界品牌100强中位列第15位，品牌价值1 753亿美元。

（案例来源：https://baijiahao.baidu.com/s？id=1613582866814597667&wfr=spider&for=pc）

其次，突破性也体现在超越人类既存的物质文明和精神文明成果上。从超越既存的物质文明成果看，产品的更新换代，就是科技研发人员思维上敢于去超越原产品的结果。

从超越既存的精神文明成果看，爱因斯坦正是突破了牛顿经典力学的静态宇宙观去思考，而创立了狭义相对论。

当一个新的设想或新的事物产生时，必然会遭到旧的习惯势力的抵制，所以，创新要有胆识、有勇气，甚至要以付出生命为代价。因为否定"地心说"，捍卫真理，布鲁诺被活活烧死。

19世纪在开始建造火车铁轨时，有人警告说，当时速超过50千米时，人会鼻子出血，而且火车过隧道时，人将会窒息。

1903年莱特兄弟研制的飞机即将上天的时候，科学家西门纽堪伯发表声明：人类要飞行是不可能的。

1957年，英国皇家天文学家哈若斯宾对第一颗人造卫星评论道：人类登陆月球是下一代才会发生的事，而且即使成功登陆，生还的机会也微乎其微。

2. 思路上的新颖性

创新思维是以求异、新颖、独特为目标的。求异创新思维目前可以运用到许多领域，例如，在现阶段各级各类教学当中均要求有创新思维以及思路上的新颖性和求异性。传统的教学理念当中缺乏对学生思考问题的灵活性和独创性的考量，因此导致了我们现在许多成年人创新思维能力较差。而人在儿童时代思维是最具灵活性和创新性的，经常会提出许多稀奇古怪的问题，却常常被我们家长的习惯性思维与固化的教育模式给泯灭或者打消掉了，进而也使得儿童的成长与思维逐渐趋于平凡。

有了创新思维才会进而产生创新型产品，人类社会才会不断进步。因此国家鼓励创新的一个主要渠道就是关于专利的审批与保护。而根据专利法第二十二条第一款的规定，授予专利权的发明和实用新型应当具备新颖性、创造性和实用性。因此，申请专利的发明和实用新型具备新颖性是授予其专利权的必要条件之一。

【阅读资料3.6】 ▶▶▶>>>

亚默尔的创新

亿万富翁——亚默尔肉食品加工公司的创始人菲利普·亚默尔17岁的时候，美国西部传来了振奋人心的好消息，加利福尼亚发现了大金矿。人们拼命地干活，包括亚默尔在内，似乎"掘金"是大家生存的唯一信念，谁也没有想到过其他。

为了实现"黄金梦"，燥热的矿场上到处都是挥汗如雨的采矿者。太阳火辣辣地烤着，水在这里成了最宝贵的东西，矿工们渴得难以忍受，于是有人说："如果有谁马上给我痛饮一顿凉水，我送他两块金元！""花一块金元买一壶凉水，我也干！"

人们太需要水了，水就是金子，卖水照样能换回金子，何不去难求易地赚钱呢？亚默尔放弃采金，而挖了一条水渠，把附近清澈的河水引了过来，灌满了挖好的水池，然后装成一壶一壶，拉到矿场上去卖。

许多采金人日复一日地挖掘，终于不堪劳累之苦，要么命归黄泉，要么另谋生路，而亚默尔一枝独秀，靠卖水发了大财，迈上了亿万富翁的征途。

（案例来源：http://www.docin.com/p-86926281.html）

3. 程序上的非逻辑性

这是指创造性思维往往在超出逻辑思维，出人意料地违反常规的情形下出现。它不严密或暂时说不出什么道理。因此，创造性思维的产生常常具有跳跃性，省略了逻辑推理的中间环节。

例如，前面突破性特征中提到的爱因斯坦相对论的建立就体现了非逻辑性特征。由于省略了中间环节，其创新成果曾一时令人无法理解和接受。许多科学家都为之瞠目，有的人甚至公开讥笑他为疯子，是讲了一通疯话。

创造性思维的非逻辑性显得离谱、神奇，有时，创造者自己对其也感到不理解。例如，当德国科学家普朗克首创量子假说时，连他自己也感到茫然、不知所措，甚至怀疑这个假说的真实性。

眉头一皱、计上心来，急中生智就是创新思维非逻辑性的典型表现。唐代大诗人李白被称作诗仙，他借酒助兴诗如泉涌；词作家乔羽在书房写作，抬头忽见一只蝴蝶飞来，瞬间又飞去，这一现象使他几天寝食不安，借助这一现象触发灵感，创作了著名的歌曲《思念》中的歌词。

【阅读资料 3.7】 ▶▶▶>>>

爱迪生巧用肥皂确定鱼雷形状

在海战中常用的鱼雷，最初是由亚得里亚海沿岸的一个工程公司的英国经理怀特黑德于1866年发明的。在1914年至1918年期间，处于发展中期的德国传统鱼雷，共击沉总吨位达1200万的协约国商船，险些为德国赢得海战的胜利。当时美国的鱼雷速度不高，德国军舰发现后只须改变航向就能避开，因而命中率极低。想不出改进的方法，他们去找爱迪生。爱迪生既未做任何调查也未经任何计算，立即提出一种意想不到的办法，要研究人员做一块鱼雷那么大的肥皂，由军舰在海中拖行若干天，由于水的阻力作用，使肥皂变成了流线型，再按肥皂的形状建造鱼雷，果然收到奇效。

（案例来源：https://wenku.baidu.com/view/ce2e2d533c1ec5da50e2702c.html）

需要指出的是，创新思维的过程，往往既包含逻辑思维，又包含非逻辑思维，是两者相结合的过程。

在创新思维活动中，新观念的提出、问题的突破，往往表现为从逻辑的中断到思想的飞跃。这通常都伴随着直觉、顿悟和灵感，从而使创新思维具有超常的预感力和洞察力。

4. 视角上的灵活性

创新思维表现为视角能随着条件的变化而转变,能摆脱思维定式的消极影响,善于变换视角看待同一问题,善于变通与转化,重新解释信息。

它反对一成不变的教条,而是根据不同的对象和条件,具体情况具体对待,灵活应用各种思维方式。例如,当代伟人毛泽东,在与外国侵略者的作战中,成为决胜千里的军事战略家,他创造的游击战、运动战、阵地战,无不体现出他思维的灵活性。

又如,十几年前报刊披露,某建筑师受命设计一座大教堂时,依据精密计算,破天荒地在大厅不设立柱,但是,此事却被教会以不安全为由坚决反对,建筑师只好将立柱加上。过了数百年,人们维修教堂时却惊奇地发现,四根立柱都是上不接顶,有10厘米的空隙,形同虚设。这即是建筑师在当时的谈判氛围下,以灵活性的思维同意按教会的要求建筑,而实则又不放弃自己的建筑原则的表现。

又如,发明大王爱迪生曾热衷于发明电话。他在研制时发现圆筒中常常传出一阵嗡嗡的杂音,经过仔细观察发现杂音的产生是由于金属丝与旋转的圆筒接触所致。爱迪生从中得到启发,又发明了留声机。过去,人们在赛马时,常为胜负的裁决以及马的奔跑姿势发生争吵,为此,人们把照相机排成一列,顺序拍摄。当把照片叠在一起快速拨动时,马就像奔跑起来一样。

【阅读资料3.8】▶▶▶>>>

同一事实三种结论

美国一家制鞋公司曾先后派甲、乙、丙三位业务员去某岛国开拓市场。

现状:该国居民都不穿鞋子。

甲发现该国居民都不穿鞋子,便断定没有市场。

乙则从岛民不穿鞋得出该国是一个巨大的潜在市场的结论。

丙的看法是:这里的人不穿鞋,需要鞋,但由于有足疾,因而不需该公司生产的窄鞋,因此应当生产宽鞋。

丙还得知,岛上的部落首领要求进贡(大约1.5万美元),否则不让做买卖。预计该公司可在该国卖2万双鞋,收益率为15%,可以赚钱。

甲的视角与乙和丙的视角是对立的,事实证明,甲的看法是不正确的。乙和丙的视角较为相似,但丙的看法更优、更精确。丙不仅有宏观的视角,也有微观的视角。

(案例来源:http://www.docin.com/p-1007752865.html)

5. 时空上的开放性

开放性表现为在时间和空间上敢于突破思维框架,使思维像阳光一样向外放射。对时间的超越与突破,体现了思维的高度;对空间的超越与突破,体现了思维的价值;对事物的超越与突破,体现了思维的广度。

创新思维调动起人的创造性潜能,在客观事物尚未出现时,意识也可以把它想象出来,就像在马克思的时代,社会主义还没有成为现实,但他已经创立了科学社会主义学说,这些思想、计划等无不来源于创新思维的超越性。

【阅读资料3.9】 ▶▶▶>>>

有无穷个答案的智力题

许多父母都喜欢给自己的孩子出这样的智力题：树上10只鸟，被人用枪打死1只，还剩几只？孩子一般都把它当作算术题做：10-1=9（只）。此时父母往往哈哈大笑说，打死的一只掉了下来，其余的全飞走啦。似乎这是唯一正确的答案。

其实，此题的答案可以有无数多个。

可能还剩1只，因为树大，打死的1只在树上，其余飞走了；可能还剩2只，打死的1只在树上，又吓死1只患心脏病的也在树上，其余的飞走了；可能还剩3只，打死的1只掉下来，飞走了6只，还有3只耳朵不好的，在树上睡觉；可能还剩9只，因为枪可能是无声手枪，打死一只掉了下来，其余9只没有感觉也没飞走；也有可能还有100只，因为有可能被打死的是鸟王国中德高望重的国王，它的臣民从四周的树上飞来向国王表示哀悼，向违反《野生动物保护法》的人提出抗议……

（案例来源：https://wenku.baidu.com/view/01c1188d680203d8ce2f242f.html）

三、创新思维的作用

创造性思维是将来人类的主要活动方式和内容。随着工业革命的进行，人逐渐从生产中解放出来。全面的自动化的实施，使人主要从事着控制信息、编制程序的脑力劳动，而人工智能技术的推广和应用，使人所从事的一些简单的、具有一定逻辑规则的思维活动，可以由"人工智能"去完成，从而又部分地把人从简单脑力劳动中解放出来。这样，人将有充分的精力把自己的知识、智力用于创造性的思维活动，把人类的文明推向一个新的高度。

（一）创造性思维可以不断地提高人类的认识能力

创造性思维能力的获得依赖于人们对历史和现状的深刻了解，依赖于敏锐的观察能力和分析问题能力，依赖于平时知识的积累和知识面的拓展。创造性思维的特征已表明，创造性思维是一种高超的艺术，创造性思维活动及过程中的内在的东西是无法模仿的，这内在的东西即创造性思维能力。每一次创造性思维过程就是一次锻炼思维能力的过程，因为要想获得对未知世界的认知，人们就要不断地探索前人没有采用过的思维方法、思考角度去进行思维，就要独创性地寻求没有先例的办法和途径去正确、有效地观察问题，分析问题和解决问题，从而极大地提高人类认识未知事物的能力。所以，认识能力的提高离不开创造性思维。

（二）创造性思维可以不断地增加人类知识的总量，不断推进人类认识世界的水平

创造性思维因其对象的潜在特征，表明它是向着未知或不完全知的领域进军，不断地把未被认识的东西变为可以认识和已经认识的东西，不断扩大着人们的认识范围。科

学上每一次的发现和创造,都增加着人类的知识总量,为人类进入自由王国不断地创造着条件。

(三)创造性思维可以为实践开辟新的局面

创造性思维的独创性与风险性特征赋予了它敢于探索和创新的精神,在这种精神的支配下,人们不满足于已有的知识和经验,不满足于现状,总是力图探索客观世界中未被认识的本质和规律,并以此为指导,进行开拓性的实践,开辟出人类实践活动的新领域。若没有创造性的思维,人类在已有的知识和经验上坐享其成,那么,人类实践活动的领域也非常狭小,实践活动只能留在原有的水平上。

【教学案例3.2】 ▶▶▶>>>

互利的推销

国外一家公司既经营鲜牛奶又经营面包、蛋糕等食品。这家公司出售的牛奶质优价廉,每天都能在天亮以前将牛奶送到订户门前的小木箱内。牛奶的订户不断增多,公司获利越来越大。可是这家公司经营的面包、蛋糕等食品,虽然也质优价廉,由于门市部所在的地段较偏僻,来往的行人不多,营业额一直不大。这家公司的老板当然知道通过报纸和电台做广告是有作用的,但他同时也清楚,这要付出很大的代价,而且面包、蛋糕一类食品,不同于一般大件商品,在报纸上或新闻媒体公布其名称、价格,是不容易引起消费者注意的。该公司老板从牛奶订户上做文章,这是一个可以从中挖掘出有效宣传广告形式和手段的重要源泉。经过他有意识地围绕着天天为订户送奶这件事不断地左思右想,终于想出一个投资不大而又宣传效果极佳的推销面包、蛋糕的好方式。这家公司的老板想出的办法是:设计、印制一种精美的小卡片,正面印各种面包、蛋糕的名称和价格,卡片的背面是订货单,可填写需要的品种、数量和送货时间,即顾客的签名。每天把它挂在牛奶瓶上送给订户,第二天再由送奶人收走,第三天便能将所订的面包、蛋糕等食品随同牛奶一起送到订户家中。在这家公司没开展为订户送牛奶的同时也按订货单送面包、蛋糕的业务之前,订户们都要自己上街去买早上吃的面包、蛋糕,不但费时费事,往往还要一次买够几天的需要量,这就不能不影响到面包、蛋糕的新鲜程度。再则,公司为订户所送的面包、蛋糕,其价格总是比从街上零售店买的要便宜一些。

公司老板这样通过有意识地运用间接联想而想出的这种推销面包、蛋糕的办法,既扩大了销路,增加了盈利,又不失一种便民利民之举,大受欢迎!这家公司的老板思考这个问题运用了形象思维中思维联想的接近联想创新思维方法。

(案例来源:http://www.phsky.net/item-detail.aspx?newsid=37266)

【思考与讨论】

1. 公司老板采用了什么样的创新思维方法?
2. 创新思维的作用是什么?

第二节　突破创新思维障碍

一、常见思维障碍

人的大脑思维有一个特点，就是一旦沿着一定方向、按照一定次序思考，久而久之，当人们面对纷繁复杂的客观事物时，就形成了一种惯性，遇到类似的问题或表面看起来相同的问题时，就会不由自主地还是沿着上次思考的方向或次序去解决，这种惯性被称为思维惯性。多次以这种惯性思维来对待客观事物，就形成了固定的思维模式，这些思维模式就叫作思维定式。思维障碍是思维惯性和思维定式的组合，非常不利于创新，阻碍了我们创造性地解决问题。我们要进行创新思维，首先必须突破思维障碍。

【阅读资料3.10】▶▶▶>>>

天才也需要突破思维的障碍

思维定式例子一：拿破仑滑铁卢兵败后

拿破仑被流放到圣赫勒拿岛后，他的一位善于谋略的密友通过秘密方式给他捎来一副用象牙和软玉制成的国际象棋。拿破仑爱不释手，从此一个人默默下起了象棋，打发着寂寞痛苦的时光。象棋被摸光滑了，他的生命也走到了尽头。

拿破仑死后，这副象棋经过多次转手拍卖。后来一个拥有者偶然发现，有一枚棋子的底部居然可以打开，里面塞有一张如何逃出圣赫勒拿岛的详细计划！

思维定式例子二：心算家阿伯特·卡米洛的故事

阿伯特·卡米洛从来没有失算过。这一天他做表演时，有人上台给他出了道题：

"一辆载着283名旅客的火车驶进车站，有87人下车，65人上车；下一站又下去49人，上来112人；再下一站又下去37人，上来96人；再再下一站又下去74人，上来69人；再再再下一站又下去17人，上来23人……"

那人刚说完，心算大师便不屑地答道："小儿科！告诉你，火车上一共还有……"

"不，"那人拦住他说，"我是请您算出火车一共停了多少站口。"

阿伯特·卡米洛呆住了，这组简单的加减法成了他的"滑铁卢"。

天才也需要突破思维的障碍。两个故事，两个遗憾。他们的失败，其实都是败在思维定式上。心算家思考的只是老生常谈的数字，军事家想的只是消遣，他们忽略了数字的"数字"，象棋的"象棋"。由此可见，在自己的思维定式里打转，天才也走不出死胡同。

无数事实证明，伟大的创造、天才的发现，都是从突破思维定式开始的。

（案例来源：https://m.201980.com/lzgushi/daquan/3867.html）

（一）习惯型思维障碍

习惯型思维障碍是生活中常见的一种思维定式，产生于人们的生活、思考等众多习惯。这种思维障碍是不可避免的，但并不是百分百有害的。对于一些简单的问题，如日常生活中的小事，按照习惯去思考，去行事，可能节省时间，或者少费脑筋。在创新过程中，习惯型思维障碍却难以避免，而且多数时候是有害的。而有的思维不仅有惯性，还有惰性，对于比较复杂的问题也要如法炮制，就会使我们犯错误，或者面对新问题一筹莫展。

【阅读资料 3.11】 ▶▶▶>>>

笑　话

有位警察到森林中打猎，他靠近野兽经常出没的地方隐蔽了起来。忽然，一只鹿跑了出来，这位警察立即跳过灌木丛，朝天开了一枪，叫道："站住，我是警察。"

分析：警察在追捕罪犯时，会鸣枪示警，这显然已在他的头脑中形成了极其牢固的思维定式，以至于对象发生明显变化时，大脑仍受这种思维定式的束缚，结果闹出了笑话。

（案例来源：https://wenku.baidu.com/view/4ffdd168bdd126fff705cc17755270722192e59ed.html）

穷　人

有个故事，一个富人送给穷人一头牛。穷人满怀希望开始奋斗。可牛要吃草，人要吃饭，日子很难。穷人于是把牛卖了，买了几只羊，吃了一只，剩下的来生小羊。可小羊迟迟没有生下来，日子又艰难了。穷人又把羊卖了，买成鸡，想让鸡生蛋赚钱为生。但是日子并没有改变，最后穷人把鸡也杀了，穷人的理想彻底崩溃了。这就是穷人的习惯。

据一个投资专家说，富人的成功秘诀就是：没钱时，不管多困难，也不要动用投资和积蓄，压力使你找到赚钱的新方法，帮你还清账单。这是个好习惯。性格形成习惯，习惯决定成功。

（案例来源：https://weibo.com/3878366756/AB0aEaqoW?type=comment）

【教学案例 3.3】 ▶▶▶>>>

交叉手动作

将左右十个手指头交叉在一起，你发现你的左手大拇指在上还是右手大拇指在上？事实上，有的人是左手大拇指在上，有的人是右手大拇指在上。而且这和你习惯用右手或习惯用左手是没有关系的，但是不管你左在上还是右在上，现在请大家第二次重新交叉双手的十个手指，但要做一下改变：如果你刚才是左手在上，那么现在请你右手在上；如果你刚才是右手在上，那么现在请你左手在上。有什么感觉？绝大多数人会觉得不舒服，很别扭，不快活。为什么呢？人的左右手是对称的，怎么交叉没有任何生理学的根据，那么为什么反过来交叉手会觉得不舒服呢？就是因为习惯！

分析：所以从这个意义上来说，创新首先不是表现为什么高深的理论，而是要求我们要改变许多老的思维习惯而建立新的思维习惯。

并不是所有的习惯都是不好的，也不是说对任何习惯都要创新、改变。对于日常生活中的一些小问题，我们用习惯的思维、习惯的方式去解决可以提高效率，比如每天早晨起来是先洗脸还是先刷牙，完全是个人的习惯，没有必要在这些小事上纠结。

（案例来源：http://www.doczj.com/doc/d5dc72e50029bd64783e2c50 – 5.html）

【思考与讨论】

1. 你是否能够定期检查自己固有的习惯？
2. 当某种习惯影响到你的学习时，你能否加以改正？

（二）权威型思维障碍

在长期的学习、工作和生活中，很多人逐渐形成了对权威的尊敬甚至崇拜，这是因为权威是领导，或是长辈，或是专家，社会舆论也经常把有学问、有经验的人广为宣传，使他们的名望更高。尊重权威在一定条件下是没有什么错的，但一切都按照权威的意见办事，不敢怀疑权威的理论或观点，不敢逾越权威半步，就成为创新思维的极大障碍。权威的意见只是在一定时间、一定范围是正确的，而只有时间才是检验真理的唯一标准。权威人物也可能被自己的知识和经验限制住，自己给自己设置思维上的障碍。不为权威已有的意见所限制，没有任何框框，从头研究，反而能够取得成功。

【阅读资料 3.12】 ▶▶▶>>>

世界著名指挥家日本的小泽征尔敢于挑战权威

小泽征尔是世界著名的音乐指挥家。一次他去欧洲参加指挥家大赛，在进行前三名决赛时，他被安排在最后一个参赛，评判委员会交给他一张乐谱。小泽征尔以世界一流指挥家的风度，全神贯注地挥动着他的指挥棒，指挥一支世界一流的乐队，演奏具有国际水平的乐章。正演奏中，小泽征尔突然发现乐曲中出现不和谐的地方。开始，他以为是演奏家们演奏错了，就指挥乐队停下来重奏一次，但仍觉得不自然。这时，在场的作曲家和评判委员会权威人士都郑重声明乐谱没问题，而是小泽征尔的错觉。他被大家弄得十分难堪。在这庄严的音乐厅内，面对几百名国际音乐大师和权威，他不免对自己的判断产生了动摇，但是，他考虑再三，坚信自己的判断是正确的，于是大吼一声："不！一定是乐谱错了！"他的喊声一落，评判台上那些高傲的评委们立即站立向他报以热烈的掌声，祝贺他大赛夺魁。

分析：挑战权威的后果，你可能战胜了权威，却面临牺牲个人利益，权威在中国是一个难以打破的心结。

（案例来源：http://www.doczj.com/doc/d5dc72e50029bd64783e2c50 – 4.html）

（三）直线型思维障碍

我们在学习生活中，习惯于直线型思维去解决问题。学习时，虽然也遇到过稍微复杂的数学问题、物理问题，但多数情况下是把类似的例题拿来照搬；对待需要认真分析，全面考虑的社会问题、历史问题或文学艺术方面的课题，经常是死记硬背现成的答案。生活中，人们在解决简单问题时也只须用一就是一，二就是二这样的直线型思维方式就可以奏效，于是就养成了直线思维的习惯。这种思维习惯让人们不善于从侧面、反面或迂回地思考问题，如果没有破除直线型思维的训练和实践，即使是比较有经验的人也难免陷入思维的误区。

【阅读资料 3.13】 ▶▶▶>>>

航天员的"太空笔"

有这样一则幽默：美国航天员在太空中用圆珠笔写不出字来，于是美国航天局决定划拨 100 万美元的专款攻关。研究是在极其秘密的状态下进行的，结果不用我说，大家也能够猜得出来，凭美国的人、财、物力，这不过是小事一桩、小菜一碟！最后研制出了专用的"太空笔"。庆祝之余有位官员突生疑问：苏联航天员在太空中是用什么笔写字的呢？一批精干的谍报人员被派了出去，答案很快就有了：苏联航天员用的是铅笔！

【阅读资料 3.14】 ▶▶▶>>>

老司机的"引火烧身"

现实生活中类似的"线性思维"的例子不胜枚举，但可并不都是幽默，有的甚至是血的教训。一个漆黑的夜晚，司机老王开着一辆"除了喇叭不响什么都响的"北京吉普外出，车行半路抛了锚，他初步判断是油耗尽了，便下车检查油箱。没带手电筒就顺手掏出打火机照明，随着"轰"的一声巨响，他就什么也不知道了……等他醒来时正躺在医院的病床上，是一位路过的好心司机把他救了，车报废了，脸毁了容，万幸的是命总算捡了回来。老王说："当时只是想借打火机的光，看清油箱里究竟还剩多少油；根本不承想打火机的火，会引爆油箱并引火烧身。"这是典型的由"线性思维"惹的祸。

线性思维模式有两个基本特点：① 把多元问题变为一元问题。客观对象所包含的问题往往是多元的，线性思维模式要求把其中一个问题突出，把其余问题撇开，或者把复杂问题归结为一个简单问题，然后予以处理。② 用一维直线思维来处理一元问题，使之成为具有非此即彼答案的问题，并排除两个可能答案中的一个。

（资料来源：易迈管理信息网 http://www.mba163.com/glwk/rlzy/200603/27616_4.html）

（四）自我中心型思维障碍

在日常生活中，我们常常可以看到有些人特别固执，思考问题时以自我为中心，阻碍了创新思维。这些人有的还是很有能力的，做出过一些成绩，但他们从此就觉得自己了不起，不知道天外还有天。我们在取得了一定成绩或学到了一种本领之后，千万不要局限在自己已有知识或成果的范围内，千万不要以为按照自己的思维模式就可以以不变应万变，从此可以无往而不胜了。

（五）书本型思维障碍

俗话说"尽信书，不如无书"，"尽信书"就是书本型思维障碍的写照。很多人认为，一个人的书本知识多了，比如上了大学，读了硕士、博士，就必然有很强的创新能力。还有的人认为，书本上写的，就是正确的，遇到难题先查书，如果自己发现的情况与书本上不一样那就是自己错了。在这种认识的指导下，书上没有说的不敢做，书上说不能做的更不敢做；读书比自己多的人说的话百分之一百地全信，一点也不敢怀疑。这种对于书本的迷信阻碍了人们去纠正前人的失误，探索新的领域。我们把这种由于对书本知识的过分相信而不能突破和创新的思维就叫作书本型思维障碍。也就是说，书本知识也可能过时。诺贝尔物理学奖的获得者、美国物理学家温伯格曾经说过一段话很值得我们深思，"不要安于书本上给你的答案，要去尝试下一步，尝试发现有什么与书本上不同的东西。"正确的态度应当是：既要向书本学习，也要向实践学习。在从事创新活动时，要对所应用的书本知识严格地进行检验，而检验的唯一标准是实践。

【阅读资料 3.15】▶▶▶>>>

民间故事——秀才过河

话说古时有一秀才，为人古板，死读书。有一天，秀才出门访友。走啊走，面前遇到一条小水沟，只有两三尺宽，秀才就犯难了。他想，这不是一条河吗？书上说，想要过河，一要有桥，二或有船。现在，两者皆无，如何是好！于是，他在"河边"不断徘徊。路人见了，问其缘故，秀才说："我要过河，一无桥，二无船，奈何、奈何！"路人笑着说："不就是一条小沟吗，跳过去就是啦！"秀才大悟，于是，他双足用力，往前一跳。谁知，跳到"河"中间，秀才就扑通跌下水。路人急忙把他拉上来。秀才愤怒地抓住路人，大喊道："你骗人！"路人道："我怎么骗你啦？"秀才说："那你跳过河让我看看！"路人一步就跨过了"河"。秀才不服气地说："书上说，单脚为跨，双脚为跳，你明明是跨过去却叫我跳过去！这不是骗我，害得我掉下河吗！"路人只好摇摇头，走了。只剩下满身湿漉漉的秀才呆呆地坐在地上……

（资料来源：http://blog.sina.com.cn/s/blog_60c737c20100dk4s.html）

（六）从众型思维障碍

从众心理，就是不冒尖、不带头，一切都随大部队的心理状态。在实际生活中，大部分人都可能因从众心理而陷入盲目性。一个问题，明明小家独立思考就能正确决策，却偏偏跟着大家走错误的路线，这就是从众型思维障碍。一位心理学家曾经做过这样一个实验：让一个人跟着另外4个人走进实验室，地上画着4条长度不等但相差不多的直线 a、b、c、d，然后问："直线 a 与 b、c、d 中的哪条长度最接近？"前面4个人都回答是 c，后面那个人看了一会儿，认为是 b（实际上这个答案是对的）。刚想回答，心理学家说："再想一想，到底是哪条？"他又想了一会儿，回答说："是 c。"心理学家的一句想一想就让这个人改变了答案，这就是典型的从众心理现象。

【阅读资料3.16】 ▶▶▶>>>

黄鼠狼真的吃鸡吗?

黄鼠狼吃鸡是事实,确实有的人家的鸡被黄鼠狼吃了,所以不少人认为黄鼠狼是一种害兽。

为了弄清黄鼠狼到底吃什么,上海华东师范大学生物系盛教授用了几年时间在全国十几个省市中的海岛、林区、草原、平原和山区抓了5 000多只黄鼠狼,进行解剖观察。结果发现只有两只黄鼠狼吃鸡,其余吃的大多是老鼠。盛教授又在关黄鼠狼的地方放上活鸡、带鱼、老鼠、蟾蜍,发现黄鼠狼饿得发慌时又无其他东西可吃了,才吃了鸡。盛教授在观察中发现,一只黄鼠狼一年要吃300~400只老鼠,可从鼠口夺回400千克粮食。盛教授根据自己的科学观察结果得出的结论是:黄鼠狼对人类利大于害,应将黄鼠狼列为益兽。

现实生活中的从众思维定式

跟着别人闯红灯:你一向是个遵守交通规则的人,遇到红灯时肯定会停下来,过马路时肯定要走斑马线。但是很多次,当你过马路的时候,看到大家都不走斑马线,而且闯红灯的人越来越多,于是,你也就跟着大家一起,而不遵守交通规则了。

抢购商品:你到某商场购物,本来你看好了自己喜欢的某个物品,但在你刚打算购买的时候,却发现相邻的另一品牌商店前集聚的顾客更多。于是,你会情不自禁地怀疑起自己的选择。当听到顾客们说另一品牌的物品好时,你会不由自主地改变当初的主意,跟大家一起拥向另一品牌商店,而放弃你开始的选择。

(资料来源:百度文库)

(七)文化禁忌型思维障碍

文化禁忌型思维是因个人所处的文化环境和生活习惯的不同,长时间养成的对某些本来是客观存在的现象的规避、禁忌,从而影响对问题的客观认识,造成对解决问题的良好时机的丧失。

(八)其他类型的思维障碍

还有一些思维障碍也比较常见,在不同的人身上表现的严重程度不同,例如麻木型思维障碍、偏执型思维障碍、自卑型思维障碍等。自卑型思维障碍就是非常的不自信,由于过去的失败等原因受到过别人的轻视,甚至污蔑,产生了自卑心理。自卑心理会让人踌躇不前,不敢去做没有把握的事情。麻木型思维障碍表现为不敏感,思维不活跃。这种思维障碍的人注意力集中程度低,难以出现兴奋状态,对关键问题不能够及时捕捉。偏执型思维障碍的人大多颇为自信,过于固执,明知这条道路走不通,非要往前闯,不能及时转弯,费了很大力气,走了许多弯路还不愿意回头。

二、思维障碍的突破

思维障碍严重妨碍着我们进行思维创新，而突破思维障碍的好办法就是扩展思维视角。

（一）思维视角的定义

人的思维活动不是毫无头绪的，它是有次序、有起点的，在起点的位置上，就有切入的角度。实际上，对于创新活动来说，这个起点的切入角度非常重要。我们把思维开始时的切入角度，就叫作思维视角。扩展视角对认识客观事物会有极大的影响，这是因为：① 世界上的各种事物都不是孤立存在的，它们与周围的其他事物有着千丝万缕的联系，观察研究某一未显露本质的事物，可以从与它有联系的另一事物中找到切入点。② 事物本身都有不同的侧面，从不同的角度去考察，就能更加全面地接近事物的本质，例如盲人摸象。③ 对于某个领域的一些事物，特别是社会生活或专业技术领域内的常见事物，许多人都观察思考过了，自己也经常接触。④ 事物是发展变化的，发展变化的趋势有多种可能性。

（二）扩展思维视角的方法

1. 改变万事顺着想的思路

大多数人在思考问题的时候都是顺着想的，按照常情、常理、常规去想，或者按照事物发生的时间、空间顺序去想。大家都是这么想的，彼此之间的交流就比较方便，容易找到切入点，解决问题的效率比较高。但在互相竞争的情况下，这种思路就很难出奇制胜。当面对复杂的客观事物，顺着想的思路就不可能完全揭示事物内部的矛盾，发现客观规律。

（1）从事物的对立面出发去想。直接跳到事物中矛盾一方的对立面去想是扩展思维的一个重要角度。对立的双方是既对立又统一的，改变这一方不行，改变另一方则可能有助于问题的解决。例如，过去的工业锅炉和生活锅炉都是在炉内安装许多水管，用给水管加热的方法使热水上升，产生蒸汽。日本科学家熊田长吉想要提升锅炉的工作效率，开始时主要考虑怎样在炉内加热，但热效率却改变不大。后来，他想到，冷和热是对立的，不能只考虑热的方面，不考虑冷的方面，在加热水管时，热水上升，忽视了冷水的下降，在冷热水循环不畅的情况下，热效率难以提高。于是，他通过实验，把原来的许多热水管加粗，在粗管内再安装一根使冷水下降的细管，这样，粗管里的热水上升，细管里的冷水下降，水流和蒸汽的循环加快，热效率果然提高了。按照这种设计而产生的锅炉，在实际使用中热效率可以提高10%。

（2）变顺着想为倒着想。如果顺着想不能很好地解决问题，那倒过来想可能就找到了新的突破口。"二战"后期，苏联军队准备在夜晚对柏林突袭，但是朱可夫元帅却遇到了一个难题。天黑发动突然袭击无疑是最好的选择，但当晚星光灿烂，部队难以隐蔽，如果贸然发起攻击，苏军的行动在敌人眼中就是一目了然，如果因此放弃，又会贻误战机。经过反复思考，他下令集中所有探照灯，用最强的灯光照射敌军阵地。在这140台探照灯的强烈光线下，德军眼睛都睁不开。苏军就在明晃晃的灯光的掩护下突然进攻，冲破防线，打得敌人措手不及，迅速解决了战斗。

（3）思考者改变自己的位置。改变思考者自己的位置就是换位思考或易位思考。如果是思考社会问题，可以把自己换到考察对象的位置上，或者是其他人的位置上；如果是科学技术问题，可以更换观察的位置，从前后、左右、上下等各个方向去思考分析问题。

2. 转换问题

获得新视角的问题是多种多样的，但彼此之间有相通的地方。尤其是难以解决的问题，盯住一个角度不放，并不能解决，反而不如把问题转变一下。例如，把几何问题转换为代数问题，把物理问题转换为数学问题。

（1）把自己生疏的问题转换成熟悉的问题。我们总会遇到这样或那样的从未接触过的生疏的问题，难以下手就是对待这些问题时最大的感受。其实，这时就可以试着把它转换成自己熟悉的问题，可能就会有新的视角，也许还会有出色的成果诞生。19世纪末，法国园艺学家莫尼哀想设计一种牢固坚实的花坛，可是他只熟悉园艺，对于建筑结构和建筑材料一窍不通。经过思考，他发挥了自己的特长：他对植物再熟悉不过了，他就把花坛的构造转换成植物的根系土壤再转换为水泥，把根系再转换为一根一根的钢筋，并用水泥包住钢筋，就制成了新型的花坛。这样，不仅花坛造出来了，而且，建筑史上划时代意义的新型建筑材料——钢筋水泥，也被这个建筑业的门外汉发明出来了。

（2）把复杂问题转化为简单问题。有一句话说：聪明人可以把复杂的问题越搞越简单，不聪明的人可以把简单的问题越搞越复杂。事实上，在解决复杂问题时能够化繁为简，就体现了一种新的视角。

（3）把不能办到的事情转化为可以办到的事情。世间有些事情是能够办到的，有些是难以办到的，有些根本就是不能办到的。但是，在很多时候，不能办到的通过我们的努力很可能会转换成能够办到的，这也是一种思路。

3. 把直接变为间接

在解决比较复杂、比较困难的问题时，可能直接解决会遇到极大的阻力，迂回就不失为一种好的办法。在面对这种复杂问题时，扩展自己的视角，或退一步来考虑，或采取迂回路线，先设置一个相对简单的问题作为铺垫，逐步向着目标前进也是一种办法。

第三节　创新思维常用方法

一、形象思维

（一）概念

形象思维是指以具体的形象或图像为思维内容的思维形态，是人的一种本能思维。形象思维内在的逻辑机制是形象观念间的类属关系，人一出生就会无师自通地以形象思维方式考虑问题。

形象观念作为形象思维逻辑起点，其内涵就是蕴含在具体形象中的某类事物的本质。

抽象思维是以一般的属性表现个别的事物，不同于抽象思维，形象思维要通过独具个性的特殊形象来表现事物的本质。

（二）作用

形象思维是反映和认识世界的重要思维形式，在各个行业中都可见其身影。形象思维是培养人、教育人的有力工具；在科学研究中，科学家除了使用抽象思维，也经常使用形象思维；在企业经营中，高度发达的形象思维，是企业家在激烈而又复杂的市场竞争中取胜的不可缺少的重要条件。高层管理者离开了形象思维，离开了形象信息，他所得到的信息就可能只是间接的、过时的，甚至不确切的，因此也就难以做出正确的决策。

（三）特性

形象思维的特性主要有想象性、形象性、敏捷性、直接性、创造性、情感性、思维结果的可描述性等。

（四）方法

1. 模仿法

很多发明创造都建立在对前任或自然界的模仿的基础上，如模仿鱼发明了潜水艇，模仿鸟发明了飞机，模仿蝙蝠发明了雷达。这种以某种模仿原型为参照物，在此基础之上加以变化产生新事物的方法就叫作模仿法。

2. 组合法

从两种或两种以上事物或产品中抽取合适的要素重新组合，构成新的事物或新的产品的创造技法就叫作组合法。常见的组合法一般有异物组合、同物组合、重组组合、主体附加组合四种。

3. 移植法

移植法是将一个领域中的原理、方法、结构、材料、用途等移植到另一个领域中去，从而产生新事物的方法。主要有方法移植、原理移植、功能移植等类型。

4. 想象法

想象法指在脑中抛开某种事物的实际情况，而构成深刻反映该事物本质的简单化、理想化的形象。直接想象是现代科学研究中广泛运用进行思想实验的主要手段。

【教学案例3.4】 ▶▶▶>>>

罗琳与她的哈利·波特

2002年到2012年，哈利·波特10年的创造，罗琳用故事征服所有人，10年8部《哈利·波特》电影，如今在美国已经积累了超过22.34亿美元总票房，打破了《星球大战》系列电影创下的22.18亿美元票房纪录，成为美国史上最卖座的系列电影。与此同时，所创造的商业价值也是任何一部电影都无法比拟的。除了书籍和电影，DVD、电视片、游戏、服装、文具，甚至哈利·波特主题公园、主题旅游都已经渗透于我们的生活，形成一个庞大的产业链，而这个产业链还在不断地延伸、丰富。

过去10年里，时代华纳公司旗下的华纳兄弟将罗琳的畅销书变成了横跨电子游戏、玩具、主题公园等多个领域的一项产业,它不但成为好莱坞最有价值的电影系列之一,更为华纳创造了近200亿美元零售额、盈利10亿美元的商业机会。

哈利·波特系列小说已经被翻译成60多种语言,全球总销量已超过3.25亿册,成为有史以来销量最高的书籍之一。

有人说,哈利·波特头上的那个闪电标志,其实更像个扭曲的"$"标志,因为随着《哈利·波特与死亡圣器(下)》(以下简称《哈7(下)》)的上映,该系列在全球的票房已经超过了70亿美元,它所创造的商业价值也是史上任何一部电影都无法比拟的。我们相信,哈利虽然在荧幕上暂时离开了我们,但是未来生活中的哈利会时刻闪现,始终贯穿我们的记忆。

商家争抢魔法蛋糕　谁买谁赚

其实,让《哈利·波特》系列真正赚钱的,还是这个系列的衍生产品——这和电影票房、书籍利润等显性的经济不同,原因在于衍生产品的收益周期极长。首先是电影原声CD,仅前4部的电影原声CD在美国一共卖出110万张,以《哈1》电影原声CD的销量最高,2001年10月上市后,这张CD在美国一共卖出61.9万张,网络付费下载6.5万次;其次是获得哈利·波特形象授权的产品,包括饼干、糖果、口香糖等,目前累计的售卖早已超过了10亿美元。种种经济效应让无数商家都争都盯上了这块"魔法蛋糕",全球最大的三家玩具制造商——美泰、乐高、孩之宝也分别以数千万美元的价格购买到了"哈利·波特"系列玩具与文具的特许经营权;SONY公司的PS2从2001年就开始与影片同步发行游戏碟,《哈5》上映时,游戏界更是首度在PS2、PS3、任天堂的Wii上同时发行同名游戏,《哈7(上)》上映后,微软的XBOX360也买下了版权,并开发出了真人"体感"版的哈利·波特游戏。

不仅如此,2010年6月18日,位于美国佛罗里达州奥兰多环球影城的"哈利·波特魔法世界"主题公园正式开张迎客,吸引了大批粉丝排长队,一度导致交通拥堵。公园由霍格沃茨城堡、霍格莫德小镇以及禁林三部分组成,游人可体验魁地奇比赛,感受"摄魂怪",并参观霍格沃茨魔法学校的每一个角落。

罗琳的想象内容之丰富,范围之宽广,构思之新奇,足以吸引从儿童到老年人的所有,这就是想象力的胜利。

(案例来源:https://news.ctoy.com.cn/show-12474.html)

【思考与讨论】

1. 罗琳创造哈利·波特故事采用了什么创新思维方法?
2. 哈利·波特系列为什么能够创造如此大的商业价值?

二、逆向思维

(一) 概念

逆向思维是一种比较特殊的思维方式,它的思维取向总是与常人的思维取向相反,比如人弃我取、人进我退、人动我静、人刚我柔等。逆向思维并不是主张人们在思考时违逆常规，不受限制地胡思乱想，而是训练一种小概率思维模式，即在思维活动中关注小概率可能性的思维。

逆向思维是发现问题、分析问题和解决问题的重要手段，有助于克服思维定式的局限性，是决策思维的重要方式。这个世界上不存在绝对的逆向思维模式，当一种公认的逆向思维模式被大多数人掌握并应用时，它也就变成正向思维模式。

（二）特性

1. 反向性

反向性是逆向思维的出发点，也是逆向思维的重要特点，逆向思维离开了反向性也就不存在了。

2. 异常性

逆向思维的异常性表现为总是采取特殊的方式来解决问题。

3. "悖论"

反向性和异常性的存在，使得逆向思维在实践中常给人"悖论"的特性。例如，牛顿的物理学、相对论和量子力学，其中就包含了对立物共存和互相作用的逆向思维观念。

【阅读资料3.17】▶▶▶>>>

方式颠倒

20世纪80年代中期，日本五十铃汽车公司在美国推出一则轰动一时的电视广告，由滑稽艺人大卫·里特饰演一个名叫"五十铃约瑟"的"吹牛皮大王"。镜头一，里特说："五十铃房车被汽车杂志权威评为汽车大王。"字幕打出一行醒目的字：他在说谎！镜头二，里特说"五十铃房车最高时速可达300英里[①]。"字幕打出：他在说谎！镜头三，里特说："五十铃房车经销商非富即贵，因此，他们把它贱卖，只售美金9美元整！"字幕打出：他在说谎！镜头四，里特说："假如你明天来看看五十铃的话，你可得到一栋房子作赠品。"字幕打出：他在说谎！镜头五，里特说："我绝不会说谎，绝不是吹牛皮的人。"字幕打出：他在说谎！这则广告推出后，产生了强烈的轰动效用，不但得到了消费者的一致好评，而且取得了五十铃在美国销售前所未有的效果。这则广告为什么能收到如此出其不意的效果呢？

原来，事物都有自己的"起作用的方式"，此方式发生变化，事物的性质、特点和作用也会随之发生变化。这是事物与其起作用的方式之间的固有联系。基于这种联系，在创新思考中，就可以有意识地颠倒事物起作用的方式，导致事物的特点和作用等发生相反变化，以引发某种新设想、新创意和新效果。这就是所谓"方式颠倒"的逆向思维。美国实业巨子艾科卡曾经说过一句耐人寻味的话："表扬某个人，用公文；批评某个人，用电话。"这话道出了批评更要尊重人的深刻道理。

俗话说"忠言逆耳利于行"，殊不知有时候反其道而更利于行，我们可以来个方式颠倒，变"忠言逆耳利于行"为"忠言悦耳利于行"。对于企业员工来说，不但没有伤害他的情绪，相反使他乐于接受，更增强了企业的凝聚力。而上面广告之所以能收到如此出

---

① 1英里=1.609 3千米。

其不意的效果，是因为它与一般的广告所运用的思维方式不同而产生奇效。一般广告都赞扬自己的产品，而这则广告反其道而行之，故意说自己在说谎，因而给消费者一种耳目为之一新的感觉，反倒觉得这种产品更可靠了。于是，出奇制胜的效果也就这样应运而生了。

位置颠倒

自从冰箱问世以来很长一段时间，冷冻室一直在冰箱的上半部分。人们认为这样的设计是合理的，因为冷空气比重较大，它会自动地从上向下流动，所以将冷冻室放在冰箱的上半部分有利于对冷空气的利用。但是它又带来一个新的问题：冰箱的上半部分，人们取食物不必弯腰，是人们使用冰箱最方便的高度，一般家庭开启冷藏室的次数，要远远多于冷冻室。从这个角度看，将冷冻室放置在冰箱的上半部分并不理想。

日本夏普公司的科研人员对此倒过来想，认为可以将冷冻室和冷藏室的位置上下调换，只要能把下面冷冻室的冷空气提升到冰箱上半部分的冷藏室即可。沿着这样的思路，他们就很快想出了解决问题的办法：在冰箱内安装上风扇和一些通风管道，通过它们将下面冷冻室的冷空气提升到上面的冷藏室。就这样，市场上便出现了冷藏室在上半部分的新型冰箱。

沿着位置颠倒的思路，不仅可以改进原有产品，还可以用于领导管理工作。在美国的一个中学，每当有学生违反校规，校长就把这个学生叫到校长办公室，让他坐在自己的椅子上，校长则坐在来访者的椅子上，然后才开始交谈。这位校长介绍说，学生处在学校负责人的位置上能更好地考虑和认识自己所犯的错误。

（案例来源：https://www.sanwen8.cn/subject/xkbchhi.html）

（三）类别

1. 反向思维

通常对普遍接受的信念或做法进行质疑，然后查看它的反面是什么。在对立面是有道理的前提下，朝对立面方向进行研究。在下列情况下，可以进行反向思维：一是考虑用其对立面来取某物；二是考虑要做某种相反的事情；三是如果意识到自己是正确的，而别人是错误的，但自己仍认为对方错误的观点中也有值得肯定的地方。

2. 雅努斯式思维

在人的大脑里构想或引入事物的正反两个方面，并使它们同时并存于大脑里，考虑它们之间的关系，正与反、相似之处、相互作用等，然后创造出新事物。这种双面思维要求保持两个对立面并存在你的大脑中，是一种大脑机能。

3. 黑格尔式思维

采取一种观念，容纳它的反面，然后试着把两者融合成第三种观念，变成一种独立的新观念。这种辩证的过程一般需要三个连续的步骤：论题、反题以及合题。

（四）方法

1. 怀疑法

习惯性做法并不总是对的，对一切事物都抱有怀疑之心是逆向思维所需要的，有一种敢于怀疑的精神，打破习惯，反过来想一下，这种精神越强烈越好。

2. 批判法

对言论、行为进行分别、评断、剖析，以见正理。以判断法来进行逆向思维仍然需要以一般性的思维技能为基础，比如比较、分类、分析、综合、抽象和概括等。

3. 对立互补法

以把握思维对象的对立统一为目标，要求人们在处理问题时不但要看到事物之间的差异，而且要看到事物之间因差异的存在而带来的互补性。

4. 反事实法

在心理上对已经发生了的事件进行否定并表征其原本可能出现而实际未出现的结果的心理活动，是人类意识的一个重要特征，这就是反事实思维。主要有加法式、减法式、替代式三种类型。

5. 悖论法

悖论法就是对一个概念、一个假设或一种学说，积极主动地从正反两方面进行思考，以求找出其中的悖论之处。

三、灵感思维

（一）概念

灵感直觉思维活动本质上就是一种潜意识与显意识之间相互作用、相互贯通的理性思维认识的整体性创造过程，是逻辑性与非逻辑性相统一的理性思维整体过程。灵感直觉思维作为高级复杂的创造性思维理性活动形式，它不是一种简单逻辑或非逻辑的简单思维运动。

（二）特点

1. 突发性和模糊性

灵感直觉思维产生的程序、规则以及思维的要素与过程等都不是被自我意识能清晰地意识到的，而是模糊不清、"只可意会不可言传"的，因为它没有在显意识领域单纯地遵循常规的逻辑过程形成。

2. 思维高度灵活的互补综合性

思维高度灵活的综合互补性是灵感思维的重要特征，如逻辑与非逻辑的互补综合、潜意识与显意识的互补综合、抽象与形象的互补综合等。

3. 非自觉性

灵感直觉思维的突出性，必然带来它的非自觉性，其他的思维活动，都是一种直觉的思维活动。

4. 独创性

独创性是定义灵感思维的必要特征，不具有独创性，就不能叫灵感思维。

5. 思维活动的意象性

没有意象的暗示与启迪就没有思维的顿悟，在灵感直觉思维活动过程中，潜意识领域或显意识领域总伴有思维意象运动的存在。

（三）方法

1. 梦中惊成

梦中惊成，只留给那些"有准备的科学头脑"。梦是以被动的想象和意念表现出来的思维主题对客体现实的特殊反映，是大脑皮层整体抑制状态中，少数神经细胞兴奋进行随机活动而形成的戏剧性结果。并不是所有人的梦都具有创造性的内容。

2. 久思而至

久思而至指思维主体在长期思考竟日不就的情况下，决定暂时搁置客体，转而进行与该研究无关的活动，恰好是在这个"不思索"的过程中，无意中找到答案或线索，在久思未决的研究项目上得到突破。

3. 豁然开朗

这种顿悟的诱因来自外界的思想点化，主要是通过语言表达的一些明示或隐喻获得。豁然开朗这种方法中的思想点化，一般来说要有这样几个条件：一是"有求"；二是"存心"；三是"善点"；四是"巧破"。

4. 自由遐想

科学上的自由遐想是研究者自觉放弃僵化的、保守的思维习惯，围绕科研主题，依照一定的随机程序对自身内存的大量信息进行任意拼接与自由组合，经过数次，乃至数月、数年的意境驰骋和间或的逻辑推理，完成一项或一系列课题的研究。

5. 触类旁通

人们偶然从其他领域的既有事实中受到启发，进行类比、联想、辩证升华而获得成功。他山之石，可以攻玉。触类旁通往往需要思维主题具有更深刻的洞察能力，能把表面上看起来完全不相干的两件事情沟通起来，进行内在功能或机制上的类比分析。

6. 原型启示

在触发因素与研究对象的构造或外形几乎一致的情况下，已经有充分准备的研究者一旦接触到这些事物，就能产生联想，直接从客观原型推导出新发明的设计构型。

7. 巧遇新迹

由灵感而得到的创新成果与预想目标不一致，属意外所得。许多研究者把这种意外所得看作"天赐良机"，也有的称之为"正打歪着"或"歪打正着"。

8. 另辟蹊径

思维主体在科学研究过程中，课题内容与兴奋中心都没有发生变化，但寻解定式却由于研究者灵机一动而转移到与原来解题思路相异的方向。

9. 见微知著

从别人不觉得稀奇的平常小事上，敏锐地发现新生事物的苗头，并且深究下去，直到做出一定创建为止。见微知著必须独具慧眼，也就是用眼看的同时，配合敏捷的思维。

10. 急中生智

利用此种方法的例子在社会活动中数不胜数，即情急之中做出了一些行为，结果证明这种行为是正确的。

四、逻辑思维

（一）概念

逻辑思维常被称为"抽象思维"或"闭上眼睛的思维"，是指符合某种人为制定的思维规则和思维形式的思维方式。逻辑思维具有规范、严密、确定和可重复的特点。我们所说的逻辑思维主要指遵循传统形式逻辑规则的思维方式。

逻辑思维是人脑的一种理性活动，思维主体把感性认识阶段获得的对于事物认识的信息材料抽象成概念，运用概念进行判断，并按一定逻辑关系进行推理，从而产生新的认识。

（二）特征

判断的特征：一是判断必须对事物有所断定；二是判断总有真假。

推理的特征：在演绎推理方面的逻辑特征是必然性推理，如果前提真，那么结论一定真；在非演绎推理方面的逻辑特征是或然性推理，虽然前提是真的，但不能保证结论是真的。

（三）方法

1. 定义

这是揭示概念内涵的逻辑方式，定义的基本方法是"种差"加最临近的"属"概念，是用简洁的词语揭示概念反映的对象的特有属性和本质属性。

定义的规则：一是定义概念与被定义概念的外延相同；二是定义不能用比喻；三是不能用否定形式；四是不能循环定义。

2. 划分

这是将"属"概念按一定标准分为若干种概念，是明确概念全部外延的逻辑方法。

划分的逻辑规则：一是一个划分过程只能有一个标准；二是子项外延之和等于母项的外延；三是划分出的子项必须全部列出；四是划分必须按属种关系分层逐级进行，不可以越级。

（一）概念

发散思维又称辐射思维、放射思维、扩散思维或求异思维，是指大脑在思维时呈现的一种扩散状态的思维模式，它表现为思维视野广阔，思维呈现出多维发散状。

（二）特性

1. 变通性

变通就是人们克服头脑中某种自己设置的僵化的思维框架，按照某一新的方向来思索问题的过程。变通性需要借助横向类比、跨域转化、触类旁通，使发散思维沿着不同的方面和方向扩散，表现出极其丰富的多样性和多面性。

2. 流畅性

流畅性指在尽可能短的时间内生成并表达出尽可能多的思维观念以及较快地适应、消化新的思想概念，就是观念的自由发挥。流畅性与人的机智程度密切相关。流畅性反映的是发散思维的速度和数量特征。

3. 多感官性

发散性思维不仅运用视觉思维和听觉思维，而且也充分利用其他感官接收信息并进行加工。发散思维还与情感有密切关系，如果思维者能够想办法激发兴趣，产生激情，把信息情绪化，赋予信息以感情色彩，会提高发散思维的速度与效果。

4. 独特性

独特性是发散思维的最高目标，是指人们在发散思维中做出不同寻常的异于他人的新奇反应的能力。

（三）方法

1. 一般方法

功能发散法——从某事物的功能触发，构想出获得该功能的各种可能性。

形态发散法——以事物的形态为发散点，设想出利用某种形态的各种可能性。

方法发散法——以某种方法为发散点，设想出利用方法的各种可能性。

材料发散法——以某个物品尽可能多的"材料"为发散点，设想它的多种用途。

组合发散法——以某种事物为发散点，尽可能多地把它与别的事物组合成新事物。

结构发散法——以某个事物的结构为发散点，设想出利用该结构的各种可能性。

因果发散法——以某个事物发展的结果为发散点，推测出造成该结果的各种原因，或者由原因推测出可能产生的各种结果。

2. 集体发散思维

发散思维不仅需要用上我们自己的全部大脑，有时候还需要用上我们身边的无限资源，集思广益。集体发散思维可以采取不同的形式，比如我们常常戏称的"诸葛亮会"。

3. 假设推测法

假设的问题可以是任意选取的，也可以是有所限定的，但不论是哪种，都必须是与所涉及的事实相反的情况，是暂时不可能的或现实不存在的事物对象和状态。

由这种方法得出的观念可能大多是不切实际的、不可行的、荒谬的，这并不重要，重要的是有些观念在经过转换后，可以成为合理的有用的思想。

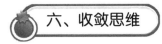

六、收敛思维

（一）概念

收敛思维也叫作聚合思维、求同思维、辐合思维或集中思维，是指在解决问题的过程中，尽可能利用已有的知识和经验，把众多的信息和解题的可能性逐步引导到条理化的逻辑序列中去，最终得出一个合乎逻辑规范的结论。

发散思维是提出新的创意和方法，而收敛思维则是提出新的问题和说明创意与方法的正确性。因此，过早地收敛不利于创造，而过迟的收敛不利于问题的解决。例如：把×××与利润联系起来，目的是寻找商机。但无止境地提出方案，沉醉于提出方案，而没有对方案具体细节研究，你不能形成一个方案。如果你不行动，它就只能是"创业计划"而不会是创业。如果你的问题只是"我想创业"，不是具体问题，接着你应该就"在什么行业，以什么方式创业"列出所有可能，然后集中研究，再细化"干什么，如何干"。

（二）特征

1. 封闭性

如果说发散思维的思考方向是以问题为原点指向四面八方的，具有开放性，那么，收敛思维则是把许多发散思维的结果由四面八方集合起来，选择一个合理的答案，具有封闭性。

2. 连续性

发散思维的过程，是从一个设想到另一个设想时，可以没有任何联系，是一种跳跃式的思维方式，具有间断性。收敛思维的进行方式则相反，是一环扣一环的，具有较强的连续性。

3. 求实性

发散思维所产生的众多设想或方案，一般来说多数都是不成熟的，也是不实际的，我们也不应对发散思维做这样的要求。对发散思维的结果，必须进行筛选，收敛思维就可以起这种筛选作用。被选择出来的设想或方案是按照实用的标准来决定的，应当是切实可行的。这样，收敛思维就表现了很强的求实性。

（三）方法

1. 目标确定法

平时我们碰到的大量问题比较明确，很容易找到问题的关键，只要采用适当的方法，问题便能迎刃而解。但有时，一个问题并不是非常明确，很容易产生似是而非的感觉，把人们引入歧途。

这个方法要求我们首先要正确地确定搜寻的目标，进行认真的观察并做出判断，找出其中关键的现象，围绕目标进行收敛思维。

目标的确定越具体越有效，不要确定那些各方面条件尚不具备的目标，这就要求人们对主客观条件有一个全面、正确、清醒的估计和认识。目标也可以分为近期的、远期的、大的、小的。开始运用时，可以先选小的、近期的，熟练后再逐渐扩大。

在实际生活中，我们也常遇到选择目标的情况。如我们急需一篇计算机打字稿上交，但专职打字员又没在，我们可能就用两个手指非常不规范地用比打字员长的时间打出来上交了。有的人指责说："你的打字水平太低，太不规范，而且速度慢，应该先去打字班训练。"

这里就有目标的问题：前者是为了及时交上打字稿件，不是为了学习打字；而后者则是学习了规范打字，可以提高打字的速度和质量。显然，目标不同，处理问题的方法也会不同。

2. 求同思维法

求同思维也称聚合思维、辐合思维、集中思维，是一种有方向、有范围、有条理的收敛性思维方式。这种思维方式与求异思维相互依存、相互补充，结合形成完整缜密的思维体系和程序。求同思维注意从多种不同角度、不同信息源中引出一种结论，有助于对思维对象的把握和思维层次的发掘。求同思维与思维定式完全不同：思维定式是让传统性和习惯性思路引向僵化、重复模拟、狭隘片面的惰性歧途；求同思维则要求既求真、求变、求新，又不唯"异"独尊，把求异当成一种时尚和追求。人们在处理问题过程中或者说在创新过程中运用到这种思维方法就叫求同思维法。

求同思维的特点是闭合性，方向同一，结果确定。这种思维使人思维条理化、逻辑化、严密化。数学中的多种证明方法，如综合法、归纳法、反证法等，均属于求同思维的范畴。在数学教学中，如对求同思维的训练偏重，久之，学生可能形成思维定式，虽有助于学生对数学技能、技巧的掌握和运用，但在一定程度上会阻碍学生创造能力的发展。

3. 求异思维法

所谓求异思维，是指有创见的思维。即通过思维创造性活动，不仅揭露事物的本质及其内在联系，而且在这个基础上产生新颖的、超出一般规律的思维成果。求异思维重在开阔学生思路，启发学生联想，从各方面、各角度、各层次思考问题，并在各种结构的比较中，选择富有创造性的异乎寻常的新构思。

求异思维指的是一种逆向性的创造思维，其特征是用不同于常规的角度和方法去观察分析客观事物而得出全新形式的思维成果。

求异思维的内涵具有广博的开拓创新性和迁延性，运用求异思维教学能够克服教学模式的凝固化和一统化弊病，冲破陈旧的思维模式，把思维从狭窄、封闭、陈旧相因的体系中解放出来。

【阅读资料3.18】▶▶▶>>>

洗衣机的发明

从古到今，洗衣服都是一项难于逃避的家务劳动，而在洗衣机出现以前，对于许多人而言，它并不像田园诗描绘的那样充满乐趣，手搓、棒击、冲刷、甩打……这些不断重复的简单的体力劳动，留给人的感受常常是：辛苦劳累。在探讨洗衣服的问题时，人们首先围绕"洗"这个关键问题，列出各种各样的洗涤方法，如洗衣板搓洗、用刷子刷洗、用棒槌敲打、在河中漂洗、用流水冲洗、用脚踩洗等，然后再进行收敛思维，对各种洗涤方法进行分析和综合，充分吸收各种方法的优点，结合现有的技术条件，制定出设计方案，然后再不断改进，结果成功了。收敛思维能够从多种不同的方案和方法中选取解决问题的最佳方法或者方案。

（案例来源：https://wenku.baidu.com/view/b1f2cf00eff9aef8941e06ce.html）

（一）概念

系统思维是指以系统论为思维基础模式的思维形态，它不同于创造思维或形象思维等本能思维形态。系统是由两个或两个以上的元素相结合的有机整体,系统的整体不等于其局部的简单相加,这一概念反映了人们对事物的一种认识论,即系统论。系统论作为一种普遍的方法论是迄今为止人类所掌握的最高级思维模式。这一概念揭示了客观世界的某种本质属性,有无限丰富的内涵和外延,其内容就是系统论或系统学。系统思维能极大地简化人们对事物的认知,给我们带来整体观。

按照历史时期来划分,可以把系统思维方式的演变区分为四个不同的发展阶段:古代整体系统思维方式—近代机械系统思维方式—辩证系统思维方式—现代复杂系统思维方式。

(二) 方法

1. 要素法

每一个系统都由各种各样的因素构成,其中相对具有重要意义的因素称为构成要素。要使整个系统正常运转并发挥最好的作用或处于最佳状态,必须对各要素考察周全和充分,充分发挥各要素的作用。

2. 整体法

整体法要求把思考问题的方向对准全局和整体,从全局和整体出发,是在分析和处理问题的过程中,始终从整体来考虑,把整体放在第一位,而不是让任何部分的东西凌驾于整体之上。

如果在应该运用整体思维进行思维的时候不用整体思维法,那么无论是在宏观还是微观方面,都会受到损害。

3. 结构法

系统由各部分组成,部分与部分之间组合是否合理,对系统有很大影响,这就是系统中的结构问题。进行系统思维时,注意系统内部结构的合理性。好的结构,是指组成系统的各个部分之间组织合理,是有机的联系。

4. 功能法

功能法是指为了使一个系统呈现出最佳态势,从大局出发来调整或改变系统内容各部分的功能与作用。在此过程中,可能为了求得系统的全局利益,以降低系统某部分的功能为代价,也可能使所有部分都向更好的方面改变,从而使系统状态更佳。

八、辩证思维

(一) 概念

辩证思维通常被认为是与逻辑思维相对立的一种思维方式,是指以变化发展的视角认识事物的思维方式。在逻辑思维中,事物一般是"非此即彼""非真即假";而在辩证思维中,事物没有绝对性,可以在同一时间里"亦此亦彼""亦真亦假",并且这种思维模式对思维活动的正常进行没有障碍。

辩证思维模式是唯物辩证法在思维中的运用,是以动态发展的眼光来观察和分析问题,联系、发展的观点也是辩证思维的基本观点。辩证思维是客观辩证法在思维中的反映,唯物辩证法的观点、范畴、规律完全适用于辩证思维。对立统一规律、质量互变规律和否定之否定规律等唯物辩证法的基本规律也同样适用于辩证思维,形成辩证思维的基本规律,即对立统一思维法、质量互变思维法和否定之否定思维法。

(二) 方法

1. 联系

这是从空间上来考察思维对象横向联系的一种观点方法，就是运用普遍联系的观点来考察思维对象的一种观点方法。

2. 全面

这是对思维对象作多方面、多角度、多侧面、多方位的考察的一种观点方法，是运用全面的观点去考察思维对象的一种观点方法，即从时空整体上全面地考察思维对象的横向联系和纵向发展过程。

3. 发展

这是从时间上来考察思维对象的过去、现在和将来的纵向发展过程的一种观点方法，就是运用辩证思维的发展观来考察思维对象的一种观点方法。

第四节 创新思维能力开发的具体方法

一、分析法——SWOT方法

创意需要以一定的客观情况为基础，因而在创意开发过程中，应对企业的内外部环境进行分析，以求作出正确的、切实可行的创意，而不致被带入空想的歧途，使企业遭受不必要的损失。目前采用的比较成熟的创意开发分析方法之一是 SWOT 分析方法。

所谓 SWOT 分析，即基于内部竞争环境和竞争条件下的态势分析，就是将与研究对象密切相关的各种主要内部优势、劣势和外部的机会和威胁等，通过调查列举出来，并依照矩阵形式排列，然后用系统分析的思想，把各种因素相互匹配起来加以分析，从中得出一系列相应的结论，而结论通常带有一定的决策性。

S（Strength，优势）和 W（Weakness，劣势）是组织机构的内部因素，分别代表竞争中的强势和弱势因素。优势具体包括：有利的竞争态势；充足的财政来源；良好的企业形象；强大的技术力量；具有较大的规模；优秀的产品质量；较大的市场份额；具有成本优势；广告宣传到位。与之相对应，劣势具体包括：竞争力差；资金短缺；经营不善；缺少关键技术；产品积压；设备老化；管理混乱；研究开发落后。

O（Opportunity，机会）和 T（Threat，威胁）是组织机构的外部因素，机会代表对企业有利的因素，威胁代表不利因素。机会具体包括：新产品；新市场；新需求；市场壁垒解除；竞争对手失误。威胁具体包括：新的竞争对手出现；替代产品增多；市场紧缩；行业政策变化；经济衰退；客户偏好改变；威胁性突发事件。

SWOT 分析方法具有分析直观、使用简单的优点，企业在进行创意开发的过程中常以此为重要的分析工具。但也正是因为这些特性的存在，使得 SWOT 分析法不可避免地具有精度不够的缺陷。如果只根据此分析结果作出判断，不免带有一定程度的主观臆断。因此，在运用 SWOT 分析方法罗列分析企业创意开发环境时，要尽量客观、真实、精确，可提供一定的定量数据弥补 SWOT 定性分析的不足，构造高层定性分析的基础。

二、协作法——头脑风暴法

头脑风暴法是常用的创意思维策略，人们的熟悉度也最高，又被称为智力激励法、BS发、自由思考法。美国创造学家 A. F. 奥斯本（A. F. Osborne）于 1939 年首次提出这种方法，并于 1953 年正式发表。其基本原理是：不局限思考的空间，鼓励想出越多主意越好；只专心提出构想而不加以评价。创意产生的过程即为创意的收集整理阶段，创意的激发和生成在此阶段同时进行。可见在创意开发具体方法中，它被归到协作法中，强调的是集体协作。该方法是一种集体的创造性思维，是发散思维的延伸。

【教学案例 3.5】▶▶▶>>>

如何扫除电线积雪

有一年，美国北方格外严寒，大雪纷飞，电线上积满冰雪，大跨度的电线常被积雪压断，严重影响通信。过去，许多人试图解决这一问题，但都未能如愿以偿。后来，电信公司经理应用奥斯本发明的头脑风暴法，尝试解决这一难题。他召开了一种能让头脑卷起风暴的座谈会，参加会议的是不同专业的技术人员，要求他们必须遵守以下原则：

第一，自由思考。即要求与会者尽可能解放思想，无拘无束地思考问题并畅所欲言，不必顾虑自己的想法或说法是否"离经叛道"或"荒唐可笑"。

第二，延迟评判。即要求与会者在会上不要对他人的设想评头论足，不要发表"这主意好极了！""这种想法太离谱了！"之类的"捧杀句"或"扼杀句"。至于对设想的评判，留在会后组织专人考虑。

第三，以量求质。即鼓励与会者尽可能多而广地提出设想，以大量的设想来保证质量较高的设想的存在。

第四，结合改善。即鼓励与会者积极进行智力互补，在增加自己提出的设想的同时，注意思考如何把两个或更多的设想结合成另一个更完善的设想。

按照这种会议规则，大家七嘴八舌地议论开来。有人提出设计一种专用的电线清雪机；有人想到用电热来化解冰雪；也有人建议用振荡技术来清除积雪；还有人提出能否带上几把大扫帚，乘坐直升机去扫电线上的积雪。对于这种"坐飞机扫雪"的设想，大家心里尽管觉得滑稽可笑，但在会上也无人提出批评。相反，有一工程师在百思不得其解时，听到用飞机扫雪的想法后，大脑突然受到冲击，一种简单可行且高效率的清雪方法冒了出来。他想，每当大雪过后，出动直升机沿积雪严重的电线飞行，依靠高速旋转的螺旋桨即可将电线上的积雪迅速扇落。他马上提出"用直升机扇雪"的新设想，顿时又引起其他与会者的联想，有关用飞机除雪的主意一下子又多了七八条。不到 1 小时，与会的 10 名技术人员共提出 90 多条新设想。

会后，公司组织专家对设想进行分类论证。专家们认为设计专用清雪机，采用电热或电磁振荡等方法清除电线上的积雪,在技术上虽然可行,但研制费用大,周期长,一时难以见效。那种因"坐飞机扫雪"激发出来的几种设想,倒是一种大胆的新方案,如果可行,将是一种既简单又高效的好办法。经过现场试验,发现用直升机扇雪真能奏效。一个久悬未决的难题,终于在头脑风暴会中得到了巧妙的解决。

随着发明创造活动的复杂化和课题涉及技术的多元化,单枪匹马式的冥思苦想将变得软弱无力,"群起而攻之"的发明创造战术则显示出攻无不克的威力。

(案例来源:http://bbs.tianya.cn/post-free-1111913-1.shtml)

【思考与讨论】
1. 头脑风暴法为什么可以激发灵感?
2. 头脑风暴法如何实施?

为使"头脑风暴"取得成功,一般需要注意以下事项:
(1)参加人数不宜过多,一般为6~10人。
(2)参加者应自由发表意见,提出办法。欢迎与会者各抒己见,营造一种自由、活跃的气氛,激发参加者提出各种想法。任何人对别人的意见或办法均不得作出评价或判断,包括主持者在内,即使想法是荒诞的。
(3)会议应设有专门详细记录所有发言的人。
(4)会议后,几名决策者应另行召集会议,对前一次会议上提出的各种意见、办法加以分析、评估与判断。需要时,可查阅前一次会议记录。会议中应注意,不应轻易否定任何人提出的任何建议,因为一些看似怪异、荒诞、可笑的意见中很有可能包含着合理的成分。
(5)决策者的责任在于分析比较、综合概括,从各种意见和方法中找到解决难题的最佳办法。

头脑风暴法在各种类型的决策中得到了较广泛的应用。在头脑风暴中,每个人的思维都能得到最大限度的开拓,能有效开阔思路、激发灵感;在最短的时间内可以批量生产灵感,会有大量意想不到的收获;极易操作执行,具有很强的实用价值;同时也可以提高工作效率,更快、更高效地解决问题;还能使参加者更加有责任心,因为人们一般都乐意对自己的主张承担责任。头脑风暴法非常具体地体现了集思广益和团队指挥,也可以有效锻炼一个人及团队的创造力,有利于增加团队的凝聚力,增强团队的合作精神。这种方法也有一定的缺点,实施的成本(时间、费用等)相对较高,对参与者的素质也有较高的要求。

三、奥斯本检核表法

(一)奥斯本检核表法含义

亚历克斯·奥斯本是美国创新技法和创新过程之父。1941年出版世界上的第一部创新学专著《创造性想象》,提出了奥斯本检核表法,此书的销量为4亿册,超过了《圣经》。

所谓的奥斯本检核表法,就是根据需要研究的对象特点列出有关问题,形成检核表,然后一个一个地来核对讨论，从而发掘出解决问题的大量设想。它引导人们根据检核项目的一条条思路来求解问题，以力求比较周密的思考。奥斯本检核表是针对某种特定要求制定的检核表，主要用于新产品的研制开发。

奥斯本检核表法是一种产生创意的方法。在众多的创造方法中，这种方法是一种效果比较理想的方法。由于它突出的效果，被誉为"创造之母"。人们运用这种方法，产生了很多杰出的创意，以及大量的发明创造。这种检核表法原先仅作为智力激励法的辅助工具，供会议主持人引导发言用。后来在实践中发现，这个表不仅能够对怎么提问题作出示范，而且还能启发和产生大量的创造性设想，从而演变为一种创造方法。

奥斯本检核表法是指以该方法的发明者奥斯本命名，引导主体在创造过程中对照9个方面的问题进行思考，以便启迪思路，开拓思维想象的空间，促进人们产生新设想、新方案的方法。它主要面对9个大问题：有无其他用途、能否借用、能否改变、能否扩大、能否缩小、能否代用、能否重新调整、能否颠倒、能否组合。

检核表法的创始人奥斯本认为："针对一项任务或一个新的产品，应事先制定很多提问要点，通过这些要点逐个核对讨论就可以全面地、系统地考虑各种解决办法的可能性，从中获得解决问题的方法和创造性设想，进而选定改进及创新的方向。"检核表实际上是一张人为制定的从各个不同的角度来启迪思路的分类提问表，对各个不同的创造对象及不同的创造目标，都可以列出解决问题应思考的方方面面，以便于按拟定的问题来开展全面、周密、多方位的思考，从而完善地解决问题。

奥斯本检核表法采用顺藤摸瓜式的自问自答，比起海阔天空式的随机遐想，使创造性设想的方向性更强、目的性更明确、成功的可能性更大。奥斯本检核表法灵活地运用了强制性的一面，十分有效地促进概念化的形成，在很大程度上简化了我们的思维，并相应提高了思维的效率，是帮助人们提高思维灵活性和概括性能力的最简洁、最直接、最易懂的一种方法。奥斯本检核表几乎适用于一切领域里的创造活动。

奥斯本检核表法从9个不同的角度，启发我们提出与思考问题，使思路向正向、侧向、逆向、合向发散开来。换句话说，它的侧重点是提出思考问题的角度，而不是步骤；它的核心是启发，发挥复杂联想的力量。所以，奥斯本检核表法的应用要点是利用它的启发作用，不必死记硬背，也不必非按它的顺序不可。

（二）奥斯本检核表法的实施过程

1. 运用奥斯本检核表法进行创新活动的实施步骤

奥斯本检核表法的核心是改进，或者说，关键词是改进，通过变化来改进。

由于设问形式的表达能使作答者处于较为自然、轻松的状态，给人以可以商量的感觉，往往对人启发较大，特别是对试探性的内容，用问句形式更为合理，所以检核表中的各项具体内容较多地采用了设问的方式。在考虑某一问题时，将多数人常利用的智慧或办法搜集在一起，制成一览表，对每个项目逐一进行检查，以避免遗漏要点，这就是奥斯本检核表法。这种一览表可以随身携带，便于有关人员查找及进行创造性设想时使用，比如上街时携带的预先制成的准备购买物品的清单，它的作用是为了检核，以免遗忘。当然用于产生设想或解决问题的检核表并不是只具有检核功能的保守性的一览表，其更主要的功能是指导人们进行多角度的创新，即所谓"创新性"的一览表。

实施步骤：

（1）根据创新对象明确需要解决的问题。

（2）根据需要解决的问题，参照表中列出的问题，运用丰富的想象力，强制性地一个个核对讨论，写出新设想。

（3）对新设想进行筛选，将最有价值和创新性的设想筛选出来。

2．实施过程的注意事项

（1）要联系实际一条一条地进行核检，不要有遗漏。

（2）要多核检几遍，效果会更好，或许会更准确地选择出所需创新、发明的方面。

（3）在检核每项内容时，要尽可能地发挥自己的想象力和联想力，产生更多的创造性设想。进行检索思考时，可以将每大类问题作为一种单独的创新方法来运用。

（4）核检方式可根据需要，一人核检也可以，三至八人共同核检也可以。集体核检可以互相激励，产生头脑风暴，更有希望创新。

（三）奥斯本检核表法的内容

奥斯本检核表的具体内容如表3-1所示。

表3-1 奥斯本检核表

检核项目	含　　义
能否他用	现有的事物有无其他用途；保持不变能否扩大用途；稍加改变有无其他用途
能否借用	能否引入其他的创造性设想；能否模仿别的东西；能否从其他领域、产品、方案中引入新的元素、材料、造型、原理、工艺、思路等
能否改变	现有事物能否做些改变，如颜色、声音、味道、式样、花色、音响、品种、意义、制造方法等；改变后效果如何
能否扩大	现有事物可否扩大适用范围；能否增加使用功能；能否添加零部件；能否延长它的使用寿命；能否增加长度、厚度、强度、频率、速度、数量、价值等
能否缩小	现有事物能否体积变小、长度变短、重量变轻、厚度变薄以及拆分或省略某些部分（简单化）；能否浓缩化、省力化、方便化、短路化等
能否替代	现有事物能否用其他材料、元件、结构、力、设备力、方法、符号、声音等代替；有无替代用品
能否调整	现有事物能否变换排列顺序、位置、时间、速度、计划、型号、内部元件等交换
能否颠倒	现有事物能否从里外、上下、左右、前后、横竖、主次、正负、因果等相反的角度颠倒过来用
能否组合	能否加以适当组合，或作原理组合、方案组合、材料组合、部件组合、形状组合、功能组合、目的组合

1．能否他用

能否他用是指现有的产品有无其他用途，包括稍作改革可以扩大的用途，就可以为该产品带来全新的生命力。这样的提问便于深入开发原有产品的价值。

例如：灯泡除了照明，可以用于烤箱；雨伞除了防雨，可以用作装饰伞、广告伞和饭菜罩等。对电熨斗改造一下可以用于烙饼；曲别针可以剔牙；旧报纸可以当坐垫。激光技术发明之后，应用扩展遍及各个领域，如测量、通信、特种加工、全息印刷、激光音响、激光武器、激光手术、激光麻醉等都有不寻常的应用。

2. 能否借用

能否借用是指现有产品领域内能否引入其他领域的创造性设想，过去有无类似的产品可供模仿，现在的产品能否从其他方案中引入新的元素、材料、造型、原理、工艺、思路等。这些提问有助于使现有产品向广度和深度去创新和发展，以形成一系列新的产品。

例如：移花接木，借月生辉：泌尿科医生引入微爆破技术，消除肾结石，免去患者开膛破肚的手术之苦；山西一位建筑工人借用能够烧穿钢板的电弧来给水泥板打洞，既快又好，也没有震耳的噪声；台灯引入无极调光功能成为调光台灯；电脑技术引入日常管理中，如夜间安全、资料管理等。

3. 能否改变

能否改变是指现有事物能否做些改变，如结构、形状、式样、颜色、声音、味道、花色、音响、品种、制造方法等，改变后效果如何。

例如结构变化：洗衣机结构从单桶到双桶、套桶；开门方式有前开、顶开。海尔全瀑布双桶洗衣机将迷你洗衣机与滚筒洗衣机结合为子母式洗衣机，"母桶"采用立体喷射水流，"子桶"采用垂直水流，人们可以将不同的衣物分开洗，大件衣物同时洗，小件衣物即时洗。

日本的通口俊夫开了三家小药店，在京板铁路边呈直线式的布局。通口先生每天都要去看一看，但是销售额总是上不去，十分着急。在电车上，他见前面座位上的小学生，把手指套在三角尺的窟窿里，用另一只手转着玩，马上联想起以前看到的有关军队战略战术的书籍来："那些直线排列的点，很容易被外力阻断运输线路，这正是失败的最大原因。为了和友军保持密切的合作，应该确保至少三点鼎足，这样点和点就连起来，就能守住中间的三角形部分了。"于是他改变了药店都在一条直线上的布局，取得了连锁经营的成功。

4. 能否扩大

能否扩大是指现有事物可否扩大适用范围，能否增加使用功能，能否添加其他部件，能否延长它的使用寿命，能否增加长度、宽度、厚度、强度、频率、速度、数量、价值等。

例如附加功能：将一层透明的薄片或其他薄片挤压在两层玻璃中间，可以制成一种防震、防碎或防弹的安全玻璃；在牙膏中掺入某种药物，可制成防酸、脱敏、止血、抗龋齿等治疗保健牙膏。泥中加入钢筋可使它既承压又抗拉，加入气泡可减轻重量，且隔音隔热，加入颜色使建筑物赏心悦目。美国的一家公司用聚丙烯加固并经特殊处理后制成无缺陷水泥，其弹性提高30倍，抗冲击性提高1 000倍，刚度高于铝，韧性与有机玻璃相当，且防水、抗酸、抗碱、耐寒不开裂。煤气没有气味，一旦泄漏危害很大，"乙硫醇"臭气非常强烈，空气中只要有5 000亿分之一就能闻到，所以在煤气中加入极微量的"乙硫醇"，就可以有效地判断煤气是否泄漏。

再如添加部件：圆珠笔杆上加上一个裁纸的刀或者一个小梳子，这样就成了多用笔。类似的还有两用光盘、干湿两用剃须刀、3人象棋、多功能闹钟、多用途钢折椅、多用黑板。把录放机改进一下，功能增加重复放、跟读等，就变成语言机。洗衣机从单缸到双缸、从半自动到全自动。

5. 能否缩小

能否缩小是指现有事物能否体积变小、长度变短、重量变轻、厚度变薄以及拆分或省略某些部分（简单化），能否浓缩化、省力化、方便化、短路化等。

例如微型化：最初发明的收音机、电视机、电子计算机、收录音机等体积都很庞大，结构也非常复杂，经过多次改革，小型化、袖珍化了，结构也简单多了。日本索尼公司的微型盒式磁带录音机只有一张名片那么大，东芝公司的微型照相机仅7厘米，卡西欧微型电视机屏幕只有5厘米。瑞士人首先想到把挂钟缩小为怀表，又进一步缩小为手表。法国制成的小摩托车自重仅25千克，时速可达80千米。折叠床、伞、扇、包、箱子，可以装在眼镜架上的袖珍收音机、笔记本大小的迷你复印机、迷你型电吹风、小型冰箱洗衣机、便携式录音机、轻便轿车和笔记本电脑都受到消费者的欢迎。我国留美学生李文杰1992年发明了世界上最小的电池，只有红血球的1%，用于集成电路上可提高功能100倍。上海一家公司制造出直径只有200微米的电动机，广泛用于医疗微创手术。

6. 能否替代

能否替代是指现有事物能否用其他材料、元件、结构、力、设备力、方法、符号、声音等代替，有无替代用品。

例如材料代替："曹冲称象"因为没有能称几千千克重的大象的秤，用同样重量的石头来代替大象。冰糕可以用充气的冰激凌代替因而发明了软雪糕。英国人发明出一种碳素纤维自行车，它不需要传统的三脚架重量，用它制作自行车，使车子的重量更轻。通过模子制成整体型车架结构无焊点因而强度更高，英国选手克里斯·博德曼凭着它在全英自行车锦标赛上大出风头。广州首创塑料摩托车，荣获全国儿童用品优秀产品奖。我国青年发明家唐锦生，1984年发明了世界上第一辆全塑汽车。2000年英国研制出世界上第一辆全塑坦克。用纸代布生产的领带、内裤、卫生巾、枕巾、衬领和结婚礼服等一次性消费品，造型别致、色彩鲜艳和价格低廉，令旅游者大为赞赏。以塑代木、以铝代铜、以光纤代替电缆、用陶瓷代替金属将成为技术发展的大趋势。

7. 能否调整

能否调整是指现有事物能否变换顺序、位置、时间、速度、计划、型号、内部元件等。

例如重排位置：变换家具使其与房间里的家用电器等相协调。飞机诞生时，螺旋桨装在飞机头部，后来喷气式发动机都装到了顶部成为直升机。原来的汽车喇叭按钮装在方向盘的轴心上，每次按喇叭得把手移到轴心处，既不方便又不安全；后来有人将喇叭按钮改装在方向盘的下半个圆周上，只要在该区域任意处轻按就行，深受司机欢迎。把汽车的发动机由安装在车头改为安装在车尾，这对旅游客车是很有必要的。传统的人形玩具都是固为一体的，拆散后即成废品；变形金刚则由若干可动零件组成，通过人们的"剪辑"重组，便可时而金刚，时而汽车、飞机或恐龙，令儿童爱不释手。

8. 能否颠倒

能否颠倒是指现有事物能否从里外、上下、左右、前后、横竖、主次、正负、因果等相反的角度颠倒过来用。

（1）里外颠倒。皮革里外反过来，成为翻毛制品；当今服装款式盛行内衣外穿；衣服的商标不再是缝在衣服里面，而是"别出心裁"地翻出来并缝制在衣服外面，便于被人看到，起到广告的作用。

（2）上下颠倒。火箭是向空中发射的，但是人们要了解地底下的情况，将火箭改为向地下发射，就发明了一种探地火箭。路灯装在灯柱下，灯光经光缆传到灯柱横臂上的灯罩处再往下照，更换废灯泡，只要打开人行道上灯柱的小门就行了。建筑物的彩灯不再是安装在表面，而是安装在内层，向上、向外照射，能够更好地照射出高大建筑物的轮廓。

人们穿拖鞋只能朝一个方向穿进去，如果脱拖鞋时把拖鞋放倒了，到要穿的时候，又需要把它摆正才能穿。日本横山康子把拖鞋的十字搭襻移到中央，发明了两面都能穿的拖鞋。

（3）主客颠倒。从刀磨石→石磨刀，车床从转动车→转动刀具，易进易出的螺丝钉→只进不出的螺丝钉。生发灵→脱毛灵，便于羊、鸭、兔等的脱毛。耐穿、耐用的衣服、物品→廉价、卫生的一次性衣服、筷子、饭盒等。在商品、艺术展览中，有时不是展览优质商品、优秀作品，而是展览伪劣商品、劣质作品，反而往往会获得更佳效果。

（4）因果颠倒。在服务业中，如果老板不把自己视为老板，而是置身于顾客的位置，通过想象顾客的需求，将会发现一些改进管理的好方法。

很多人给自己找到这样的借口："人们不喜欢我，所以我才忧郁并易烦躁。"假如这些人努力以热情和真诚的态度与人相处，关心爱护他人，其结果相反，就会使人们喜欢他们。

9. 能否组合

能否组合是指现有事物能否加以适当组合，或作原理组合、方案组合、材料组合、部件组合、形状组合、功能组合、目的组合等。

人们常常把某种新的科学技术同各种方法组合起来，如发现超声波技术后，就创造了超声波研磨法、超声波焊接法、超声波切割法、超声波理疗法、超声波洗涤法等。产品之间的组合更是层出不穷，如：把电动机同各种机械、工具、玩具组合；把电子计算机同各种机械组合成一种自动机械；把各种类型的机床结合成一部组合机床；输液瓶外侧附加电子光控电路成为注射报警器；把收音机和录音机组合，把照相机和闪光灯组合；等等。

将两物的缺陷进行叠加，也会产生出一个很有特点的事物。我们知道，光会产生影子，一盏灯会使一个物体产生一个影子。假如灯光从一个人的右边射来，那么他的左边就会出现一个影子。如果在他的左边再加一盏灯呢？如果两盏灯、三盏灯、多盏灯从多个角度同时照射，影子不就无处现身了？医院手术用的无影灯就这样诞生了。

本章小结

本章重点对创新和创新思维进行了介绍,阐述了创新与创新思维的含义以及创造性思维的特征、常见的思维障碍及其突破方法,发散思维和收敛思维,想象思维和联想思维等,同时也重点向学生介绍了创新思维开发的三种方法,即 SWOT 分析、头脑风暴法、奥斯本检核表法。总体结论:要通过不断深入了解创新思维及其开发方法,在生活、实践和工作中不断进行训练,开发自己的创新思维,提升自己的创新能力。

复习思考题

1. 简述创新含义与分类,请用具体的实例来解释创新的各个类别。
2. 简述创造性思维及其特征。
3. 简述思维障碍的种类及其突破方法。
4. 运用发散思维或者收敛思维解决生活中的一个小问题。
5. 运用创新思维:三个和尚的故事大家都不陌生,换个角度重编三个和尚的故事,解决吃水的问题。
6. 对生活中的事物进行创新思维,越新奇越好。

第四章 创业项目选择与评价

教学目标

学习完本章之后，学生能够达成以下目标：
1. 了解创业机会的概念、来源和类型；
2. 了解识别创业机会的一般步骤与影响因素；
3. 理解有助于识别创业机会的行为方式；
4. 认识有商业潜力和适合自己的创业机会；
5. 了解创业机会的评价；
6. 掌握创业机会评价的方法。

导入案例

教学视频

做到极致方可罢休，从不半途而废
——范木华的创业梦

范木华，鞍山师范学院数学与信息科学学院2012级学生。他与他的两个同班同学共同在淘宝上经营了一家水族用品商店，收益颇大。

来自福建的范木华，瘦弱的身体内有一颗不安分的心。刚上大一的时候，范木华就有创业的想法，他在淘宝上开了一个小店，卖一些围巾、手套之类的小物件。范木华从小就喜欢养观赏鱼，上大学以后也没放弃这个爱好。在一次偶然的机会，范木华得知鞍山是全国第三大观赏鱼市场、东北唯一从事水族产品批发的集散地，敏锐的范木华从这个消息中发现了商机。经过市场调研与实地考察，范木华发现通过互联网销售水族活体及水族用品的店铺很少，有很大的市场空间，于是他便打定了主意开一家网上的水族用品商店，卖水族用品及活体水族。

有网上开店经验的范木华知道，做这个项目靠一个人是绝对忙不过来的，必须组成团队，分工合作，相互照应才行。于是范木华从身边的人着手，开始物色自己的合作伙伴。经过一段时间的观察，范木华看中了两个同班同学——踏实肯干的王俊凯、心思细腻的桑宏彦。当范木华把自己的想法说给这两个人时，两个人欣然同意，并成为与范木华共同打拼、合作至今的亲密战友。

三个人在创业之初便明确了分工：范木华主抓运营，王俊凯主抓仓库，桑宏彦主抓客服。三个人每个人拿出 2 000 元钱作为启动资金,买设备、租库房,开始尝试着实现自己的创业梦想。半个学期后,水族商店小有收益,三个人看到了希望,每个人又加投资金 5 000 元。就这样,生意越做越大。

创业的过程中,困难与收益是并存的。在互联网上做水族生意,快递发货是难题。在他们刚起步的时候,找不到快递公司给他们发货,因为很多快递公司明文规定不做活体运输。范木华他们便反复找各大快递公司进行洽谈,终于与顺丰、圆通、天天、快捷四家公司签订了合作协议,解决了这一问题,生意渐渐步入正轨。但是随之而来的是另外一个更大的难题摆在面前——活体运输的死亡率居高不下。这个问题不解决,他们的水族商店便无法生存下去。三个人拿出不达目的誓不罢休的精神,反复试验,力求找到解决方法。终于,在他们不懈的努力下,他们研究出了通过控制氧气含量、水含量及水族密度保证水族存活率的方法,目前已将活体水族运输过程中的死亡率降到了 5% 以下。在范木华他们的店铺首页上,他们可以自信地打出"东北三省全部包损,其他地区 80% 包损"的承诺。而且,随着生意的推进,他们已经开通了顺丰空运的服务,远途客户通过飞机空运,活体死亡率接近于 0。

经过四年的运营,范木华三人的水族商店规模越来越大。目前,他们租用了 2 个仓库,总面积达近 300 平方米,网店的月平均销售额达 30 万元。在淘宝的销售排行榜上,连续三年位居东北地区水族销售前三名。2015 年年底,三个人注册成立了"三利水族用品有限公司"。

谈到未来的规划,范木华表示,将把水族生意一直做下去,他的目标是不仅要做全东北地区最大的网上水族用品销售商,还要研发新型的水族设备,打造自己的品牌,并将品牌推向全国市场。

(资料来源:采访整理)

【思考与讨论】
1. 试分析本案例中市场的特点及其潜在的商机。
2. 你认为发现商机需要创业者具备哪些素质和能力?

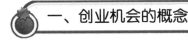

第一节 创业机会

一、创业机会的概念

创业机会(也称商机)是外部环境所提供的独特的创新和创造价值的可能性。它是一种具有潜在增长性、一定模糊性、较高回报性、适度风险性并与创业者的资源相适应的、未被别人发现或未被满足的市场需求。

二、创业机会的来源

创业机会从何而来,这个问题很重要但难以清晰阐述,不同的学者有不同的观点。

（一）彼得·德鲁克的研究

（1）意料之外的事件——意外的成功、意外的失败、意外的外在事件；
（2）不一致的状况——实际状况与预期状况不一致；
（3）基于程序需要的创新；
（4）基于产业或市场结构上的变化，以出其不意的方式降临到每个人身上；
（5）人口统计特征（人口的变动）；
（6）认知、情绪及意义上的改变；
（7）新知识——包括科学与非科学的。

（二）Olm 和 Wddy 的研究

（1）先前的工作经验，曾经在此获取产品市场知识、供货商与客户；
（2）从有创意的他人得到机会；
（3）得到某一权利、授权或是特许权，购得一个未完整发展的产品；
（4）与熟知某一社会、专业或科技领域的专家接触所引发；
（5）研究资料所得，如最近的研究报告、搜寻最新的公告专利、与特殊领域专家面谈等；
（6）搜寻研究先前市场失败的案例，在不同情境下可能成功；
（7）复制别人的成功经验，应用于不同市场；
（8）把嗜好、兴趣、业余喜好变成事业机会；
（9）在个人经验的基础上，发展出事业化的需求；
（10）根据个人所需，进行研究发展。

（三）熊彼特的研究

（1）创造新产品或服务；
（2）对于现有产品或服务的品质或等级引入明显的改善；
（3）引入生产的新工艺；
（4）打开新市场；
（5）创造或获取供应的新来源；
（6）产业内组织的新形态。

（四）蒂蒙斯的研究

（1）法规的改变，如电信法松绑；
（2）技术的快速变革；
（3）价值链或销售渠道的重组；
（4）技术的创新；
（5）现有管理或投资者的不良管理或没落；
（6）市场领导者受限于客户需求，忽视下一波客户需求。

无论是哪位学者的观点，都能得到一个共同点：变化是创业机会的重要来源，没有变化，就没有创业机会。在现实中，许多人都充满了创业主意，富有创业幻想，但能否在众多的创业想法中发现真正的创业机会，并有能力抓住它，最终成为一个成功的创业者，却受到许多因素的影响。

三、创业机会的特征与类型

（一）一个好的创业机会的特征

（1）真实的需求。即那些具有购买力和购买欲望的消费者有未被满足的需求。

（2）能够收回投资。即在承担风险和努力工作之后，可以带来回报和收益。

（3）具有竞争力。即消费者认为购买你的产品或服务比购买其他的产品或服务能获得更大的价值。

（4）实现目标。即能满足那些冒险的人和组织的愿望。

（5）有效的资源和技能。即在创业者所具备的资源、能力、法律等必备条件范围内。

（二）创业机会的类型

目前我们能认识的商机大致可归结为 14 种：

（1）短缺商机。物以稀为贵，短缺是经济市场中谋利的第一动因。空气不短缺，可在高原或在密封空间里，空气也会是商机。一切有用而短缺的东西都可以是商机，如高技术、真情、真品、知识等。

【教学案例 4.1】 ▶▶▶>>>

打入美洲和欧洲市场的空气罐头

空气罐头的出现发生于"一战"中的某一天。在从法国赴美国的途中，艺术家杜尚被边检人员拦下，询问鼓鼓的行李包里装有何物？他随口回答"巴黎空气"。这一句玩笑话，触动了杜尚的创作灵机。1919 年，他把一个玻璃器皿中的液体抽掉，然后将之命名为"巴黎空气"，赠送给两位美国收藏家。

真正将"空气罐头"作为商品出售则始于日本。在富士山景区，有一种有趣的纪念品——空气罐头。各种各样精美的瓶瓶罐罐被整齐地摆在店铺中，里面装着来自各地的新鲜空气。

美国富翁诺克到日本的富士山观光旅游，发现当地的空气特别好，让他心旷神怡，忽然之间有一个念头出现在他的脑海里面：把这个空气拿到市场上去卖。于是，他就找了一些研究人员，在市场上大肆宣传空气好的各项指标，以及它能够为人体健康产生怎样的促进作用。他把富士山的空气装进一个又一个的罐头里，把它叫成富士山空气罐头。用一个制造生产厂把它推广到日本各地。空气对人来说应该是一个非常司空见惯的事情，谁也没注意到空气也能卖，但是由于空气污染越来越引起人们的注意，富士山空气罐头反而在日本非常畅销，并进一步打开了美洲和欧洲的市场。

（资料来源：百度百科 https://baike.baidu.com/item/空气罐头/1733008？fr=aladdin）

【思考与讨论】
1. 该创业项目是利用了哪种创业机会产生的？
2. 你可以利用此种创业机会想到哪些创业项目？是什么？

（2）时间商机。远水解不了近渴。在需求表现为时间短缺时，时间就是商机。飞机比火车快，激素虽不治病却能延缓生命，它们身上都有商机存在。

（3）价格与成本商机。水往低处流，"货"往高价走。在需求的满足上，能用更低成本满足时，低价替代物的出现也是商机，如国货或国产软件。

（4）方便性商机。江山易改，惰性难移。花钱买个方便，所以"超市"与"小店"并存。手机比固定电话贵，可实时性好，手机是好商机。

（5）通用需求商机。通用需求周而复始，永续不完。人们的生存需求如吃、穿、住、行每天都在继续，有人的地方就有这种商机。

（6）价值发现性商机。天生某物必有用，一旦司空见惯的东西出现了新用途，定会身价大增。板蓝根能防"非典"，醋能消毒，这些曾经习以为常的东西瞬时成为市场新宠，价格飙涨，新用途让这些平凡的东西拥有了超常的价值。

【阅读资料4.1】 ▶▶▶>>>

火柴盒造就的赚钱商机

一个"80后"女孩子在火柴上下功夫，居然也开辟了属于自己的商机，并把火柴生意做得红红火火，卖出了一条崭新的创业路。这个株洲女孩名叫江晓美，2007年毕业于湖南工业大学，她现在在广州开了一家卖火柴的小店，不仅做零食和批发业务，还兼做火柴的设计，生意异常火爆。

她卖的是什么火柴？在打火机普及的时代，她的火柴怎能赚到钱？

火柴点燃　创业灵感

大学毕业后，江晓美跟很多同学一样，来到了中国的"打工之都"——广州。她学的是设计专业，先后在平面广告公司、服装企业做过设计工作，却始终做得不尽如人意，找不到"感觉"。她说，也许是自己的工作经验不足，再加上公司对设计师的工作时间卡得很紧，要求效率第一，所以她无法实现自己的创意。一年多来，为他人打工的经历也让她尝到了很多初入社会的心酸与委屈，自己做得再辛苦，换来的也只是区区能养活自己的一丁点薪水。

有意无意地，她开始留意起别人的创业项目来。"一个小伙子，在广州办了个盒饭网，一年挣了几十万；一个女孩，做仿古家具贸易，一年销售额上百万。这些故事，都刺激着我，我想，自己也要向他们学习，找到一条适合自己的创业路。"晓美说。

只要有心，就会有发现。一次，她在深圳出差时，晚间和客户朋友在茶庄闲聊，聊着聊着，朋友用随身带着的火柴点燃了一根烟。在火柴划燃一瞬间，小美被那图案精美的火柴盒吸引住了。那火柴盒上的图案是20世纪30年代大上海的电影海报，一个穿着旗袍的旧时美女优雅地笑，非常别致。

晓美把朋友的火柴拿过来把玩了一番，同时还发现这火柴不仅图案漂亮，盒子的造型也很特别，让她见了爱不释手。"这是哪里买的火柴，这么漂亮？"晓美问朋友。"江苏旅游时，在一个艺术品店里买的。"朋友说，这火柴他有一套，10来盒呢，风格一样，但图案各不同，主题叫"夜上海"。

接下来，晓美问了朋友很多关于火柴的事。通过朋友，她了解到，这种火柴一般叫艺术火柴或工艺火柴，现在很多风景区和工艺品店都有这样的火柴出售，很多小资或艺术爱好者喜欢购买和收藏，也是送友人的好礼品，因为送人火柴，有"送财"的寓意。晓美觉得灵感来了！这小东西有人喜欢，它一定有市场。对，我进点这种火柴来卖。

初次练摊　尝到甜头

回到广州后，晓美开始马不停蹄地进行市场考察。网上资料显示，艺术火柴已经有好些人在开始做了，北京、山东、杭州等地都有艺术火柴专卖店，营收都很不错，网上也有人开网店卖这种火柴的。一般10盒一套的零售价在10~15元，其利润是相当可观的。

她分析了一下自身的条件：自己创业资金不多，没有任何创业经验，而自身的兴趣又偏向于艺术类的东西，所以艺术火柴这种小本创业应该是适合她的。

抱着试试看的想法，她进了两百盒火柴，到广州几个高校附近摆起了地摊。她认为，艺术火柴的销售群应该是些崇尚自由与创意的年轻人，高校人流量大，附近又有很多毕业了的年轻人居住，这一类人应该会对新型的艺术商品感兴趣。果然，几天"练摊"下来，生意火爆，其中奥斯卡系列和格瓦拉系列最受欢迎，晓美赚了一笔，尝到了甜头，开实体店的想法也日益坚定。

（资料来源：http://www.82203.com/news/show-154.html）

（7）中间性商机。螳螂捕蝉，黄雀在后。有些人喜欢急功近利，为盯住最终端不择手段。比如挖金矿时，不计较水的价格，结果黄金不一定能挖着，却肥了卖水的。

【阅读资料4.2】 ▶▶▶>>>

Levi's，来自美国西部的创业神话

1853年犹太青年李维·史特劳斯（李维斯）和当时的许多美国人一样，满怀梦想地踏上了西部淘金之旅。

一天，在前往西部的路上，有一条大河挡住了向西的路。接连数日，因为无法过河而聚集在此的人越来越多，有的人选择绕路而行，有的人则抱怨此行不利，还是趁早返回的好。

李维斯没有像其他人一样急躁，而是十分冷静。他想起曾经有人传授给他的制胜名言。"太棒了，这样的事情竟然发生在我的身上，又给了我一次成长的机会，凡事的发生必有其因果，必有助于我。"李维斯站在河边，反复地对自己说这一段话。

忽然，他想到了一个创业妙计，给想要过河的人提供摆渡。面对这条拦路的大河，是没有人会吝啬地拒绝付出一点点摆渡的费用的。很快摆渡业务让他获得了西部之旅的第一桶金。

过了一阵子，到此地需要摆渡过河的人越来越少，摆渡生意越来越难做，李维斯决定继续上路，去西部淘金。

这一天，他来到了西部，可是发现，自己来得有点晚了，到处都是人。李维斯买了工具找了块空地开始淘金，可没多久，几个恶棍找到他，强行让他离开。李维斯不肯，想讲道理，可是言语对恶棍来说是无用的，李维斯被狠狠地揍了一顿。

淘金的地方被抢了，李维斯只好重新找地方。可是，没多久同样的事又发生了，他的地方又被人抢走了。看着那些恶棍扬长而去的背影，李维斯没有气馁，又想起了那句制胜名言："太棒了，这样的事情竟然发生在我的身上，又给了我一次成长的机会，凡事的发生必有其因果，必有助于我。"

李维斯很快从地方被抢的欺辱中恢复过来，他开始寻找新的创业点。他发现淘金的人，衣服都很容易磨破，而在西部到处都是废弃的帐篷，如果能把这些帐篷搜集下，洗干净，然后缝制成裤子，那肯定会抗穿耐磨。就这样，他缝制了世界上第一条牛仔裤，从此开创了他的牛仔裤王国。

人的一生中会遇到很多的不如意、很多的挫折，挫折失败并不客观，关键看我们如何去看待。不是有人说过那么句话吗，没有人是因为被石头绊倒而摔死的，却有人是因为摔倒了不肯爬起来而被小泥坑淹死的。

（资料来源：豆瓣网 https://www.douban.com/note/144650300/?type=like）

（8）基础性商机。指引起所有商机的商机。对长期的投资者来说，这是重要的，如社会制度、基础建设、商业规则等。中国如今已加入世贸组织近20年，一系列商机都已重新排列。

（9）战略商机。未来一段时间必然出现的重大商机。20多年前，中国人曾面临着这种商机，今天出现的"下岗"和"致富"的天壤之别，就是因为后者主动"下岗"，利用了这个商机。

（10）关联性商机。一荣俱荣，一损俱损，这主要由需求的互补性、继承性和选择性决定。我们可以看到地区间、行业间、商品间的关联商机情况。

（11）系统性商机。指发源于某一独立价值链上的纵向商机，如电信繁荣，IT需求旺盛，IT厂商盈利，众多配套商增加，增值服务商出现，电信消费大众化。

（12）文化与习惯性商机。指由生活方式决定的一些商机，比如各种节日用品、宗教仪式用品等。

（13）回归性商机。当人们追随的时尚经过一段时间之后，过去的东西又成为"短缺"物，回归心理必然出现。至于多久回归，取决于商家的理解。

（14）灾难性商机。由重大的突发危机事件引起的商机。

四、现行大学生创业模式及问题分析

创业模式指的是创业者为保障自身的创业理想与权益，而对各种创业要素的合理搭配，即创业的组织形式、创业的方式确定、创业的行业选择组成了创业模式。在创业之初，第一个重要选择就是寻找一个适合自己的创业模式。对一个创业者来说，一个真正好的模式，应该是适合自己的，即有能力操作而且能把现有的资源有效整合的。一个适合的创业模式，未必需要投入一大笔资金,未必需要具有很大的规模,甚至未必需要一间办公场所或店面。有志于创业的人没有必要被一些所谓的理论束缚住自己的手脚,只有勇于创新开拓才能有所突破,形成质的飞跃。

按照其组织形式,我们对大学生自主创业模式进行划分,主要包括以下四大类:

(一)个人独资(个体经营)和合伙制开个小店面

个人独资(个体经营)和合伙制开个小店面是指大学生个人或者两三个人的"办公室小企业"从事创业活动的创业组织模式。也有一些大学生选择代理加盟创业,选择一些企业,凭借他们的品牌和质量开展创业活动。根据相关调查,大学生创业选择这种模式的比例很高。这种模式对创业者的要求不高,同时选择从事此创业模式的行业主要是科技含量比较低的服务行业。从选择此模式的大学生来看,创业原因主要有以下几种情况:

(1)立足于校园以及周边市场,为广大的学生消费群体服务。来源于学生,服务于学生,基于自身对学生消费需求等的了解,以便更好地挖掘学生这个特殊群体的消费市场。

(2)迫于生计,勤工俭学。我国高校有大量贫困生,单靠学校的贫困补助以及有限的勤工助学岗位是比较难以解决的。

(3)学生本身条件所决定,包括资金、时间、学业压力、心理压力等。这种模式与大学生经商存在着部分类似,但我们不能将二者相提并论,它毕竟是一种过渡型创业模式。

此种模式主要有以下特点:

(1)从事的行业很多,比较自由灵活。创业者可以在各个领域选择创业,抓住学生消费群体的特点来确定行业。

(2)启动资金少,这为大学生创业提供了便捷条件。只要一个小型店面就能解决创业问题,大大降低了学生创业的风险。

(3)代理、加盟创业,品牌形象比较好。

(4)代理、加盟创业,客户信用度高。

(5)精力投入多,大多数创业者需要花大量的时间来经营店面,必然影响学业。

(二)法人股份制的小型公司

法人股份制的小型公司是指大学生以股份形式合资从事创业活动。这种创业模式也是我国高校学生就业的一条途径,它广泛分布在大学高年级或者刚刚毕业的学生创业团队中。由于高年级学生意识到就业的压力,更多的学生会选择合作创办企业来解决自己的工作问题,多数由家长、亲戚作为后盾,出资支撑。同时,大学生创业团队作为民营经济的新生代,这种创业模式也是我国民营企业发展的一个趋势。众多的创业团队会选择较高科技含量的行业开展业务,更多的走的是IT、高科技路子。

该模式的主要特点有以下几点:

(1)创业企业组织等模式相对稳定。

(2)风险较高,直接面对市场的机遇和挑战。

(3)资金投入较多,虽说部分由家长、亲戚作为后盾,出资支撑,但这无疑给家庭增加了压力。

(4)学生本身在管理、人事、财务等方面缺少经验,对各项政策法规等了解不深。

(5)企业文化建设不完善。

(6) 技术人员少，思维能力有局限性，故而产品技术含量低，逃不出低层次竞争圈。
(7) 信息流通比较慢，辨别能力较差，对市场上的情况难做出迅速反应。
(8) 研发资金投资周期长，不利于初创型企业发展。

【阅读资料4.3】 ▶▶▶>>>

黄某的创业路

黄某等7人，均为温州大学自动化专业2005级本科生，合伙经营一家名为"久创科技"的电脑服务公司，主要业务包括组装电脑的导购、电脑及配件的代售、电脑故障维修。

2006年，黄某等人参加了学校的创业计划大赛，虽然比赛结果并不很突出，却激发了他们的创业热情。比赛结束后，黄某就和同学商量成立电脑服务公司，准备进行真实的创业，他的这一想法得到了其他8位同学的响应。通过商议，黄某出资2 000元，其他人每人出资1 000元，共计10 000元启动资金。同年7月，正式成立久创科技公司。在后来的经营当中，有两名同学因为自身经济困难而撤资，其他7人继续维持经营。经营的7名同学根据自身特点和专业特长，分块负责公司的各项业务，店面的营业人员由7名同学轮流充当。由于关系良好，平常的工作量和业绩并不直接与利益挂钩，而采取平均分配利润的方式。公司营业一年多来，业绩尚可，已收回投资，并于2007年6月开始盈利，当然，这没有计算7名同学的人力投资。在经营中，公司成员发现自身存在很多不足，于是有意识地参加了一些管理知识和专业技能的培训，公司承担部分培训费用。现在公司准备搬迁至位置较好的商业区，但存在资金短缺的问题。

谈起以后的个人发展，公司的成员都较为乐观，较倾向于到大型的高科技电子企业就职，但对于创业也很有信心。

（资料来源：网络）

（三）依托其他公司进行创业

依托其他公司进行创业，即依托一些公司，凭借庞大的公司客户关系网进行创业，借助公司客源作为自己创业企业的客户，壮大自己的业务量，建立协作关系，拓展自身市场。它是一些成功的民营企业总结自己的创业经验，将其相关的管理模式等传授给大学生创业者帮扶创业的一种模式。随着经济发展，这种创业模式成了社会、校园等创业者最具潜力的创业模式，也是新经济时代主流的创业模式。这种模式是合作竞争、快者生存的新经济时代的必然产物。

相比较其他模式，它具有以下特点：
(1) 创业效率以及创业成功率高。
(2) 企业成长周期短。
(3) 创业者具有较好的知识、技术和素质。
(4) 企业本身制度文化方面建设完善。
(5) 个人风险小。
(6) 销售网络好，资金回笼快。

【阅读资料4.4】 ▶▶▶>>>

三个"85后"成立雷神公司 游戏本1年售5.82万台

售价6 999元的雷神游戏本刚在网上销售时,3天就售出了500台。"我们还没开始卖就很有信心,不仅是性价比高,最关键的是我们切中了用户的'痛点',拿出了电脑游戏爱好者迫切想要的产品。"借助海尔创业平台的雷神小微公司成员李艳兵说。6月9日,记者采访了解到,如今,由三个"85后"创办的雷神公司已然成为小微企业的佼佼者,不断创造笔记本电脑市场的神话。

三李"酝"出雷神小微

李艳兵、李欣、李宁原本是海尔集团的三名"85后"普通员工。2013年6月,他们了解到,整个PC行业市场规模大幅下滑,市场需求已陷于停滞和萎缩,但是作为细分市场的游戏本一直处于增长状态,于是三名游戏发烧友从京东3万条"差评"中总结出用户对笔记本的"18条抱怨",产生了开发一款更适合游戏玩家的笔记本的创业想法。

而当他们找到了海尔智能互联平台的平台主周兆林时,看着游戏本样机完全背离笔记本"轻薄"的发展趋势,周兆林心里有点打鼓,这几个"小孩"要创业能行吗?但他没有立即做出反对,而是让他们先去试试。在当下创客文化的氛围中,三个年轻人获得了创业的机会,他们迅速组建雷神小微团队。

随后,三个人开始寻找用户痛点并观察是不是也和自己一样有很多抱怨。于是三个人用了一个简单粗暴的方法——"手动大数据"。他们直接去京东和天猫笔记本板块翻用户的回复,收集了接近3万条用户体验,然后花了整整两天时间归纳整理,最后总结出用户对目前游戏本的抱怨分为13条。带着这些数据发现,他们去百度贴吧、IT类论坛发帖与用户沟通交互以确认痛点的有效覆盖率。

问题找到了,那么就一定要找最好的游戏笔记本生产供应商来解决这些问题,经过四个多月的艰苦谈判,一家台湾游戏本代工厂蓝天终于被拼命"三李"的决心以及细致的可行方案所打动。带着生产出的第一代样机,"三李"又回到交互的第一阵地邀请粉丝试玩、测评、提出改进意见再反馈给蓝天……就这样周而复始的两个多月,最终雷神游戏本解决了用户"卡机、蓝屏、屏幕亮点"等诸多市场产品痛点。

众筹刷新中国纪录

2013年12月24日,雷神的第一款产品在京东商城预售,3天时间500台一售而空。2014年1月15日,雷神第二批新品上线,21分钟3 000台被抢光,创造了高端笔记本最快的销售成绩。截至2014年12月,在短短的一年时间,雷神产品的销售量达到5.82万台,产品销售额达到2.5亿元,成为京东及天猫商城游戏本销量、销额第二名的品牌。2015年1至5月,雷神游戏本销量达到3.4万台,销售额达到1.87亿元,同比分别增长109%和163%。产品在15个月内迭代达六次,积累了近150万粉丝,成为2014年游戏本业内最热门的品牌……

李艳兵告诉记者,制造业市场过去一直被大企业所垄断,进行大规模、低成本和批量化生产。其实,制造业细分有太多的市场,小的市场可以再细分,再培育,有巨大的市场潜力。"以笔记本为例,原来游戏本非常小众,价格奇高,用户人群很小。我们抓住电脑游戏爱好者这个细分市场，满足他们对显示屏、CPU 等硬件的高要求和外观设计的个性化要求，销售好的时候一个月可以卖到 1 万台。"

雷神取得的业绩完全具备了成立独立法人实体小微公司的条件。2014 年 4 月，通过海尔内部创客孵化平台的启动资金、供应链、服务、人力、资源等的支持，雷神小微注入第一批启动资金，注册成立青岛雷神科技有限公司，雷神小微实现了独立运营，自负盈亏，拥有用人权、分配权、决策权。

记者了解到，雷神成立公司后，开始与一些风投接触沟通投资事宜。2014 年 12 月，成立仅一年零三个月的雷神首批 A 轮融资 500 万元到位。2015 年 3 月，雷神京东股权众筹一小时募得 1 500 万元。至此雷神累计获取社会化资本 2 000 万元。2015 年 5 月，雷神京东众筹 2 829 万元刷新了中国众筹的纪录，72 小时实现 1 600 万元超募。

（资料来源：节选自半岛网–半岛都市报）

（四）一些高新技术专业的大学生或者创业计划进驻创业园，以技术创业

自从 1998 年清华大学的首届大学生创业大赛举办以来，我国大学生创业计划大赛不断涌现，各地也创建创业园区。同时，大学生创业得到了政府和社会各界的关注、认可和支持。众多的大学生创业者发挥自己的专业特长，凭借自己的兴趣爱好创业，撰写详细的商业计划书，吸引风险投资商。

该模式具有以下特点：

（1）得到政府政策的支持和创业园区的各项帮助。

（2）风险小，但各个细节要考虑周密。

（3）凭借专业创业，使理论联系实际，加速了知识向生产力转换。

（4）受地方政府保护。

（5）信息来源多，流通快。

五、抓住机遇　开拓市场"蓝海"

（一）明确"红海"与"蓝海"的概念

我们把整个市场想象成海洋，这个海洋由红色海洋和蓝色海洋组成，"红海"代表现今存在的所有产业，这是我们已知的市场空间；"蓝海"则代表当今还不存在的产业，这就是未知的市场空间。

"红海"是竞争极端激烈的市场，但"蓝海"也不是没有一个竞争的领域，而是一个通过差异化手段得到的崭新的市场领域，在这里，企业凭借其创新能力获得更快的增长和更高的利润。在"红海"领域中击败竞争者始终是重要的，因为"红海"一直存在，并将始终是现实商业社会的一部分。但随着越来越多的行业出现供大于求的现象，对市场份额的竞争虽有必要，但已不足以维持良好的业绩增长。企业需要超越竞争，为了获得新的利润和增长机遇，企业必须开创"蓝海"。

尽管"蓝海"是一个全新术语，但其并非新鲜事物。无论过去还是现在，它都是商业生活的一部分。现实告诉我们，产业发展不是静止的，而是持续演进的，因为操作在改良，市场在扩张，市场主体"你方唱罢我登场"。历史证明，我们在创造新产业和再造旧产业方

面具有不可估量的巨大潜力。然而，当前主导性的战略思考仍然是基于竞争的"红海"战略，部分是因为企业的战略仍然在很大程度上受其根源——军事化战略的影响。"战略"本身就是军事术语——"司令部（总部）"的首席执行"官"，以及"前线"的"战斗队伍"。战略是"面对对手，争夺有限而既定的阵地"。

我们发现那些貌似各不相同的成功故事背后，都有着一个共同模式：创造和占领"蓝海"的战略行动。

无论是行业本身还是组织特性，都不足以解释两大集团间的差异。在评估行业、组织和战略等变量的过程中，我们发现，公司无论规模大小，管理者无论年龄长幼，产业无论朝阳夕阳，企业无论是刚进入市场还是已有根基，所有制无论是私营还是国有，技术含量无论是高还是低，注册地无论国别，都可以创造并占领"蓝海"。

（二）什么是"蓝海战略"

2005年，西方世界最新的营销学说《蓝海战略》问世。这本书是超越波特竞争战略的全新思维模式，是作者花了15年的时间，根据100年来30多个重要产业、150余家成功企业的研究分析所获得的最新结论。该书一上市就被翻译成25种语言，并荣登《纽约时报》畅销书排行榜。

《蓝海战略》书中分析，在全球化的竞争下，企业要永远保持卓越是不可能的，正如产业不可能长青。而产品若无法差异化，将会落入所谓"红海战略"的血性价格竞争之中，这种流血竞争的结果往往使市场愈来愈狭窄，公司的获利和成长都越来越萎缩，最终血流成河，成为一片"血腥红海"。

《蓝海战略》认为，要打破"红海"宿命的唯一方法，就是运用"蓝海战略"，探索还没有被开发的差异化市场，以及消费者还没被满足的需求，才能一举超越竞争，开创"无人竞争"的"蓝海"商机。那么所谓的"蓝海战略"就不难理解了，"蓝海战略"其实就是企业超越传统产业竞争、开创全新的市场的企业战略。

价值创新是"蓝海战略"的基石。之所以称为价值创新，是因为它并非着眼于竞争，而是力图使客户和企业的价值都出现飞跃，由此开辟一个全新的、非竞争性的市场空间。

只有在企业把创新与效用、价格和成本进行有机结合的时候，价值创新才可能发生。如果企业不能使创新围绕价值进行，那么作为技术创新者和市场推广者的企业往往"生出了蛋"，却被其他企业"孵化"。价值创新是开创"蓝海"、突破竞争的战略思考和战略执行的新途径。差异化—低成本之间的动态关系，是价值创新的立足点，当企业行为对企业成本结构和客户价值同时带来正面影响时，价值创新就在这个交汇区域得以实现。成本节约通过取消或压缩某些竞争因素而发生，而随着时间的推移，由价值创造所带来的规模效应会进一步促进成本下降。

"蓝海"的创造是在降低成本的同时为客户创造价值，从而获得企业价值和客户价值的同步提升。由于客户价值来源于企业以较低的价格向客户提供更高的效用，而企业的价值取决于价格和成本结构，因此价值创新只有在整个企业的效用、价格和成本行为正确地整合为一体的时候才可能发生。价值创新就不仅仅是创新，而是涵盖整个公司行为体系的战略问题。价值创新要求企业引导整个体系的同时以实现客户价值和企业自身价值飞跃为目标。如果不能将这两个目标相结合，创新必然会游离于战略核心之外。

（三）开拓"蓝海"的方法

"蓝海战略"的第一条原则，就是重新构筑市场的边界，从而打破现有竞争局面，开创"蓝海"。这一原则说的是许多公司经常会碰到的搜寻风险。其难点在于如何成功地从一大堆机会中准确地挑选出具有蓝海特征的市场机会。这一点对于企业经营者非常重要，因为他们不可能像赌徒一样通过直觉或者抽签的方式决定企业的战略。

1. 放眼替代性行业

从广义上讲，一家企业并不仅仅与同一产业中的其他企业竞争，而且还面临着生产替代性产品或服务的其他行业企业的竞争。替代性产品不仅仅是指产品的替换。如果产品或服务具有不同形式，但是提供同样的功能或者核心效用，那么当然属于"替代品"。替代性行业之间的空间通常可以为企业提供价值创造的机会。

例如，为了厘清个人财务状况，人们可以购买一套财务软件，可以聘请一位注册会计师，或者干脆自己用铅笔和白纸来完成。这里的财务软件、注册会计师、铅笔在很大程度上就是替代性产品。他们虽具有不同的形式，但功能是一样的：都是为了帮助人们理财。

与此不同，有些产品或服务可能具有不同的形式和不同的功能，但最终目的是一样的。比如电影院和餐馆，与电影院相比，餐馆的形式基本上不同，而且功能也各不一样：他们提供的是交谈和美食方面的愉悦。这与电影院提供的视觉享受完全是两回事。尽管在形式和功能上存在巨大差异，但是人们去餐馆和去电影院看电影的目的是一样的：好好地在外面享受一段时间。它们不是同一功能的替代产品，但是都是人们的替代性备选方案。

在做一个购买决策的时候，购买者通常是无意识地对不同备选方案做了比较。你想放松两个小时，那么你该如何达到这个目的呢？你会选择去看电影、去按摩，还是去附近的一家咖啡馆读一本喜爱的书？无论是对单个的消费者还是集团购买者而言，这一思维过程都是下意识的。

然而由于种种原因，当我们成为卖方后，常常会抛弃这种出于直觉的思维方式。出售产品的人通常很少会有意识地去考虑消费者如何在替代性行业中进行选择。价格的变动、型号的改动，甚至是新的广告，都可能引起同一行业内竞争对手的强烈反应，但是同样的事情如果发生在替代性行业之间，就很少会引起注意。行业杂志、行业演示会和消费者评价报告强化了行业与行业之间的界限，但其实，替代性行业之间的空间通常可以为企业提供价值创造的机会。

2. 放眼行业内的不同战略类型

正如通过审视替代性行业可以开创"蓝海"一样，通过考虑同一行业内的不同战略类型也可以实现这一目标。所谓战略类型是指同一行业内采取类似战略的企业。在大多数的行业中，都可以根据战略上的差异将企业分为几个类别。

战略类型一般可以通过两个维度进行排序：价格和业绩。价格的变化通常会引起业绩的相应变化。大多数企业都专注于提高它们在同一战略类别中的竞争地位。比如，奔驰、宝马和猎豹汽车公司在豪华轿车领域你追我赶，而其他一些汽车公司则在经济型轿车领域展开厮杀。但是，很少有企业会关注其他战略类型的企业在做什么，因为从供给的观点来看，他们在那个领域没有竞争力。

从不同战略类型中开创"蓝海"的关键在于突破这种狭隘的观点，去了解哪些是决定客户从一个业务类别转换到另一个业务类别的主要因素。

3. 放眼客户链

在大多数的行业中，参与竞争的企业对目标客户的定义都大同小异。但是，事实上，存在着一个客户链，他们都直接或间接地参与了购买的决策。产品或服务的购买者可能与最终使用者并不一致，在某些情况下，还有一些非常关键的影响者。尽管这三类人可能会重叠，但是通常他们都不是同一个人。当三类人群不一致的时候，他们的价值观通常也不一样。例如，企业的采购人员肯定比产品的最终使用人员更关心成本，后者可能更关注产品是否好用。类似的，产品零售商希望生产商能够及时补充存货，并且提供更好的融资方式。但是，购买产品的消费者虽会受到这些产品渠道的影响，但他们不会关心这些东西。

某个行业中的企业通常会选择不同的目标客户群，如可能是大客户，可能是小客户。但是，从这个行业来说，通常都集中于某一类购买群体。例如，医药行业主要将目光放在有影响力的群体即医生身上；办公用品行业主要关注采购者，即企业的采购部门；服装行业主要直接向使用者销售产品。有时候，这种专注有其经济学的道理，但是更多时候它只不过是行业惯例使然，人们通常都不会去质疑它。

对目标客户群体的传统观念提出挑战就可以发现新的"蓝海"。通过审视不同的购买者群体，企业可以产生一些新的思维，从而重新构造自身的价值曲线，找到那些以往被忽视的目标客户群。许多行业都存在这样的"蓝海"机会。通过质疑目标客户的传统定义，企业通常可以发现创造价值的全新方法。例如，佳能通过将复印机行业的目标客户从企业采购者转到使用者，从而开创了小型台式复印机行业；还有SAP公司，通过将企业应用软件行业的客户重心从部门用户转移到企业采购者，从而在实施一体化软件市场时获得了巨大成功。

4. 放眼互补性产品或服务

很少有产品或服务会单独使用。很多情况下，它们的价值会受到别的产品或服务的影响。但是，在大多数的行业中，企业生产的产品或提供的服务都局限于行业范围内。在互补产品或服务背后常常隐藏着巨大的价值，关键是要弄清楚消费者在选择产品或服务时需要的整个解决方案是什么。一个简单的方法就是考虑一下消费者在使用产品前、使用过程中和使用后会发生的事情：企业的产品或服务的使用背景是什么，在产品或服务的使用前、使用中、使用后都会发生什么事情，能找到客户的烦恼吗，企业怎样通过提供互补性的产品或服务消除这些烦恼。

5. 放眼客户的功能性或情感性诉求

行业竞争不仅在产品或服务的范围上趋同，而且在两个基本的诉求上也很类似。一些行业主要通过价格和功能来竞争，关注的是给客户带来的效用，他们的诉求是功能性的；其他一些行业主要以客户感觉为竞争手段，他们的诉求是情感性的。

但是，大多数的产品或服务的诉求并不是一定非此即彼，相反，它是企业竞争方式的结果，企业的竞争方式会在无意中培育客户的预期，这种影响具有不断加强的效果。随着时间的推移，功能导向型行业会变得越来越注重功能，情感导向型行业会变得越来越注重情感。因为这个，我们就不难理解为什么市场调查很少会找到吸引客户的新因素。行业实际上在训练顾客应该期待什么，当接受调查的时候只是简单反馈回来，通常与企业预想的差不多。

当企业愿意挑战行业中已经存在的功能或情感诉求时，常常会发现新的市场机会。我们发现了两种普遍模式。情感导向型的行业会提供很多多余的产品或服务，只是提高了价格但对功能没有帮助。去掉这些多余的东西，就会创造一个简单、低价、低成本的业务模式，从而受到客户欢迎。反过来，功能导向型行业可以通过添加一些情感因素使产品获得新生，刺激新的需求。

同样，星巴克将纯粹的咖啡销售转变为一种带有情感的氛围，消费者可以在里面尽情享受咖啡。在一些服务行业，人们正在用这种"蓝海战略"，只不过是将情感导向转变为功能导向。注重关系培养的行业，如保险业、银行业和投资业，非常依赖于经纪人和客户之间的紧密关系，他们在寻求变革。

6. 放眼未来

在所有的行业中，企业的经营都会受到外部趋势变化的影响。看看互联网迅速崛起和全球环保运动兴起的例子，如果企业能够正确预测到这些趋势，就可能会找到"蓝海"市场机会。当事件发生后，多数企业都只会逐渐适应，甚至是被动地接受。不管是新技术的出现，还是政策的变化，企业经营者通常比较注重预测趋势本身。也就是说，他们通常关心技术会朝哪个方向演变，如何应用，能否大规模应用。他们根据技术发展的趋势来调整自己行动的步伐。

但是，"蓝海战略"主要并不来源于预测趋势本身。通过放眼未来，从关注市场现在的价值转到未来的价值，企业经营者可以主动调整，抢先找到新的"蓝海"。这种方法可能比前面讨论的方法难一些，但是它的思维方式还是类似的。我们不是要预言未来，因为这是不可能的，我们是要从目前可以观察到的趋势中获得远见。

在预测未来趋势的时候，有三个原则非常重要。为了形成"蓝海战略"，这些趋势必须对企业的业务有决定性作用，必须不可逆，必须具有清晰的路线。在任何一个时间点上，都可以看到很多趋势，如技术的淘汰、新的生活方式的诞生、法律或社会环境的改变。但是，通常只有一两个趋势对某个特定的行业产生重大影响，并且有时候可能只会看到趋势或重大事件，但是无法预测发展方向。通过超越传统竞争范围的思维，你可以找到打破常规的战略行动，重新构筑市场边界，开创"蓝海"市场。发现和开创"蓝海"市场机会的过程不是预测和占卜行业趋势，也不是企业经营者偶然想到的一些疯狂的新业务的试错过程，相反，它是企业经营者以一种全新的方式重新构建市场状况的有序过程。通过重新构建现有的行业和市场边界，他们就可以将企业从打破头的"红海"竞争中解脱出来。

第二节 创业机会的识别

一、发现商机的"三部曲"

发现商机是一个创新过程，这个过程有三部曲：一是识别创业机会；二是将创业机会展开为备选项目;三是评价创业机会。如图4-1所示。

(一) 识别创业机会

识别创业机会是创业领域的关键问题之一。从创业过程角度来说,它是创业的起点。创业过程就是围绕着机会进行识别、开发、利用的过程。识别正确的创业机会是创业者应当具备的重要技能。创业机会以不同的形式出现。虽然以前的研究焦点多集中在产品的市场机会上,但是在生产要素市场上也存在机会,如新的原材料的发现等。许多好的商业机会并不是突然出现的,而是对"一个有准备的头脑"的一种"回报"。在识别机会阶段,创业者需要弄清楚机会在哪里和怎样去寻找它。

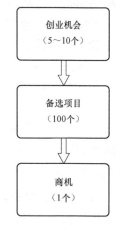

图4-1 发现商机过程的"三部曲"

(二) 将创业机会展开为备选项目

一个创业机会可能展开成为一系列具体的创业备选项目,如一系列产品或服务,一系列营销模式,或一系列新的管理体制等。备选项目是创业思路的具体化。如,大学生服务部可做餐饮服务(还可再细分)、打印、复印、网吧、心理咨询等,这些都是创业备选项目。

(三) 评价创业机会(商机)

创业项目是商机的载体,备选项目经过商业评估(即评估备选项目在一定时空条件下,是否具有潜在增长性、一定模糊性、较高回报性、适度风险性、与创业者资源的适宜性以及未被发现的市场需求)才可能生成创业项目(也可能一个都没能评估出来)。如,经市场调研和风险评估,发现在教学楼内创办一个面包咖啡店是一个很好的创业商机,而其他方案都存在一定的风险或资源不足的问题,可能成为创业陷阱。

二、创业机会的识别

(一) 影响机会识别的关键因素

1. 先前经验(也可以说历史经验)

在特定产业中的先前经验有助于创业者识别机会。在某个行业工作,个体可能识别出未被满足的利益市场。某个人一旦投身于某行业创业,将比那些从行业外观察的人,更容易看到产业内的新机会。

2. 认知因素

机会识别可能是一项先天技能或一种认知过程。有些人认为,创业者有"第六感",使他们能看到别人错过的机会。多数创业者以这种观点看待自己,认为他们比别人更"警觉"。警觉很大程度上是一种习得性的技能,拥有某个领域更多知识的人,通常比其他人对该领域内的机会更警觉。例如,一位计算机工程师,就比一位律师对计算机产业内的机会和需求更警觉。

3. 社会关系网络

个人社会关系网络的深度和广度影响着机会识别。建立了大量社会与专家联系网络的人，比那些拥有少量网络的人容易得到机会和创意。一项针对 65 家初创企业的调查发现，半数创业者报告说，他们通过社会联系得到了他们的商业创意。一项类似的研究，考察了独立创业者（独自识别出商业创意的创业者）与网络型创业者（通过社会联系识别创意的创业者）之间的差别，研究人员发现，网络型创业者比单独创业者能识别出更多的机会，但他们不太可能将自己描述为特别警觉或有创造性的人。

4. 创造性

创造性有助于产生新奇或有用的创意。从某种程度上讲，机会识别是一个创造过程，是不断反复的创造性思维过程。在听到更多趣闻轶事的基础上，你会很容易看到创造性包含在许多产品、服务和业务的形成过程中。

（二）识别创业机会的一般过程

创业机会识别是创业者与外部环境（机会来源）互动的过程。在这个过程中，创业者利用各种渠道和各种方式掌握并获取到有关环境变化的信息，从而发现现实世界中产品、服务、原材料和组织方式等方面存在的差距或缺陷，找出改进或创造的可能性，最终识别出可能带来新产品、新服务、新原料和新组织方式的创业机会。

（三）识别创业机会的常用方法

创业机会识别没有明确而统一的分类方法，大部分机会有迹可循，有些完全是在不经意间被开发出来的，正所谓一不小心成了老板，一念之差身价千万。但了解创业机会识别方法，对于创业机会识别的整个过程大有裨益，以下几种较为常见。

1. 通过问题和抱怨分析发现机会

一部分消费者的抱怨催生许多新的产品或服务。无论什么时候，当消费者痛苦地抱怨某个产品或服务，或者当听到有人说"我多么希望能……"或"只要有一个产品或服务就能……"时，便有了一个潜在的创业想法。这个想法可以促使创办一个提供更好产品或服务的具有竞争力的企业，或者可以将新的产品或服务卖给那些存在问题的企业。

问题有外露和隐藏之别。创业者如果眼光独到，有洞察力，对事物敏感，并善于分析，就能发现更多的问题，从而发现较多的机会。

创业的根本目的是满足顾客的需求。而顾客的需求在没有满足前就是问题。发现创业机会的一个重要途径是善于发现和体会自己和他人在需求方面的问题或生活中的难处。比如，上海有一位大学毕业生发现远在郊区的本校师生往返市区交通十分不便，于是创办了一家客运公司，这就是把问题转化为创业机会的成功案例。

【阅读资料 4.5】 ▶▶▶>>>

因抱怨产生创业念头　给电脑"洗澡"赚百万

2003 年王姣大学毕业后，进了中关村一家电脑销售公司。其间，她经常听到用户抱怨，电脑在使用一段时间后，竟莫名其妙地出现工作速度变慢、经常死机甚至无法启动等故障。到现场一看，往往是显示屏蓬头垢面，键盘积满污垢，鼠标本色不在。其实这都是静电和灰尘惹的祸，并非电脑出了毛病。解决这类问题只需清洗除垢，然后再消消毒。

道理虽很简单，但对缺乏专业知识的用户来说，让他们给电脑做彻底的保洁就勉为其难了。在国外，有专业的"电脑保洁师"定期上门为用户做清洁维护，而在国内还没有哪家公司提供这种服务。显然，这是一个市场空白。想到这里，王姣突然萌生了一股创业的冲动。

2004年3月初，经过一番准备，王姣信心十足地开始了创业之路。在经过了最初的几次碰壁之后，通过相互引荐，请王姣"给电脑洗澡"的用户络绎不绝，第一个月竟有30多张百元大钞存进银行。到2004年9月，王姣每月的收入已超过2万元。

2005年2月，王姣注册成立了一家专业电脑保洁公司，经营思路也从过去零敲碎打抓散客，变为重点突破大客户，从清洗单位的办公电脑入手，逐步打开这个大市场。如今王姣的个人资产已超过100万元。

（资料来源：和讯网 http://money.hexun.com/2008-02-25/104025361.html）

2. 通过市场缝隙发现机会

市场缝隙即现有市场存在的盲点或盲区。如今，市场竞争越来越激烈，"缝隙"其实无处不在。只要善于发现缝隙市场，就能开拓新的商机。

怎么发现缝隙市场？有个简单的办法就是在生活中，去发现现有产品或者服务的缺陷。提供能改进缺陷的产品或者服务，就是一个缝隙市场。接下来，就要去调查这个缝隙市场的市场容量有多大，有哪些目标客户，有没有市场前景和发展潜力，等等。如天津大麻花，传统的大麻花个大，大到几斤重，一次吃不完，保存成麻烦，扔掉又可惜，下顿接着吃怕有问题，于是小包装应运而生；妈妈给婴儿买奶粉都会发现这样一种现象，大部分奶粉保质期为两个星期，好多宝宝都在母乳不足的情况下才补充奶粉，于是一袋奶粉在保质期内因吃不完而浪费掉非常常见，而小包装的奶粉几乎没有，这就是一个很大的缝隙。

总之，只要用心，就能随时随地发现市场缝隙，随时随地进行创新；只要用心，就能对市场始终保持着高度的敏感。当消费者需求发生变化时，企业的产品结构、包装、设计随之而变，快速对接新需求，这也是创新。

【阅读资料4.6】▶▶▶>>>

做旧书也有好"薪"情

李红梅，大学毕业后进入一家工厂上班，工作没到一年就下岗了。之后，她索性做起旧书生意。李红梅读大学时就发现，目前正规的二手书店不但数量不多，而且大多数是将人家卖不出去的书籍抱到店里来销售，很少考虑顾客究竟需要什么书。随着近年来纸张价格的飞涨，新书的价格往往让人望而却步，这无疑给二手书市场留下了巨大的空间。

李红梅认为，时下做什么生意都要讲究定位，而做旧书生意的定位就在于——业精于专！根据现实情况，她打算主营人文社科类图书，从而形成自己的特色。换言之，面对五花八门的图书市场，经营者绝对不能"贪"，面面俱到是经营旧书的致命弱点。有了定位，李红梅收购旧书时就心中有数了。她首先看书的内容，其次是出版社。

但是，要做到"业精于专"，对书店老板确实是一种挑战。首先，经营者要有较高的文化素质和品位，这样才能收购到质量又高又好卖的旧书，才不会使一本绝版好书总是被压在箱底。今年春节过后，李红梅收购到 100 多本财富类书籍，新学期开学没有几天，就被学生们抢购一空。

为增加有效的交易渠道，李红梅还开设了网上交易平台，现在网上交易量已占到书店业务总量的 15%。此外，李红梅还增设了"寄销"业务，这一招充分考虑了顾客的需求，也宣扬了书店的诚信之本。此项业务主要面对那些有书却不愿贱卖的顾客，他们希望手上有价值的旧书能像字画一样寄在店里由老板"代销"。"代销"成功，老板收点"代劳费"。

小小的二手书屋如此经营一年，每月的纯利已经有 3 000 多元。

（资料来源：创业网. http://www.cye.com.cn/chuangyezhinan/zhaoxiangmu/20070204182922.htm）

3. 通过系统分析发现机会

绝大多数的创业机会都可以通过系统分析法获得。通过分析环境、政策、市场，可以识别出各种各样的机会。1960 年前后，塑胶花生产的鼎盛期刚过，李嘉诚觉得生产塑胶花绝非长久之计。因为他从香港人口的激增、生存空间的限制、经济发展的神速和土地使用的迫切，预见到地价来日必然暴涨，香港地产也极具发展前景。由此，李嘉诚毅然决定进军地产业，结果众所周知，他大获成功。

4. 通过创造力获得机会

创造力是利用新的或不同的方法设计、排列、制造新事物的能力。创造性地解决市场需求和问题的能力经常被作为商业运作成功或失败的标志，它也用来从普通企业中区别出那些快速成长的企业。想要具备创造性，需要开阔思维和视野。

这种方法适合新技术领域。难点在于新技术需要高、精、尖人才，也需要开拓新的市场，人力资源不到位，市场定位不准确，面临的风险就大一些。当然，如果能够成功，获得的利润和回报也会很大。

5. 通过他人获取创业机会

常言道，说者无心，听者有意。这话用到创业机会识别方法这一环节，说者可能是消费者对现有产品或服务的不满而随便出口的抱怨或建议，而听者则是创业的人，这个人或者已经是老板或者有创业的意愿。

6. 通过爱好和兴趣产生创业机会

爱好是人们在业余时间特别喜欢进行的活动。很多人通过追求爱好或兴趣，产生了创业机会。例如：你喜欢玩电脑、烹饪、音乐、旅行、运动或表演，你就可以把它们发展成为创业机会。

【教学案例 4.2】 ▶▶▶>>>

"三国杀"作者黄恺的创业路

人物简介

26 岁，福建福清人，父母均是卫生学校的老师，2008 年毕业于中国传媒大学动画学院游戏设计专业。

成就：大学二年级时创作桌游"三国杀"，使之成为中国当代第一个走红的原创桌游，并长盛不衰。2008年与朋友创立游卡桌游文化发展有限公司，任首席设计师。

当下的都市青年喜欢玩桌游，桌游种类繁多，最红的当属"三国杀"。2006年，一名20岁的大二学生创作了这个长盛不衰的桌游。他叫黄恺，虽然今年只有26岁，却是国内桌游创作界最资深的"元老"。

黄恺出生于1986年，在黄恺的记忆里，父母向来都很支持他的兴趣爱好，他的画画爱好始终没被"扼杀"。

这个小孩有点怪　从小就爱编游戏

黄恺一辈子都不会忘记，念初中时班主任叫他妈妈去参加过一次特殊的家长会，人称"坏孩子家长会"，这对身为教师的妈妈来说，无疑是奇耻大辱。黄恺也知耻而后勇，从此发愤学习，成绩排名一跃迈入年级前列，并保持稳定，从此没再回归"坏孩子"行列。客观上，这成就了他日后考取游戏专业并以此为业的梦想。

黄恺当时怎么就成了"坏孩子"呢？原因只有两个字：贪玩。他从小兴趣广泛，在众多爱好中，有一项特别另类：编游戏给伙伴玩。

早在念小学时，黄恺就成了玩伴中的"怪人"，他喜欢组织一群小朋友玩游戏，但多数情况下，他并不亲自参与，而只是站在一旁看朋友们怎么玩。他在旁观时总是琢磨这么一些问题：大家为什么爱玩这个游戏？游戏规则哪里吸引人？有没有改进的余地？

玩伴们玩的游戏中，有不少是黄恺原创的。他会手绘一张区域性地图，给地图上的每个国家分配同等"兵力"，通过掷骰子相互"交战"，决出胜负。他儿时就对三国题材有着浓厚的兴趣，编制三国互抢城池的游戏，供玩伴们玩。

等到上初中后，黄恺不再天马行空地自娱自乐，他开始利用课余时间研究日本经典游戏《游戏王》，并一笔一画地临摹了上千张游戏卡，自给自足。

2004年，黄恺参加高考。父母一度想让他去学医，但他的眼里只有画画和游戏。最终，他考取了中国传媒大学动画学院游戏设计专业。

2006年夏天的某一天，黄恺跟朋友去北京一家老外开的"桌游吧"玩"杀人"游戏——这个经典桌游当时刚刚在国内兴起。黄恺玩得津津有味并深受启发，他想借鉴类似原理亲手编个游戏出来，创作冲动强烈。

经过不断的研究和完善，黄恺的"三国杀"雏形出炉，取名为"三国无双杀"。他自制了一批游戏卡，2007年上半年开始在淘宝上开店销售。

自制"三国杀"开网店卖　这款桌游红遍大江南北

开店之初，黄恺每月的销量都只有个位数，单件售价六七十元。不过，在为数不多的买家中出现了他的"伯乐"——清华大学计算机专业博士杜彬。从虚拟世界到真实世界，两人成了好朋友，相谈甚欢。黄恺最终成了"甩手掌柜"，把网店业务交给杜彬打理，自己一头埋进设计工作。

见妈妈日子过得清闲，杜彬就征用她老人家做免费劳动力。黄恺和杜彬在电脑上设计好一平方米大小的图片大版，送到喷绘店喷绘，再把喷绘图贴到卡纸上，最后由杜彬的妈妈用切纸机把大版分解为一张张游戏卡。一年下来，他们总共卖出了100多套，不算多，也不算少。

到了2008年年初，他们找到一家印染厂，印制了5 000套游戏卡。这一次，游戏卡上的三国人物形象全部出自黄恺的个人创作,"三国无双杀"从此进化为"三国杀"。这批原创游戏卡很快就被卖完了,"三国杀"开始走红。

据黄恺回忆,"三国杀"之后的爆炸式走红,或许与他们参展赠送有关。2008年,他们携"三国杀"参加上海的一场展会,向前来参观的客人送出了几百套。当年年底,这款桌游迅速在北上广走红,并在全国传播。黄恺认为,这几百套外赠的游戏卡或许点爆了口碑传播的爆炸点。

时至今日,正版"三国杀"已累计卖出了近千万套。根据目前的市价,基础版售价39元每套,典藏版售价七八十元每套,毫无疑问,这款桌游给年轻的黄恺带来了源源不断的财富。

然而,市面上"10套'三国杀'中,有7套是盗版的"。据估算,目前散布在民间的真假"三国杀"共有3 000多万套,"三国杀"已成为一个产业。由于游戏卡制作的门槛并不高,盗版侵权成了最让黄恺、杜彬头疼的问题。

深受盗版侵权之苦　把年轻人拉离电脑

2008年,黄恺、杜彬等人共同出资成立了北京游卡桌游文化发展有限公司,公司专设一个部门,负责发现盗版线索,联系工商部门打击。但盗版"三国杀"像野草一样,"野火烧不尽,春风吹又生",打完这个造假窝点,下一个造假点又冒出来了。

黄恺就像个"一曲成名"的歌手,由于第一首作品太成功,日后想突破自我难度极大。他说,他并不会给自己施加"突破自我"的压力,游戏创作不仅要靠努力,也取决于灵感,以后是否能创作出比"三国杀"更成功的桌游,目前还不得而知。短期内,黄恺会把主要精力放在完善"三国杀"上,他希望这款桌游能给玩家不断带来新的游戏乐趣。

短短五六年时间,以"三国杀"为代表的桌游已成为不少都市青年休闲生活的重要项目。黄恺认为,这是好事,因为玩桌游时,人与人之间是面对面沟通的,它把年轻人从网络的虚拟世界中拉回到真实的人际关系中,把他们从电脑屏幕中解放出来,去过一种健康的生活方式。

有人称黄恺为中国原创桌游的"元老",他对此一笑了之。事实上,中国的桌游传统源远流长,麻将和围棋、象棋其实都是桌游,只是中国人更喜欢用"棋牌"来称呼它们罢了。他把自己目前取得的成功归因于"天时地利"。饱受诟病的网游业在衰落,都市青年对网游日益厌倦,对现实世界的社交有了更强烈的需求,桌游恰恰搭建了这样一个社交平台。

(资料来源:大洋网–广州日报)

【思考与讨论】

1. 黄恺创业成功的原因有哪些?
2. 你有哪些兴趣爱好?试着在其中找到创业机会。

7. 通过个人的技能和经验产生创业机会

一半以上的成功创业机会都来源于工作经验。例如:一个拥有在大型汽车制造厂工作经验的机械技工,就可能创办汽车修配厂。因而,那些潜在创业者的背景在决定创办企业以及企业类型的过程中扮演了至关重要的角色。技能和经验是最重要的资源,不仅在产生想法方面,而且还体现在如何利用这些想法方面。

8. 通过特许经营（加盟连锁）产生创业机会

特许经营是指特许者将自己所拥有的商标、商号、产品、专利和专有技术、经营模式等以特许经营合同的形式授予被特许者使用，被特许者在特许者统一的业务模式下按合同规定从事经营活动，并向特许者支付相应的费用。特许经营有很多类型，但是最流行的一种就是提供名称、标识、操作程序和经营方式。20世纪80到90年代，特许经营迅速发展，成为美国和欧洲广泛使用的从事商业活动的方法（通过特许经营建立了数百万的企业）。仅在美国就有超过2 000种类型的特许经营，年销售额超过3 000亿美元，大约占零售总额的1/3。除了购买特许经营权，也可以开发和销售特许经营的理念。有很多的资料和协会，包括国际特许经营协会都可以提供相关材料和信息。

【阅读资料4.7】 ▶▶▶>>>

刚毕业的大学生开了8个加盟店
——何明的创业之路

近几年来，大街上到处都是饮品经营店，可谓行业竞争非常激烈，要做得出色，很不容易。可是这名"80后"，刚刚毕业的大学生却开了8个加盟店。他是怎样成功的呢？

每天，何明都会马不停蹄地奔赴各个经营点，把控产品质量，过问销售情况，检查店内卫生，还要去批发市场采购原材料，着手品牌宣传推广，考察周边市场。

考察市场后开甜品店

24岁的何明以前在重庆大学主修市场营销专业，大三时他就从互联网上发现了这个名叫"开菲尔酸奶屋"连锁甜品店的经营项目，并两次专程去北京考察其运作情况。他在北京看到，这样的甜品屋是一个全新的空白市场，几乎是开一家火一家：一个店每天要卖近500杯酸奶，收益也相当可观。

此时，恰好有人在重庆大学B校区附近开了一家酸奶屋，尽管生产技术和管理模式并不成熟，但生意还算不错。何明于是坚定了投资信心，打算把这种经营模式复制到重庆。为方便以后扩张，他还多方筹资25万元，拿下了此项目在重庆地区的总代理权，从而免费获赠了一套甜品制作和封装设备——包括一台多功能智能酸奶机、一台冰激凌机和一个榨汁机。

何明发现，很多北方人都把现酿酸奶看作日常生活的必需品，不太在乎产品的价位，但重庆人的消费习惯有些不大一样，认为其只是偶尔品尝的甜品。于是，他从选址、店面形象设计，到产品定价、口味搭配，都按自己的经营理念重新进行了改进。

他的第一家店设在江北观音桥商圈步行街，而不是社区街道、住宅小区或者学校附近，这是因为在他看来，人流量大的地方，才有更多的潜在消费者。他把店面装修得时尚、活泼，主色调明亮跳跃，并更注重产品的口感和外观包装，这主要是为了迎合年轻客人、时尚白领等消费群体的口味。当然，理念的实现是需要金钱支撑的，10多平方米的店铺，光装修就花了1万多元。

2015年11月20日，新店开张。周末一天卖出近400杯，而周一到周四，日均营业额却只有周末的一半。季节不同，一个月下来，净利润在4 000元到10 000余元不等。据何明透露，不出半年，他就收回了装修费等单店投入成本，还赚了3万多元。

新店每月近万元收益

"事实证明，当初的判断和随之作出的改进是比较成功的。"按照这一思路，次年3月，何明又投入5万余元，在沙坪坝三峡广场一商场内开了第二家店，营业面积也在10平方米左右。让他没想到的是，生意比第一家店还好，开业半年来，每月都能为他带来近万元的收益。

发展8个加盟店

何明是个善于观察的人。他曾多次待在观音桥步行街的各个角落，观察来往行人的动向。他发现，新世纪、新世界等百货商场所在的"老商圈"，和以北城天街为中心的新商圈之间，主要由一条地下通道相连接，人群也就此分流，一家店根本不足以辐射整个步行街。"开2到3家连锁店比较合适。"这样，第三家店也就应运而生——位于新世界百货第5层，装修工作已近尾声，11月20日即将开业。管理系统和其他饮品经营店不同，何明放弃了临街窗口经营形式。他认为，饮品销售受气候、天气等外部条件影响很大，每到阴雨绵绵或者烈日炎炎，销量就会下跌一半。

这家新店的经营形式也有了改进，何明在50多平方米的空间内，摆放了舒适的椅子，播放悠扬的乐曲，为顾客提供休闲、聊天场所。他不光卖酸奶等甜品，还有各种点心供客人选购。与此同时，第4家店也将在今年内开张，地址在解放碑附近。

如今已经取得成功的何明，还在不断地努力，开拓他的商业网络之路。

（资料来源：加盟网 https://www.u88.com/article/3155362.html）

9. 通过大众传媒发现创业机会

大众传媒是大量信息、想法和机会的来源。大众传媒包括报纸、杂志、电视和互联网等。仔细浏览大众传媒，在报纸或杂志上经常可以找到关于企业转让的商业广告，这成为创业者的很好的信息来源。新闻出版物或互联网上的文章、电视纪录片也经常会有关于流行趋势或消费者需求变化的报道。例如，当看到或听到人们对健康和减肥食品的兴趣日益增加时，可以由此发现某个新的投资理念，比如特许经营。

10. 通过展览会发现创业机会

参加展览会和商品交易会是另外一个发现创业机会的途径，在报纸和杂志上经常会有展览会和商品交易会的广告。通过参观，不仅可以看到新产品或服务，还可以见到厂商、批发商、发行商和经销商，那里有很多好的创办企业的想法来源、信息和帮助，他们也经常会寻找相应的创业者。

11. 通过市场调查发现创业机会

创业机会的焦点是消费者，通过调查确定消费者的需求是提供产品或服务的基础。可以通过与人们进行正式或非正式的交谈来调查；可以经常使用调查问卷、访问或者通过观察来了解；可以通过与家庭成员或朋友交谈找出他们没有被满足的需求。例如：他们是否对现有的产品或服务满意，他们希望看到什么样的改进或改变；可以与厂商、批发商、代理商和零售商这些分销渠道的成员交谈。预先为一个调查或访谈准备一系列有关的问题是非常有用的。近距离地接触消费者、渠道成员可以更好地判断消费者的需求，确定什么好卖和什么不好卖。最后，应该并且尽可能多地与消费者交谈——包括现有的和潜在的消费者，进而从他们那里获得更多的信息。

除了和人们交谈，还可以通过观察获得信息。例如：决定是否在某条街上选址开店，可以观察和计算在特定的天数里通过街道的人数，并且和其他地点进行比较。或者，如果对旅游者经常去的地方感兴趣，就可以进行调查，了解是否可以制造或经营某种工艺品。或者，注意到某个地区或某条旅游线路上没有正式的饭店或旅馆，就可以进一步了解情况，即那里是否有对正式饭店或旅馆的需求，是否可以提供相应的服务。创业者应该多参加各种集会（例如酒会），从而观察人们是否有未能满足的需求。

12. 头脑风暴

头脑风暴是一个创造性解决问题和产生想法的技术方法，目的就是产生尽可能多的想法。它经常从一个问题或一个难题的陈述开始，每一个想法又导致一个或者更多的想法，最后，产生大量的想法。

三、创业备选项目的展开

将创业备选项目展开的方法很多，可操作性最强的几种方法如下：

（一）产生构思的技法

1. 属性分析法

通过分析每个构成要素的属性发现已有商品的缺陷，从而明确商品的改进方向，经过改进的商品的优势将是扩大销售的潜在机会。例如：自行车的属性包括车把、车座、车轮、链条、链条盒、刹车、车铃、支架、框架、后座架等，有什么需要改进的地方没有？而车铃的属性包括造型、声音、耐用程度、材料、颜色等，又有什么需要改进的地方没有？

（1）从商品的效用角度分析，不同的商品对同一类消费者的效用不同。

（2）由于生活环境和经济条件等方面的原因，同一商品对不同消费者的效用又有所差异。

2. 需求分析法

（1）综合列表法：就是通过罗列某一种或某一类商品所能满足的全部客户需求并进行分析，寻求以前所不知道的需求，促进改善现有商品，并使改进后的商品能更有效地满足顾客的需求。

（2）问题分析法：通过分析商品存在的有待解决的问题，寻找解决这些问题的思路，从而探索潜在的新商品。

（3）缺口分析法：就是通过研究用户来确定他们认为的各种商品之间的关系，从而找出各种商品之间的缺口。

（4）市场细分法：将某个商品的整体市场按能够区分消费者需要类型的有关因素加以划分，不断细分市场以发现未满足或未完全满足的市场需求，通过开发相应商品或服务来满足这些需求，能够发现创业和企业发展的机会。

（5）关联分析法：事物之间可能存在某种联系，通过分析、比较这种联系，有可能得到有助于开发新商品的新发现。例如手表与手机、计算机、动物、鲜花的结合：能打电话的手表、带有计算机的手表、不同动物外观的手表、十二生肖礼品手表、色彩鲜艳的手表、花型手表、可变色手表等。

3. 类比法

类比,就是选择两个对象或事物(同类或异类),对它们某些相同或相似性进行考察比较。类比推理,就是根据两个对象之间在某些方面的相同或相似,推论出它们在其他方面也可能相同或相似的一种方法。这种类比的例子,古今中外比比皆是。我国战国时期墨子制造的"竹鹊"、三国时期诸葛亮设计的"木牛流马"、唐代韩志和创造的能飞行的飞行器等,都是仿生学的直接类比。鲁班发明锯子,也是由带齿的草叶把人手划破和长有齿的蝗虫板牙能咬断青草直接类比得以实现的。这可以说是类比法的重大成果。现在市场上的电瓶脚踏车,其动力系统就是通过与电瓶车的动力系统直接类比制成的。

工程师布鲁内尔为解决水下施工大伤脑筋,有一次他观察到船蛆进入木材的方法,即造一个管子作为它前进的甬道。于是通过类比,他想出了用空心钢柱打入河底,以此为"构盾",边掘进边延伸,在构盾的保护下施工,这就是著名的"构盾施工法"。

(二)思路——项目展开法

有时候我们可以把一些比较模糊的创业思路具体化,变成创业机会。表4-1列出了一位同学将汽车生意的思路具体化产生的一系列创业机会。

表4-1 思路——项目展开表

创业思路	把创业思路展开成为创业备选项目
汽车进家庭,我做汽车生意	销售汽车
	汽车维修
	销售汽车配件
	汽车美容
	汽车库出租
	生产移动汽车库
	开办停车场
	生产汽车装饰品
	生产吉普车护杠
	办汽车俱乐部(男、女)
	收集老爷车

(三)兴趣——项目展开法

按照个人的兴趣选择创业项目,做自己爱做的事情,是创业者最大的快乐。表4-2就是一位喜欢钓鱼的同学根据兴趣展开的创业备选项目。

表4-2 兴趣——项目展开表

我的兴趣	按我的兴趣展开的创业备选项目
钓鱼	卖鱼饵
	生产制作或经销钓鱼工具
	开办钓鱼学习班
	组织垂钓活动（提供交通、餐饮、住宿、垂钓教学等系列服务）
	出版有关垂钓的刊物

（四）资源优势——项目展开法

每个人的资源情况是不同的，每个人都有自己的资源优势，从资源角度看，成功创业的关键是发现和把握那种最适合自己资源优势的创业项目，因此，大学生要根据自己的资源优势开发创业备选项目。

表4-3是一位师范院校英语专业的大学毕业生，根据自己具有的创业愿景和较好的英语交流能力以及师范教育的资源优势展开的创业备选项目。

表4-3 资源优势——备选项目展开表

我的资源优势是	按资源优势展开的备选项目
强烈的创业愿望娴熟的英语技能	办双语幼儿园
	开办英语家教公司
	办各种实用性英语学校（补充我国英语应试教育的不足）
	开办为国外旅游者提供导游的公司
	为出国人员办理中介服务
	开英语书店
	开英语发烧友音像店
	开办企业英语服务设计公司（企业介绍、产品介绍、广告等）

第三节 创业机会的评价

一、个人与创业机会的匹配

判断创业机会是否适合自己的主要依据在于机会特征与个人特质的匹配。

【教学案例 4.3】▶▶▶>>>

谁最可能创业成功？
——三个不同的人的创业梦

1. 小王的发财梦

本科中文专业毕业的小王做了 5 年的初中语文老师，他实在不想再继续这种烦琐、清贫的"教书匠"生活了。他的两个表弟初中毕业后便开始在建筑工地干活，后来相继当起了小包工头，现在豪宅香车俱全，他看着真是眼馋啊，于是他想辞掉中学老师的工作，让表弟引荐包个小工程，也体验一下发财的感觉。

2. 阿龙的创业计划

阿龙 18 岁时开始学摄影，25 岁时自己开了一家儿童摄影店，经过了 5 年的苦心经营，儿童摄影店生意也不错。最近，他盘算在摄影店旁边再开一家乐高儿童活动中心，理由是他手里已经积攒了 500 多位客户资源，而且陆续还会有新的客户群体加入，可以利用这些已有客户和潜在客户开拓乐高儿童活动中心。

3. 吴晓燕的创业经历

吴晓燕，女，南开大学经济学学士，毕业后进入摩托罗拉公司从事财务审计工作。2002 年走上创业之路，创办天津市爱乐玲教育信息咨询有限公司。2006 年获第三届中国青年创业能力大赛冠军，同年，自主研发的项目"儿童素质教育"获得全国银奖，此外，还获得了天津青年创业奖，成为天津创业的旗帜人物和天津创业精神的倡导者，被众多媒体誉为"天生的创业者"。2002 年吴晓燕离开摩托罗拉，出于对孩子的喜爱和对儿童行业的兴趣，她开了一家儿童玩具店，因为定位和选址不当，很快就倒闭了。之后，吴晓燕花了 4 年时间，修读了儿童文学硕士，自修了学前教育的全部课程，而且把儿童行业几乎所有的业态都亲自尝试过，在这 4 年当中，她对儿童商业和儿童家庭有了深入的了解，经过对儿童行业资源的创造性整合，她成功地创办了天津市爱乐玲教育信息咨询有限公司。

（资料来源：南开大学新闻网）

【思考与讨论】

1. 请分析上述三个人与自己的创业项目是否匹配，推测谁最可能会创业成功。
2. 判断创业机会是否适合自己，需要考虑哪些问题？

对任何人而言，有些机会只能看见，却不能为自己所把握。即使创业机会的价值潜力再大，如果自己缺乏相应的必备条件和因素，盲目行动带来的后果往往也可能是血本无归。那么，如何才能判断创业机会是否适合自己，至少需要从个人经验、社会网络、经济状况三个方面评价。

在个人经验层面，要考虑以前的工作和生活经验是否能够支撑后续开发创业机会所必需的知识和技能。此时，经验的广度和深度扮演着重要角色。个人的工作经验越广，既从事过营销工作，也从事过财务工作，既在房地产行业内工作过，也有餐饮业的从业经验，既做过公司的部门经理，也当过另一家公司的首席执行官，那么，这些宽广的经验就可能对把握创业机会非常有帮助。

在社会网络层面，要考虑自己身边认识、熟悉的人们能否支撑后续开发机会所必需的资源和其他因素。有研究已经证实，社会关系网络在创业活动中起到重要的作用，社会关系网络越广，个体越容易发现创业机会，也更容易把握创业机会实施创业活动。因为在创业过程中，社会关系网络不仅为创业者提供了信息、知识和资源，而且为创业者提供了必要的情感和心理支持，创业绝非易事，这些情感和心理支持是支撑创业者走向成功的关键因素。此时，需要对社会关系网络做出自我评价：有没有朋友愿意资助或借贷资金，可能性有多大；有没有朋友能带来生意，可能性有多大；有没有朋友能提供情感和心理支持；等等。

在经济状况层面，要重点考虑的是能否接受从事创业活动而带来的机会成本。大量研究表明，在创业之初，大部分成功创业者并没有充足的自有资金用于创业，但都有着报酬丰厚的工作机会。也就是说，需要考虑创业机会的价值潜力能否在长期内弥补因放弃工作而承担的损失。大规模问卷调查也发现，创业前的收入水平越高，个体越不倾向于放弃当前工作机会去创业；相应地，一旦个体做出了创业选择，创业活动的价值和利润创造潜力也较那些创业前机会成本较低的创业者更高。

当然，上述三个因素是打算创业的人们在评价创业机会时需要考虑的因素，但由于创业本身就是一项具有高度风险的活动，没有一个创业机会是完美的，也没有任何创业者是在完全适合自己的条件下开展创业活动的。因此，在评价创业机会之后是否决定投入创业，仍然是一件比较主观的决策。

创业活动是创业者与创业机会的高度结合，一方面创业者识别并开发创业机会，另一方面创业机会也在选择创业者，只有创业者和创业机会之间存在着恰当的匹配关系时，创业活动才最可能发生，也更可能取得成功。

二、创业机会评价的特殊性

机会评价有利于应对并化解环境的不确定性。一个创业机会具有很多方面的属性，一些属性可以量化，比如说潜在市场规模、预计的市场增长率等，而一些属性不易量化，如产品的成本结构、资本的退出机制等。单纯的定性评价方法存在不足，即难以对几个创业机会进行优劣的排序；单纯的定量评价方法也存在不足，它很难把某些事关成败的关键属性和一些重要程度一般的属性进行严格的区分。通过赋予一个关键属性大的权值来对它进行区分的方法存在一些缺陷，对于一个创业机会是否能够成功，几个表现较好的次要属性往往是无法弥补一个有缺陷的关键属性的。常规的市场研究方法不一定完全适用于创业机会评价，尤其是原创性创业机会的评价。

需要说明的是，要制定一套创业机会评价指标体系还有许多工作要做：创业机会属性库的完善；属性库中属性的分类；可量化属性值域和阈值的实证分析；关键属性定性评价表的设计，关键和重要属性结合的定量评价表的设计。只有通过大量的实证调研，不断对评价体系进行改进，才能真正建立一套行之有效的适合中国国情的创业机会评价指标体系和方法。

三、创业机会评价的技巧和策略

创业机会评价包括以下四个主要部分：自身条件评价、市场评价、盈利评价和竞争优势研究。

（一）自身条件评价

1. 失败是成功之母

无数成功的企业家在成功之前和大多数人一样平凡，唯一与众不同的是他们具有天生的乐观主义精神、坚定的自信和顽强的、百折不挠的毅力。困难也曾光顾过他们最初的事业，但最后都被他们踩在了脚下。

2. 认真审视自己

首先你要了解创业过程中必须经历的几个阶段，然后衡量自己的性格、爱好、特点，看是否适合创业、是否适合做这个项目。

（1）你是否为创业做好了心理准备。创业开始后的前三年，也称为企业的初创期，这时你不仅要有实现创业梦想的强烈欲望，还要能忍受创业初期的寂寞。要知道，不论多么好的项目，都要经历一个潜伏期才会盈利。这时的情形，就好像"野渡无人舟自横"，你必须做好忍耐的心理准备。创业时期的自由和决策，是与寂寞紧密相连的。要有危机意识，时刻准备承受困难和坎坷；要有坚忍的心理素质，不轻易喜怒，保持平和心态。

（2）你是否为创业做好了知识准备。创业是一个漫长的实践过程，创业之初的你，一定是一个多面手。你的企业是否具有核心技术是生存的关键。你的盈利模式要不断调整，因为一旦踏上创业的征程，就说明你创业的帆船已经起航，"孤帆远影碧空尽"，你已经回不到起点了，必须用坚强的毅力坚持下去，并且为了企业生存要不断学习。是否会分析市场？是否懂得企业管理？是否会策划营销策略？是否看得懂财务报表？创业其实也是一个不断学习、不断提高的过程。干中学，学中干，不断提高自己的知识水平。

（3）你是否为创业做好了能力准备。创业也是分阶段的，不同的时期对经营者有不同的要求。当事业取得阶段性的成功时，你一定要保持清醒。企业的经营成果说明了你的经营能力，使你信心倍增，此时也许感到"轻舟已过万重山"，但是，要用平和的心态去面对暂时的成功。美国最新的研究证明，成活十年的企业，才可以算是创业成功的企业，因为一个企业要建立自己相对稳定的盈利模式，需要对市场进行长时期的研究和适应。是否具有团队协调能力？是否会识人、用人？是否善于发现和预知市场？这些能力其实很大部分是创业者在创业过程中日积月累的一种直觉。因此，只要有勇气和信心，能力会慢慢提高。

3. 创业成功与否取决于创业者的素质

有资料表明，在新企业开业后的第二年，约有 50%的企业会倒下；到了第三年，存活下来的企业只有 30%；到了第八年，存活的企业仅有 3%。

分析近年来青年创业的案例，可以得出这样的结论：创业成功的，大都是意志坚定、不屈不挠、不甘落后、自强不息的人；创业失败的，大都是对创业过程中出现的困难和坎坷估计不足，在市场变化、家庭变化以及意外事件来临时，不能很好地调适自己的心态，放弃了继续创业的决心。

4. 不断学习，不断调整

所谓自身条件评价，就是要思考一下你是否为创业做好了心理和生理的准备，资金和场地的准备？是否做好了应对失败和成功的思想准备？你是否具备了经营管理一个企业的基本技能？如果在评价中发现自己某些素质还有欠缺，就要注意在创业中不断学习提高，以适应创业的需要。

（二）市场评价

1. 市场定位

评价创业机会的时候，可由市场定位是否明确、顾客需求分析是否清晰、顾客接触通道是否流畅、产品是否持续延伸等，来判断创业机会可能创造的市场价值。创业带给顾客的价值越高，创业成功的机会也越大。

2. 市场结构

对创业机会的市场结构进行以下分析：进入障碍、供货商、顾客、经销商的谈判力量、替代性产品的威胁和市场内部竞争的激烈程度，由此可知该企业在未来市场中的地位，及可能遭遇竞争对手反击的程度。

3. 市场规模

市场规模大者，进入障碍相对较低，市场竞争激烈程度也会略为下降。若要进入的是一个十分成熟的市场，那么利润空间会很小，不值得再进入；若是一个成长中的市场，只要时机正确，必然会有获利的空间。

4. 市场渗透力

对于一个具有巨大市场潜力的创业机会，市场渗透力评价将是非常重要的。应该选择在最佳的时机进入市场，也就是市场需求正要大幅增长之际。

5. 市场占有率

一般而言，成为市场的领导者，最少需要拥有 20%以上的市场占有率，若低于5％的市场占有率，则这个新企业的市场竞争力不高，自然也会影响未来企业上市的价值。尤其是处在具有赢家通吃特点的高科技产业，新企业必须拥有成为市场前几名的能力，才有投资价值。

6. 产品的成本结构

从物料与人工成本所占比重之高低、变动成本与固定成本的比重，以及经济规模产量大小等方面，可以判断企业创造附加价值的幅度以及未来可能的获利空间。

（三）盈利评价

1. 合理的税后净利

一般而言，具有吸引力的创业机会，至少能够创造 15%以上税后净利。如果创业预期的税后净利是在 5%以下，那么将不是个好的投资机会。

2. 达到损益平衡所需的时间

合理的损益平衡时间应该在两年之内达到，如果三年还达不到，恐怕就不是个值得投入的创业机会。当然，有的创业机会确实需要经过比较长的耕耘时间，即通过前期投入，抬高进入门槛，进而保证后期的持续获利。因此可将前期投入视为投资，这样才能容忍较长时间的损益平衡时间。

3. 投资回报率

考虑到创业面临的各种风险，合理的投资回报率应该在25%以上，而15%以下的投资回报率是不值得考虑的创业机会。

4. 资本需求

资本需求量较低的创业机会，投资者一般会比较欢迎，资本额过高其实并不利于创业成功，甚至还会带来稀释投资回报率的负面效果。通常，知识越密集的创业机会，对资金的需求量越低，投资回报率反而越高。因此在创业开始的时候，不要募集太多资金，最好通过盈余积累的方式来创造资金；而比较低的资本额，将有利于提高每股盈余，并且还可以进一步提高未来上市的价格。

（四）竞争优势评价

1. 知己知彼，百战不殆

你必须首先找出你的竞争者，然后要像了解自己一样了解你的竞争者：他们的产品和你的有什么异同？目前他们的市场份额如何？他们都有哪些营销策略？要清楚哪些人在跟你做着同样的事，掌握和分析他们的信息，才可以找到自己的生存空间。

2. 想顾客之所想

除了向成功的企业家学习，绝对以顾客的利益和市场需求为行动指南是你创业中的第二条重要准则。如果你比竞争者想得更周到，做得更完美，你一直致力于做顾客的"贴心人"，那就可以战胜你的竞争对手，取得出类拔萃、与众不同的成果。

3. 急顾客之所急

你还应尽量避免过于看重自己的观点和能力。如果你是一个固执的创业者，往往容易忽视团队的意见，甚至忽略顾客的需求。如果你的产品不符合市场需求时，你就会立刻失去竞争的优势，把市场白白送给你的竞争者。

4. 找出竞争对手的弱点

至少要找出10位和你具有相同客户群体的竞争对手，他们就是和你同分一块市场蛋糕的对手，或者说你要从他们的手里抢过更多的蛋糕，你的企业才会有立足之地。因此要分析对手，才可以战胜对手。

5. 要与顾客"亲密接触"

几乎每一个成功的创业者都能够灵敏地捕捉到顾客的需要和渴望，以及市场最细微的变化，并能快速对需求的变化和发展的趋势做出反应。要掌握市场的第一手资料，就应该亲自去目标客户那里体验一下。例如：如果你想给物流业开发一套软件，你就得想一下，是不是应该到哪个物流公司去实习一下？如果你想给小学生提供服务，你就需要细心观察小学生的生活起居。只有如此，才可以找到他们真正的需求所在。

（五）创业评价的策略

1. SWOT分析

利用SWOT分析工具，通过对企业本身的竞争优势、竞争劣势以及外部的机会和威胁加以综合评价与分析，得出结论，对创业项目进行综合的评价。同时也可根据此分析结果来调整企业资源及企业策略，进而达成企业的目标。

2. 问卷调查

如果条件许可，可以在你的目标市场中，针对未来的顾客群做一次问卷调查：把你未来的产品或服务进行一个描述，在问卷中调查顾客对它的反应，通过这个调查，你可以确定这个项目是否可行。

【阅读资料4.8】 ▶▶▶>>>

柯达公司蝶式相机是怎样推向市场的

以彩色感光技术先驱著称的美国柯达公司，目前产品有3万多种，年销售额100多亿美元，纯利在12亿美元以上，市场遍布全球各地。其成功的关键是重视新产品研制，而新产品研制成功即取决于该公司采取的反复市场调查方式。以蝶式相机问世为例，这种相机投产前，首先由市场开拓部提出新产品的意见，意见来自市场调查，如"大多数用户认为最理想的照相机是怎样的""重量和尺码多大最适合""什么样的胶卷最便于安装使用"。根据调查结果，设计出理想的相机模型，提交生产部门对照设备能力、零件配套、生产成本和技术力量等因素考虑是否投产。如果不行，就要退回重订和修改。如此反复，直到造出样机。样机出来后进行第二次市场调查，检查样机与消费者的期望还有何差距，根据消费者意见再加以改进。然后进入第三次市场调查，将改进的样机交消费者使用，在得到大多数消费者的肯定和欢迎后，交工厂试产。产品出来后，再交市场开拓部门进一步调查，新产品有何优缺点？适合哪些人用？市场潜在销售量有多大？定什么样的价格才能符合多数家庭的购买力？待诸如此类问题调查清楚后，正式打出柯达牌投产。因为经过了反复调查和论证，蝶式相机一推向市场便大受欢迎。

在激烈的市场竞争中，不断推出新产品占领市场是企业的重要竞争手段之一。要开发出让消费者接受的新产品，就必须了解消费者到底需要什么，新产品能满足消费者哪方面的需求，消费者这方面的需要是否强烈，企业是否有能力开发，同时新产品的开发出来后是否能达到设计的要求，是否能让消费者满意，是否能及时投放市场，投放后市场反应怎样……企业要知道这些问题的答案，就必须自己进行或委托市场调查机构开展市场调查。

现实生活中，众多的企业都已经意识到了市场调查的重要性，特别是新产品开发；但许多企业习惯于一些传统的管理思维模式，对于市场调查搞"一锤子"买卖，认为调查一次就可以一劳永逸，这就导致了许多企业开发的新产品投放市场不久就无影无踪，得不到市场的认可，自动退出市场，使企业开发成本都收不回来。其实，新产品开发是一个连续的过程，它必须有连续的市场调查资料作依托，柯达公司蝶式相机推向市场且受到欢迎，就是一个最好的例证。

柯达公司为保证蝶式相机的开放与投放，从设计—样机—试产—投放，先后进行多轮的市场调查，反复论证一个问题：产品是否能达到消费者的期望。通过调查的结果，反复修正，因此，蝶式相机一推向市场便大受欢迎。

从柯达公司推出蝶式相机可以看出市场调查作用的充分发挥，不能搞"一锤子"买卖，而是一个连续的、跟踪的、反复的调查过程。当然需要说明的是，在这个过程中，调查的主题、内容、范围、形式等是变化的。

（资料来源：百度文库）

3. 商机评价

如果你的创业项目经过商机评价的结果不够完美，发现市场或竞争情况并不是十分理想，或者在顾客调查时发现你的经营设想并不被大家看好，这并不意味着你不可以创业，而是意味着你要重新设计一个新的创业项目。

4. 求教咨询

多跟有经验的成功创业者交流，他们可以凭借在创业过程中对企业管理的经验来为同样是创业者的你提供信息、提出建议。一位成功的企业家会给你系统实用的建议，把你逐步引向成功之路。

5. 独特创意

记住这个重要的经营准则：以市场需求为导向，了解竞争对手的优势和劣势。对你项目所在的行业了如指掌，你才可以在同类中脱颖而出，做出你的特色，产品才会与众不同，你的企业在市场上才可以立足。

6. 分析对手

以市场需求为导向的经营战略包括：首先对顾客的需求和竞争对手的情况做一次深入的分析，其次推出符合市场需求的服务和产品。

7. 确立目标

只有你的商品或者服务被市场看好时，人们才会来购买它，钱就会滚滚而来，你就可以用这些钱来扩大业务。"确立自己可达到的目标，然后去实现这些目标！"

在创业的初始阶段，你也可以同时考虑几个创业项目，然后通过创业机会评价来确定哪个项目值得经营。一次充分的市场调研可以给你一个有效的判断，通过以上这些可行性研究可以确定你的创业项目是不是潜在成功的。理性选择你的创业项目，是你创业成功的第一步。

本章小结

本章主要阐述了创业机会的特征、来源与类型，识别创业机会的一般过程、影响因素与行为技巧，创业机会评价的方法。创业者应当能够辨别、评价创业机会，并在整合资源、满足不断变化的市场需求的过程中，逐渐形成相对稳定的创业项目。

复习思考题

1. 如何理解创业机会?
2. 创业机会有什么作用?如何及时抓住创业机会?
3. 产生创业机会的步骤是什么?
4. 如何评价创业机会?

第五章　商业模式与市场营销

教学目标

学习完本章之后，学生能够达成以下目标：
1. 认识商业模式的定义和本质；
2. 了解战略与商业模式之间的关系；
3. 掌握商业模式设计和开发的思路与方法；
4. 明确开发商业模式创新的逻辑与方法；
5. 了解创业营销的内涵、特征与过程；
6. 学会运用所学的知识进行商业模式设计以及创业营销定位和策略的制定。

导入案例

教学视频

百丽商业模式的核心——控制终端

一、中国鞋业之王

百丽鞋业是中国鞋业之王。在中国女鞋品牌当中，前十名中有四个属于百丽公司旗下品牌，即：Belle（百丽）、Teenmix（天美意）、Tata（他她）、Staccato（思加图）。此外，百丽公司还代理了 28 个鞋类品牌，包括：Bata、ELLE、BCBG、Mephisto、Geox、Clarks、Merrell 等。百丽亦是中国体育用品最大零售商之一，代理运动服饰品牌产品有 Nike、Adidas、LiNing 等；同时也代理休闲牛仔名牌 Levi's。

在百丽收购中国著名的男鞋品牌江苏森达后，百丽鞋不仅吸引女性，同样也虏获了大批男性。尤其百丽公司在百货商场进行控盘以后，顾客最终选的几乎是百丽公司的产品。百丽公司鞋业的综合毛利也一度达到 62%，远远高于其他同行企业。

二、百丽的突破实现

百丽公司之所以能够实现如此大的突破，是因为在零售终端实现了控盘。

在中国，71%的品牌女鞋来自百货商场，而百丽通过四个自有品牌控制了百货商场的零售终端。因此，几乎在每个百货商场不同品牌专柜的背后，大多来自百丽公司。

三、百丽商业模式的核心

百丽公司不是靠某个单一的产品获得利润，其靠的是商业模式。正如管理学大师彼得·德鲁克所讲的，"21 世纪企业的竞争，不再是产品、价格与服务之间的竞争，而是商业模式之间的竞争。"百丽非常经典地体现了这个价值观念。

1. 牢牢地控制终端

百丽的广告很少，看似默默无闻，实际上却牢牢地控制了零售终端。在很多百货商场的女鞋专柜，几乎一半归属于百丽公司，而百丽就通过控制终端，牢牢地控制住客户。

由于百丽所控制的终端，同行和其他产品公司都很难进入，因此，百丽公司的利润是传统卖鞋公司的10倍，其所运用的商业模式可以持续发展10年，甚至更久。

2. 做成类房地产企业

目前，尽管房地产公司的商业模式简单而粗暴，很难在资本市场发展，但事实上，全世界超过40%的项目最终的利润来源都是房地产，也就是说，全球利润来源中的一个核心支撑点来自房地产。因此，商业模式中有无能够将房地产作为一个支撑点的要素，这是企业在设计未来商业模式的时候要思考的地方。

对于风险投资来说，最好的项目是连锁。连锁业的本质就是房地产，是类房地产，百丽就是个类房地产企业，其对百货商场零售柜台的控制，让连锁业包括鞋业及任何其他领域的后来者都失去了机会。而百丽在有了房地产独特的稀缺性、控制力后，就有了定价权，这也就是百丽可以获得62%的毛利率，且能够10年甚至长期控制这个平台的重要原因。

3. 通过资本运作扩大终端优势

百丽不仅牢牢地控制了百货商场这一终端，同时也非常善于通过资本运作来扩大终端的优势，所以百丽在融得摩根·斯坦利和鼎辉基金的投资以后，于2007年5月23号在香港上市，上市当天募集资金100亿元，股票的市值达到将近800亿元，而当天国美的市值才360亿元，百丽也因此被称为鞋业国美。

截止到2008年，百丽的销售额已经突破178亿元，规范化的净利润也已经突破22亿元。如此大的企业在过去两年中，依然每年保持高速发展，这就源自其所采取的并购战略。百丽在上市后，3.8亿元收购斐乐，6亿元收购妙丽，16亿元收购江苏森达，15亿元收购香港上市公司美丽宝，而美丽宝本身具有多品牌的鞋业的零售权，这无疑更进一步扩充了百丽的零售连锁能力。

四、百丽的非凡业绩

现在，百丽的鞋业已经有将近7 000~8 000家零售的终端，服装已经有将近3 000家的零售终端。中国"鞋王"百丽（01880.HK）发布年报，2008年营业收入与利润猛增，分别达到178.55亿元和22.79亿元，分别增长53.0%和29.9%，除代工环节外，各个业务板块均实现大幅盈利。

如今，百丽已经是一家拥有超过1万家店的零售连锁企业，相较于鞋业公司，百丽更多的是一个零售的连锁企业。

（案例来源：https://wenku.baidu.com/view/45b96837dbef5ef7ba0d4a7302768e9951e76ebf.html）

【思考与讨论】

1. 你认为百丽的商业模式成功之处在哪里？
2. 你认为什么是商业模式？商业模式的核心是什么？

第一节 商业模式的设计与开发

大多数人认为，商业模式就是赚钱的模式。1997年10月，亚信总裁田朔宁到美国去融资，美国著名投资商罗伯森问田朔宁："亚信的商业模式是什么？"田朔宁听了一头雾水。罗伯森说："一块钱通过你的公司绕了一圈，变成一块一。商业模式就是指这一毛钱是在什么地方增加的。"

一、商业模式的定义与本质

（一）商业模式的定义

1. 最初的定义

早在20世纪50年代就有人提出了"商业模式"的概念，但直到40年后（20世纪90年代）才流行开来。泰莫斯定义商业模式：指一个完整的产品、服务和信息流体系，包括每一个参与者及其起到的作用，以及每一个参与者的潜在利益和相应的收益来源和方式。在分析商业模式的过程中，主要关注一类企业在市场中与用户、供应商、其他合作方的关系，尤其是彼此间的物流、信息流和资金流。

2. 专家学者的定义

清华大学雷家骕教授概括出的商业模式定义为：一个企业如何利用自身资源，在一个特定的包含了物流、信息流和资金流的商业流程中，将最终的商品和服务提供给客户，并收回投资获取利润的解决方案。

3. 通俗的定义

较为通俗的定义是：商业模式就是描述企业如何通过运作来实现其生存和发展的"故事"。简单地讲，商业模式就是企业的动态盈利战略组合。所以，也有人直白地说："赚钱了才是商业模式。"例如，在网络热潮时期，硅谷的许多创业者就曾经通过给投资者讲一个好听的"故事"而获得了巨额投资。因此，商业模式是创业者开发有效创意的重要环节，是企业盈利的核心逻辑。新企业只有开发出有效的商业模式，才会激发足够多的顾客、供应商等参与合作，创建成功的新企业才更具有可行性。

（二）商业模式的本质

商业模式的本质涉及三个基本问题：如何为顾客创造价值？如何为企业创造价值？如何将价值在企业和客户之间进行传递？

1. 如何为顾客创造价值

这里谈的实际上是顾客价值主张问题，即在一个既定价格上，企业向顾客提供能够帮助其完成任务的产品或服务。所有企业，哪怕是一个街头小店，都须有自己的商业模式。当你建立这样一个小店时，你首先要回答的问题是：顾客为什么偏偏进我的店而不是别人的？如果街上只有你这一家店（这种情况几乎是不可能的），问题的答案就很简单；如果街上已经有了很多店（实际情况常常是这样），这个问题的答案就不那么简单了。提供与众不同的产品或服务当然是一种答案，但这个答案常常不那么管用，因为在技术更新呈加速度发展时，产品或服务的货品化和同质化的速度越来越快。这时，你有什么理由让人偏偏买你的而不是别人的产品？你必须向顾客提供同类产品难以模仿的价值，增加顾客的转换成本，让顾客对你的产品形成"成瘾性依赖"。遗憾的是，通过法律保护、技术和设计能力设置的模仿障碍在今天变得越来越脆弱。

于是，就有了商业模式的创新。众多在产品上具有创新能力的创业者发誓要超越甚至颠覆 iPod，但他们很快就发现 iPod 早已不是一种产品，而是一种商业模式。iPod 的背后，是苹果建立的网上音像商店 iTunes，购买一个 iPod，等于买下一家奇大无比的音像商店（现在从 iTunes 购买下载的数字音乐和电影的数量已经超出亚马逊书店），iPod 有点类似于洛克菲勒公司在卖煤油时免费送出的油灯（只不过 iPod 并非免费的"油灯"，而且比同类的"油灯"贵得多），有了这盏"油灯"，你就会从 iTunes 那里不停地购买"油"（数字音像）。因为乔布斯深知，顾客购买播放器的真正目的是听音乐和看电影，而其他的公司以为顾客购买的是播放器本身。一种购买行为的背后，隐藏着另一种购买需求，甚至这种隐藏的购买需求背后还潜藏着一种或多种更隐秘的需求。平庸的企业往往只能看到显而易见的需求，并且把全部精力用来满足这种浅层次的需求，而卓越的企业之所以卓越，是因为它们具有对客户需求的还原能力。苹果公司目前所取得的一切业绩，都始于这家公司对顾客需求超强的还原能力，这种被充分还原的需求，就是"客户价值主张"。没有它，任何商业模式都无法成立。

2. 如何为企业创造价值

这里谈的实际上是企业价值主张问题，即在为顾客提供价值的同时又如何为自己创造价值。企业要想从创造的价值中获得价值，必须考虑以下问题：

（1）收益模式：营业收入＝价格×数量，数量可以是市场规模、交易规模、购买频率、附加性产品的销量。

（2）成本结构：成本是如何分配的，包括主要工资的成本、直接与间接成本、规模经济等。成本结构主要取决于商业模式所需要的关键资源的成本。

（3）利润模式：为实现预期利润，每笔交易所应产生的净利润。

（4）利用资源的速度：为了完成任务数量，该以多快的速度来利用企业的资源？这涉及库存周转率、固定资产及其他资产的周转率，并且要从整体上考虑该如何利用好资源。

3. 如何将价值在企业和顾客之间传递

为顾客和企业都设计了良好的价值主张，那么如何传递呢？从逻辑上讲，只有拥有了独特的顾客价值主张和企业价值主张，才可能去谋求实现这种价值主张的资源和能力。

清楚的创业想法往往无视自身资源与能力的局限，它可能确实包含着机会，但也很可能是别人（具有与之相匹配的资源和能力的人）的机会。

从上述三个基本问题可以看出，商业模式本质是要回答德鲁克早就提出的一些问题：谁是你的顾客？顾客看重什么？它同时还回答了每个管理者都会问及的一些基本问题：在这项业务中如何赚钱？潜在的经济逻辑是什么？也就是如何以合理的价格为顾客提供价值。

【阅读资料 5.1】 ▶▶▶>>>

戴尔商业模式成功的启发

过去 20 年来，戴尔电脑公司所采用的商业模式是世界上最好的商业模式之一。迈克尔·戴尔作为当代典型的企业家而备受商业媒体的关注，这个年轻的电脑奇才从大学辍学，通过创立自己的技术公司赚了大钱。

戴尔本人通过为消费者消除中间环节获得了大量财富。他以很低的代价获得了技术，比其他个人电脑制造商获得了更为丰厚的利润。戴尔电脑公司的直销商业模式就是利用现有的价值链，并且除去了一个不必要的、成本昂贵的环节（在经济学术语中，称之为"非居间化"或"脱媒"）。从消费者的角度看，这种新价值链更有意义。戴尔电脑公司的副总裁凯文·罗林斯曾经感叹说："我们现在就像卖菜的农夫，搞不好东西就会烂在手里。"他的意思就是说，电脑技术的发展非常之快，如果公司不能迅速将电脑卖掉，产品就很容易变成一堆过时的机器，而过时的电脑就像已经开始腐烂变质的蔬菜、水果一样。这种关于库存和速度的认识，促使戴尔电脑公司在过去十多年里表现不俗。因此，现在不论在什么行业，很多 CEO 都在讲，速度是他们优先考虑的问题之一。十多年来，直销模式让戴尔电脑公司保持了一种令竞争对手疲于应付的速度，也让他们与客户建立了直接联系。这种联系又让他们及时掌握客户想要什么样的产品，何时需要这样的产品。

2000 年，三大行业巨头包括 CHS 电子公司、MicroAge 公司和 InaCom 公司都援引企业保护法案第 11 条以寻求美国政府保护。从一定意义上讲，这种故事的道德意义其实相当简单：为客户提供价廉物美的产品和服务的同时，自己的公司也会得到长足发展。但是，从另外一个意义上讲也会相当复杂，价廉物美的产品和服务需要通过一个系统、一个商业模式产生，商业模式建立在关于价值的远见之上，只有拥有优秀的商业模式，为客户提供价廉物美的服务才有可能实现。戴尔电脑公司自身的成本结构大大降低了各种支出，因此它可以为客户提供更多价格低廉的电脑。戴尔电脑公司将来又会怎样做？随着个人电脑市场的发展开始减缓，戴尔电脑公司迅速将自己的直销模式拓展到新领域，比如转向服务器等产品。事实上，这是一种非常明晰的模式，戴尔电脑公司所有的管理者都深刻领悟了这种模式，从而也大大帮助他们很快适应变化。但是，毫无疑问，戴尔电脑公司仍将坚持自己的商业模式。

这就是戴尔模式，一个成功的商业模式。

（案例来源：https://baike.baidu.com/item/%E6%88%B4%E5%B0%94%E6%A8%A1%E5%BC%8F/3802778?fr=aladdin）

二、商业模式和商业战略的关系

（一）商业模式与商业战略的联系

商业战略是商业模式的一部分，是企业基于商业模式的一套关于行动方向的策略。商业模式实际上是一套企业进行战略思考的框架。一个企业的商业模式是对企业所处的现实状况的最实际的描述，它代表了企业最真实的状况。它反映了企业实际上怎样赚钱、怎样协调内外关系和财务目标，而不是我们所想象的情况。企业行动方向的选择受制于企业的商业模式，所以企业在选择行动方向时，应立足于企业的商业模式，清晰地、综合地了解企业内外的现实状况。

商业战略提供了商业模式创新的途径。战略是企业为了获取持续竞争力和盈利而进行的方向性、长期性的整体宏观的考虑。而商业模式重点要解决的两个问题就是盈利和持续盈利。换句话说，如果企业从事某一领域的商业活动已经有一段时间，当它面临战略转折点，需要对原有的战略重新定位与变革的时候，最好首先从对企业原有商业模式进行创新开始。因为战略的本质存在于具有差异性的活动当中，而商业模式的创新就是要选择以不同的方式来执行活动或执行与竞争者不同的活动，否则战略不过是一句好听的口号，经不起竞争的考验。另一种情况是，如果企业正处于创办阶段（就像许多新兴的网络公司一样），而且有一个新颖的但不够完善的商业运作模式，那么它最好首先明确自己的战略，并根据此战略进一步整合原有的商业模式，使之具有内在的一致性和相互促进的作用。这样就能够充分发挥商业模式的先发竞争优势。

（二）商业模式与商业战略的区别

1. 两者的组成部分不同

我们从商业模式的来源、构成要素和内涵可以看出，商业模式是为了实现客户价值最大化，把能使企业运行的内外各要素整合起来，形成一个完整的、高效率的、具有独特核心竞争力的运行系统，并通过提供产品和服务使系统持续达成盈利目标的整体解决方案。它包含四个部分：价值创造、价值链、盈利方式和竞争战略。

商业战略是对企业各种战略的统称，其中既包括竞争战略，也包括营销战略、发展战略、品牌战略、融资战略、技术开发战略、人才开发战略、资源开发战略等。商业战略是层出不穷的，它虽然有多种，但基本属性是相同的，都是企业的发展谋略，都是对企业整体性、长期性、基本性问题的规划。各种企业战略有同也有异。相同的是基本属性，不同的是谋划问题的层次与角度。总之，无论哪个方面的计谋，只要涉及的是企业整体性、长期性、基本性的问题，就属于商业战略的范畴。

2. 两者强调的重点不同

艾略奥特（Elliot）认为："企业战略详细地说明商业模式如何应用于市场，以便使企业与竞争对手相区别。"这说明，战略使商业模式在外部市场上实现企业间的差异化，从而表现出优异绩效。战略与商业模式是企业的两个侧面，它们相互之间不存在替代关系。J. Magretta 表达了相似的观点，认为："战略思考始于良好的商业模式；而商业模式作为一个系统，则是完成组织特定目标的核心经济关系。新的商业模式在改变了产业的经济性并且很难被复制时，它自身就能够创造出强大的竞争优势。"

商业模式主要是怎么设计一个整体方案使得企业能够盈利，并保证盈利能够获得持续性。而商业战略更重要的是解决企业各方面的一个方向性问题，使得企业能够朝着正确的方向发展并获得持续的竞争力。通常，商业战略具有竞争特征，通过建立并保持竞争优势战胜对手并获取优良绩效，这是商业战略的主要目的和内容。而商业模式主要描述企业各部分怎样构成一个系统，没有把影响业绩的"竞争"因素考虑进去。从某种程度上说，商业战略重视企业外部竞争与竞争策略，而商业模式则关注企业内部经营与竞争基础和依据；商业战略强调战胜对手获取利润，而商业模式强调企业本身是否拥有巨大的赢利潜力。表 5-1 简单总结了二者的区别。

表 5-1 商业模式与商业战略的区别

项目	商业战略	商业模式
本质	时序化、纵向的行动和过程	空间化、横向的方式和状态
特征	面向未来的、动态的、连续地完成从决策到实现的过程	面向现实的、（相对）静态的、（相对）离散的价值创造方式
关注点	外部环境和竞争优势	内部结构和价值实现
侧重点	独特性、具体性	系统性、逻辑性

资料来源：张耀辉，朱锋. 创业基础 [M]. 广州：暨南大学出版社，2013.

三、商业模式因果关系链条的分解

每个企业都有每个企业的特点，其商业模式也不尽相同。有人说，现代企业的成功主要是赢在了商业模式上。所以，商业模式的设计日益受到人们的关注。商业模式设计是创业机会开发环节的一个不断试错、修正和反复的过程。因为企业生存所处的外在环境时刻都在发生着变化，因此，要维持较为持久的盈利优势，就要在实践中不断修正和完善商业模式。

【阅读资料 5.2】 ▶▶▶>>>

不同产品的商业模式是不同的

日用品的商业模式就是靠量大，薄利多销。例如大米是中国人的主要粮食，全国 13 亿人口，每人每天吃 0.5 千克大米的话，一天就要 6.5 亿千克，如果每 500 克盈利 0.01 元，每天的利润就是 1 300 万元，一年的利润就是 47 亿元。

而销量小的产品就靠单位产品的高额利润来盈利，例如古董、高档奢侈品、高级装饰品等。这是由产品的不同定位来决定的。

大学生创业者要根据自己的产品或服务的定位来设计自己的盈利模式。盲目地抄袭商业模式，会因为各自企业所处的天时、地利、人和不同，而使结果大相径庭；学会有创新的借鉴，能够设计出具有创新性和差异性的商业模式，才是企业盈利的保障。

商业模式从全新的角度来考察企业，是一个正在形成和发展中的新的理论和操作体系，其许多概念和内容尚未得到定位；商业模式涵盖了企业从资源获取、生产组织、产品销售、售后服务到研发开发、合作伙伴、客户关系、收入方式等几乎一切活动。

（一）商业模式的形成逻辑

商业模式是创业者的创意。商业创意来自机会的丰富和逻辑化，并有可能最终演变为商业模式。其形成的逻辑是：机会是经由创造性资源组合传递更明确的市场需求的可能性，是未明确的市场需求或者未被利用的资源或者能力。

随着市场需求日益清晰以及自由日益得到准确界定，机会将超脱其基本形式，逐渐演变成为创意（商业概念），包括如何满足市场需求或者如何配置资源等核心计划。

随着商业概念的自身提升，它变得更加复杂，包括产品/服务概念、市场概念、供应链/营销/运作概念，进而这个准确并差异化的创意逐渐成熟最终演变为完善的商业模式，从而形成一个将市场需求与资源结合起来的系统。

商业模式的价值主张、价值网络和价值实现等要素之间的不同组合方式形成了不同的商业模式。商业模式是企业创造价值的核心逻辑。商业模式的这一逻辑性主要表现在层层递进的三方面，如图5-1所示。

图5-1　商业模式的层层递进逻辑要素

1. 价值主张

明确价值创造的来源，这是对机会识别的延伸。创业者通过可行性分析所认定的创新性产品和技术，只是创建新企业的手段，企业最终盈利与否取决于它是否拥有顾客。创业者在对创新产品和技术识别的基础上，进一步明确和细化顾客价值所在，确定价值命题，是商业模式开发的关键环节。

绕过价值主张的思维过程，创业者容易陷入"只要我们生产出成品，顾客就会来买"的错误逻辑，这是许多实践失败的重要原因之一。

2. 价值网络

明确合作伙伴，实现价值创造。新企业不可能具有满足顾客需要的所有资源和能力，即便新企业愿意亲自去打造和构建所需要的所有能力，也常常面临着很大的成本和风险。因此，为了在机会窗口内取得先发优势，并最大限度地控制机会开发的风险，几乎所有的新企业都要与其他企业形成合作共赢关系，以使其商业模式得到有效运作。

3. 价值实现

制定竞争策略，占有创新价值。这是价值创造的目标，是新企业能够生存下来并获取竞争优势的关键，因此是有效商业模式的核心逻辑之一。许多新企业是新技术或新产品的开拓者，却不是创新利益的占有者。这种现象发生的根本原因在于这些企业忽视了对创新价值的获取与实现。

价值实现的途径有两方面：一是为新企业选择价值链中的核心角色；二是对自己的商业模式细节最大可能地保密。对第一方面来说，价值链中每项活动的增值空间是不同的，哪一个企业占有了增长空间较大的活动，就占有了整个价值链上价值创造的较大比例，这直接影响到创新价值的获取。对第二方面来说，有效商业模式的模仿一定程度上会侵蚀企业已有利润，因此创新企业越能保护自己的创意不泄露，就越能较长时间地占有创新效益。

一个成功的公司能找到一种为客户创造价值的方法，就是帮助客户完成一件重要的工作。客户价值主张有独特的、可测量的、可持续的特征，正确地构建和传递客户价值主张能为企业绩效做出重要的贡献。价值创造的水平取决于目标客户对新任务、新产品或者新服务的新颖性和专有性的主观评价，即价值创造以客户价值主张为基础。同时，对于企业来说，价值创造过程也是企业商业模式的重要组成部分。

因此，企业的主要目的是创造和实现价值，而客户是价值的决断者，客户价值主张、价值创造、价值实现构成了企业商业模式的核心内容。

（二）商业模式的步骤原则

设计商业模式的步骤主要有以下6个原则：

（1）确定业务范围并寻求产品在市场中的最佳定位。对企业业务范围的定义是成功进行价值定位的最重要一步，首先得清楚"业务是什么"，通过定义业务范围，企业可以界定出自己的客户、竞争者和合作伙伴这些利益相关者及应该拥有的资源和能力等。

（2）分析和把握顾客需求以锁定目标客户。企业锁定目标客户意味着企业必须考虑服务于哪个地区的客户，如何对客户进行细分，通常可以根据人口统计、地理、心理和行为等因素进行划分。在客户细分的过程中，分析和把握客户需求是最重要、最关键的。如国内知名连锁酒店如家就是因为准确地进行了市场定位——介于二级和三级酒店之间的标准，锁定了目标客户——对价格敏感的中小商务人士和自助游、休闲游客，取得了巨大的成功。

（3）构建打造企业独特的业务系统，提高对手模仿的难度。业务系统反映的是企业与其内外部各种利益相关者之间的交易关系，因此业务系统的构建首先需要确定的就是企业与其利益相关者各自分别应该占据、从事价值网中的哪些业务活动。业务系统主要有两个选择供企业参考：打造强有力的利润杠杆和构筑商业模式内部动作价值链。

（4）发掘企业的关键资源能力以形成核心竞争优势。支撑业务系统所要完成的活动，企业需要掌握和使用一整套复杂的有形和无形资产、技术和能力。关键资源能力，即让商业模式运转所需要的相对重要的资源和能力，包括金融资源、实物资源、人力资源、信息、无形资源、客户关系和公司网络。

（5）构建独特的盈利模式。盈利模式指企业利润来源及方式，它关乎企业价值的实现，通俗来说是指企业赚钱的渠道或方法，各种客户怎样支付、支付多少，所创造的价值应当在企业、客户、供应商、合作伙伴之间如何分配，是企业收入结构所要回答的问题。如电视台是通过广告费用而不是向观众收费来盈利的。

（6）提高企业价值（即投资价值）以获得资本市场的号召力。企业价值是商业模式的落脚点，评判商业模式优劣的最终标准就是企业价值的高低。企业的投资价值由其成长空间、成长能力、成长效率和成长速度决定。好的商业模式可以做到事半功倍，即投入产出效率高、效果好，包括投资少、运营成本低、收入的持续增长能力强等。

（三）商业模式的因果关系

商业模式一旦确定，也不是一成不变的。因为建立商业模式的因是经营外部环境的市场需求，商业模式设计的果是带来企业生存发展需要的利润。没有市场需求的产品，不论其科技含量多高，都不会给企业带来利润。

四、商业模式设计的思路与方法

长期从事商业模式研究和咨询的埃森哲公司认为,商业模式至少要满足两个必要条件:必须是一个整体,有一定结构,而不仅仅是一个单一的组成因素;组成部分之间必须有内在联系,并把各组成部分有机地关联起来,使它们互相支持,共同作用,形成一个良性的循环。因此,商业模式实际上是一种包含了一系列要素及其关系的概念性工具,用以阐明某个特定实体的商业逻辑,描述了公司所能为客户提供的价值以及公司的内部结构、合作伙伴网络和关系资本等用以实现(创造、营销和交付)这一价值并产生可持续、可营利性收入的要素。按照这一观点,商业模式应具备五个特征:包含诸多要素及其关系;是一个特定公司的商业逻辑;是对客户价值的描述;是对公司的构架和它的合作伙伴网络和关系资本的描述;产生营利性和可持续性的收入流。

(一)商业模式设计的思路

若要很好地回答商业模式涉及的三个基本问题——价值创造、价值获取和价值传递,可以把商业模式分为 9 个关键要素:客户细分、价值主张、渠道通路、客户关系、收入来源、核心资源、关键业务、重要伙伴、成本结构(如图 5-2 所示),参照这 9 大要素就可以描绘分析企业的商业模式。

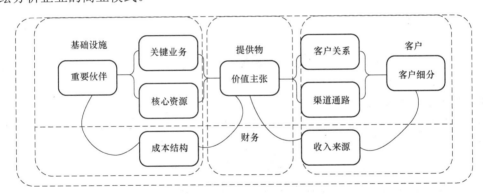

图 5-2 商业模式的设计框架

资料来源:亚历山大·奥斯特瓦德,伊夫·皮尼厄. 商业模式新生代 [M]. 北京:机械工业出版社,2011.

下面依次对 9 个要素进行说明。

1. 客户细分

客户细分用来描述一个企业想要接触和服务的不同人群或组织,主要回答以下问题:

(1)我们正在为谁创造价值?

(2)谁是我们最重要的客户?

一般来说,可以将客户细分为 5 种群体类型。① 大众市场:价值主张、渠道通路和客户关系全都聚集于一个大范围的客户群组,客户具有大致相同的需求和问题;② 利基市场:价值主张、渠道通路和客户关系都针对某一利基市场的特定需求定制,常可在供应商和采购商的关系中找到;③ 区隔化市场:客户需求略有不同,细分群体之间的市场区隔有所不同,所提供的价值主张也略有不同;④ 多元化市场:经营业务多样化,以完全不同的价值主张迎合完全不同需求的客户细分群体；⑤ 多边平台或多边市场：服务于两个或更多的相互依存的客户细分群体。

2. 价值主张

价值主张用来描绘为特定客户细分创造价值的系列产品和服务，主要回答以下问题：

（1）我们该向客户传递什么样的价值？

（2）我们正在帮助我们的客户解决哪一类难题？

（3）我们正在满足哪些客户需求？

（4）我们正在提供给客户细分群体哪些系列的产品或服务？

价值主张的简要要素主要包括以下方面。① 新颖：产品或服务满足客户从未感受和体验过的全新需求；② 性能：改善产品或服务性能是传统意义上创造价值的普遍方法；③ 定制化：以满足个别客户或客户细分群体的特定需求来创造价值；④ 把事情做好：可通过帮客户把某些事情做好而简单地创造价值；⑤ 设计：产品因优秀的设计脱颖而出；⑥ 品牌/身份地位：客户可以通过使用和显示某一特定品牌而发现价值；⑦ 价格：以更低的价格提供同质化的价值满足价格敏感客户细分群体；⑧ 成本削减：帮助客户削减成本是创造价值的重要方法；⑨ 风险抑制：帮助客户抑制风险也可以创造客户价值；⑩ 可达性：把产品或服务提供给以前接触不到的客户；⑪ 便利性/可用性：使事情更方便或易于使用可以创造可观的价值。

【教学案例 5.1】 ▶▶▶>>>

赚"懒人"的钱

小白领发现另类商机

今年 27 岁的郝欣欣是山东烟台人，大学毕业后，在上海浦东一家 IT 公司找到了一份程序员的工作。2003 年 6 月，郝欣欣过生日，男友为她筹备了一个生日聚会，亲朋好友来了七八位。郝欣欣是个极爱干净的人，要求所有人换了拖鞋才能进屋，她家的四双款式奇特的拖鞋引起了大家的兴趣。"这拖鞋跟我们平时穿的不一样啊！""这是'懒汉拖鞋'，底部有一层丝状化纤维材料，防滑、耐磨，可以在走路的同时吸附地板上的灰尘。""太有意思了，我要试试！""我也要试试！"几个女同事立刻争抢起来。

"好舒服啊，感觉就像踩在地毯上一样。不过，洗起来也很麻烦吧？""一点都不麻烦，放在水里泡一下就行。"

"你可真会偷懒！"

郝欣欣得意地说："这算什么！我们家那位是标准的'新时代懒人'，家里的'懒汉用品'多着呢。"

郝欣欣随即向大家展示了各式"收藏"——怎么躺怎么舒服的懒骨头沙发，连锅都能扔进去一块洗的新型洗碗机，只要把菜放进去就能炒菜的自动炒菜锅，自动升降的晾衣架，躺在床上也能畅游网络世界的床上电脑架……五花八门，功能各异，看得大家眼花缭乱，目瞪口呆。

"这么多奇奇怪怪的东西，你们都是从哪儿淘来的啊？"

"我们家那位是'职业买手',常年周游各地搜罗时尚新品,这些都是他的'懒人用品'。"

说到偷懒,大家来了兴致。"我们每天除了上班,还要做饭、洗衣服、打扫房间,根本没时间娱乐。如果多一些这种'懒人用品'帮我们分担家务,那该多好啊!""反正你男朋友有货源,不如开家'懒人用品'专卖店吧,一定很赚钱!"

"懒人用品"红遍上海

说干就干。2003年10月,郝欣欣辞了职,和男友拿出6万元积蓄,开始了他们的"懒人创业计划"。郝欣欣负责到上海各大批发市场搜罗一次性用品:毛巾、牙刷、香皂、汤匙、碗碟、内衣裤、拖鞋……男友也利用为商场选货的机会,到全国各地帮她搜罗一些迎合"新懒人"口味的时尚用品,比如"懒人花盆"、自动洗菜机、把脚放上去就能将鞋擦得亮亮的电动擦鞋器……

产品到位了,店面又成了问题。上海是国际化大都市,寸土寸金,要想在繁华地段开店,没有几十万元想都不要想。"我们可以把店开在浦东那些写字楼里,那里聚集着数万名白领,他们工作忙碌,经常加班、出差,最需要这些'懒人用品'了。"男友的一句话点醒了郝欣欣。

郝欣欣很快在浦东选中了一间40多平方米的闲置店铺,她仿照超市的格局,在店内布置了两个开放式货架,将产品一一陈列其上。她还在店门口设置了一个演示台,为顾客演示这些"懒人用品"的奇妙之处。

开业没几天,小店的营业额就达2 300元。考虑到许多白领工作繁忙,时间有限,郝欣欣还制作了精致的介绍"懒人用品"的小册子,分发到附近的写字楼里。她还在此基础上推出了送货上门及邮购业务,使营业额大大增加。

很快,郝欣欣和她的"懒人用品"专卖店在上海滩走红,越来越多的人慕名而来。郝欣欣每卖出一件商品,就记录下来,然后对畅销的商品大量进货。4个月后,郝欣欣收回了所有投资。半年后,小店的月盈利就突破了2万元。

2005年年初,郝欣欣的手里有了20万元。为了扩大经营,她在上海又开了两家分店,生意同样红红火火。谁知,好景不长。两个月后,上海冒出了五六家"克隆"店,还将价格压得很低,使郝欣欣的生意大受影响。眼看着曾经人声鼎沸的店渐渐沉寂下来,两家分店几乎到了"关门大吉"的地步,郝欣欣心急如焚。

将懒惰进行到底

开专卖店,产品是关键。只要展品种类齐全,品质一流,价格优惠,一定能夺回市场。郝欣欣开始频繁出现在各种小商品交易会上,从成千上万件参展商品中,挑选适合"懒人"使用的新商品。此外,她还让男友为她搜罗国外的"懒人用品"。

经过一番搜寻,店里的商品丰富起来,多达200多种,涉及衣、食、住、行各个方面。有了这些新产品,郝欣欣的店的经营优势再次显现出来。在2005年年末2006年年初,郝欣欣又相继开了3家分店,个人资产高达130多万元。

郝欣欣并没有停止前进的步伐。她常常想,一个上海市就有如此惊人的消费能力,如果把"懒人用品"专卖店开遍全国,市场潜力简直无法估量。只是,以她个人的力量很难迅速实现,但如果不尽快着手,又怕被别人抢了先机。

正当她为此愁眉不展时,北京亿兆佳业科技有限公司向她伸出了橄榄枝,与她共同建立了大懒猫懒人用品专卖全国加盟连锁总部。现在,郝欣欣和男友已经迁居北京,打算在大懒猫全国连锁加盟店发展到 100 家时举行婚礼。

（案例来源：http://cn.sonhoo.com/info/169660.html）

【思考与讨论】

1. 郝欣欣的创业经历给我们的启示是什么？
2. 上面案例的价值主张是什么？如何实现客户的价值主张？

▎【阅读资料 5.3】　▶▶▶>>>

小米科技的价值链

小米的英文是"Mi"，代表着移动互联网（Mobile Internet），以手机作为搭建平台，围绕着小米开发的操作系统和应用，形成一个完整的价值链。雷军的 SoLoMo 版图中，有 MIUI 操作系统和这个系统所团结起来的近 50 万人的网络社区，"米聊"则是被寄予厚望的"熟人社交网络"手机聊天软件。米聊从最初只能发送文字信息的 KiKi 的复制品，发展成为现在结合 What App 和 Talkbox，能够发送文字、图片以及语音对讲的应用。米聊一开始就和基于 QQ 庞大用户的微信展开争夺；而移动、联通、电信三大运营商罕见地同时进入"手机对讲机"市场。基于通信录的即时沟通软件，成为在短信和蓝牙之外，未来手机必备的功能，也将会是移动社区的雏形。

3. 渠道通路

渠道通路用来描绘公司是如何沟通接触其客户细分群体而传递其价值主张的，主要回答以下问题：

（1）通过哪些渠道可以接触我们的客户细分群体？
（2）我们如何接触他们？我们的渠道如何整合？
（3）哪些渠道最有效？
（4）哪些渠道成本效益最好？
（5）如何把我们的渠道与客户的例行程序进行整合？

企业可以选择通过自有渠道、合作伙伴渠道或两者混合来接触客户。其中，自有渠道包括自建销售队伍和在线销售，合作伙伴渠道包括合作伙伴店铺和批发商。

▎【阅读资料 5.4】　▶▶▶>>>

戴尔的价值网络

戴尔公司与供应商、托运企业、顾客以及其他许多商业伙伴的合作，使戴尔公司的商业模式成为可能。例如，如果戴尔的供应商不愿意在即时原则基础上向它供应新式零部件，戴尔公司就要付出很高的库存成本，就不可能向顾客供应高品质产品或进行价格竞争。戴尔公司与供应商密切合作，不断激励它们参与进来。通过与戴尔公司合作，这种方式也有助于供应商经营获利，因为戴尔的订单规模占了供应商很大部分的生产份额。戴尔公司以对供应商忠诚、对供应商的快速支付而闻名。这些都很重要。戴尔网络直销价值链如图 5-3 所示。

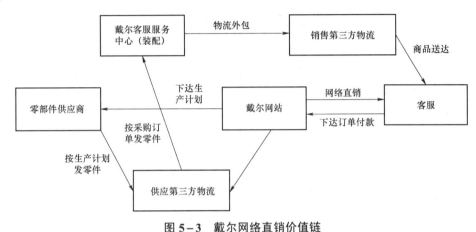

图 5-3　戴尔网络直销价值链

4. 客户关系

客户关系用来描绘公司与特定客户细分群体建立的关系类型，主要回答以下问题：

（1）每个客户细分群体希望我们与之建立和保持何种关系？

（2）哪些关系我们已经建立了？

（3）这些关系成本如何？

（4）如何把它们与商业模式的其余部分进行整合？

一般来说，可以将客户关系分为 6 种类型。① 个人助理：基于人与人之间的互动，可以通过呼叫中心、电子邮件或其他销售方式等个人自助手段进行；② 自助服务：为客户提供自助服务所需要的所有条件；③ 专用个人助理：为单一客户安排专门的客户代表，通常是向高净值个人客户提供服务；④ 自助化服务：整合了更加精细的自动化过程，可以识别不同客户及其特点，并提供与客户订单或交易相关的服务；⑤ 社区：利用用户社区与客户或潜在客户建立更为深入的联系，如建立在线社区；⑥ 共同创作：与客户共同创造价值，鼓励客户参与到全新和创新产品的设计和创作中。

5. 收入来源

收入来源用来描绘公司从每个客户群体中获取的现金收入（需要从收入中扣除成本），主要回答以下问题：

（1）什么样的价值能让客户愿意付费？

（2）他们现在付费买什么？

（3）他们是如何支付费用的？

（4）他们更愿意如何支付费用？

（5）每个收入来源占总收入的比例是多少？

一般来说，收入来源可分为 7 种类型。① 资产销售：销售实体产品的所有权；② 使用收费：通过特定的服务收费；③ 订阅收费：销售重复使用的服务；④ 租赁收费：暂时性排他使用权的授权；⑤ 授权收费：知识产权授权使用；⑥ 经济收费：提供中介服务收取佣金；⑦ 广告收费：提供广告宣传服务收入。

【教学案例 5.2】 ▶▶▶>>>

红星美凯龙的商业模式

红星美凯龙的卖场分为自营和委管。自营的好处是管控力度强，不受租金和场地的影响，容易塑造自家品牌。但自营需要占用资金、培养人力，扩张慢，容易错失良机。委管与通常人们理解的加盟模式有所不同，红星美凯龙并没有自己的家居品牌，只是给家居品牌提供销售渠道。委管商城主要分布在三线城市，红星美凯龙将建设商场等需要投入大量资金的地方委托给合作方，自己只负责招商、委托经营管理等事情，然后与合作方共享权益。委管模式的优点显而易见，让红星美凯龙在开支较低的情况下，提升营业收入和投资回报率。委管模式给红星美凯龙带来的收入来源于四个方面：一是冠名费，金额未定，取决于城市级别、商场规模及商场位置等因素，费用通常在 1 800 万～3 000 万元；二是向总承包人收取的商业管理咨询费，这部分费用通常在 1 200 万～3 000 万元；三是招商服务费，200 万～300 万元；四是管理费，每年收取 150 万～600 万元，其中包括日常经营及管理、销售、推广、提供广告和客户服务、统一招募及管理商场所有员工的费用。截至 2016 年年末，红星美凯龙共经营 200 家商场，覆盖全国 28 个省、直辖市、自治区的 42 个城市，商场总经营面积 12 692 393 平方米。公司经营着 66 家自营商场（2016 年新开设 78 家自营商场，另有 3 家商场自委管转为自营），总经营面积 5 083 326 平方米，平均出租率 6.7%。大多数自营商场在一线城市及二线城市，尤其是直辖市的核心区域，其中，有 18 家分布在北京、上海、天津、重庆四个直辖市，比例达到 27.3%。上述自营商场的经营面积 511 480 平方米，比例达到 29.7%，此外还有 22 家筹备中的自营商场。未来公司仍将继续侧重于在一线、二线城市的核心区域对自营商场予以战略布局。

（案例来源：https://xueqiu.com/14601 15127/88660703）

【思考与讨论】

1. 红星美凯龙的收入来源有哪些？
2. 你认为一般初创企业的收入来源有哪些？

6. 核心资源

核心资源用来描绘让商业模式有效运转所必需的最重要因素，主要回答以下问题：
（1）我们的价值主张需要什么样的核心资源？
（2）我们的渠道通路需要什么样的核心资源？
（3）我们的客户关系需要什么样的核心资源？
（4）我们的收入来源需要什么样的核心资源？
一般来说，核心资源可以分为 4 种类型。① 实体资产：包括生产设施、不动产、系统、销售网点和分销网络等；② 知识资产：包括品牌、专有知识、专利和版权、合作关系和客户数据库；③ 人力资源：在知识密集型产业和创意产业中，人力资源至关重要；④ 金融资产：金融资源或财务担保，如现金、信贷额度或股票期权池。

【教学案例5.3】▶▶▶>>>

比亚迪的核心资源

比亚迪股份有限公司创立于1995年，由20多人的规模起步，2003年成长为全球第二大充电电池生产商，同年组建比亚迪汽车公司，主要生产商务轿车和家用轿车。比亚迪始终坚持"技术为王，创新为本"的发展理念，凭借研发实力和创新的发展模式，获得了全面发展，并在电池、电子、乘用车、商用车和轨道交通等多个领域发挥着举足轻重的作用。

在电池领域，比亚迪具备100%自主研发、设计和生产能力，凭借20多年的不断创新，产品已经覆盖消费类3C电池、动力电池（磷酸铁锂电池和三元锂电池）、太阳能电池，以及储能电池等领域，并形成了完整的电池产业链。目前，比亚迪是全球产能最大的磷酸铁锂电池厂商。

在电子领域，凭借强大的材料和产品研发能力、自动化设备开发和应用能力，以及规模庞大的加工制造能力，比亚迪已成为全球领先的电子产品设计制造服务商，可为客户提供包括设计、研发、制造、物流及售后等"一站式"服务，并在移动终端结构件、金属及塑胶结构件、3D玻璃及陶瓷结构件等领域获得行业领先。

在汽车领域，凭借技术研发和创新实力，比亚迪已经掌握电池、电机、电控等新能源车核心技术。目前，比亚迪新能源车已经形成乘用车和商用车两大产品系列，涵盖7大常规领域和4大特殊领域（即"7+4"战略，其中"7"为私家车、出租车、城市公交车、道路客运车、城市商品物流车、城市建筑物流车、环卫车；"4"为仓储、港口、机场、矿山专用车辆），实现全领域覆盖。

比亚迪成功的关键：一是建立工电领域绝对的竞争优势，使竞争者难以短期突破，避免了两线作战的后顾之忧，为新产业的成熟赢得了时间；二是选择了处于发展初期的、未来潜力巨大的汽车行业，可以迅速完成原始积累，整合汽车产业的上下游，形成集成优势；三是借鉴了电池和IT业务的优势，整合各业务群中的优势元素，通过技术研发，使其在新产业领域具备强大的技术储备。

（案例来源：https://baike.baidu.com/item/比亚迪）

【思考与讨论】

1. 比亚迪的核心资源是什么？
2. 通过这个案例，请同学们思考，怎样打造自己的核心资源？

7. 关键业务

关键业务用来描绘为了确保其商业模式可行，企业必须做的最重要的事情，主要回答以下问题：

(1) 我们的价值主张需要哪些关键业务？
(2) 我们的渠道通路需要哪些关键业务？
(3) 我们的客户关系需要哪些关键业务？
(4) 我们的收入来源需要哪些关键业务？

一般来说，关键业务可以分为3种类型。① 制造产品：与设计、制造及发送产品有关，是企业商业模式的核心；② 平台/网络：网络服务、交易平台、软件甚至品牌都可看成平台，与平台管理、服务提供和平台推广相关；③ 问题解决：为客户提供新的解决方案，需要知识管理和持续培训等业务。

【教学案例 5.4】 ▶▶▶>>>

顺丰速运的关键业务

顺丰速运创立于1993年，是一家以国内外速运、冷运服务为主的民营企业。顺丰速运在顺德成立后，积极向外地扩展，现在已经大范围地普及收货和取货营业点。2007年开始，顺丰速运一直处于竞争领先地位，建立了良好的品牌形象，用户满意度高，消费者的信任感强。目前，顺丰速运在我国大陆地区已建营业点12 000多个，运营车辆达8 000台以上。顺丰速运已经建立了自己的航空公司，并且开始进军国际市场，快递的服务优势已明显增强。

目前，顺丰速运已经明显形成自己的核心竞争力。

顺丰速运成功的关键因素可以归纳为三个方面：

第一，高效的配送速度。顺丰速运的配送速度在国内的快递市场中一直是领先的，不仅高于同行业的民营企业，也高于邮政和联邦。这种质量高、速度快的配送服务，为时间要求严格的客户减少了大量珍贵的时间，不仅能够减少时间成本，还可以为这些客户带来更多的利益。

第二，良好的企业经营模式。顺丰速运的直营模式对企业的物流服务更加有利，这种由总公司制定的统一的管理和经营、统一化的制度，能够有效避免时间的浪费，对客户资料的保存、货物的追踪管理都能有效维护。

第三，提供个性化的服务。由于不同客户的选择不同，所以顺丰速运提供了多种人性化的服务，例如顺丰特惠、顺丰即日、顺丰标快等，以及各种增值服务，如上门取件、虚拟地址、委托收件、保价服务等，多种多样的服务能更大程度地满足客户需求。

（案例来源：http://www.360doc.com/content/18/1220/21/61355973_803226877.shtml）

【思考与讨论】

1. 顺丰速运的关键业务是什么？
2. 通过这个案例，请同学们思考，怎样开发自己企业的关键业务？

8. 重要伙伴

重要伙伴是让商业模式有效运作所需的供应商与合作伙伴的网络，主要回答以下问题：

（1）谁是我们的重要伙伴？

（2）谁是我们的重要供应商？

（3）我们正在从伙伴那里获取哪些核心资源？

（4）合作伙伴都执行哪些关键业务？

一般来说，重要伙伴可以分为 4 种类型：① 在非竞争者之间的战略联盟关系；② 在竞争者之间的战略合作关系；③ 为开发新业务而构建的合资关系；④ 为确保可靠供应的购买方—供应商关系。

9. 成本结构

成本结构是运营一个商业模式所引发的所有成本，主要回答以下问题：

（1）什么是我们商业模式中最重要的固有成本？

（2）哪些核心资源花费最多？

（3）哪些关键业务花费最多？

一般来说，成本结构可以分为两种类型。① 成本驱动：创造和维持最经济的成本结构，采用低价的价值主张、最大程度自动化和广泛外包；② 价值驱动：专注于创造价值，增值型的价值主张和高度个性化服务通常是以价值驱动型商业模式为特征。

其实，任何一种商业模式都少不了上述 9 个要素，任何新型的商业模式都不过是这 9 个要素按不同逻辑的排列组合而已。每个人的定位、兴趣点和视角都不一样，向各个要素中添加的内容当然也就不一样，于是就有了不同的商业模式。

需要注意的是，商业模式并不是企业的全部。商业模式描述的是企业的各个部分怎样组合在一起构成一个系统，但是，商业模式没有把影响业绩的一个重要因素"竞争"纳入其中。每一家企业都会遇到竞争对手，这只是早晚的问题（经常是早遇到），而应对竞争则是"战略"的任务。竞争战略说明的是，如何比竞争对手做得更好。战略的全部内容就是如何通过与众不同来做得更好。因此，创业者不能认为有了商业模式就万事大吉了，它充其量只是创业成功的一部分而已。

（二）商业模式设计的方法——模仿与竞争

在了解了商业模式的关键要素之后，就需要设计商业模式了。每个创业者都想为自己的企业设计一个独特、全新的商业模式来颠覆产业内现有的企业。虽然商业模式创新是一件非常困难的事情，但很多企业都是在模仿改进现有商业模式的基础上收获了巨大成功，包括腾讯、百度。即便你已经设计了一个独特的商业模式，也会面临其他企业的快速模仿，并利用相似的商业模式与你开展竞争，因此在竞争中设计商业模式则显得极为重要。

1. 在模仿中设计商业模式

一般来说，模仿其他企业商业模式的方法可以归纳为全盘复制和借鉴提升两类。

（1）全盘复制。全盘复制商业模式的方法比较简单，即对优秀企业的商业模式进行直接复制，将较为优秀的商业模式全盘拿来为我所用，当然有时也需要为适合企业情况略加修正。全盘复制的方法主要适用于行业内的企业，特别是同属一个细分市场或拥有相同产品的企业，更包括直接竞争对手之间商业模式的互相复制。

全盘复制优秀企业的商业模式有两点需要注意：一是需要快速捕捉到商业模式的信息，谁先复制就可能具备先发优势；二是主要进行细节调整，复制不等于生搬硬套，需要针对本细分市场或企业情况进行适应性调整。

（2）借鉴提升：

① 引用创新点。通过学习和研究优秀商业模式，对商业模式中的核心内容或创新概念给予适当提炼和节选，通过对这些创新点的学习，比照本企业的相关内容，寻找本企业商业模式的不足，如果这些创新点能够比本企业现阶段商业模式中的相关内容更符合企业发展需要，企业就应结合实际需要将这些创新概念在本企业给予引用并发挥价值。引用创新点学习优秀商业模式的方法适用范围最为广泛，不同行业、不同竞争定位的企业都适用。

虽然引用商业模式中的盈利模式对企业效益的提升较为明显，但是产品模式、运营模式、业务模式的引用也可为企业带来明显的价值，并提升企业的核心竞争能力和支撑盈利模式实施的能力，所以企业也需不断加强对产品模式、运营模式和业务模式的学习和优化。

② 延伸扩展。具体做法是，通过对最新商业模式的了解，寻找使用这种商业模式的企业所在行业及细分市场，通过穷尽分析和专业分析找到同一行业内尚未开发的其他细分市场，将该种商业模式的主体框架率先运用在同一行业的不同细分市场，使商业模式的应用范围不断扩展到其他细分市场，当然商业模式在实际运用中需要针对细分市场进行优化和调整。这种学习方法的优点是借助商业模式的研究，寻找到尚未开发的其他有效细分市场，并有机会构建先发竞争优势，且使用范围也更为广泛，并适用于行业内所有的企业。行业外的企业如果想多元化发展，寻找新的业务发展机会，也可以直接复制或学习这种商业模式，使其顺利进入该行业。

延伸拓展在具体实施时有两个难点：一是对细分市场的寻找和分析，如何能够找到尚未开发的细分市场；二是原则上进入同一市场内部不同细分市场的商业模式无须做较大的调整，但是如何依据细分市场特点做针对性调整和优化则是关键。

③ 逆向思维。通过对行业领导者商业模式或行业内主流商业模式的研究学习，模仿者有意识实施反向学习，即市场领导者商业模式或行业内主流商业模式如何做，模仿者则反向设计商业模式，直接切割对市场领导者或行业内主流商业模式不满意的市场份额，并为他们打造相匹配的商业模式。

【阅读资料5.5】 ▶▶▶>>>

互联网行业的逆向思维

互联网行业领导者微软公司的商业模式比较传统，主要是卖软件、产品以及许可证的传统商业模式，通过提供产品和技术赚钱。微软的主要竞争对手依据逆向思维的办法制定相反的商业模式，并借此打击微软的垄断定位。比如谷歌等有实力的企业已经开始尝试在软件业实施开源软件,即消费者不再掏钱购买软件,为消费者免费享受软件打造另一种商业模式,以谷歌为代表的企业已经开始付诸行动,并且在商业软件领域已经取得进展。与此相类似的是,中国360杀毒软件也采用了开源模式,消费者开始可以免费使用杀毒产品,而360的商业模式转向为客户增值的个性化服务。

(资料来源:https://wenku.baidu.com/view/168e3e0879563c1ec5da713d.html)

采取逆向思维的方式学习商业模式时有三个关键点:一是找到行业领导者或行业主流商业模式的核心点,并据此制定逆向商业模式;二是企业在选择逆向制定商业模式时不能简单追求反向,需确保能够为消费者提供更大的价值,并能够塑造新的商业模式;三是防范行业领导者的报复行动,评估领导者可能的反制举措,并制定相应的对策。

2. 在竞争中设计商业模式

当企业采取不同的商业模式进行竞争时,结果往往很难预料。如果在孤立的情况下分析,某个商业模式或许会显得优于其他商业模式,但是当把互动和协同影响考虑在内,它创造的价值反而又不如其他商业模式。

企业通过商业模式开展竞争的方式有3种。

(1)强化自身的良性循环。企业可以通过调整商业模式来打造新的关键要素之间的良性循环,从而让自己更有勇气与对手展开竞争。这些循环常常会强化商业模式中的其他循环。例如,空中客车的商业模式起先一直处于下风,因为波音公司可以把波音747创造的利润进行再投资,而波音747在超大型商用客机领域长期占据着垄断地位。2007年,空客公司研发出空客380,在超大型商用客机市场挑战了波音747的垄断地位,不仅帮助空客公司维持了在小型和中型飞机领域的良性循环,而且对波音公司的良性循环形成了有效遏制,改变了自己相对波音的长期劣势。

(2)削弱竞争对手的良性循环。一项新技术或新产品能否颠覆行业规则不仅仅取决于该技术的内在优势,也取决于它与其他竞争对手之间的互动。比如从理论上说,Linux的价值创造潜力或许比Windows更大,但是微软利用与代工生产商的合作关系,在个人台式机和手提电脑上预装了Windows操作系统,从而阻止了Linux拓展客户基础,成功地遏制了Linux的关键良性循环。

(3)变竞争为互补。拥有不同商业模式的竞争对手也可以成为价值创造的合作伙伴。比如在线博彩交易所必发公司创新了博彩方式,允许彩民匿名相互下注,由此与传统博彩公司展开了较量。由于必发从整体上调整了赔率,让玩家得以少输一些钱,这样,玩家会更多地下注,从而形成一个良性循环。这极大地拓展了英国的博彩市场,竞争对手也渐渐地越来越包容它的存在了。

3. 在试错中调整商业模式

商业模式设计通常意味着基于现实对各构成要素及其子要素进行分析和检验,需要对企业所依赖的关键性假设提出一些"如果……会怎么样?"的问题。一旦企业开始运作,其商业模式中隐含的那些既与需求有关,又与经济效益有关的种种假设,都要在市场上不断经受检验。

商业模式的成功往往有赖于创业者是否有能力在模式实施中对其进行调整,甚或进行全面改革。如果创业者有意识地遵循能促进整个企业系统顺利运作的模式来工作,那么每一项决策、每一个举措以及每一次测评都会提供有价值的反馈。利润的重要性不仅在于其本身，还在于能证明商业模式是否行得通。如果没有达到预期目标，就应该重新检验商业模式。

从某种意义上说，商业模式创造过程无非是科学方法在管理上的应用——从一个假设开始，在实施过程中检验，并在必要时加以修订。商业模式行不通，或者是因为没有通过数字检验（如损益与预期不符），或者是因为没有通过叙述检验（如故事没有意义，或者说不符合经济逻辑，业务本身不能为顾客创造价值）。其实，商业模式就是一个企业如何赚钱的故事。与所有经典故事一样，商业模式的有效设计和运行需要人物、场景、动机、地点和情节。为了使商业模式的情节令人信服，人物必须被准确安排，人物的动机必须清楚，最重要的是情节必须充分展示新产品或服务如何为顾客带来价值和利益，同时又如何为企业创造利润。

4. 设计商业模式时可以利用画布法来完成

具体画布法格式如图 5-4 所示。

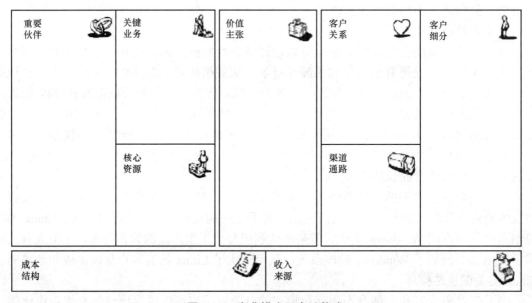

图 5-4　商业模式画布法格式

【阅读材料 5.6】 ▶▶▶>>>

唯品会的运营模式

一、正品

与一、二线品牌形成合作，保证品质。唯品会相当聪明地舍弃了一线品牌当中的奢侈品，选取了大众熟知的一、二线品牌作为合作伙伴。在唯品会成立初期，即使消费者记不清唯品会的名字，总能记住耐克、阿迪的名字，消费者挑选产品十分方便，还能保证质量。

二、省钱

限时抢购作为特点，吸引用户注册也为厂家减轻压力。作为尾货清仓的电商，唯品会的价格要低于市场价格不少。每天上午 10 点限时抢购，限时抢购不同于秒杀之处是供货量的差异，限时抢购的量要大很多，女装品牌 Lily 就曾创下 24 小时内超过 4 万件的销售纪录，足见限时抢购对于消费者的吸引力之大。

除了给消费者带来新鲜刺激的抢购乐趣，限时抢购模式还为供货商和唯品会的存货管理带来了便利。限时抢购模式具有大量进货、大量出货、大量退货的特点，可以帮助供应商较快地处理库存商品，有助于加快唯品会的周转，避免了货源不足带来的困境。另外，限时限量抢购模式为供货商提供了一个专门消化存货的平台，由于特卖时间有限，且并非当季新品，不但可以有效避免与实体店发生冲突，还可以有效地提升销售业绩。过了限时抢购时间，特定品牌一周内就会从仓库中撤出，帮助厂家快速回笼资金，减轻厂家的资金压力。

三、快速反应

自建仓储保证发货和退换货速度。低价格和高质量吸引了不少消费者注册唯品会，想做回头客的生意就要更全面地满足需求，物流环节是后续服务的保障，唯品会不采取厂家发货方式，自建仓储，方便把握发货、退换货的物流环节，完全做到第一时间给消费者反馈，提高了唯品会高效率、高保障的形象。唯品会为消费者提供了整体的配套服务，创造了一个没有顾虑的网络购物环境，使消费者有过一次购物经历后仍愿意在唯品会再次消费，使回头客的生意越做越大。唯品会的商业模式画布如图 5-5 所示。

重要伙伴： 1. 强大的供应商网络 2. 联合太平洋保险，推出了正品担保服务	关键业务： 1. 奢侈品电子交易 2. 自建仓库 3. 售后服务 核心资源： 1. 折扣商品 2. 服务规划 3. 仓库网络	价值主张： "消费者满意"是唯品会最大的追求目标。因此，唯品会坚持以安全诚信的交易环境和服务平台，为会员提供优质、高效、愉悦的售卖服务，以提升消费者满意度为己任，为消费者提供畅快、安全、放心、便捷的消费流程体验和服务	客户关系： 1. 购物体验 2. 无条件退货 3. CSC 呼叫系统 渠道通路： 1. 电子交易平台 2. 仓储物流	客户细分： 1. 奢侈品消费者 2. 高档消费者 3. 二、三线品牌偏好者
成本结构： 1. 进货费用 2. 物流费用 3. 库存管理费用			收入来源： 通过线上电子交易，直接获取销售与进货之间的毛利润	

图 5-5　唯品会的商业模式画布

（资料来源：https://blog.csdn.netV zhaodebbs/article/delails/68942404）

五、商业模式创新的逻辑与方法

当今企业之间的竞争，不是产品之间的竞争，而是商业模式之间的竞争。商业模式的创新在某种程度上决定了企业的命运。商业模式的创新是在以客户为中心的基础上，为应对内外部环境的变化，对企业价值网络中的要素、自身潜力进行发掘，对企业的业务范围、目标客户、竞争方式等进行重新定位,对产业链重新整合,从而建立起新的价值网络、盈利模式等的综合性过程。

(一)商业模式创新的逻辑

商业模式的创新实质上是一种高层次的企业创新行为。它的最终目的是通过改善企业的长期竞争优势来提高企业的长期获利能力,其途径是对企业可利用资源的组合方式进行优化,这种优化表现为企业为改善其价值创造和价值获取能力而进行的价值链的优化和重组。商业模式的灵魂在于价值创新。企业经营的核心是市场价值的实现。企业必须借助商业模式进行价值创造、价值营销和价值提供,以实现企业价值最大化。

【教学案例 5.6】▶▶▶>>>

"一生只送一人"的网上花店

在微博上搜索"Roseonly专爱花店",会发现几乎全是女孩子幸福洋溢的晒玫瑰花的记录。其实她们晒的不是花而是爱情唯一的承诺——在Roseonly买花,提交的收花人将会是永久的收花人,不得更改,也就是说,这个花店只允许一辈子送花给一个人。Roseonly的创始人蒲易表示,Roseonly的品牌价值是,用顶级的玫瑰和服务,承载专一的爱情。他认为,一旦这个品牌的内涵在用户中心树立起来,他的生意就离成功不远了。

怎么想到这个商业模式?

蒲易在互联网领域投资过大众点评网、梦芭莎和机锋网,并创立了安沃移动广告、实名制医生学术社交平台"白天使"等。在一次飞行旅程中,蒲易看了哈佛大学教授迈克尔·桑德尔写作的《金钱不能买什么》,里面讲到了"幸福",也提到了2010年美国礼品市场有几百亿美元的规模。蒲易开始考察国内的礼品市场。

蒲易的创业导师——乐百氏创始人何伯权认为,中国的鲜花市场有几百亿的规模,虽然从业者很多,但没有品牌。蒲易决定尝试高端鲜花定制电商业务,打造一个鲜花礼品类的高端品牌。他迅速召集团队,并得到了包括何伯权、时尚传媒集团董事长刘江等的天使投资。

模式的特色是什么?

Roseonly专爱花店在2013年2月14日情人节当天正式推出,送花人需要绑定送花人邮箱等信息,收花人信息则不可更改。在Roseonly买花,将生成由送花人和收花人共有的一个码,并为二人产生一个独立的页面,以此机制保证"一生只送一人"。

2012年,杨幂、李小璐等明星在微博高调展示Roseonly鲜花和它一生只能送给一个人的理念,Roseonly成了微博热点。蒲易认为,这得益于他从大众点评上学到的用户体验,以及发展意见领袖、做口碑营销的经验。

Roseonly在推出当天仅售99束单价为999元的玫瑰,该玫瑰为12枝一盒,从厄瓜多尔直运,使用海外设计师所设计的"会呼吸的"盒子。玫瑰目前需要提前3天预订。

在北京地区,Roseonly采用"Miniclubvans+男模"的方式送花;在外地,则与联邦快递合作进行派送。这样的流程带来的好处是,没有库存,且先收钱再送货,现金流比较充裕。

与线上鲜花礼品市场鼻祖、目前美国最大的线上鲜花礼品销售商、市值7亿多美元的上市公司1-800-Flowers不同的是，后者是淘宝式的鲜花礼品平台，而Roseonly的产品全部由自己采购、包装设计和发货。蒲易认为，1-800-Flowers的模式在中国行不通。况且，做像淘宝、京东这样的电商流量平台在国内已经没有机会了，而小米的方式更可借鉴。

下一步计划是什么？

蒲易表示，目前Roseonly月收入已过百万元并实现盈利，Roseonly目前已经获得了时尚传媒集团的战略投资，很快会启动新一轮融资，计划在北京、上海、深圳、广州和成都等城市推出线下体验店，并将"Miniclubvans+男模"的服务推广到这些地区。Roseonly还计划推出象征爱情的巧克力、钻戒等高端进口产品。

Roseonly成功的原因，主要有以下三大关键亮点：

其一，精准的品牌定位。Roseonly定位为中国高端品牌花店，其玫瑰花悉数从国外运送，并用顶级包装礼盒送达。他们认为："花是情感消费类产品，应该被认真地对待。"作为故事中的男女主角，送花人与收花人看重的是寻常生活中有趣的细节，由此获得了一种买花之外的附加值，而它的附加价值则远远大于商品本身的价值，即使是来自国外顶级产区的高端玫瑰，售价999元，也依然拥有客观的用户群体。送花者追求的是那种真爱无价的品位，收花人享受的是专一自尊的服务。玫瑰传情，为我独享，无线爱意岂不值得永久珍藏？Roseonly希望通过鲜花及其"唯一"的理念打破用户原来的习惯，以品牌立身。

其二，独特的营销理念。该花店定制的规则是"一生只送一人"。通过微博以及其网站的通告，可知：在Roseonly购买玫瑰，您只能给"唯一的TA"送达爱。在注册者填写TA的资料时，他们将给予提醒：Roseonly的玫瑰，一辈子只能送给一位佳人。所以，落笔为证，收花人的姓名将烙在Roseonly，无法更改。他们传递的信息是：Roseonly见证，TA是你此生唯一的爱。此花店的营销理念确实十分有创意，能够触动人心，特别是对于女性，所以可以在层出不穷的网络花店中脱颖而出。

其三，有力的营销时间手段。近年，小米手机通过深交媒体成功实现互联网营销的案例印证了在社会化媒体时代，通过口碑传播树立品牌的可行性以及创新性。Roseonly在情人节的漂亮亮相，通过微博以及微信的营运传播，使定位"高端"人群的品位更具有公信力和号召力。Roseonly作为新创品牌，知名度不高，利用微博和微信这个信息流通迅速、互动性强的平台来营销，效果较其他方式明显会更好。

（案例来源：http://magazine.cyzone.cn/article/199279.html）

【思考与讨论】

1. 通过本案例，请同学们思考，Roseonly的商业模式创新之处在哪里？
2. 商业模式创新的的逻辑应该是怎样的？

（二）商业模式创新的方法

商业模式创新大致有5种方法，如图5-6所示。

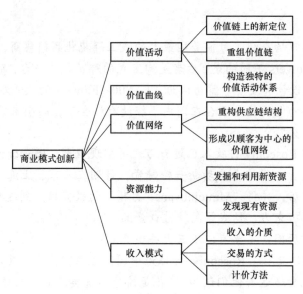

图 5-6　商业模式创新的方法

1. 价值活动创新

创新的关注点是价值活动的定位、设计与匹配。价值链的创新实质是围绕顾客需求，通过优化企业内部资源配置，使得资源最大化利用，同时发挥成本优势。如图 5-7 所示。

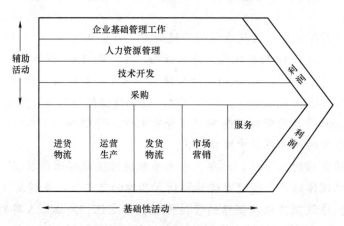

图 5-7　价值链示意图

价值链的创新主要有以下 3 种途径：

（1）价值链上的新定位。专注于价值链上的某些活动（通常是高利润的活动），而将其余活动外包出去，从而实现商业模式的创新。例如，如家连锁酒店给顾客提供的价值是"够用而不多余的住宿条件和卫生条件，且比星级酒店便宜"，确定了这个价值后，其一切活动就都围绕这个价值展开，如去掉一切多余的装修、设备、物品，提倡客户自助式服务，等等。

（2）重组价值链。这是指企业通过对产业价值链进行创造性的重新排列组合，实现商业模式的创新。其关键思想就是围绕顾客需求确定重要部分，并以之为中心，再组合调整非重要部分来适应这个中心,据此来重新组合调整价值链条上资源的配置。

(3)构造独特的价值活动体系。这是指企业通过构建和整合多个价值优势,形成企业所独有的价值体系,从而实现商业模式的创新。凡客诚品提供给年轻人的价值就是"质量中等而价格要比实体店便宜的服装鞋帽,而且可以方便快捷地送货和退货",它的商业活动也就围绕这个价值展开,如构建先进传呼系统和网站、监督供货商产品质量、监督快递服务质量、提供货到付款服务等。

【教学案例5.7】 ▶▶▶>>>

长租公寓盈利模式

(1)租金差+装修投资溢价。从业主端租入的批发价与单间"零售价"合计之间的差价,是目前绝大多数中低端长租公寓主要的利润来源。差价主要包括两部分:一是整套租入,按间租出,实现溢价;二是通过分拆隔间,增加房间数来实现额外收益。

(2)生态社区+增值服务。长租公寓运营商通过打造"公寓+服务"的生态圈,如"公寓+旅游""公寓+健康""公寓+培训"等形式扩大服务半径,整合第三方优质资源或自己开展经营,提升用户体验度,进而从衍生产品上实现盈利。

(3)先租后售,旨在客户获取,实现业务协同。这类盈利模式的代表是万科,万科曾在重庆"西九·万科驿"推出"租金抵房款,房款抵租金"的活动,从活动口号可以清晰地发现该类模式的核心是先租后售,公司的本质并不是指望依靠公寓租金实现盈利。

(4)资产收购+持有经营。这种盈利模式的代表是赛富不动产基金和新派公寓的深度合作,赛富以不动产基金购买房屋的租赁权,委托新派公寓开展房屋租赁、管理等业务,实现二者的资源互补。

(资料来源:htp://zhishi.fang.com/zf/qg_440802.html)

【思考与讨论】

通过本案例,请同学们思考,长租公寓是如何实现价值链创新的?

2. 价值曲线创新

创新策略聚集于企业所提供的顾客价值。企业通过创造独特的价值曲线实现服务创新,在为顾客提供非凡的价值感受的同时获得自身的成功。如香飘飘奶茶,无非是把奶茶包放在一个杯子里,什么时候想喝,只要用开水一冲就可以,而不用到街边的奶茶店里买冲好的,满足的是消费者随时随地喝奶茶的要求。但这样一杯小小的奶茶,1年却有数亿杯的销量,而且价格并不低。

3. 价值网络创新

企业价值网络是指企业为了创造资源,扩展与交付货物而建立的合伙人和联盟合作系统。价值网络创新的实质是以顾客价值为中心,优化配置企业内外部的资源,使得整个产业链协同创新,保障企业在激变的市场环境中动态发展。如信用卡连接了商家和持卡人,阿里巴巴连接了供应商(生产商)和销售商,前程无忧连接了企业和求职者,沃尔玛连接了供货商和消费者等。这样,设计出的各种交易机制将企业自身与价值创造伙伴有机联系起来,形成了价值创造的合力。

【教学案例 5.8】

韩月的创业故事

2007 年,郑州女孩韩月与同学合作开的以面食为主的饭店由于资金问题面临停业。那么,接下来该怎么办呢?韩月首先想到了给饭店打广告,却发现自己连广告费都掏不起。于是,她开始抱怨那些媒体的广告费用太高,同学长叹一口气说:"天下没有免费的午餐啊!你的饭店如果免费,不用打广告也会人潮涌动。"韩月苦笑了一下。突然,一个大胆的想法被同学的这句话启发了:饭店免费,人潮涌动,这不也是一种很好的宣传吗?自己的饭店如果和广告结合起来,不是很好的模式吗?韩月回到饭店,在房间里坐了一个下午,一个草案就形成了。她给饭店设置了两扇门,一扇是正常收餐费的门,一扇则是走地下消防通道的免费门。走正常收餐费的门与以前到饭店吃饭没什么两样,吃多少收多少钱;但免费的那扇门里却设计了一个弯弯曲曲的通道,两边墙上挂广告牌。她想:免费吃饭能大幅提高人气,有人气就能吸引商家来做广告,赚取广告费,同时也能带动饭店的营业收入。这个想法令她十分兴奋,她迅速投入行动。韩月紧锣密鼓地准备了半个月之后,终于在 9 月份的一天清晨,打出了"本店吃饭免费"的牌子。

她算过一笔账,如果按照免费餐限量提供的话,一份面的成本是一元五角左右,每天从她的"九曲广告回廊里"经过的人如果有 200 个,那么每天支出三百元左右。韩月免费拉了很多广告放在自己的广告位上,她要求每位就餐的客人必须在结账时背诵出 3 个广告才能免单,这样的话,广告的宣传效应就不言而喻。由于她的饭店位置还算不错,附近又有几幢写字楼,所以很快,她的饭店"吃饭不要钱"的消息就传遍了那几幢写字楼和附近几个商场。有来这里看新鲜的,有来消费的,也有冲着不要钱的餐去的,韩月的饭店一下子火爆起来。一些排队排不上的客人,也不想再换地方,干脆就直接花钱用餐,以保证能够吃上饭。

2010 年 9 月,韩月收购了一家小广告公司,将饭店与之合并为一家公司,收益增多的同时开始合法经营广告业务。韩月通过将广告公司的专业水准与现有的饭店业务相结合,到 2011 年 4 月,她的财富便积累到了 100 多万元。与此同时,她的广告主题餐厅也越做越顺利。谈起经历,韩月谦虚地说,其实她的成功只有四个字:敢想,敢做。

(资料来源: http://www.sohu.com/a/126346473_464058)

【思考与讨论】

1. 通过本案例,请同学们思考,韩月如何开展商业模式创新?
2. 通过这个案例,同学们得到哪些启发呢?

4. 资源能力创新

基于资源能力的商业模式创新重在对新资源的发掘和利用,或者充分挖掘现有资源的潜在价值,从而建立起竞争优势。如同样是开餐馆,高档餐厅和连锁快餐店,其关键资源能力肯定是不同的。高档餐厅以环境、服务和菜品质量等取胜,连锁快餐店追求标准化和快速复制。再比如,百货商场以环境、档次、品牌为优势,大超市以价格便宜、方便挑选等为优势,便利店却是以方便、快速为优势。

【教学案例5.9】 ▶▶▶>>>

用创新思维打造茶行业的"苹果"

中国目前大大小小的茶企有7万余家,但年销售额超过10亿元的仅有几家。缺乏准确的市场定位、没有公认的好茶标准、无视消费者需求的产品设计、有品类无品牌的发展模式以及各据一方的区域经营等都成为阻碍中国茶产业升级,甚至迈向国际化的绊脚石。面对这样的市场现状,"改变"刻不容缓。以做中国茶现代派为定位的"小罐茶",让整个行业眼前一亮。这家励志创新中国茶体验的中国茶品牌,正在用创新思维与中国茶文化的碰撞为整个茶行业带来一场产业革命。

打破传统,做一款时尚、有品位的现代茶

咖啡文化得益于速溶咖啡的开发和普及,为小罐茶的定位和产品设计带来了灵感:做一款时尚而具有现代感的茶,成为小罐茶的一大目标。小罐茶以用户体验为核心,彻底颠覆了传统的茶叶包装设计理念。定位为"现代茶"的小罐茶从都市人群,特别是追求品位的高端人群的需求出发,设计极致的产品和体验,带给人们时尚、尊贵的感觉。为此,小罐茶请到了日本工业设计大师神原秀夫耗时近两年修改数十次,设计出了小罐茶独特的"一罐一泡"铝制小罐——外形更时尚,携带更方便,茶叶更易保鲜,冲泡方式更简易。

联手苹果体验店御用设计师,重新定义现代中国茶体验

不仅如此,小罐茶更将时下流行的体验经济发挥得淋漓尽致。"我们要将小罐茶打造成茶行业的'苹果'",小罐茶副总裁对此直言不讳。2016年10月,小罐茶在济南恒隆广场3层的全球首家Tea Store正式开业。这家体验店的设计师就是苹果Apple Store的御用设计师——Tim Kobe。当年,他和乔布斯一起设计了苹果第一代体验店,重新定义了IT产品的体验。对于小罐茶来说,则要打破茶叶和广大消费者的这一隔阂,让Tea Store不仅仅是一家卖茶叶的商店,也不仅仅是一家产品展示中心,而是一个人们喜欢待的地方。这一品牌理念与"苹果"品牌有着无限相似:以消费者为中心,用空间带给人们自由、时尚及尊贵的体验。Tim Kobe将国际化的视野和用户体验首次融入传统中国茶的设计中,实现了人与茶、人与空间的个性化互动。在这个空间中,所有关于茶的眼、耳、鼻、舌、身、意的体验都能自主完成。

除了店面装潢风格和空间陈列上的巨大创新,小罐茶还引入了Apple Store的服务设计概念,并由国内领先的用户体验咨询公司唐硕主导设计。店里没有收银的地方,没有催单的压力,快捷的电子支付还省去排队的苦恼。此外,一些人性化、科技化的细节更让入店的消费者处处有惊喜,比如轻推茶柜隔板即可欣赏到相应茶叶大师手工制作视频等。

八位制茶泰斗坐镇,为中国好茶立标准

小罐茶特别邀请到了中国八大名茶中最具代表性的八位泰斗级制茶大师,包括西湖龙井制茶大师戚国伟、黄山毛峰传统制作技艺第49代传承人谢四十、中国普洱茶终身成就大师邹炳良等。由每位大师负责为小罐茶打造出一款能代表个人技艺巅峰水准的产品，并采用统一的品质标准——限定原料产地、限制采摘时间、规定采摘方式，来确保每一片茶叶的新鲜醇正、珍贵稀缺。

精准的定位、标准化的产品、极致的用户体验以及现代茶的创新思维，令小罐茶的影响已经渐渐走出国门，开始在国际市场崭露头角。《芝加哥商业杂志》《美国亚利桑那共和报》《波士顿商业杂志》《澳大利亚商业杂志》《洛杉矶商业杂志》《YAHOO》等数百家外媒不约而同地大篇幅报道了这匹中国茶领域的"黑马"，并给予了很高的评价——小罐茶正代表着中国高端茶品牌走向世界。

（资料来源：http://www.chawenyi.com/news/7572）

【思考与讨论】

1. 通过本案例，请同学们思考，小罐茶的创新之处在哪里？
2. 如何开展商业模式的资源创新？

5. 收入模式创新

收入模式即企业的盈利模式。企业的盈利方式通常有多种，可以通过直接出售产品赢利，也可以通过出售服务赢利，还可以通过资本市场赢利等。在许多情况下，一家企业可以采用两种或多种盈利模式。因为许多企业不止在一个产品和服务上赚钱，如麦当劳除了汉堡包，还可以从炸鸡、可乐、薯条等方面赚钱。如85度C咖啡面包店，以便宜的咖啡吸引顾客，以面包、点心、蛋糕之类来赢利。

【教学案例5.10】 ▶▶▶>>>

拼多多的商业模式创新

拼多多成立于2015年，通过不到3年的时间，做到了月流水400亿元的恐怖规模。拼多多的商业模式说简单也简单，就是一种网上团购的模式，以团购价来购买某件商品。用户可以将拼团的商品链接发给好友，如果拼团不成功，那么就会退货。我们看到许多人会在朋友圈、微信群发带有拼多多团购的链接，通过社交网络实现了一次裂变。

目标用户精准

短短两年时间，拼多多瞄准了三、四、五线城市人群，以低价大量拉取用户。投资调研发现，拼多多上有三类典型人群：从没有过网购经验的人群；知道淘宝也在淘宝消费过，但未形成购买习惯的人群；淘宝满足不了的人群。其实，现在市场上无论是天猫还是京东，满足的都是还算追求品质的那批人，但从没有人关注"能用就行"的这批用户，拼多多做到了，将众多小市场汇聚成可产生与主流相匹敌的市场能量。

简单直接、病毒式的营销模式

拼多多的商业模式很简单：电商拼团、砍价（早期还有1元购等模式）。在拼多多上拼团能够获得更优惠的价格，所以几乎没人会选择单独购。比如说：本来就已经比市面普通价格便宜的大蒜，在拼团后居然又便宜了。付款后可以一键分享到微信等社交平台上，从下单到支付，再到最后离开拼单页面，每一个关卡都在暗示、引导买家"分享"。在完成拼团之后，还有机会获得拼主免单券，也算是另一个变相的鼓励分享。

发起拼单的用户会成为拼主

而这个看似简单的分享、拼团砍价模式，恰恰就是拼多多崛起的关键！通过降价这种最直接的方式，鼓励买家将 App 推广给更多人，买家省下来的钱也是实实在在的，拼多多获得的新用户也是实实在在的。这种拼团砍价其实就是批发和微分销的概念。借助 QQ、微信流量的助攻，分享的平台有了（社交圈传播）；还都是朋友、亲戚之间的分享，信用背书也有了（诱导用户产生裂变效应消费）；生活状态差不多，你要用，也要用，还这么便宜，拼团的需求也是一样的，拼团的成功率也大大提高（进一步扩大影响）。

为了吸引商家入驻，拼多多同样用了很多办法。免佣金、免费上首页，这些都是现阶段淘宝、京东所给不到的优惠，大量的商家开始涌入拼多多平台。

抛开商品、监管，单从运营的角度评价，拼多多是成功的，它也很明显是走"先发展，再整治"的套路。但关于拼多多的各种投诉问题依然存在，要想长远地发展、壮大，光靠卖山寨、假货肯定是不行的……

（案例来源：http://wemedia.ifeng.com/56189043/wemedia.shtml?_cpb-xinxiliu_xgtj）

【思考与讨论】
1. 通过本案例，请同学们思考，拼多多的商业模式创新之处在哪里？
2. 根据拼多多的商业模式创新，你受到哪些启发？

第二节 新创企业市场营销

创业开张首要的问题就是让客户认识你。市场营销就是培养客户（培养感情）、稳固客户、构建忠诚客户群的过程。

【教学案例 5.11】 ▶▶▶>>>

新零售代表之一：盒马鲜生的营销模式

创始人侯毅说：盒马还真的像河马一样，体型庞大但温和亲民，一个庞大体系加互联网式的亲民模式。但就是这只看上去笨拙的河马，成长速度飞快。在一片唱衰的生鲜业里，逆势增长。

盒马模式的灵魂——精准定位

第一，目标消费群的定位越是精准，越能吸引目标顾客，增强与目标顾客的黏性。对盒马鲜生来讲，80%的消费者是"80后""90后"，他们是互联网的原住民，他们是在改革开放以后富裕起来的中国成长的一代消费者，他们更关注品质，更关心对品质的追求，对价格为敏感度不高。

第二，盒马鲜生是基于场景定位的，围绕"吃"这个场景来构建商品品类。而且盒马鲜生"吃"的商品品类的构成远远超越其他超市卖场，所以在"吃"这个环节上，盒马鲜生一定能够给消费者满意的服务。盒马鲜生做了大量的半成品和成品以及大量加热就可以吃的商品，希望让"吃"这个品类的结构更加完善、丰富。

盒马模式的核心——重新设计了一套消费价值观

第一，"新鲜每一刻"。新的生活方式就是买到的商品都是新鲜的，每天吃的商品都是新鲜的。消费者追求的是新鲜的生活方式，所以盒马鲜生里面买的所有商品仅供你吃一顿饭。所以将来冰箱就已经不需要了，你需要什么就买什么，盒马鲜生会快速地送到你的家。盒马鲜生把所有的商品都做成小包装，今天买今天吃，不追求原来所谓的大批量、大包装。所有的商品只用一次就够了。

第二，"所想即所得"。当顾客在上班，没有时间去买菜的时候，可以在盒马鲜生下单。在下班途中，可以下单，商品会和你同步到家。线上线下的高度融合为消费者提供了随时随地的便利购买、全天候的便利消费，比如说下雨天盒马鲜生的线上销售非常火爆。盒马鲜生提供的线上商品和线下商品是完全同一商品、同一品质、同一价格的。所以新零售是满足消费者随时随地、在不同场景下的需求，"所想即所得"，让消费者的生活更加方便。

第三，一站式购物模式。利用互联网技术B2C来扩大盒马鲜生的品类，盒马鲜生有门店，但面积、SKU（库存量单位）有限。同时扩建了绿色频道，来满足稀有商品的消费需求，顾客可以在盒马鲜生买到5 000元一条的野生黄鱼，这些高档食材原来在超市根本就买不到；还会推出各种各样的预售商品，来满足消费者的各种需求。盒马鲜生是围绕"吃"来定位的，会满足顾客所有吃的问题，所以一站式服务使盒马鲜生具备巨大的商品竞争能力。

第四，让吃变得快乐，让做饭变成一种娱乐。盒马鲜生不断推出了各种各样的活动让消费者参与，让"80后""90后"消费者在家里做每一顿饭的时候都能够体现他的价值。所以盒马鲜生在整个店里面设置了大量的分享、DIY、交流等。让"吃"这件事变成娱乐，变成快乐，消费者就会产生强烈的黏性。新零售说白了就是要满足消费者对更高品质、更深层次、更广范围、更加个性的消费追求，让大家的生活更加美好，更加开心。

盒马模式的关键——新零售模式改变了传统零售模式

第一，门店的定位。传统精品超市、社区超市、便利店，以店的规模、以人群的划分来定位；而盒马鲜生是基于场景定位的，围绕"吃"这个场景来构建商品品类。而且"吃"的商品品类的构成远远超越超市、卖场，所以在"吃"这个环节上，盒马鲜生能够给消费者更满意的服务。

第二，在商品结构方面。盒马模式改变了传统超市、卖场的品类组合原则，使整体的品类组合更浅，更加扁平化。盒马鲜生追求的是：不是为顾客提供简单商品，而是提供一种生活方式，期望以往家庭完成的事情放到店里完成，为顾客提供的是可以直接食用的成品、半成品。因此，盒马鲜生改变了传统超市的商品结构，这些品类也带来了巨大的毛利空间。

第三，餐饮与超市的融合。盒马鲜生要颠覆传统餐饮业、零售业，餐饮不单单是它的体验中心，更是流量中心，带来了消费者的黏性。餐饮就是盒马鲜生里面的加工中心，它可以提供更多的半成品、成品在网上销售。接下来，盒马鲜生会跟越来越多的餐饮企业合作，盒马鲜生做半成品和成品在网上销售。

第四，超市功能＋餐饮功能＋物流功能＋企业与粉丝互动的运营功能。纵观盒马鲜生模式，已不是一个简单的超市模式，而是形成一个强大的复合功能体，特别是它基于经营顾客、粉丝互动建立的运营功能、物流功能、餐饮功能，已经颠覆传统的零售模式。

第五，新的门店组织架构，奠定线上线下的高度融合。盒马鲜生有餐饮副店长、物流副店长和线上运营副店长。从门店组织架构来讲，盒马鲜生绝对不是一个O2O的企业，因为大部分销售来自线上而不是线下。

第六，强大的物流功能。盒马鲜生最大的特点是快速配送，门店附近3 000～5 000米范围内，一般30分钟送达，最长一般不会超过1小时。在盒马鲜生App购物，不能预约隔天送达，只能当天送达，快速送达，即时消费，生鲜第二天才送到不符合消费者需求场景。

从盒马的定位、商品结构来看，主要是改变传统零售以商品为中心的经营模式，走向以场景为中心的商品组织模式；加上强大的复合生态，大大丰富了消费；通过互联网，大大提高了效率。新零售不是颠覆传统零售，本质依然是顺应消费升级的需求，提升消费者的生活品质，这才是新零售变革的核心内容。

（资料来源：https://www.sohu.com/a/157169354-99916414）

【思考与讨论】
你是怎样认识与评价盒马鲜生的营销理念的？查阅相关资料，谈谈你的看法。

一、创业营销的内涵、特征与过程

（一）创业营销的内涵

创业成功的标志就是成功实现产品的销售。对于一个刚创业的企业，拥有了一种新产品后，如何把新产品成功推向市场就成了一个至关重要的问题。创业营销是营销的一种。什么是营销？美国营销学会定义："关于创业，产品和服务设定概念、定价、推销、分销来创造交易以满足个体或组织的目标。"这个定义构成了美国市场营销的基础。但这些年，传统营销受到批评，如过度依赖经验法则，公式化，缺少营销费用的审核，侧重营销组合，追求表面需求，模仿而不是创新，重视现有市场而不是开拓市场，重视静态短期收益等方面。而创业营销处在变化、情况复杂、资源缺少的情况下，要通过积极的开发和识别市场机会，运用创新方法开发并维系潜在客户，是一种创业导向的营销。

（二）创业营销的特征

同传统营销相比，创业营销有以下特征：

1. 机会导向

这是指创业者在实施营销活动时，运用新方法赢得客户，根据创业机会的成长特性制定营销策略。

2. 注重关系

由于新创企业的市场认同度低，缺少成功的营销经验，市场营销方案和措施对新创企业适应性较弱，在实际营销时，应注重与创业团队成员的亲朋好友合作及企业层面的战略联盟，特别要着重引进具有良好社会关系的市场开拓人才，这可能会使营销活动事半功倍。

3. 灵活多变

新创企业在进入一个新市场或市场环境处在多变的情况下,创业者应注意调整营销策略,要依据营销环境的变化而进行调整,不能固定不变实施被动营销。

4. 注重营销反馈

新创企业在营销活动中,特别强调营销活动对企业经营的反馈作用。不仅在于推销产品,而是在推销中反思经营及发展战略,并作为企业调整经营活动的依据。成功的营销过程能够有效带动企业建立竞争优势,促进企业发展。

新创企业在营销变革中要注意防范的10个陷阱:

(1) 追求完美;
(2) 全盘否定;
(3) 套用模式;
(4) 缺乏规划;
(5) 没有预算;
(6) 执行不力;
(7) 朝令夕改;
(8) 乱用人才;
(9) 迷信空降(外聘某些技术管理高层人才);
(10) 虎头蛇尾。

【教学案例 5.12】▶▶▶>>>

火锅茶的失败

一位名叫王虎的民营企业家用 20 万元购买了一项新技术——火锅茶,一种具有清热、解毒、健胃功能的保健型茶叶。这种茶叶是专为山城的火锅爱好者开发的,它与驰名中外的山城火锅相结合,是一种火锅专用茶。

王虎在获得该项技术后非常高兴,他认为自己在寻觅了多年之后,终于找到了可以据此开创一番事业的好产品。王虎没有自己的生产厂,于是他投资兼并了一家现成的食品生产企业,作为火锅茶生产基地。在产品生产出来之后,企业便开始了大规模的市场营销活动。营销分成了几步:首先宣传造势。电视广告、报纸广告都以一种能"清热、解毒、健胃"的茶为主要诉求,进行广泛宣传。100万元投放到一个城市后,在短期内几乎达到了家喻户晓的效果,火锅茶已深入人心。广告使火锅茶有了很高的知名度。然后在山城的招商会上定了专门展场,大力进行公关活动,广泛向参会人员赠送与派发火锅茶,在现场引起了很大的轰动。

企业多次举办促销活动,而且还租用了山城最热闹的解放碑作为促销场地,举办现场抽奖、现场放飞气球广告等,引起了很大的轰动。

在加强广告宣传的同时,企业也在积极进行产品生产,并将加工生产好的火锅茶按100克一盒进行分装,以每盒 8~10 元的价格铺到山城大街小巷的大小门市及商场和超市,还在商店显眼位置张贴了大量的POP宣传品。在经过一段时间的宣传促销之后,企业却发现,原先认为前景广阔的火锅茶根本就卖不动,铺到渠道上的产品几乎全部遭遇退货。企业经过分析之后认为,火锅茶的市场应该定位在火锅店,于是企业迅速调整市场战略,派出大量销售人员深入山城的火锅店进行现场推销,并向火锅店赠送试用品,还派专人对火锅食客进行现场促销。经过一段时间的努力,产品销售毫无进展,火锅茶在火锅店也卖不动。企业又在价格上做文章,把原先的价格降低,可是市场仍然毫无进展。经过近一年的努力,火锅茶既未按照原先的设想"走进千家万户",也没能按后来的想法"走进千家万店",企业投入的上百万营销费用、生产费用、技术费用全部化为乌有,火锅茶以失败告终。

【思考与讨论】
你认为火锅茶失败的原因是什么?

(三) 创业营销的过程

创业营销过程是从产品或服务进入市场开始分析,构筑关系渠道,实施促销策略,确定产品价格,搞好售后服务和反馈。这既包括传统的营销组合(产品、价格、渠道、促销),也特别考虑创业机会的深度分析和后续服务。

1. **创业机会深度分析**

机会深度分析是对新创企业机会核心特征的分析。创业机会是综合考虑了企业的内外部环境来认识创业机会的特征。机会导向的企业营销模式是兼顾内外综合因素的营销模式,这是创业营销能否实现预期目标的关键。

2. **构建关系渠道**

创业者关系渠道的构建是以人脉关系为核心的。有良好的人脉关系可以带来充裕的资金、技术、管理、信息等各种要素,并形成良性循环的关系网络,这对企业未来营销扩展是至关重要的。

3. **实施促销战略**

促销策略是创业者实施的具体营销策略,包括广告、公共宣传、人员推销、销售促进等策略。总之,要采取多种方式达到促销目的。

4. **产品价格设定**

价格决定是影响营销效果的手段,也是创业营销非常重要的环节。价格决定依赖于创业机会的开发、竞争优势的构建、营销策划等环节。要防止仅靠价格实现目标的做法,这不利于企业核心竞争优势的形成和企业良性的发展,要运用科学的定价策略设定价格。

5. **搞好各项服务**

服务质量决定营销效果,因此,必须把服务作为第一重要的"软件"开发好。应把服务作为创业营销组合的重要内容,并落实到位,让客户满意。根据客户提出的不同要求,做好反馈工作,适时调整,以促进销售量的增加,满足客户的需求。

我国中小企业在营销实践中,有以下几个创新的营销方法。

(1) 事件营销。例如唐装营销开发是在 APEC 会议期间进行的,由此促进了唐装在全国乃至世界的销售。

（2）关系销售。它是强调顾客、竞争者、供应商、分销商、政府机构、股东、员工、社会公众等发生营销互动的过程，其营销效果是显著的。

（3）网络营销。通过互联网或大的网商开展的互联网营销活动。

（4）零库存营销。以用户定量为基准，实行订单生产营销。

（5）无缺陷营销。开发的产品或服务要求零缺陷，即在设计、生产、服务的全过程无缺陷。

【教学案例 5.13】▶▶▶>>>

从 0 到开店 1 000 家，卖老人鞋赚大钱

近两年，有个卖老人鞋的品牌十分火爆，仅 2016 年，就从 0 到开店 1 000 家，它就是主打"专业老人鞋"的足力健。疯狂开店，是因为无一亏损。在这背后，则是足力健创始人对于产品深深的执念。他把小米奉为学习对象，坚持打造优质低价的产品。为此，年近半百的他，一年出差 320 天，亲自下工厂、请顾问、跑店铺，把自己练成了首席产品官，从门外汉蜕变成专家，他就是足力健的创始人——张京康。

在做老人鞋之前，张京康做过很多工作，大都与销售有关。走上正轨后，他创业去了，做保健品，结果，两年时间亏了 3 000 万元。后来回忆起这次失败，张京康总结道："那个时候，我更侧重于对产品、品牌和资源的整合，而不是侧重于用户。"再次出发，他根据过往经验，给自己定了创业标准：刚需、高频、细分、80%人的生意、B2C、能做到 10 个亿。于是在 2013 年，他做了一款老年人健康鞋，并在郑州当地媒体做了广告，2014 年开始全国招商，最后竟卖了四十多万双。通过这次试错，他便认准了老人鞋行业。

张京康视小米为学习对象，将"以用户为导向"的观念深扎心中。他走的第一步就是用户调研，他成立的第一个部门就是消费者需求调研部（后来升级为用户研究中心），由他直接领导。最初的调研全由他亲自完成。他通过走访社区、亲自上门等方式和老人开会聊天。几个月下来，一双手摸过不下 500 位老人的双脚。但是鞋的价格，只卖 169 元。鞋底，人家报价 18 元，他 8 元搞定。他先是花钱请了顾问，完整了解了材料、设备和人工等费用，算出鞋底成本仅 7 元，于是说："我只给你 8 元，一年要 600 万双，做不做？"如今供应商一听他要来，便叫苦不迭，因为他去工厂，大都只为一件事：降价。

在超市里开店，一开 1 500 家。足力健实体店的选址很有意思，专门开在超市里。这也是调研的成果。首先，超市是老人生活中最常去的地方之一；其次，很多老人认为，超市里的品牌可信度更高，甚至有老人对他说："把店开在马路边，一看就是烂货，有本事开在超市里头。"

在足力健实体店里，张京康有三招：流量、试穿、团购。把店开到超市里、做流量产品、发单页宣传，这三步解决了流量问题。试穿时，工作人员全是半跪式服务，亲自给老人脱鞋、换鞋，令很多顾客大受触动。做团购时，也要站在用户角度。去年足力健有个团购，"满 600 送 100"，效果不佳。张京康一研究，才发现这样的团购是企业思维，不是用户思维，他将之改为"满 600 减 100"，业绩随即提升 40%。在创业路上，他也曾思考，一个企业为何能持续存在？最后得出的结论是，企业要为用户解决问题和创造价值。创业，应

该以解决问题为导向，而不仅是赚钱，所以，他还要全力做产品。张京康说："创始人一定要成为首席产品官。"现在的他，左手托着用户研究中心，右手托着产品研发中心，心无旁骛，因为他的目标是在中国开一万家店，让中国老人都穿上专业的老人鞋。

（资料来源：http://www.sohu.com/a 198770937_818458）

【思考与讨论】
1. 通过本案例，请同学们思考，张景康是如何开展产品定位以及产品营销的？
2. 营销的内涵以及特征有哪些？

二、创业营销定位

（一）创业目标市场细分

传统营销被科特勒称为"大众化营销"。在信息化这一新的竞争形势下，科特勒提出了由大众化营销向微观营销的转变。有的专家称之为个性化营销。

由于新创企业面临复杂的环境和资源相对缺乏的特性，微观营销构成了创业营销的基本出发点，也就是在更为细分基础上的目标市场营销。目标市场指的是在一个市场内部由具有相同购买能力、购买态度和购买习惯的消费人群所构成的市场。创业者必须在广阔市场中寻找最合适的消费群体，并依据其特点采取独特的市场营销策略，求得最佳效益。市场细分需要考虑一系列的变量，主要有地理、人口、心理、行为4个因素。

1. 地理因素

它是市场细分时首先考虑的因素。对于相邻地理位置的消费者，其社会文化、风俗习惯及其需求表现出一定的一致性。当然也存在需求差异，需寻找进一步细分的可能性。

2. 人口因素

人口因素是第二个考虑因素，比如，性别、年龄、收入、教育程度、职业等因素是常常考虑的市场细分因素。在某些方面还可以进一步进行细分。

【阅读资料5.7】 ▶▶▶>>>

三大学生当裁缝一月赚三万　称成功因定位准

"双选会年年有，参加应聘的大学生都要买西服参加面试。只要紧紧锁定这个人群，就不愁没生意做。"西南大学"学子西服"工作室将创业焦点聚集在今年双选会上，一个多月就卖了200多套西服，纯赚近3万元。

"学子西服"是西南大学三名在校大学生专门针对双选会开的一家服装工作室，共有三位成员：主管曾庆丙，服装设计与工程专业大四学生，主要负责服装设计；公关经理王举祝，国际经济与贸易专业大三学生；销售总监盛朝伟，服装设计与工程专业大四学生，主要负责制版。

"双选会就是我们最大的市场。"曾庆丙介绍，一年一度的双选会期间，数十万应届毕业生对西服的需求催生了"学子西服"。工作室主要经营量身定制的学生面试西装,以时尚版、经典版、旗舰版和尊贵版为主打。所有服装的款型设计、制版、面料的选择均由三人完成,衣服的加工则外包给一家服装制造厂。

今年9月,曾庆丙、王举祝和盛朝伟就开始积极筹备,每人投资5 000元左右。首道工序就是在学校发宣传单,重点是大四寝室。10月10日正式营业,第二天三人的电话便成了热线,全部都是即将参加双选会的同学咨询定制西服。到11月中旬,共接200多单生意。王举祝算了一下,总营业额有8万余元,除去每人投资的5 000元、工厂加工费、材料费、人工费以及开展活动经费等,纯利润就达到近3万元。

(资料来源:http://www.qncye.com/2010/1122/54960_2.html)

3. 心理因素

心理因素反映消费者的主观特征以及消费者的购买行为倾向。心理因素细分是建立在不同个体的价值观和生活方式的基础之上的,主要考虑的是心理需求。美国斯坦福大学心理咨询研究所提出了著名的价值观和生活方式心理细分系统,其理论框架是:个人的生活方式受"自我导向"和"个人资源"两方面因素制约。"自我导向"指人们由自我社会形象形成的活动和态度。它有三种形式:原则导向,即依据原则办事;地位导向,在有价值的社会背景下寻找一个安全地位;行动导向,用确定的方法去影响环境。"个人资源"包括心理、体力等方面的物质观和个人能力。

4. 行为因素

这是依据购买者在购买商品时的行为特征进行的细分。这种细分直接有效。这主要从购买时机和购买动机两个方面去考察。"购买时机"主要指消费者喜欢在什么时候购买商品,创业者可依据这一切入点把产品推销出去,比如,节假日的促销活动。"购买动机"是消费者决定购买产品时的直接动机和诱因。识别这些因素,可促进产品销售行为的发生,排除消费者购买障碍。

上述4个方面依次构成了从大到小,从抽象到具体的细分顺序,创业者可依据这一顺序找到有效的目标市场。

【阅读资料5.8】 ▶▶▶>>>

王老吉:预防上火的饮料

"怕上火,喝王老吉"——简洁明了的定位,既彰显了红罐王老吉的产品特性,也有效地解决了王老吉原有的产品种类归属问题,为王老吉迅速走红奠定了良好的基础。借助新的市场定位,随着"怕上火,喝王老吉"系列广告等品牌推广活动的展开,王老吉的销售量直线上升。

一是准确定位:"预防上火的饮料"。这样的定位利于红罐王老吉走出广东、岭南;避免了红罐王老吉与国内外饮料巨头直接竞争,形成独特区隔;成功地将红罐王老吉产品的劣势转化为优势;有利于加多宝企业与国内王老吉药业合作。

二是宣传到位:广告对品牌定位传播到位。这主要有两点:① 广告表达准确;② 投放量足够，确保品牌定位进入消费者心中。"怕上火，喝王老吉"，在传播上尽量凸显红罐王老吉作为饮料的性质。

三是巧妙促销：在针对中间商的促销活动中，充分考虑了如何加强餐饮渠道的开拓与控制，推行"火锅店铺市"与"合作酒店"的计划，选择主要的火锅店、酒楼作为"王老吉诚意合作店"，投入资金与他们共同进行节假日的促销活动。

（资料来源：http://www.docin.com/p-500151825.html）

（二）创业产品层次分析

产品层次分析的核心是满足目标客户的需求。顾客是上帝，这是产品分析始终遵守的第一原则。要从这一点出发来分析产品，始于客户，终于客户。产品分析要围绕客户需求进行，而不是其他。例如，手机产品要围绕客户对个性化、外形、功能等方面的需求来进行。在营销学中，产品含义可分为5个层次。

1. 核心利益层

产品的核心利益是产品的最基本效用或基本功能。客户愿意购买产品，其基本出发点是基于核心利益考虑的。价值（效用）＝功能/成本（总成本）。

2. 基础产品层

基础产品层指产品的外观及主要特征，比如式样、质量、特色、包装、品牌等。吸引消费者除满足基本需求外，在外观等方面进行延伸。

3. 期望产品层

它是指消费者希望的一些属性特征。要从满足客户需求考虑设计产品，而不是从我能提供什么，或者其他厂商能生产什么来考虑。

4. 附加产品层

附加产品层指产品的附加价值。即能够给消费者提供哪些附加价值（服务或承诺），如免费安装、送货、维修等。应从服务创新角度去考虑，增强企业对消费者的服务意识。

5. 潜在产品层

这是对未来产品的开发。依据企业提供的产品，可将创业机会分为两个类型：提供现有产品的创业机会；提供改进产品的创业机会。例如：手机开发有 LG 巧克力手机、手机电视、5G 时代的发展趋势。

三、构建营销渠道

（一）创业营销渠道

创业者为了更快地把产品推向市场，完成销售过程，会通过一系列运作完成销售渠道的构建，并能以最小的投入达到更好的效果。依据营销渠道的特征，可将其分为营销中间商、代理中间商和营销辅助机构3大类。

1. 经销中间商

一般来说，商品销售中的经销商先获得产品的所有权，然后再转手出售。比如，批发商、零售商均属此类型。对于新创企业，为了节约销售成本或不在销售环节做过多投入，往往先找有实力或有很好销售渠道的经销中间商，以期尽快回收资金。

2. 代理中间商

代理中间商是帮助创业者寻找客户和销售产品。代理商不取得产品的所有权，也无须垫付商品资金，他们只收取一定量的提成。代理中间商的销售成本基本没有，因此销售风险比经销中间商小得多。但是，在市场推广方面动力不足，要靠创业者自己来做。

3. 营销辅助机构

营销辅助机构是营销机构渠道中的重要组成部分，虽然不参与产品的具体销售，但这类机构是产品营销行为顺利完成的必要保证。商品配送中心就是这类机构的代表之一，比如，电子商务的配送中心等。此外，还包括售后服务机构、仓储机构、银行和广告代理商等。

【阅读资料5.9】▶▶▶>>>

喜临门的营销渠道

喜临门是国内床垫龙头企业，公司成立于1993年，自创立以来专注于床垫的研发、生产及销售。

多品类+品牌力多重因素，量价提升抬高客单价

近年受大家居潮流影响，消费者更偏好一站式的家具购物体验。公司也顺应潮流，运用金字塔式品牌阵营，高、中、低端产品兼具，满足差异化需求，推出软床、床头柜、储物柜、沙发等配套产品，旗下有多个床垫和沙发系列。随着产品更新迭代，喜临门品牌影响力提升，平均单价呈上升趋势，喜临门床垫终端零售均价已突破每张4 000元。床垫销量从每年184万张快速提升至每年275万张。量价双重叠加使得客单价从6 357元提升至8 756元，增长37.7%。随着消费者需求升级、公司品牌影响力提升，以及产品品类和产品线的逐步拓宽，未来客单价有望持续增长。

线上线下渠道持续推进，快速外延扩张释放业绩弹性

（1）线下渠道：增量扩张+存量改善，业绩进入快速释放期。截至2017年年底，公司拥有门店1 450家，净增加420家，预计2018年将开设约800家店，开店明显提速。其中沙发现有门店50余家，其余均为床垫门店。公司目前在一、二线城市已拥有超过400家门店，城市覆盖率达到30.9%左右（2015年约18%）。未来将主要加强空白市场的覆盖，推进三、四、五线渠道下沉。除数量外，质量要求也相应提升：新开店位置至少为一类位置，并且鼓励经销商开设一场多店和独立大店（大于1 000平方米）。新店最低要求不小于200平方米，这为未来公司以床垫单品进入软体大家居销售模式做铺垫，提供卧室乃至客厅的软体家居解决方案。

（2）线上渠道：2017年线上实现收入3.4亿元，同比增长约60%；2017年"双11"期间喜临门创业绩新高，成交2.1亿元，位列床垫类第一名。喜临门线上渠道主要通过自主运营天猫旗舰店和京东渠道销售爱倍品牌产品，过去公司线上产品均价较低，主要面向追求便利、快捷、简约的客户群体，2017年通过促销活动等方式，增加了2 500元以上产品的销售量，使产品均价不断提升。

入选国家品牌计划，营销推广持续提升品牌力

公司签署合同，参与2018年中央电视台国家品牌计划行业领跑者专项广告。入选2018国家品牌计划的企业包括伊利、方太、比亚迪、东阿阿胶等行业品牌龙头，公司为全国家居用品行业唯一入选者，标志着公司具备强大的产品实力和品牌影响力。依托国家级电视媒体＋明星落地，大力推进自主品牌建设、营销推广和渠道拓展，有效提升品牌知名度和市场影响力。CRM客户管理系统于2018年上线，未来进一步提高消费者黏性和转介绍率，还能实行精准营销，保证公司更长远的业绩成长性。

（资料来源：htp://www.jiajumi.com/news/chn/25855.html）

（二）营销渠道构建过程

首先，要明确影响渠道构建的主要因素，才能制定合适的渠道结构。如：外部环境等影响因素，包括政策、文化、社会、经济、技术等方面。内部条件是怎样的，实力如何，人员能力素质，物质条件等也会影响渠道构建。从最直接的影响因素看，主要是企业的目标市场和产品特征。市场范围对渠道构建非常重要。从地理范围看，如果目标市场地理范围很大，或分散，渠道的长度和宽度可以大一些，创业者可选更多的中间机构，层次也可多些；如果目标市场地理位置集中，那么渠道可以简化些，甚至不用外部渠道，自己独立运作。从产品特性看，如果产品功能或价值很普遍，跟现有产品大体相同，那么渠道长度和宽度可适当放大；而如果产品功能独特，则需要更短更窄的渠道。企业可组织人员进行销售，比如，创新产品进入市场时举办促销活动。再如，产品保质期限是渠道构建中的重要因素，若期限短，渠道就应简化，不宜过长，反之，则可适度放长。渠道构建步骤如下：

1. 设置渠道目标

渠道设置的目的是销售产品，实现整体战略目标。渠道目标应与其他目标相协调，适时进行调整，以避免产生不必要的矛盾。

2. 明确渠道任务

目标明确后，应对各项具体任务进行分析，一般包括促销、销售、与客户沟通、运输、储存等方面。通过明确任务，使创业者对营销渠道的设立更为细化，其功能和定位更加准确，各司其职，各负其责，完成销售中的各项任务。

3. 确立渠道结构方案

明确渠道任务后，就应把任务合理地分配到不同的营销中介机构中去，发挥其最大的作用。渠道结构方案包括3个方面内容。

（1）渠道的层次设置。这是指渠道的纵向长度设置。对于直销模式即企业—消费者，其渠道层级为零。如果找经销商销售，销售层级就可能达到一定数目以上。省、市、县、乡等市场广大，层级就较多，反之，就较少。

（2）渠道的宽度设置。这是对渠道的横向设置。如果产品独特性强，为避免恶性竞争，可考虑采取区域独家分销模式；如果产品是"大路货"，那么，可设较多分销机构。渠道横向设计也应该考虑企业的成长状况。比如，如果中间商销售实力弱，很难完成销售计划目标，就要自建销售渠道销售；如果中间商销售实力雄厚，但合作成本高，则创业者应综合考虑后再做取舍。选择经销商可采用竞标选择经销商等办法。

（3）中介机构类型选择。这是在调研基础上的挑选工作，一方面考虑中间商的实力，另一方面考虑企业自身状况。

四、企业选址策略

【教学案例 5.14】▶▶▶>>>

麦当劳的商圈调查

麦当劳市场目标的确定需要通过商圈调查，在考虑餐厅的设址前必须事先估计当地的市场潜能。

1. 确定商圈范围

麦当劳把在制定经营策略时确定商圈的方法称作绘制商圈地图，商圈地图的画法首先是确定商圈范围。

一般说来，商圈范围是以这个餐厅为中心，以1～2千米为半径画一个圆，作为它的商圈，如果这个餐厅设有汽车走廊，则可以把半径延伸到4千米，然后把整个商圈分割为主商圈和副商圈。商圈的范围一般不要越过公路、铁路、立交桥、地下道、大水沟，因为顾客不会越过这些阻隔到不方便的地方购物。

商圈确定以后，麦当劳的市场分析专家便开始分析商圈的特征，以制定公司的地区分布战略，即规划在哪些地方开设多少餐厅为最适宜，从而达到通过消费导向去创造和满足消费者需求的目标。

因此，商圈特征的调查必须详细统计和分析商圈内的人口特征、住宅特点、集会场所、交通和人流状况、消费倾向、同类商店的分布，对商圈的优缺点进行评估，并预计设店后的收入和支出，对可能的净利进行分析。

在商圈地图上，他们最少要标注上下列数据：

餐厅所在社区的总人口、家庭数；餐厅所在社区的学校数、事业单位数；构成交通流量的场所，包括百货商店、大型集会场所、娱乐场所、公共汽车站和其他交通工具的集中点等；餐厅前的人流量（应区分平日和假日），人潮走向；有无大型公寓或新村；商圈内的竞争和互补的店面数、座位数和营业时间等；街道的名称。

2. 进行抽样统计

在分析商圈的特征时，还必须在商圈内设置几个抽样点，进行抽样统计。抽样统计的目的是取得基准数据，以确定顾客的准确数字。抽样统计可将一周分为三段：周一至周五为一段；周六为一段；周日和节假日为一段。从每天的早晨7时开始至夜里12时，以每2小时为单位，计算通过的人流数、汽车和自行车数，人流数还要进一步分为男、女、青少年、上班和下班的人群，等等，然后换算为每15分钟的数据。

3. 实地调查

除了进行抽样统计，还要进行对顾客的实地调查，或称作商情调查。实地调查可以分为两种：一种以车站为中心，另一种以商业区为中心。同时还要提出一个问题：是否还有其他的人流中心。答案当然应当从获得的商情资料中去挖掘。以车站为中心的调查方法可以是到车站前记录车牌号码，或者乘公共汽车去了解交通路线或从车站购票处取得的买月票者的地址；以商业区为中心的调查需要调查当地商会的活动计划和活动状况，调查抛弃在路边的购物纸袋和商业印刷品，看看人们常去哪些商店或超级市场、从而准确地掌握当地的购物行动圈。通过访问购物者，调查他们的地址，向他们发放问卷，了解他们的生日，然后把调查得来的所有资料——载入最初商圈的地图。这些调查得来的数据以不同颜色标明，最后就可以在地图上确定选址的商圈。

"应该说，正因为麦当劳的选址坚持通过对市场的全面资讯和对位置的评估标准的执行，才能够使开设的餐厅无论是现在还是在将来，都能健康稳定地成长和发展。"麦当劳香港总部这样说。

（案例来源：https://www.docin.com/p-1128732061.html）

【思考与讨论】

1. 通过本案例，请同学们思考，麦当劳的选择都考虑了哪些因素？选址过程有哪些？
2. 不同企业类型的选择策略是一样的吗？为什么？

（一）IT 公司的选址

深圳龙岗和宝西两区进行产业结构调整，地方政府期望吸引更多的高科技 IT 公司进驻，一些工业园也在兴建中，但是，IT 公司到底需要什么样的落户环境，则是值得思考的事情。

实际上选址对于所有公司都是非常重要的，只不过对 IT 公司来说，地址对业务的影响比较隐蔽，常常被忽略。

李先生创办一家科技企业，像很多公司一样，在做设备销售代理的同时，组建了一个小的研发队伍。办公的第一步就是要选择一个办公地点，因为考虑到他们要做销售，"形象"被认为是很重要的，于是他们租用了一个繁华地段的写字楼。一年以后，他们公司业绩还不错，大约有 100 万元的毛利，可是房租就花了 30 多万元，这个数字比发给员工的工资还要高。

北京清华大学的一家公司，因为中关村的房价太高，就在北京的密云建立了基地，由于距离城市太远，员工因工作、生活皆不方便，纷纷辞职，更别谈招商入住了，造成了巨大的投资浪费。

简而言之，IT 公司在选择地址时，一定要深入考察对业务收益和成本的潜在性影响。在上述案例中，李先生错误地评估了办公室形象对收益的影响，造成了不必要的成本支出；而清华大学那家公司则忽略了员工的生活便利，造成了人员流失。相反，跨国公司在选择地址方面就很少发生类似的失误，因为他们知道，靠他们的名气和他们开出来的工资，员工可以忍受远离城市的不便。

除了成本和收益评估，在城市选择上，IT 公司也大有学问，因为城市意味着集群和配套，意味着人才和技术，所以跟随性的公司通常都会在毗邻领先者的城市开设分公司，这就是我们经常可以看到的 IT 公司"扎堆"的现象，但是，如果一个公司有独一无二的竞争优势，他们就恨不得搬到深山老林里面去，就像当年私密研制核武器一样，这也就解释了为什么个别 IT 公司会选择极其偏僻的地方落户。

（二）制造型企业选址

对大多数制造型企业而言，顾客一般不直接上门购买，因此，接近顾客就不是关键因素了。企业如何设置和经营成本的因素反而比企业位置本身重要。在考虑企业位置时，企业生产效率、是否接近原材料供应地点、水电供应情况、运输情况等成了关键因素。

可以把原材料的来源标在一张地图上，并注明距离。如果所有的原材料都来自同一地区，应当考虑一个离原材料较近的竞争对手比一个离原材料远的对手占了多少优势，接近原料的来源可能比接近顾客更为重要，但也可能相反，因具体情况而异。还要查明原材料供应是否受季节的干扰，以及将来是否会出现原材料供应短缺的情况。考虑了未来成本和供应的稳定性后，也可能会选择另一个远离供应地，从而不影响企业地点的选择。最好选择一个有弹性的供应地点，而不要局限于仅依靠某种单一的运输方式或单一的原料供应。

（三）销售型企业选址

研究表明，在某街道上的良好位置应该：
（1）位于步行者最多的一边；
（2）与具有最大交易量的企业位于同一边；
（3）位于最近于人口增长较快的一边；
（4）位于最不受气候影响的一边；
（5）位于能遮蔽下午阳光的一边；
（6）位于汽车较少来往的一边，不要位于陆陆续续的行人徒步区。

一般认为宁愿位于较适合边的低端，也不要位于另外一边。研究指出，步行者一般不愿特地绕一个直角弯到斜对面一家可能吸引人的商店去购货。另外，有些研究指出，商店位于中心街道的右边，或位于下班的人们经过的路上，是有利的。

（四）零售型企业选址

零售企业在选择经营地点时，主要应考虑以下几个因素：

1. 要考虑各种企业的相容性

附近的企业对自己企业的经营是有利还是有害的，会产生什么影响？这个问题在选择企业地点时也是应当考虑的因素。两个相容的企业，常常会相互依存、相互帮助、合则两利、离则两害。例如，在大百货公司周围经营的小企业，常认为百货公司是一个"好邻居"，因此大百货公司附近常吸引来许多餐馆、美容院、冷饮店等相容的企业。

邻近企业的相容性，可使企业相互享有对方的顾客，如果相隔过远，就不会有这种利益。即使彼此竞争的商品，如果它们出售的形式、种类和价格不同，也能通过综合的吸引创造更多的顾客，因此也具有一定的相容性。

2. 企业地点与占有成本

企业规模的大小会间接地影响到经营地区的选择。拥有的资金如果不够多，那就无法创造足够的收入以支付高额的市区租金，因此只好选择靠近郊区的区域。不论营业的建筑设施是租用的还是自己拥有的，企业都要支付房租和占有成本，在后一种情况下，就要提取房屋折旧、原始投资的利息、保险费、税收以及房屋的维修费等。所以，这些占有成本也可以看成房租。

占有成本通常随着从商业中心移到边缘而逐渐降低,从市中心移往市郊也是相同的。一般来说,占有成本和广告成本具有相反的关系。如位于商业中心的企业不需要花费多少广告费,就可以招来顾客,而离市中心较远的企业则要花费大量的广告费以吸引顾客,一些专业性企业,他们依靠位于黄金地带分享大企业的顾客,从而获取较高的利润,而广告成本却非常低。所以,这个地带的房屋所有者,因企业能赚取较高的利润,他们也收取较高的房租。

第一家店或者另一个办公室你打算选在哪里?繁华商业区?租金太高,似乎难以负担。选交通不是很方便、租金又低廉的,又担心会不会无人问津或者给工作开展造成不便。其实,怎样选择公司的位置是很有讲究的,甚至能决定你事业的成败。

小孙毕业后自己开了一家服装店,自己采购和进货,不卖品牌卖个性。最初,她把店址选在上海一条非常有名的高档商业街,开张后生意还算不错。但半年后,她发现自己几乎没有赚到钱,因为这里的租金很高,再去掉电费、杂费等就所剩无几,而衣服的定位又决定了利润空间。在朋友的建议下,她决定把店开在人气较旺的浦东某地铁出入口,或者干脆搬到大学附近,这样既节省了一大笔开支又符合小店的定位。

因此专家建议,工厂、仓储等企业为了减少中间环节,降低生产成本,提高运行效率,可以选在开发区;而公司以交通便利、商务服务完善、租金合理为原则;对于那些服务性行业,可根据经营内容来选择地址,服装店、小超市要开在人流量大的地方;保健用品商店和老人服务中心,就适宜开在安静但又有固定客源的地方;利用电子商务或者与网络有关的企业,选择面就更广了,可以在政策允许,并且不影响邻居的情况下开在居民楼里,甚至开在自己的卧室,这样可以在创业初期节约大笔开支。

 五、制定促销策略

(一)制定促销策略的影响因素

为了将产品成功地销售出去,创业者必须采取有效的促销策略,因此需要对促销策略的选择进行详细的分析。制定促销策略应考虑以下因素:

1. 整体营销环境

创业者制定的促销方案能否实行,取决于整体营销环境是否支持该促销方案,这方面典型的例子是直销牌照的发放。目前国内发放的这类牌照很少,因为直销和传销的界限不清。但也有个别企业获得这类牌照,如雅芳、完美等品牌。因此,企业需要根据营销整体环境所提供的机会和约束条件制定促销方案。

2. 目标市场状况

促销策略的选择与目标市场特征关系极大。目标市场的地理位置、社会文化、消费者心理因素、行为特征等都决定了促销策略的接受程度和实施效果。创业者在对目标市场进行深度分析后,再决定采用什么样的促销方案。比如,对于技术含量高的独特产品,应采用人员推销,通过人员演示产品的独特性,提升消费者的认可度。对于一般性产品,应注重提升产品知名度和附加值,充分利用广告等方式,提升产品的客户认可度。

（二）促销策略选择

促销策略一般可分为3类，即广告、营业推广、人员销售。

1. 广告

它是指在促销过程中所推行的商业广告，不同于公益公告。广告传播面广，范围大，一般能取得较好的效果。由于广告的实施和传播需要中介传媒，而媒体本身的声誉和影响力会对广告的效果产生重大影响。因此，好多企业不惜重金在电视上做广告，目的是靠权威性扩大影响力，扩大覆盖面。当然，在广告的内容、形式、广告语等方面应下大功夫，以提升广告的宣传效果。选择广告媒体应从实际情况出发，进行比较，选择投入较少的或虽投入较多，但能达到更大广告宣传效果的。也可考虑进行广告组合，如同时采用电视广告，平面广告，网络广告等。要选择最有利于实现目标的广告媒体，注重广告的成本效益分析，防止盲目不计成本地进行广告宣传。

2. 营业推广

这是在特定地点或特定时机采用特殊手段对消费者实行强烈的刺激，从而达到促销效果或目标的方式。当然，营业推广不能作为常用策略，经常使用会让消费者产生反感，其效果适得其反。在实际运营中，应采用实际营业推广与其他方式相结合的方式，以达到更好的促销效果。营业推广手段包括赠送样品、免费试用、发放折扣券、有奖销售、返还现金等，还可以通过展销会、交易会、博览会等方式来推销产品。比如，某罐头厂厂长参加展销会时，被安排在角落里，无人问津，于是想出奇招，制作铜牌，捡到铜牌的可到展角去领纪念品。捡到兑奖物品，成为展会一道"亮丽的风景线"，非常成功。

3. 人员销售

这是企业派营销人员直接到目标市场同客户建立联系、传递信息、促进商品和服务销售的活动。人员销售有成本优势，不用花很大的广告费用。人员销售是面对面的销售，有助于增强沟通，培养与客户的关系。同时，可以进行当场示范，这很容易吸引客户，使客户信服。当然，如果选人不当，会造成不良影响，也会影响促销活动的效果。人员销售时应特别加强对用户信息的调研，收集各种信息资料，有针对性地进行销售，同时，销售人员要掌握沟通、谈判、交流等方面的技巧。在进行促销时，无论采用哪种策略，都应适时地进行总结，发现问题时采取适当调控措施，有效评估，及时反馈，不断提高促销效果。

六、营销定价

（一）营销定价目标

合理的价格设定可以快速推进新产品的市场导入工作。在定价阶段，创业者应综合考虑各方面因素，为企业的产品销售制定合适有效的价格。创业者需要考虑的是企业的定价目标。定价目标应服从企业的整体战略目标。不同企业的定价目标存在差异，大体有以下几种：

1. 以获取利润为定价目标

利润是企业生存和发展的源泉。为获取利润，在制定价格时，必须使价格高于产品成本,这样在实现销售时就能获取利润。根据产品的特性和开发成本,可以把价格定得较高,获得较高的利润,也可以把价格定得较低,实现薄利多销,以量取利。在定价时,创业者也要权衡短期利润和长期利润,不能顾此失彼。比如,进入新市场时,如果创业者制定的短期利润目标较高,就有可能吸引后续竞争者跟进市场,由此增加市场竞争强度,导致长期利润降低。

2. 以占领市场为定价目标

为了占领市场,扩大市场影响力,提高市场占有率,培养客户的忠诚度,并尽快对潜在竞争者形成进入壁垒,在定价时,创业者往往采用低价策略,先入为主。

3. 以扩大销售量为定价目标

创业者以扩大销售量为目的制定价格,对于高投入的产品,只有扩大销售才能形成规模,使产品成本下降,得到市场认可。这在一定意义上,既扩大了市场份额,也是遏制竞争对手的有力工具。为扩大销售可采用低价或其他竞争策略相结合的方式,切忌将价格竞争作为唯一的扩大销售手段。

4. 以应对竞争为定价目标

在创业阶段,有的学者认为,创业者不应采用积极主动竞争策略与竞争对手进行针对性的面对面竞争,应找缝隙市场,避开竞争者的锋芒,这有利于创业者以较低的实力打开市场。但20世纪90年代以来,也有学者认为,创业者可采取积极竞争手段与竞争者进行针锋相对的竞争,这可以带动企业成长。创业者根据竞争者价格制定产品价格,以价取胜。实际上,无论采用哪种定价目标,都应从外部市场环境以及产品开发特征、用户、成本角度综合考虑,要以有利于促进企业成长、有利于提高市场核心竞争力、有利于赢得客户为标准。

(二)营销定价方法

企业的定价方法很多,常见的定价方法有以下几种:

1. 成本定价法(渗透定价法)

这是一种很实用的定价方法,但需要对企业成本进行精确的计算,在此基础上再加上预期利润,就定出销售价格。这适用于产品成本易核算的企业。如果提供的产品或服务是难以量化的,成本定价法就不容易操作。

除成本核算外,还需要对利润目标进行仔细分析。比如,需要分析该行业的平均利润水平,进行一些必要的调研,如果是新市场,可借用金融市场的基准利率,如定期存款利率等。总之,创业者可以根据成本和预期利润确定价格。

2. 竞争定价法

创业者进入的是现有市场,有同行竞争者,因此创业者要考虑竞争对手的价格水平。创业者从同业竞争者价格考虑,一般定价应水平大体相当。因为同业价格水平往往在消费者中被认为是合理价格,因此定价过高会失去消费者,进而失去市场份额,这对新创企业是十分不利的。创业者往往采用跟随定价的策略。如果创业者的产品具备特殊技术、功能等方面的优势,能吸引消费者,则可采用高于竞争对手的价格。

3. 心理定价法

这是对上述两种定价方法的补充,是根据消费者购买商品的心理动机来制定价格的。

比如，尾数定价法，如采用以 9 为尾数的价格，使消费者产生便宜的错觉，产生购买欲望。房地产商在新楼盘开盘时，价格往往比平常价格高，并且有进一步上涨的趋势，这是利用消费者惧怕价格增高而产生的恐慌购买心理，常常能够奏效。心理定价法需要创业者对消费者心理进行调查，才能取得较好效果。

4. 混合定价法

这是一种组合定价的方法，主要有系列产品定价、连带产品定价、附带产品定价等。比如，企业出售系列产品，对高端产品采用高价格，而对一般产品采用低价格。如果企业目标市场在不同区域，对消费水平高的地区采用高价格，对消费水平低的地区采用低价格。新产品导入时定价高，以后逐步降低。

综上所述，创业者定价方法应灵活多变，不能固定在一个模式上。同时应注意定价方法与其他营销措施相结合，防止单纯依靠价格来提高竞争水平。

本 章 小 结

本章介绍了什么是商业模式。通过学习，学生能够了解战略与商业模式之间的关系，掌握商业模式设计和开发的思路，明确商业模式的结构以及创新设计。同时结合商业模式学生应该学会利用市场营销的知识，懂得市场营销的产品策略、渠道策略、促销策略以及定价方法。通过学习能够为自己的创业项目设计商业模式，确定营销方案。

复习思考题

1. 什么是商业模式？商业模式的基本价值链结构有哪些？
2. 如何正确理解商业战略与商业模式之间的关系？
3. 如何开展商业模式的价值链条分析？如何进行商业模式创新？
4. 请叙述创业营销的特征、流程和具体内容。
5. 创业营销运作的成功要素有哪些？请举例说明。

第六章　创业团队的组建与管理

教学目标

学习完本章之后,学生能够达成以下目标:
1. 掌握创业团队的概念内涵、作用;
2. 了解创业团队的构成与组建原则;
3. 掌握创业团队的组建与管理方法;
4. 认识团队领导的角色与作用。

导入案例

新东方的团队精神

新东方之所以能够走到今天,是因为新东方拥有非常优秀的团队。一个人的力量是有限的,但是一群人的力量是无限的。我们很容易把一根树枝折断,但我们很难把捆在一起的十根树枝一起折断。但做事情仅有一群人还不行,这群人必须是具备团队精神的一群人,也就是一群有着同样精神状态、奋斗目标和进取精神的人。

新东方的第一批团队成员实际上是一批下岗工人——十来个四五十岁的中年妇女。她们帮助新东方管理教室、打扫卫生、印刷资料、处理各种社会关系、帮助服务学生等,这批在国有企业中已经完全失去活力的妇女们,在新东方爆发出了空前的工作激情,以每天工作十六个小时还不罢休的热情投入工作之中,把新东方搞得蒸蒸日上、日新月异。

新东方的第二批重要团队成员是新东方最初的十几个老师,这批人包括了现在在学生中还赫赫有名的钱坤强、夏红卫、杨继、宋昊、钱永强等人物。1995年,俞敏洪放弃了出国读书的打算,下定决心要把新东方当作终身事业来做。俞敏洪只身飞到美国、加拿大,一是走马观花看看这些国家,了却心中踏上北美土地的愿望;二是拜访大学时的同窗好友,看看有没有机会说服他们回到中国和他一起做新东方。在无数次的喝酒聊天悲歌欢笑之后,他终于打动了几个胸怀大志的朋友,他们背起行囊又回到了伟大的祖国。这些人组成了新东方最具魅力的一个团队,以他们的激情、眼光和胸怀,一次次让学生激动,一次次使新东方升华。这批人把新东方从一个原始的培训学校,打造成了具有现代化管理结构的国际上市公司,把俞敏洪从一个只会英语教学的老师,推上了上市公司老总的管理平台。这些朋友,至今仍然在新东方发挥着重要的作用,他们就是学生一听到名字就翘首仰视的王强、徐小平、包凡一等人。他们以思想、激情和梦想,在整整十年的时光里,感动了成千上万的学生，让他们相信未来、热爱生命。

今天，随着新东方的发展，新东方的团队越来越强大，充满个性和魅力的人物越来越多。无数才华横溢的老师从四面八方来到新东方，无数热爱教育的人才从五湖四海汇聚到新东方，今天的新东方已经壮大成为一个有着八千多名员工、老师和管理者的强大团队。

新东方的办公地点变了，新东方的组织结构变了，但有一点新东方一直保持着本色不变，那就是令人羡慕的、拥有强大精神力量的新东方团队。

（资料来源：《大学生创业案例解析》，张汝山、张林）

【思考与讨论】
1. 新东方能取得成功的因素有哪些？
2. 新东方创业团队有哪些特点？

第一节　创业团队的概念与内涵

现代创业活动已经不是一种纯粹追求个人英雄表现的行为，成功的创业个案大多与有效的团队运作密切相关。据调查显示，团队创业成功的概率要远远高于个人独自创业。原因很简单，没有人会拥有创立并运营企业所需的全部技能、经验、关系或者声誉。在创业成功的公司中，有70%属于团队创业。

在创业的过程中，仅有创业的决心是远远不够的，还需要寻找各种各样的资源。创业者可以通过选择合作伙伴来完善创业所需要的专业知识和技能资源，最后整合成一支配合默契的创业团队。因为创业如同拔河比赛，"人心齐，泰山移"；创业如同赛龙舟，步调一致，不偏不倚，才能独占鳌头。"宁要一流的人才和二流的项目，也不要一流的项目和二流的人才"是创业投资家的箴言。可以说，创业浪潮中"项目秀""个人秀"的时代正在结束，团队的力量逐渐被越来越多的人看好。尤其在创业的起步阶段，如果没有一个成功的团队，再完美的创业计划也可能会"胎死腹中"。

因此，组建一支优秀的创业团队对任何创业者而言，都是一项至关重要的工作。

一、创业团队概述

（一）创业团队的概念

创业团队，就是由少数具有技能互补的创业者组成的团队。创业者为了实现共同的创业目标和一个能使他们彼此担负责任的程序，共同为达成高品质的结果而努力。共同创业有利于分散创业的失败风险；通过团队成员之间的技能互补可提高驾驭环境不确定性的能力，从而降低新创企业的经营失败风险。更为重要的是，共同创业具有更强的资源整合能力，能同时从多个融资渠道获取创业资金等资源，保证创业企业的成功。

（二）创业团队的组成要素

1. 共同目标

创业团队应该有一个既定的共同目标，为团队成员导航，知道要向何处去。没有目标这个团队就没有存在的价值。目标在创业企业的管理中以创业企业远景、战略的形式体现。

2. 人力资源

人是构成创业团队最核心的力量。三个以上的人就形成一个团体，当团体有共同奋斗的目标就形成了团队。在一个创业团队中，人力资源是所有创业资源中最活跃、最重要的资源。应充分调动创业者的各种资源和能力，将人力资源进一步转化为人力资本。

目标是通过人员来实现的，所以人员的选择是创业团队中非常重要的一个部分。在一个团队中可能需要有人出主意，有人订计划，有人实施，有人协调不同的人一起去工作，还有人去监督创业团队工作的进展、评价创业团队最终的贡献，不同的人通过分工来共同完成创业团队的目标。在人员选择方面，要考虑人员的能力如何，技能是否互补，人员的经验如何。

3. 准确定位

创业团队的定位包含两层意思：

（1）创业团队的定位。创业团队的定位，即创业团队在企业中处于什么位置，由谁选择和决定团队的成员，创业团队最终应对谁负责，创业团队采取什么方式激励下属。

（2）个体（创业者）的定位。个体（创业者）的定位，即个体作为成员在创业团队中扮演什么角色，是制订计划还是具体实施或评估。是大家共同出资，委派某个人参与管理；还是大家共同出资，共同参与管理；或是共同出资，聘请第三方（职业经理人）管理。这体现在创业实体的组织形式上，是合伙企业还是公司制企业。

4. 权限大小

创业团队当中领导人的权力大小与其团队的发展阶段和创业实体所在行业相关。一般来说，创业团队越成熟，领导者所拥有的权力相应地越小，在创业团队发展的初期阶段领导权相对集中，高科技实体多数实行民主的管理方式。

5. 计划目标

计划的两层含义：第一，目标最终的实现。需要一系列具体的行动方案，可以把计划理解成达到目标的具体工作程序。第二，按计划进行可以保证创业团队的进度顺利。只有在计划的操作下创业团队才会一步一步地贴近目标，从而最终实现目标。

【阅读资料6.1】 ▶▶▶>>>

"神驼"的起步

蒋大奎和陆谟经过三年苦读，获得了MBA学位。1996年年初，他俩想自己出去闯天下，自立门户。二人分析了自己的长处与不足，又做过初步市场调研后，决定涉足中、短途公路物资运输。经过筹备，办起了"神驼物资运输有限责任公司"，董事会决定，先小规模试探，买下三台旧卡车，择吉开张。

蒋、陆两人既兴奋又不安，但他们学的是 MBA，对管理理论是熟悉的，知道应该先务虚，再务实，即先制定公司文化与战略这些"软件"，再搞运营、销售、公关等这些"硬件"。

他们观察本地公路运输服务业，觉得彼此差异不大，没有特色，这正犯兵家之大忌。神驼必须创造自己独有的特色！经仔细推敲，决定"神驼"就是要在服务方面出类拔萃。但要做到这一点，需要适当的人来保证。蒋、陆二人觉得在这创业阶段，公司结构与人员都必须贯彻"少而精"的原则，为此，组织结构只设两层，他俩都不要助理和秘书，直接一抓到底。分配上基本是平均的，工资也属行业中等，但奖金与企业效益直接挂钩，部分奖金不发现金，改取优惠折算的本企业股票。基层的职工只分内、外勤；外勤即司机和押送员；内勤则是分管职能工作的职员，他们的岗位职责并不太明确，而是编成自治小组，高度自主，有活一起干，有福一同享，分工含混可多学技能知识，锻炼成多面手。为此，他们在选聘职工时十分仔细，并轮流向他们介绍公司的宗旨和目标。

头半年确实很辛苦，但似乎是得大于失的。这种团结一致、拼命向前的气势和决心，确实使"神驼"服务质量在用户中一枝独秀，口碑载道。一开始是派人上门招引用户，半年下来，反而是用户来登门恳请提供服务，用户们还辗转相告，层层推荐。"神驼"的业务滚雪球似的增长，蒋、陆二人已有些应接不暇了。

（资料来源：百度文库）

（三）创业团队的类型

从不同的角度、层次和结构，可以划分为不同类型的创业团队，而依据创业团队的组成者来划分，创业团队有星状创业团队、网状创业团队和从网状创业团队中演化而来的虚拟星状创业团队。

1. 星状创业团队

一般在团队中有一个核心人物，充当了领队的角色。这种团队在形成之前，一般是核心人物有了创业的想法，然后根据自己的设想进行创业团队的组织。因此，在团队形成之前，核心人物已经就团队组成进行过仔细思考，根据自己的想法选择相应人员加入团队，这些加入创业团队的成员也许是核心人物以前熟悉的人，也有可能是不熟悉的人，但这些团队成员在企业中更多时候是支持者角色。

这种创业团队有以下几个明显的特点：

（1）组织结构紧密，向心力强，主导人物在组织中的行为对其他个体影响巨大；

（2）决策程序相对简单，组织效率较高；

（3）容易形成权力过分集中的局面，从而使决策失误的风险加大；

（4）当其他团队成员和主导人物发生冲突时，因为核心主导人物的特殊权威，使其他团队成员在冲突发生时往往处于被动地位，在冲突较为严重时，团队成员一般都会选择离开团队，因而对组织的影响较大。

2. 网状创业团队

网状创业团队的成员一般在创业之前都有密切的关系，如同学、亲友、同事、朋友等。一般都是在交往过程中，共同认可某一创业想法，并就创业达成了共识以后，开始共同进行创业。在创业团队组成时,没有明确的核心人物,大家根据各自的特点进行自发的组织角色定位。因此,在企业初创时期,各位成员基本上扮演的是协作者或者伙伴角色。

这种创业团队的特点表现为以下四个方面:

(1) 团队没有明显的核心,整体结构较为松散;

(2) 组织决策时,一般采取集体决策的方式,通过大量的沟通和讨论达成一致意见,因此组织的决策效率较低;

(3) 由于团队成员在团队中的地位相似,因此容易在组织中形成多头领导的局面;

(4) 当团队成员之间发生冲突时,一般都采取平等协商、积极解决的态度消除冲突,团队成员不会轻易离开。但是一旦团队成员间的冲突升级,使某些团队成员撤出团队,就容易导致整个团队的涣散。

这种创业团队的典型是微软的比尔·盖茨和其童年玩伴保罗·艾伦,惠普的戴维·帕卡德和他在斯坦福大学的同学威廉·休利特等。目前世界上多家知名企业的创建者是同学或朋友关系,基于一些互动激发出创业点子,然后合伙创业。

3. 虚拟星状创业团队

虚拟性状创业团队由网状创业团队演化而来,基本上是前两种的中间形态。在团队中,有一个核心成员,但是该核心成员地位的确立是团队成员协商的结果,因此核心人物从某种意义上说是整个团队的代言人,而不是主导型人物,其在团队中的行为必须充分考虑其他团队成员的意见,从而不如星状创业团队中的核心主导人物那样有权威。

(四) 创业团队的作用

一个成功的现代企业从一开始就应该走规范化管理道路,因此,创业者在注册公司时就应该组建创业团队。一个好的创业团队对新创科技型企业的成功起着举足轻重的作用。新型风险企业的发展潜力与企业管理团队的素质之间有着十分紧密的联系。一个喜欢独立奋斗的创业者固然可以谋生,然而一个团队的营造者却能够创建出一个组织或一个公司,而且是一个能够创造重要价值并有收益选择权的公司。创业团队的凝聚力、合作精神、立足长远目标的敬业精神会帮助新创企业渡过危难时刻,加快成长步伐。另外,团队成员之间的互补、协调以及与创业者之间的补充和平衡,对新创科技型企业起到了降低管理风险、提高管理水平的作用。

一项针对 104 家高科技企业的研究报告指出:在年销售额达到 500 万美元以上的高成长企业中,有 83.3%是以团队形式建立的;而在另外 73 家停止经营的企业中,仅有 53.8%有数位创始人。

【教学案例 6.1】 ▶▶▶>>>

创业梦止于摇篮的原因

西安理工大学 2007 届毕业生小黄曾参加了西安市政府举行的全市落实创业政策恳谈会。会上,他一道出自己想建立一个大学生求职网站的想法就得到了市长陈宝根的赞赏和支持。在市长的鼓励下,这个充满了创业激情的小伙子迅速完善了先前酝酿许久的创业计划书、架构起未来网站的基本框架。但一个绕不开的问题是，由于自己并不会写电脑程序，网站的建立必须由专业的技术人员来完成，这名技术核心人物在哪里？苦苦找寻数月无果，小黄只好暂时收起创业梦想，先找份工作，给别人打工。

"对创业条件分析不足，这是我最大的失败。"小黄这样总结自己失败的起步。

坎坷求职经历激发创业梦想

大学最后一学期，迎接小黄的是一场接一场的招聘会、一次又一次的失望而归。"我们不停地奔波于各种招聘会，在海量的招聘信息里想要找到一个适合自己的企业却很难。"在与企业的接触中，小黄了解到企业也存在类似的烦恼。因为缺乏对学生的了解，企业仅通过一次招聘会或一次简单的面试签订用人协议，事后却发现招聘来的员工并不适合这份工作，为此浪费了大量人力物力。于是，他萌发出这样一个想法——办一个不同寻常的求职网站。

小黄介绍说，在网站中，他将为企业和大学生搭建起一个长期稳定的接触平台，只要大学生和企业登录注册，双方就可以通过这个平台相互了解，企业甚至可以跟踪大学生在校期间的各方面表现，决定毕业时是否录用。

接下来的几个月，小黄开始了广泛的市场调研。他拜访20多家企业，与人力资源管理部门负责人沟通了这一想法，网站的特色服务内容得到70%的人的肯定。"我会用两到三年的时间向外界推广网站，吸纳大学生和企业登录，并向企业收取一部分会员费。三年后，点击量有了一定提升，广告将成为网站盈利的又一渠道。未来，在继续完善网站服务内容的基础上，推出一系列连带产品，我相信这会有更大的发展前景。"实际上，小黄已明确了网站的盈利模式。至于网站的长远规划，小黄表示他已制订了相应的计划。

渴望获得创业指导

尽管制订了自己的创业计划，确立了盈利模式，进行了市场调研，也得到了父母兄长的资金支持，但小黄却忽视了创业最为关键的因素之一——组建得力的团队。

"刚开始我以为这不是问题，懂程序的人多，肯定能吸引到这样的人。"直到制订创业计划的后期，小黄才向身边好友发布信息，结果只找到一个做网站的高中好友。"人太少了，编好这个网站的程序至少要两年。"小黄说，目前高校内具备这方面技术的人太少，而有丰富经验和能力的人却不愿意放弃工作跟他一起创业，好比没有左膀右臂，小黄孤军奋战的结果只能是败下阵来。

"合理的创业方案、资金和团队是创业的三大要素，缺一不可，之前我却没有认识到这一点。"小黄感到有些后悔。他说，如果当初有人能给他指导和提醒，或许就不会出现这样的错误，"学校应该开设创业指导选修课，给有创业想法的大学生一定的指引。"

目前，小黄暂时放下了自己的创业计划，开始忙于找工作。"等有了几年工作经验，我还会继续完成创业梦想。这几年，我会构建自己的生活圈，寻找创业的最佳团队。"

（资料来源：百度文库）

【思考与讨论】
1. 小黄创业失败的主要原因是什么？
2. 选择创业团队的成员应该选用什么样的人？应该考虑哪些方面？

二、创业团队的互补

创业团队的互补是指针对创业者知识、能力、心理等特征和教育、家庭环境方面的差异对创业活动产生的不利影响，通过组建创业团队来发挥各个创业者的优势，弥补彼此的不足，从而形成一个知识、能力、性格、人际关系资源等方面全面具备的优秀创业团队。

【阅读资料6.2】 ▶▶▶>>>

南京冠亚神似微软的完美搭档

南京冠亚电源设备有限公司是张海波、张光海两兄弟于2001年创立。经过他俩以及冠亚员工的不懈努力，目前冠亚的注册资本已是500万元，每年的销售收入也将达到2 000万元。

这两位老总是兄弟，也许正是有了这层关系，他们才走到了一起，组成了类似于微软比尔·盖茨和鲍尔默的搭档组合：一个懂技术有战略眼光，一个是善于管理有市场开拓能力的实干家。

张海波技术出身，负责冠亚技术层面的工作，带领技术创新团队进行产品研发，是业内的技术权威，从而在产品研发方面引领冠亚不断向前发展。他们研发的产品每年的销售额少则几百万元，多则有无限广阔的市场，无法用常量来衡量。

张光海负责冠亚日常管理。他在国营企业待了十几年，学会了怎样管理公司、怎样和他人进行有效的沟通……张光海不苟言笑，却能够以他独到的管理方式把冠亚管理得井井有条。

（资料来源：瞧这网 http://www.795.com.cn/wz/92866.html）

（一）创业团队互补的意义

创业团队和创业产业的选择是企业创立前的主要决策要素，调查发现：合伙形式创业的比例为60.5%，独自创业的比例为39.5%，这一点表明企业家更倾向于合伙创业。这主要是因为：合伙创业有利于分散创业失败的风险；通过团队成员之间技能互补能提高企业家驾驭环境不确定性的能力，从而降低新创企业的经营失败风险；更为重要的是，调查还发现，合伙创业具有更强的资源整合能力，能同时从多个融资渠道获取创业资金，保证创业资金的获取。

另据统计数据报道：创业的成功率只有20%，新创企业只有20%能生存5年或更长的时间；35%的新创企业在开业当年就失败了，活过5年的只有30%，生存10年的仅为10%。尽管这些数字的准确程度值得商榷，但是不可否认，创业企业因为资金、技术相对欠缺，不够成熟，管理方面经验缺乏，要想获得成功必须付出更大的努力。而其中重要的一点，就是必须高度重视创业团队的组织设计。如何组建一个高效、优势互补的团队非常重要，它是创业取得成功的基础。

（二）创业团队互补的途径

从人力资源管理的角度来看，建立优势互补的创业团队是保持创业团队稳定的关键。创业者需要什么样的创业团队，依赖于创业机会的性质和核心创业者的创业理念。形成一个团队的关键是核心创业者评价其创业战略，即首先要考虑是否想把创业企业发展为一个有潜力的百年企业；其次是评价需要什么样的才能、技能、技巧、关系和资源，弄清楚自己已经具备什么和还需要补充什么。

创业团队是人力资源的核心，"主内"与"主外"的不同人才，耐心的"总管"和具有战略眼光的"领袖"，技术与市场两方面的人才都是不可或缺的。创业团队的组织还要注意个人的性格与看问题的角度，如果一个团队里总能有提出建设性的、可行性建议的成员和能不断地发现问题的批判性的成员，对于创业过程将大有裨益。

研究表明，大多数创业团队在组建时，并不是考虑到成员专业能力的多样性，而是因为有相同的技术能力或兴趣，至于管理、营销、财务等能力则较为缺乏。因此，要使创业团队能够发挥其最大的能量，在创建一个团队的时候，不仅仅要考虑相互之间的关系，最重要的是考虑成员之间在能力和技术上的互补性，包括功能性专长、管理风格、决策风格、经验、性格、个性、能力、技术以及未来的价值分配模式等特点的互补，以此来达到团队的平衡。例如，太阳微系统公司就是一个非常值得借鉴的例子，创业初期维诺德·科尔斯勒找来的三个人分别是软件专家、硬件专家和管理专家。太阳微系统公司的创业团队非常稳定，稳定的团队为其带来了稳定的发展。

创业团队是由很多成员组成的，那么这些成员在团队里究竟扮演什么角色，对团队完成既定的任务起什么作用，团队缺少什么样的角色，候选人擅长什么，欠缺什么，什么样的人与团队现有成员的个人能力和经验是互补的，这些都是必须首先考虑的。这样，我们就可以利用角色理论挑选和配置成员，所挑选出的成员，才能做到优势互补，各有所长。因为创业的成功不仅是自身资源的合理配置，更是一个各种资源调动、聚集、整合的过程。

1. 不同角色对团队的贡献

不同角色在团队中发挥着不同的作用，因此，团队中不能缺少任何一个角色。一个创业团队要想紧密团结在一起，共同奋斗，努力实现团队的远景和目标，各种角色的人才都不能缺少。

（1）创新者提出观点。没有创新者，思维就会受到限制，点子就会匮乏。创新是创业团队生产、发展的源泉。企业不仅开发要创新，管理也需要创新。

（2）实干者运筹计划。没有实干者的团队会显得比较乱，因为实干者的计划性很强。"千里之行，始于足下"，有了好的创意还需要靠行动去实践，而且实干者在企业人力资源中应该占较大的比例，他们是企业发展的基石。没有执行就没有竞争力，只有通过实干者踏实努力的工作，美好的远景才能变成现实，团队的目标才能实现。

（3）凝聚者润滑调节各种关系。没有凝聚者的团队，其人际关系也会比较紧张，冲突的情形会更多一些，团队目标完成将受到很大的冲击，团队的寿命也将缩短。

（4）信息者提供支持的武器。没有信息者的团队会比较封闭，因为不知道外界发生了什么。当今社会，信息是企业发展必备的重要资源之一。创业团队要在社会中生存和发展，没有外界的信息交流，企业就成了一个封闭的小团体。而且，创业团队的成功更需要正确的、及时的信息。

（5）协调者协调各方利益和关系。没有协调者的团队，领导力会削弱，因为协调者除了要有权威性的领导力，更要有一种个性的引招力来帮助领导形成个人影响力。从某个角度说，管理就是协调。各种背景的创业者凝聚在一起，经常会出现各种分歧和争执，这就需要协调者来调节。

（6）推进者促进决策的实施。推进者是创业团队进一步发展的"助推器"，没有推进者效率就不高。

（7）监督者监督决策实施的过程。没有监督者的团队会大起大落，做得好就大起，做得不好也没有人去挑剔，这样就会大落。监督者是创业团队健康成长的鞭策者。

（8）完美者注重细节，强调高标准。没有完美者的团队，其发展线条会显得比较粗，因为完美者更注重的是品质、标准。但在创业初期，不能过于追求完美。在企业的逐渐成长过程中，完美者要迅速地发挥作用，完善企业中的缺陷，为企业的做大做强打下坚实的基础。现代管理界提出的"细节决定成功"的观点，进一步说明完美者在企业管理和发展中的重要作用。

（9）专家则为团队提供一些指导。没有专家，企业的业务就无法向纵深方向发展，企业的发展也将受到限制。

2. 团队角色搭配

团队当中有不同的角色，角色和角色之间配合的时候，也会存在着若干问题，在角色搭配的时候需要加以注意。团队角色的搭配如表 6-1 所示。

表 6-1 团队角色的搭配

职位 \ 角色合作情况	上司		同事		下属	
	赏识	不赏识	配合	冲突	满意	不满
推进者（SH）	CO/ME	IM	SP/PL		TW/FI	CO/ME
创新者（PL）	CO/TW	SH/IM	CO/SP/TW	ME/PL/IM	IM/ME	SH/SP
专家（SP）	IM/TW/CO	SH/SP	IM/TW	PL	IM/TW	PI
监督者（ME）	CO	ME/SH	CO/IM	ME/FI	IM	ME
完美者（FI）	SP/PL/SH	FI	IM	SP	IM	SP
实干者（IM）	SH/PL/FI	IM	CO/ME/SP/PL/FI	IM/PL	TW	SP/PL
信息者（SP）	SH	FI/SP	IM/TW	FI/SP	FI	SH
协调者（CO）	SH/PL	TW	TW	SH	PL	SH
凝聚者（TW）	SH	TW	TW/PL	SH	SP	SH

创新者碰到协调者的上司，这时他们之间的关系应该没有问题，因为协调者善于整合各种不同的人一起去达成目标；但如果创新者碰到实干者的上司往往就会不太理想，因为

实干者喜欢按计划做事，不喜欢变化。

作为同事，创新者和凝聚者之间不会有问题，因为凝聚者擅长协调人际关系；但如果一个创新者碰到另一个创新者同事，这时两人会围绕着各自的立场和观点展开争议，内耗也就可能出现。

创新者的上司，如果碰到一个实干者的下属会很高兴，因为有人在把他具体的工作细节做好，正好是一种互补；但要碰到一个推进者的下属，他们之间的矛盾可能就会激化。

两个完美者在一起，可能作为上司的完美者并不欣赏作为下属的完美者，因为完美者永远觉得自己的标准是最高的，很难接受别人的标准；但完美者如果碰到实干者同事，往往彼此间很欣赏；如果碰到一个信息者的上司，下属与他就会有一些冲突，因为信息者对于外界的新鲜事物接受很快，而完美者主张只有120%的把握才会去做，他们围绕着要不要采取新的方式和方法存在一些疑问。

类似的不同团队成员之间还会有很多配合关系，也都需要一一了解。

在了解不同的角色对于团队的贡献以及各种角色的配合关系后，就可以有针对性地选择合适的人才，通过不同角色的组合来达到团队的完整。并且，由于团队中的每个角色都是优点和缺点相伴相生，领导者要学会用人之长、容人之短，充分尊重角色差异，发挥成员的个性特征，找到与角色特征相契合的工作，使整个团队和谐，达到优势互补。

优势互补是团队搭建的根基。团队竞争是创业企业赖以战胜大企业的主要法宝，大企业可以聘用非常好的职业经理人，而在创业之初创业企业则只能通过团队精神推动企业的发展。所以，寻找到好的优势互补的合作伙伴，是创业成功的重要保证。当代社会，社会分工越来越细，最专业的事就要交给最专业的人去做，胜算才会更大；也只有优势互补的团队才能充分发挥其组合潜能，并肯定优于个人创业的单打独斗。

在一个创业团队中，成员的知识结构越合理，创业的成功性越大。纯粹的技术人员组成的公司容易形成以技术为主、产品为导向的情况，从而使产品的研发与市场脱节；全部由市场和销售人员组成的创业团队缺乏对技术的领悟力和敏感性，也容易迷失方向。因此，在创业团队的成员选择上，必须充分注意人员的知识结构——技术、管理、市场、销售等，充分发挥个人的知识和经验优势。

（三）创业团队应注意的一些问题

不同的创业者在共同的创业愿景鼓舞下，形成了创业团队。搭建一支优秀的创业团队对任何创业者而言，都是一项至关重要的工作，是保证创业团队沿着共同目标求同存异、最后实现团队愿景目标的组织保证。团队应该注意以下问题：

1. 知己知彼

有些创业者认为，绝大多数创业团队的核心成员都很少，一般是三四个人，多的也不过十来人，如此少的团队成员从企业管理角度来看，实在是"小儿科"，因为人数太少，几乎每个从事管理工作的人都觉得能够轻易驾驭。但实际上，这个创业团队成员虽少，但是都有自己的想法，特别是当团队中具备领导特质的人有两个或两个以上时，团队成员内心有不服领导的想法。因此，我们对创业团队中的每个成员都不能报以轻视的态度。

一个优秀的创业团队的所有成员都应该相互非常熟悉，知根知底。《孙子兵法》中云：

"知己知彼，百战不殆。"在创业团队中，团队成员都非常清楚地认识到自身的优、劣势，同时对其他成员的长处和短处也一清二楚，这样可以很好地避免团队成员之间因为相互不熟悉而造成的各种矛盾、纠纷，从而迅速提高团队的向心力和凝聚力。同时，团队成员的熟悉更有利于成员之间工作的合理分配，最大可能地发挥各自的优势。

现在，国内许多大学生选择创业，他们选择的合作伙伴也多是同学、朋友、校友，但还是很快就失败了。为什么呢？一部分原因是他们选择的合作伙伴虽然都是熟人，但是熟人之间缺乏交流、沟通，说到底，团队成员彼此还是陌生的。

2. 有优秀的带头人

在企业管理和市场营销中，经常谈论领导者的核心竞争力。事实上，在创业团队中，带头人作用更加重要。带头人正如在大海航行中的巨轮的舵手，指引着创业团队的方向。

创业团队中必须有可以胜任的领导者，而这种领导者，并不是单单靠资金、技术、专利来决定的，也不是谁提出什么好的点子谁就能当的。这种带头人是团队成员在多年同窗、共事过程中发自内心认可的，应该在创业团队中有一种无形的影响力，是一个有感召力的领导者。

3. 有正确的理念

要坚信组织能够健康发展下去，相信创业团队一定能够获得成功。不要一开始就想着失败，尤其不要用那些所谓"经典"的理论，比如"只能同甘，不能共苦""天下没有不散的筵席"等支配自己的思想和行动，应该树立坚定的信念，要坚信团队的事业一定能成功。

4. 有严格的规章制度

俗话说："没有规矩不成方圆。"最初创业时就把该说的话说到，该立的字据一定要立，不要碍于情面。把最基本的责、权、利说得明白透彻，尤其股权、利益分配更要讲清楚，包括增资、扩股、融资、撤资、人事安排及解散等。这样在企业发展壮大后，才不会出现因利益、股权等的分歧导致团队之间的矛盾，使得创业最终失败。

【阅读资料6.3】 >>>>

蚂蚁搬动巨蟒

蚂蚁驻地遭到了蟒蛇的攻击。蚁王在卫士的保护下来到宫殿外，只见一条巨蟒盘在峭壁上，正用尾巴用力地拍打峭壁上的蚂蚁，躲闪不及的蚂蚁无一例外丢掉了性命。正当蚁王无计可施时，军师把在外劳作的数亿只蚂蚁召集起来，指挥蚂蚁爬上周围的大树让成团成团的蚂蚁从树上倾泻下来，砸在巨蟒身上，转眼之间，巨蟒已经被蚂蚁裹住，变成了一条"黑蟒"。它不停地摆动身子，试图逃跑，但很快，动作就缓慢下来了，因为数亿只蚂蚁在撕咬它，使它浑身鲜血淋漓，最终因失血过多而死亡。一条巨蟒，足够全部蚂蚁一年的口粮了，这次战争虽然牺牲了两三千只蚂蚁，但收获也不小。

蚁王命令把巨蟒扛回宫殿，在军师的指挥下，近亿只蚂蚁一齐来扛巨蟒。它们并不费力地把巨蟒扛起来了。然而，扛是扛起来了，并且每一只蚂蚁都很卖力，巨蟒却没有前移，因为虽然有近亿只蚂蚁在用力，但这近亿只蚂蚁的行动不协调，它们并没有站在一条直线上,有的蚂蚁向左走,有的向右走,有的向前走,有的向后走,结果,表面上看到巨蟒的身体在移动,实际上却只是在原地"扭动"。

于是军师爬上大树,告诉扛巨蟒的蚂蚁:"大家记住,你们的目标是一致的,那就是把巨蟒扛回家。"统一了大家的目标,军师又找来嗓门最高的一百只蚂蚁,让它们站成一排,整齐地挥动小旗,统一指挥前进的方向。

(资料来源:李慧波. 团队精神[M]. 北京:中国城市出版社,2007)

4. 参差不齐,苦乐不均

团队成员的有些能力不适应企业发展的需要,随着企业规模的增长,有些成员甚至因其能力有限,已经不再适应更大规模、更规范的企业经营管理的需要。

每个人都有自己不同的工作风格,尽管团队中有一定余地可以兼容不同工作风格的员工,但也要制定最起码的要求以避免冲突。虽然人们对不同工作的偏好可以通过岗位轮值得到满足,但工作的速度和质量是所有团队成员都必须遵守的标准。因此要统一业绩标准,平等的业绩标准可以促进团队成员的相互尊重。

团队在创立初期没有确定一个明确的利润分配方案,随着企业的发展,利润的增加,在利润分配时出现争议极易导致创业团队解散。这种情况在民营企业中是非常普遍的,很多创业团队在发展初期,或者是没有考虑到,或者是碍于面子,没有明确提出未来具体的利润分配方案,等到企业规模扩大的时候就开始为利润怎么分配而争执。

【阅读资料6.4】>>>>>

拉绳实验

随着组织规模的增大,个体在完成组织任务时的努力将减小,这即是社会懒惰现象。德国科学家林格尔曼(Max Ringelmann)在拉绳实验中观察发现,一个人单独拉绳时的拉力为63千克,3个人拉绳时每人的平均拉力为53千克,8个人一起拉时每个人的平均拉力为31千克。如图6-1所示。

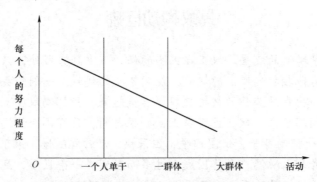

图6-1 群体人数与每个人的努力程度的关系

社会懒惰现象可以用责任分散理论来解释:随着组织规模的扩大,个体对组织的贡献越来越难分清,个体对努力完成组织任务的责任感就越来越小;社会懒惰现象也可以用贡献模糊理论来解释：由于组织中其他成员的存在，个体会感到自己的贡献可有可无或大小无关紧要，因此付出的努力也就小了。

（资料来源：葛玉辉. 人力资源管理［M］. 北京：清华大学出版社，2012）

三、创业团队的社会责任

创业团队的社会责任是指创业团队在创造利润、对股东和员工承担法律责任的同时，还要承担对消费者、社区和环境的责任。创业团队的社会责任要求创业团队必须超越把利润作为唯一目标的传统理念，强调要在生产过程中对人的价值的关注，强调对环境、消费者、社会的贡献。

（一）创业团队社会责任的内容

1. 明礼诚信

由于种种原因造成的诚信缺失正在破坏着社会主义市场经济的正常运营，由于创业团队的不守信，造成假冒商品随时可见，消费者因此而造成的福利损失每年在 2 500 亿～2 700 亿元，占 GDP 的 3%～3.5%。很多创业团队因商品造假的干扰和打假难度过大，导致创业难以为继，岌岌可危。为了维护市场的秩序，保障人民群众的利益，创业团队必须承担起明礼诚信，确保产品货真价实的社会责任。

2. 科学发展

创业团队的任务是发展和赢利，并担负着增加税收和国家发展的使命。创业团队必须承担起发展的责任，搞好经济发展，要以发展为中心，以发展为前提，不断扩大创业团队规模，扩大纳税份额，完成纳税任务，为国家发展做出大贡献。但是这个发展观必须是科学的，任何创业团队都不能只顾眼前，不顾长远，也不能只顾局部，不顾全局，更不能只顾自身，而不顾友邻。所以无论哪个创业团队，都要高度重视在"五个统筹"的科学发展观指导下的发展。

3. 可持续发展

中国是一个人均资源特别紧缺的国家，创业团队的发展一定要与节约资源相适应。创业团队不能顾此失彼，不顾全局。作为创业团队，一定要站在全局立场上，坚持可持续发展，高度关注节约资源；并要下决心改变经济增长方式，发展循环经济，调整产业结构；尤其要响应中央号召，实施"走出去"的战略，用好两种资源和两个市场，以保证经济的运行安全。这样，我们的发展才能持续，再翻两番的目标才能实现。

4. 保护环境

随着全球和我国的经济发展，环境日益恶化，特别是大气、水、海洋的污染日益严重，野生动植物的生存面临危机，森林与矿产过度开采，给人类的生存和发展带来了很大威胁，环境问题成了经济发展的瓶颈。为了人类的生存和经济持续发展，创业团队一定要担当起保护环境、维护自然和谐的重任。

5. 医疗卫生、公共教育与文化建设

医疗卫生、公共教育与文化建设，对一个国家的发展极为重要。特别是公共教育，对一个国家的脱除贫困、走向富强就更具有不可低估的作用。医疗卫生工作不仅影响全民族的身体健康，也影响社会劳力资源的供应保障。文化建设则可以通过休闲娱乐，陶冶人的情操，提高人的素质。我们的国家，由于前一个时期对这些方面投入较少，欠债较多，存在问题比较严重。而公共产品和文化事业的发展固然是国家的责任，但在国家对这些方面扶植困难、财力不足的情况下，创业团队应当分出一些财力和精力担当起发展医疗卫生、公共教育和文化建设的责任。

6. 发展慈善事业

虽然我们的经济取得了巨大发展，但是作为一个有14亿人口的大国还存在很多困难，特别是农村的困难就更为繁重，更有一些穷人需要被扶持。这些责任固然需要政府去努力，但也需要创业团队为国分忧，参于社会的扶贫济困。为了社会的发展，也是为创业团队自身的发展，我们的广大创业团队，应该更好地承担起扶贫济困的责任。

7. 保护职工健康

人力资源是社会的宝贵财富，也是创业团队发展的支撑力量。保障创业团队员工的生命健康和确保员工的工作与收入待遇，不仅关系到创业团队的持续健康发展，而且也关系到社会的发展与稳定。为了应对国际上对创业团队社会责任标准的要求，也为了使中央关于"以人为本"和构建和谐社会的目标落到实处，我们的创业团队必须承担起保护员工生命、健康和确保员工待遇的责任。作为创业团队要坚决遵纪守法，爱护创业团队的员工，搞好劳动保护，不断提高员工工资水平和保证按时发放。创业团队要多与员工沟通，多为员工着想。

8. 发展科技

当前，就总的情况看，我国创业团队的经济效益是较差的，资源投入产出率也十分低。为解决效益低下问题，必须重视科技创新。通过科技创新，降低煤、电、油、运的消耗，进一步提高创业团队效益。改革开放以来，我国为了尽快改变技术落后状况，实行了拿来主义，使经济发展走了捷径。但时至今日，我们的引进风依然越刮越大，越刮越严重，很多工厂几乎成了外国生产线的博览会，而对引进技术的消化吸收却没有引起注意。因此，创业团队要高度重视引进技术的消化吸收和科技研发，加大资金与人员的投入，努力做到创新以创业团队为主体。

（二）社会责任的构建办法

（1）创业团队应该建立明确的流程，确保社会问题以及新兴社会力量在最高级别得到充分探讨，并纳入企业战略规划中，从企业总体发展战略出发，将创业团队的社会责任贯穿到企业整体经营活动中。

（2）创业团队应该设置专门的机构来负责社会责任的推行，并设置相应的社会责任考核指标。

（3）培养创业团队员工的社会责任意识，使创业团队的每个员工在实际的日常行为中处处履行社会责任。

（4）持续定期发放创业团队社会责任报告，全面真实地展现创业团队的公民形象。

第二节 创业团队的组建

【教学案例 6.2】 ▶▶▶>>>

如何搭建合伙人团队？看携程四君子的合伙创业史

100万元的创业资金，却赢得风投三次追加投资，四年做到上市，如何找合伙人，如何搭建合伙人团队？看携程四君子的合伙创业史。

在一个访谈节目中，有观众向演讲嘉宾季琦请教这样一个问题："季总，您曾经创办过的携程、如家、汉庭三家企业都已在美国上市了，请问创业成功需要哪些条件？"

季琦想了一想，回答道："创业需要抓住机会，需要启动经费，但更需要一个合伙人制度的团队。"

被称为"携程四君子"的梁建章、季琦、沈南鹏和范敏，是中国优秀合伙人的典范，他们优势互补，有的懂技术、有的懂财务、有的懂运营、还有的懂资本运作。他们携手，短短四年将携程打造成为中国OTA领域的第一家上市公司。

对于创始人来说，携程的创业史是一部生动的教程，有诸多值得学习和借鉴的地方。

找合伙人——来自同事校友，团队技能互补

季琦和梁建章由于工作关系成了好朋友，经常在一起聊刚刚兴起的互联网。聊着聊着，两人有了一起弄个旅游网站的想法。当然了，要成就一番大业，只有他俩是不够的。两人有个共识——应该再找个能去融钱的人。这时候，他俩注意到了沈南鹏。沈南鹏当时在投资界混得蛮不错了，那该怎么拉他入伙呢？梁建章想到季琦和沈南鹏都是从上海交大毕业的，两人很快找到沈南鹏，把项目阐述了一下。因为校友的关系，再加上双方之前就很欣赏对方的能力，一番畅谈后，沈南鹏毫不犹豫地加入了团队。

于是三人合伙开公司，沈南鹏出资60万元，占40%的股份，而季琦和梁建章各出资20万元，各占20%的股份。

但三人组队后，发现大家都不懂旅游，要让项目顺利开展，还需要找一个行业里的资深人士。几个人到处接触各个旅游公司的高管，而那时候，没有任何人对这个刚刚成立的小公司感兴趣。在一筹莫展的时候，季琦偶然听说上海大陆饭店的总经理范敏，范敏当时是国企总经理，有专职司机，还有单位住房。但范敏也是上海交大的校友，于是三人马上找到范敏见面。范敏听了项目，并没有丝毫动容。梁建章、沈南鹏当时觉得，恐怕挖不来范敏，劝季琦放弃这个想法。季琦想，范敏的确是团队需要的人，要请范敏出来，靠校友的身份去打动他还是有点机会的。于是，季琦就一次又一次地去找范敏，和他聊交大的各种共同记忆，聊他们的改变行业的梦想。终于有一天，范敏终于下了决定，和校友们一起放手一搏。

于是"携程四君子"的技能互补型团队正式成立。梁建章担任首席执行官，负责网站技术；季琦任总裁，负责开拓市场；沈南鹏任首席财务官，负责上市融资；范敏任执行副总裁，负责产品管理。

对此，季琦是这样总结的：

在团队中，成员之间的私交是非常重要的。成员之间如果没有私交，团队会在遇到困难的时候散伙。他和梁建章经常一起旅游，经常一起"吃个小菜，喝个小酒"，他和沈南鹏、范敏都是交大的校友，这样的私交，完全可以化解彼此之间因为冲突和矛盾带来的危机。

合伙人团队——一人全职，三人兼职

既然方向早就确定了，人也找齐了，他们四位决定于1999年5月开始正式运营这个网站。

不过，梁建章有一个提议，建议季琦先把公司做起来。

四个人一起来做一家公司，只有你一个人是全职，其他三个人是兼职，这种情况你同意吗？

面对这个问题，季琦爽快地同意了这个建议："好啊！先由我来开路，反正我一直都在'海里'，没有什么可失去的。"

在创业早期，基本上是季琦一个人在扛着，而其他三位团队成员，只是利用工作之余的时间来跟季琦一起讨论，充当着兼职创业者的角色。

对于这种选择大家心里都很清楚：一家新创企业的成功是依赖很多条件的。假如有某一环节上的失误，马上就会导致一家企业彻底失败，这也是常人所说的"一着不慎，满盘皆输"。在互联网浪潮扑面而来之时，尽管他们的团队很优秀，每个人都有非凡的阅历，商业模式也不错，但是，在一切还没明朗之前，谁敢保证这个创业一定会成功呢？所以说，他们只能是摸着石头过河。

既然是小心试探，就必须考虑成本，他们必须选择一个创业成本最低的人来开路。不用说，这个恰当的人选就是季琦。选择季琦是有很多好处的，季琦拥有他们三位同伴所缺乏的东西：在中国这个不太规范的市场里，他非常熟悉这个市场的游戏规则，很清楚怎样才能够生存下来，明白了创业必须因陋就简，篮子里有什么菜，就做什么饭。跟跨国公司的"海龟"和国企的"鲸鱼"相比起来，季琦这个"土鳖"，在涓涓细流的小溪里，更容易找到通往大海的河流。

虽然早期他们四个人不是付出同等的时间和精力来孵化这个公司的，但季琦的想法是：先将市场做起来再说，不愁分不到钱。直到公司进入正轨后，其他的三个创业伙伴才全身投到携程的经营中来。

风险投资——优质团队组合，风投三次追加投资

尽管说季琦来开路成本最少，但是，一家公司刚成立，啥都要钱。正如季琦所说的那样：汽车刚刚启动时耗油很多。创业团队不到3个月就花完了100万元的启动资金，融资成了最迫切的生存需求。

因为此前的工作关系，季琦与IDG的章苏阳建立了联系，章苏阳与IDG技术投资基金总裁周全，另一位是IDG波士顿总部的技术专家与季琦和梁建章进行了面谈。让季琦和梁建章非常惊讶的是，这两位IDG的投资人没有问携程的商业模式和盈利模式，也没问风投常问的3个问题：你们在做什么，到底是干什么？团队有谁，你们怎么认识的？公司现在的现金情况怎么样？而是问一些让人莫名其妙的问题。

周全说："我想了解一下，你们创办携程的目的是什么？"季琦说："我们觉得互联网

是一个很好的平台，它可以让个人的能力得到更好的发挥，利用互联网的力量可以让自己的产品方便更多的顾客。"周全继续问："再过10年，如果携程做得很大了，创业团队的这些人准备干什么？"第二个问题让季琦和梁建章很难回答，因为当时他们根本没有考虑这么长远的事情。看了一眼梁建章后，季琦说："这个问题还没想过。大家都在做互联网，我们也做互联网。我觉得互联网能做大。"接着，季琦又跟IDG的投资人讲起在美国的故事，讲起在甲骨文总部第一次看到互联网的震撼，讲他回国后一直在寻找如何进入互联网这个行业的切入点。

携程团队与IDG投资人的见面会，就在这种莫名其妙的问题中结束了。季琦他们离开后，章苏阳问："兄弟们，这个团队怎么样？我的眼光还不错吧！"波士顿的技术专家说："他们的远期目标不是很明确，对旅游和网络这两者的结合不是很清晰，不过，他们这个团队确实是技能互补型的。""他们四个人有点像一个机构。四个人有各自不同的背景，大齿轮小齿轮之间咬合得非常好。对于抱着第一是投人、第二是投人、第三还是投人的理念的风险投资家来说，这个团队成员的背景很有吸引力，足够执掌他们将要操作的公司。"章苏阳说："好吧，先投一点，如果发展好的话，再追加资金。"

季琦的激情，梁建章的理性再结合沈南鹏的投资经验和范敏的运营经验，携程四君子组合而成的团队在不少投资人眼里无疑是完美无瑕的。一个星期后，有结果了，IDG给携程公司的估价是200万美元，IDG答应投资50万美元，占携程20%的股份。

当然，那也仅仅是个开始。2000年3月，携程吸引软银等风险投资450万美元，同年11月，携程引来美国凯雷集团等机构的第三笔投资，获得超过1 000万美元的投资。

之后的两年，携程也走得顺风顺水。2003年9月，携程的经营规模和赢利水平已经达到上市水平，并获得Pre-IPO的1 000万美元的投资，并于12月9日在美国纳斯达克股票交易所成功上市。

总结

创始团队很多都是老同学、老同事、好朋友，有很强的信任基础，可是为什么有的一起上市敲钟，成就了一番事业？有的却成为失败案例，连朋友都做不成了，恨不能江湖再也不见？

因为创业之后我们每个人都在不断进化，合伙人之间，除了是合伙一些长期利益的关系，更是合伙一些创业理念和创业规则，能跟感情利益合在一块儿才是长期的合伙。

对于创始团队来说，股权分配，分的是公司的未来价值，分好蛋糕，是为了共同做大蛋糕，如何共同做大增量蛋糕，把公司做成一家有价值的公司，才是对所有股东的最大激励。

（资料来源：七八点股权设计）

【思考与讨论】

1. 携程创业团队的成员构成有什么特点？
2. 试分析携程创业团队的组建程序。

一、组建创业团队的基本条件

（一）树立正确的团队理念

1. 凝聚力

拥有正确的团队理念的成员相信他们处在一个命运共同体中，共享收益，共担风险。团队工作，即作为一个团队而不是靠个别的"英雄"工作，每个人的工作相互依赖和支持，依靠事业成功来激励每个人。

2. 诚实正直

诚实正直是有利于顾客、公司和价值创造的行为准则。它排斥纯粹的实用主义或利己主义，拒绝狭隘的个人利益和部门利益。

3. 为长远着想

拥有正确团队理念的成员相信，他们正在为企业的长远利益工作，正在成就一番事业，而不是把企业当作一个快速致富的工具。没有人打算现在加入进来，而在困境出现之前或出现时退出而获利，他们追求的是最终的资本回报及带来的成就感，而不是当前的收入水平、地位和待遇。

4. 承诺价值创造

承诺价值创造，即拥有正确团队理念的成员承诺为了每个人而使"蛋糕"更大，包括为顾客增加价值，使供应商随着团队成功而获益，为团队的所有支持者和各种利益相关者谋利。

（二）确立明确的团队发展目标

目标在团队组建过程中具有特殊的价值。首先，目标是一种有效的激励因素。如果一个人看清了团队的未来发展目标，并认为随着团队目标的实现，自己可以从中分享到更多的利益，那么他就会把这个目标当成自己的目标，并为实现这个目标而奋斗。从这个意义上讲，共同的未来目标是创业团队克服困难、取得胜利的动力。其次，目标是一种有效的协调因素。团队中各种角色的个性、能力有所不同，只有步调一致才能取得胜利。孙子曰："上下同欲者，胜。"只有真正目标一致、齐心协力的创业团队才会取得最终的胜利与成功。

（三）建立责、权、利统一的团队管理机制

1. 创业团队内部需要妥善处理各种权力和利益关系

首先，妥善处理创业团队内部的权力关系。在创业团队运行过程中，团队要确定谁适合于从事何种关键任务和谁对关键任务承担什么责任，以使能力和责任的重叠最小化。

其次，妥善处理创业团队内部的利益关系。这与创业企业的报酬体系有关。一个创业企业的报酬体系不仅包括诸如股权、工资、奖金等金钱报酬，而且包括个人成长机会和提高相关技能等方面的因素。每个团队成员所看重的并不一致，这取决于个人的价值观、奋斗目标和抱负不同。一些人追求的是长远的资本收益，而另一些人不想考虑那么远，只关心短期收入和职业安全。

由于创业企业的报酬体系十分重要,而且在创业早期阶段其财力有限,因此要认真研究和设计整个企业生命周期的报酬体系,以使之具有吸引力,并且使报酬水平不受贡献水平的变化和人员增加的限制,即能够保证按贡献付酬和不因人员增加而降低报酬水平。

2. 制定创业团队的管理机制

要处理好团队成员之间的权力和利益关系,创业团队必须制定相关的管理规则。团队创业管理规则的制定,要有前瞻性和可操作性,要遵循先粗后细、由近及远、逐步细化、逐次到位的原则。这样有利于维持管理规则的相对稳定,而规则的稳定有利于团队的稳定。

企业的管理规则大致可以分为三个方面:

一是治理层面的规则,主要解决剩余索取权和剩余控制权的问题。治理层面的规则大致可以分为合伙关系与雇佣关系。在合伙关系下大家都是老板,大家说了算;而在雇佣关系下只有一个老板,一个人说了算。除了利益分配机制和争端解决机制,还必须建立进入机制和退出机制。没有出入口的游戏规则是不完整的,因此要约定以后创业者退出的条件和约束,以及股权的转让、增股等问题。

二是文化层面的管理规则,主要解决企业的价值认同问题。企业章程和用工合同解决的是经济契约问题,但作为管理规则它们还是很不完备的。经济契约不完备的地方要由文化契约来弥补。文化契约包括很多内容,但也可以用"公理"和"天条"这两个词简要地概括。所谓"公理",就是团队内部不证自明的东西,它构成团队成员共同的终极行为依据;所谓"天条",就是团队内部任何人都碰不得的东西,它对所有团队成员都构成一种约束。

三是管理层面的规则,主要解决指挥管理权的问题。管理层面的规则最基本的有三条:平等原则,制度面前人人平等,不能有例外现象;服从原则,下级服从上级,行动要听指挥;等级原则,不能随意越级指挥,也不能随意越级请示。这三条原则是秩序的源泉,而秩序是效率的源泉。当然,仅有这三条原则是不够的,但它们是最基本的,是建立其他管理制度的基础。

二、组建创业团队的基本原则

(一)目标明确、合理原则

目标必须明确,只有这样才能使团队成员清楚地认识到共同的奋斗方向是什么,与此同时,目标也必须是合理的、切实可行的,这样才能真正达到激励的目的。

(二)互补原则

创业者之所以寻求团队合作,是因为要弥补创业目标与自身能力之间的差距,只有当团队成员相互间在知识、技能、经验等方面实现互补时,才有可能通过相互协作发挥出"1+1>2"的协同效应。

(三)精简高效原则

为了减少创业期的运作成本,最大比例地分享成果,创业团队人员构成应在保证企业能高效运作的前提下尽量精简。

（四）动态开放原则

创业过程是一个充满了不确定性的过程，团队中可能因为个人能力、观念等多种原因不断地有人离开，同时也有人要求加入。因此，在组建创业团队时，应注意保持团队的动态性和开放性，使真正完美匹配的人员能被吸纳到创业团队中来。

三、组建创业团队的模式

创业团队投资是一种创业型投资活动。创业团队投资由于投资时机、投资对象选择，以及资本额的大小、对投资收益的期望值等原因而具有较高的风险，因而对于这类投资活动采取何种组织形式，对于投资本身及其成效具有重要影响。一般而言，创业团队在创业投资时可采用的组织形式主要有公司制、合伙制两种，两种形式各有其特点。

（一）公司制

创业投资采用公司制形式，即设立有限责任公司或股份有限公司，运用公司的运作机制及形式进行创业投资。

公司制的优势主要体现在以下几个方面：一是能有效集中资金进行投资活动；二是公司以自有资本进行投资有利于控制风险；三是对于投资收益公司可以根据自身发展，做必要扣除和提留后再进行分配；四是随着公司的快速发展，可以申请对公司进行改制上市，使投资者的股份可以公开转让而以套现资金用于循环投资。

有限责任公司是由两个以上的创业投资者共同出资，每个投资者以其认缴的出资额对公司承担有限责任，公司以其全部资产对其债务承担责任的企业法人。股份有限公司是指全部资本由等额股份构成并通过发行股票筹集资本，股东以其认购的股份对公司承担责任，公司以其全部资产对公司债务承担责任的企业法人。

一般非家族成员的创业者采用公司制的比较多。

（二）合伙制

合伙制是指依法在中国境内设立的由各合伙人订立合伙协议，共同出资、合伙经营、共享收益、共担风险，并对合伙企业债务承担无限连带责任的营利性的经营组织，创业团队投资采取合伙制，有利于将创业投资中的激励机制与约束机制有机结合起来。

合伙人执行合伙企业事务，有全体合伙人共同执行合伙企业事务，委托一名或数名合伙人执行合伙企业事务两种形式。全体合伙人共同执行合伙企业事务，是指按照合伙协议的约定，各合伙人都直接参与经营，处理合伙企业的事务，对外代表合伙企业；委托一名或数名合伙人执行合伙企业事务，是指由合伙协议约定或全体合伙人决定一名或数名合伙人执行合伙企业事务，对外代表合伙企业。

在我国现阶段，主要有四种合伙形式：亲戚内合伙、家族内合伙、朋友间合伙、同事间合伙。咨询类、律师事务所和会计师事务所多数采用合伙制形式。在我国农村，农民办的很多企业都采用了合伙制形式。

不同类型的合伙形式都有自身的优势和不足。就家族合伙制来说,创业时期,凭借创业者的血缘关系、类似血缘关系,能够以较低的成本迅速网罗人才、团结奋斗,甚至不计较报酬,从而使企业能在短时间内获得竞争优势;而且内部信息沟通顺畅,对外部市场信息反馈及时,总代理成本比其他类型的企业低。但这种类型的企业的缺点是难以得到优秀的人才,这在某种程度上会制约其迅速发展。

四、组建创业团队的程序及其主要工作

创业团队的组建是一个相当复杂的过程,不同类型的创业项目所需的团队不一样,创建步骤也不尽相同,创业者在有了创业点子后,可以采用以下方法组建创业团队。

(一)明确创业目标

创业团队的总目标就是要通过完成创业阶段的技术、市场、规划、组织、管理等各项工作,实现企业从无到有,从起步到成熟。总目标确定之后,为了推动团队最终实现创业目标,再将总目标加以分解,设定若干可行的、阶段性的子目标。

(二)制订创业计划

在确定了总目标以及一个个阶段性子目标之后,紧接着就是研究如何实现这些目标,这就需要制订周密的创业计划。创业计划是在对创业目标进行具体分解的基础上,以团队为整体来考虑的计划。创业计划确定了在不同的创业阶段需要完成的阶段性任务,通过逐步实现这些阶段性目标来最终实现创业目标。

(三)招募合适的人员

招募合适的人员也是创业团队组建过程中最关键的一步。关于创业团队成员的招募,主要应考虑两个方面:一是考虑互补性,即考虑其能否与其他成员在能力或技术上形成互补。这种互补性形成既有助于强化团队成员间的合作,又能保证整个团队的战斗力,更好地发挥团队的作用。一般而言,创业团队至少需要管理、技术和营销三个方面的人才。只有这三个方面的人才形成良好的沟通协作关系后,创业团队才可能实现稳定高效。二是考虑适度规模,适度的团队规模是保证团队高效运转的重要条件。团队成员太少则无法实现团队的功能和优势,而过多又可能会产生交流的障碍,团队很可能会分裂成许多较小的团体,进而大大削弱团队的凝聚力。一般认为,创业团队的规模控制在2~12人最佳。

(四)组织架构与职权划分

为了保证团队成员执行创业计划,顺利开展各项工作,必须预先在团队内部进行组织架构的设计和职权的划分。

1. 组织结构设计

团队在设置组织结构时,必须以自己的战略任务和经营目标为依据,这是设置创业团队组织结构的出发点和归宿。

创业团队成员必须亲力亲为创业团队管理的全部职能性工作,这就要求团队成员每人

至少承担一项职能性管理工作。

从管理功能角度，创业团队通常有 5 类基本工作岗位：领导、生产、销售、研发与财务。这 5 类基本岗位具有密切关联与交互的性质，是创业团队不可或缺的 5 种职能性工作组合。

从组织行为角度，创业团队的成员又可分为组织、动议、监督、执行及设计等 5 类角色，从而通过角色互补组成功能相对完备的创业团队。

组织角色在创业团队中起着重要作用，它负责组织团队各类活动，协调团队行为，防止团队成员产生冲突，维护创业团队一致性的目标，是帮助增强团队凝聚力、提高团队士气的指挥者。

动议角色是团队中富有开拓精神、创新意识较强的成员，能提出创新性建议，并为了争取社会的支持与认可做出多方面努力。

监督角色思想较为保守，具有较高的风险意识并能科学理性地考虑面临的风险与机遇，通常会监督团队成员行为，劝阻过分冒险而得不偿失的创业行动。

执行角色即创业团队中负责实施团队决议的成员，这类成员要求性格稳重、踏实，能努力将团队的决策付诸实践，并随时准备对可能面临的风险作出补救。

设计角色思维发散，具有较强的创新意识，能熟练运用自己的专业知识提出许多可行性方案或建议，供其他成员参考。

2. 职权划分

创业团队的职权划分就是根据执行创业计划的需要，具体确定每个团队成员在组织架构中所要担负的职责以及所享有的权限。团队成员间职权的划分必须明确，既要避免职权的重叠和交叉，也要避免无人承担而造成工作上的疏漏。此外，由于还处于创业过程中，面临的创业环境又是动态复杂的，会不断有新的问题，团队成员可能不断更换，因此创业团队成员的职权也应根据需要不断地进行调整。

（五）构建创业团队制度体系

创业团队制度体系体现了创业团队对成员的控制和激励能力，主要包括了团队的各种约束制度和各种激励制度。一方面，创业团队通过各种约束制度（主要包括纪律条例、组织条例、财务条例、保密条例等）避免其成员做出不利于团队发展的行为，实现对其行为的有效约束，保证团队的稳定秩序；另一方面，创业团队要实现高效运作，必须准备有效的激励机制（主要包括利益分配方案、奖惩制度、考核标准、激励措施等），使团队成员看到随着创业目标的实现，其自身利益将会得到怎样的改变，从而达到充分调动成员的积极性、最大限度地发挥团队成员作用的目的。要实现有效的激励，首先就必须把成员的收益模式界定清楚，尤其是关于股权、奖惩等与团队成员利益密切相关的事宜。需要注意的是，创业团队的制度体系应以规范化的书面形式确定下来，以免带来不必要的混乱。

（六）团队的调整融合

完美组合的创业团队并非创业一开始就能建立起来，很多时候是在企业创立一定时间以后随着企业的发展逐步形成的。随着团队的运作，团队组建时在人员匹配、制度设计、职权划分等方面的不合理之处会逐渐暴露出来，这时就需要对团队进行调整融合。由于问题的暴露有一个过程，因此，团队调整融合也应是一个动态持续的过程。比如，在完成了前面的工作步骤之后，团队调整融合工作专门针对运行中出现的问题，不断地对前面的步骤进行调整，直至达到满足实践需要为止。在进行团队调整融合的过程中，最为重要的是保证团队成员间经常积极有效地沟通与协调，培养、强化团队的精神，提升团队士气。

五、创业团队组建的主要影响因素

创业团队的组建受多种因素的影响，这些因素相互作用，共同影响着创业团队的组建过程并进一步影响着团队建成后的运行效率。它主要包括以下几方面内容：

（一）创业者

创业者的能力和思想意识从根本上决定了是否要组建创业团队、团队组建的时间以及由哪些人组成团队。创业者只有在意识到组建团队可以弥补自身能力与创业目标之间存在的差距时，才有可能考虑是否需要组建创业团队，以及对什么时候需要引进什么样的人才才能和自己形成互补做出准确判断。

（二）商机

不同类型的商机需要的创业团队的类型不同。创业者应根据创业者与商机之间的匹配程度，决定是否要组建团队以及何时、如何组建团队。

（三）团队目标与价值观

共同的价值观、统一的目标是组建创业团队的前提。团队成员若不认可团队目标，就不可能全心全意为此目标的实现而与其他团队成员相互合作、共同奋斗；而不同的价值观将直接导致团队成员在创业过程中脱离团队，进而削弱创业团队作用的发挥。

没有一致的目标和共同的价值观，创业团队即使组建起来，也无法有效发挥协同作用。

（四）团队成员

团队成员能力的总和决定了创业团队整体能力和发展潜力。创业团队成员的才能互补是组建创业团队的必要条件。而团队成员间的互信是形成团队的基础，互信的缺乏，将直接导致团队成员间协作障碍的出现。

（五）外部环境

创业团队的生存和发展直接受到制度性环境、基础设施服务、经济环境、社会环境、市场环境、资源环境等多种外部要素的影响。这些外部环境要素从宏观上同样地影响着对创业团队组建类型的需求。

第三节 创业团队的管理

一、核心创业者的领导才能

【教学案例 6.3】▶▶▶>>>

从唐僧师徒谈领导者魅力

无论是怎样的团队,都有一个核心人物,就是这个团队的领导者。在创业团队初创期,创业者就是这个领导者。而一个团队的绩效如何,关键也取决于这个领导者的胸怀和魅力。

最令人敬佩的团队是《西游记》里的师徒四人,他们历经磨难,实现了最后的目标。

四大名著中,只有《西游记》中师徒四人是一个成功的团队,其他的到最后都是一盘散沙,究其根本原因,是因为他们拥有一个好领导——唐僧。

优秀的协调者

唐僧不高估自己,有自知之明,他不会用自己的短处来应对这个世界,这就是他的长处。领导不需要专业技能特别优秀,但他要善于把最优秀的人集合到自己手下,让他们为自己工作。

对手下人宽容

唐僧对自己的徒弟很宽容,特别是对最重要也是最有个性的孙悟空。

善于用人

让每个下属的长处都有施展的空间。唐僧便很好地发挥了三个徒弟的长处。一个团队需要个性化的成员共存,现在流行的二八理论,在团队中就是:80%的工作是由 20%的人做出来的,剩下的 80%的人只做 20%的工作。

有明确的愿景目标

唐僧对团队的目标坚定不移,信心坚定。有位管理学家说过:用一句话来概括领导,就是为团队成员提供一个愿景目标,下属也都愿意跟随一个有愿景的领导。

心态平和,不急功近利

唐僧遇到阻碍不灰心,取得成绩不沾沾自喜,一步一步接近自己的目标,始终保持良好的心态。这是领导者魅力的核心部分,因为一个领导者遇到的困难比任何一个下属遇到的都要多、都要严重。

对属下恩威并重

唐僧对每一个徒弟都有恩情,但对他们从来都是赏罚分明。

有后台

后台对于一个领导者是可被利用的资源,充分利用这个资源有利于团队目标的实现。关键时刻,观音菩萨出手,有助于唐僧师徒实现自己的目标。

形象好

团队最主要的形象取决于领导的形象,这个形象是指外在和内在的结合。保持良好的形象是领导者必备的素质之一。

(资料来源:李肖鸣. 大学生创业基础 [M]. 2 版. 北京:清华大学出版社,2013.)

【思考与讨论】

1. 作为一名优秀的团队领导者,应该具备哪些才能?
2. 还有哪些优秀团队领导者的案例?说出该领导者优秀在哪儿。

优秀的创业团队善于根据独特的创业理念来发展愿景,这种重要理念的作用在以后成功的企业实践中将得到充分体现发挥。根据对全球 500 家成功创业企业的调查,成功的创业都有令人神往的创业远见并坚持信念、付诸行动、力求成功,最后梦想成真。优秀创业团队的杰出理念虽各有不同,却基本上具有以下几个共同点:

1. 凝聚力

创业团队中每个成员都是紧密相关、不可分割的,企业的成功既是每位成员共同努力的目标,也能使成员从中获取精神和物质上的收益。优秀的创业团队中的每一位成员都会认为单纯依靠个人的力量不可能单独成功,任何个人离开企业的整体利益都不能单独获益。同样,任何个人的损失也将损害整个企业的利益,从而影响每一个成员的利益。

2. 合作精神

具有成长潜力的企业最显著的特点就是创业团队的整体协同合作能力,而不仅仅是一个培养一两个杰出人物的场所。优秀的创业团队注重相互配合以减轻他人的工作负担,从而提高整体的效率。他们注重在创业团队的成员中树立榜样模范,并通过奖励制度激励员工。

3. 完整性

任务的完成必须建立在保证工作质量、员工健康或其他相关利益不被侵犯的前提上。因此,艰难的选择和利弊权衡应综合考虑顾客、公司利益以及价值创造,而不能以纯粹的功利主义为依据,或者狭隘地从个人或部门需求的角度来衡量。

4. 长远目标

和大多数组织结构一样,创业企业的兴衰存亡取决于其团队的敬业精神。一支敬业的团队,其成员会朝着企业的长远目标而努力,而不会指望一夜暴富。创业在团队成员眼中是一场持续 5 年甚至 10 年以上的愉快经历,他们将在其中不断奋斗直到取得最后的胜利。没有一家企业能够靠今天进入、明天退出(或经营发生困难之际退出)而在短期内获得意外横财。

5. 收获的观念

成功的收获是创办企业的目标。对于创业团队的成员而言,企业最终获得的收益才是衡量成功程度的标准,而非他们个人的薪水、办公室条件或生活待遇等。例如波导的徐冠华和他的创业团队在波导创业初期的十年间一直没有分红,创业者甚至没有拥有私家车。

6. 追求价值创造

创业团队成员都致力于价值创造,即努力把蛋糕做大,从而使所有人都能获利,包括为顾客提供更多的价值，帮助供应商也能从团队的成功中获取相应收益，以及使团队的赞助商和持股人获得更大的盈利。

7. 平等中的不平等

在成功的创业企业中，简单的民主和盲目的平等显然都没有什么利用价值，企业所关注的是如何去选定能胜任关键工作的适当人选及其职责所在。公司总裁是负责制定基本的行动准则和决定企业环境和企业文化的关键人物。公司的股票在创始人或总裁以及主要经理人之间并不是平均分配。不能简单追求所谓的平等，这将会对企业今后的经营产生巨大的负面影响。

8. 公正性

对关键员工的奖酬以及职工股权计划的设计应与个人在一段时期内的贡献、工作业绩和工作成果相挂钩。由于贡献大小在事前只能做一个大概的估计，而且意外和不公平的情况往往在所难免，因此必须随时做相应的增减调整。

尽管法律或道德都没有规定创业者在企业收获期要公平公正地分配所获利益，但越来越多的成功创业者都已经这样做了。通常他们会把企业"盈利"中的 10%～20%留出来分给关键员工。

【阅读资料6.5】 ▶▶▶>>>

失败创业团队的10个特征

通过10个问题，我们可以知道一个团队将会成功还是失败，可以发现这个团队的领导者是成功还是失败。这10个问题是问团队成员的。因为团队领导者怎么说并不重要，重要的是他（她）怎么做。而他（她）到底是怎么做的，已经体现在团队成员对这些问题的回答之中。

特征一：如果团队成员不经常开会或者只是假装开会，这将是一个失败的团队

你和其他团队成员经常在一起开会吗？而且，是真正一起开会，还是假装一起开会？真正一起开会，形式并不重要，而是真正有信息的分享和脑力的激荡，真正在讨论问题和解决问题。假装在一起开会，就是走个开会的过场而已。我想我们都开过这样的会议。

特征二：如果团队成员不了解彼此的目标、压力和需要的帮助，这将是一个失败的团队

你了解其他团队成员的目标、压力和需要的帮助吗？如果团队成员不在一起开会，或者只是表面上在一起假装开会，那么就必然不会了解其他团队成员的目标、压力和需要的帮助。

特征三：如果团队成员之间没有明确的责、权、利的划分，这将是一个失败的团队

你和其他团队成员之间有明确的责、权、利的划分吗？团队成员必须有明确的责任、权力和利益的分配，这是建设团队的第一步。为什么三个和尚没水吃？因为他们之间没有明确的分工。一件事情，如果变成人人有责，最后往往是谁都不负责。

特征四：如果团队成员之间缺乏互补的能力，这将是一个失败的团队

其他团队成员能够给你提供实际帮助吗？团队成员之间应该要能够互相帮助，就像是足球队中，前锋需要人传球，守门员需要后卫帮助防守。这样的帮助，以胜任力为前提。如果某 NBA 球队选我去跟姚明配合，那么这个球队必输无疑。

特征五：如果没有明确的团队合作的流程，这将是一个失败的团队

关于你和团队成员之间怎样配合，有明确的工作流程吗？如果不能彼此配合，优秀的球员在一起也要输球。这就是某届奥运会上，有 NBA 最优秀的球员的美国梦之队只获得铜牌的原因。而要彼此配合，应该有明确的（不一定是书面的）工作流程。

特征六：如果团队成员不认同团队流程和制度，这将是一个失败的团队

你认同团队的流程和制度吗？实际上，许多团队有流程，但是这些流程和其他制度一样，往往只是写在纸上，或者只是停留在团队领导者的嘴上，或者是由公司强迫执行，不被团队成员认同。

特征七：如果团队成员不能参与团队的重大决策，这将是一个失败的团队

团队的重大决策会征求你的意见吗？团队流程和制度不被团队成员接受的一个重要原因，就是在制定的时候没有考虑团队成员的意见。并不是说重大决策需要团队成员投票通过，但是征求意见是必须的。

特征八：如果团队合作得不到奖励，如果不团队合作也得不到处罚，这将是一个失败的团队

如果你帮助其他团队成员，你会得到什么好处吗？团队精神是培养而不是命令出来的，而培养的一个重要手段就是薪酬和奖励制度。如果不考核团队合作，不奖励团队合作，在绝大多数情况下就不会有团队合作。所以，足球队除了奖励射门得分的球员，还会奖励助攻的那个球员。

特征九：如果团队成员不能分享团队成果，这将是一个失败的团队

你会因为团队取得重大成果得到好处吗，即使你没有做出直接贡献？如果销售翻了三番，却只有销售人员得到奖励，那么就很可能出现物流部说无法及时送货、财务部说无法及时开票的情况。所以，获得奖牌的足球队，每个人都会上台领奖，包括从未上场的替补队员。

特征十：如果团队成员不信任团队领导者，这将是一个失败的团队

你信任你们的团队领导者吗？如果团队领导者不能以身作则，不能言行一致，将得不到信任。同时，团队成员信任能够带领团队取得成功的领导者。如果一个团队呈现出上面九个特征，很大程度的原因是团队领导者的糟糕领导，团队将取得失败，团队领导者也无法获得信任。

在很大程度上，失败的团队是失败的团队领导的产物。因此，失败团队的 10 个特征，也是失败的团队领导者的 10 个特征。

（资料来源：瞧这网 http://www.795.com.cn/wz/83253_2.html）

二、核心成员所有权分配机制

在创业团队成员组成确定后，创业者面临的一个关键问题就是决策成员之间的工作分工与所有权分配方案。工作分工是对成员之间所承担任务以及协调方式的规划，而所有权分配则是对创业利益分配方式的约定，是维系创业团队凝聚力的基础。工作分工有助于在短期内维持创业过程以及创业企业早期运营的有序性，而所有权分配则有助于在长期内维持团队稳定和创业企业的稳定成长。

在确定所有权分配时，创业者遵循三个重要原则，可能会避免后续纠纷和冲突。第一，重视契约精神。在创业之初，就要把确定的所有权分配方案以公司章程形式写入法律文件，以契约形式明确创业团队成员的利益分配机制，这有助于长期保障创业团队的稳定。第二，遵循贡献决定权利原则分配所有权比例。团队的目的是把创业蛋糕做大，而不是在蛋糕没有做大之前就吵着在未来怎么分。在现实操作中，依据出资额来确定所有权分配是常见的做法，对于没有投入资金但持有关键技术的团队成员，则需要谨慎考虑技术的商业价值，在资金和技术之间做出合理的权衡。第三，控制权与决策权统一原则。所有权分配本质上是对公司控制权的分配方案。在实践中，股份比例最大的团队成员在不拥有公司控制权的条件下，在创业初期非常危险，因为他在心理上会比其他成员更看重创业和企业，更容易去挑其他成员的决策错误，甚至挑战决策者的决策权威，进而容易引发团队矛盾和冲突。在创业初期，更需要集权和统一指挥，控制权和决策权统一至关重要。

三、团队内部的冲突管理

在一定范围内，冲突有助于团队成员激发和分享不同的观点，进而形成更好的决策，但如果冲突超越了认知的范畴，就可能会导致创业团队的决策失效，甚至会引发团队分裂和解散。因此，管理团队冲突是核心创业者必须具备的才干之一。

在冲突管理中，核心创业者首先要注意利用激励手段来鼓励正面冲突，让团队成员感受到通过知识分享实现创业成功后，能获得相应的收益和价值。在制定激励方案时，创业者需要注意以下几个方面：

1. 差异化

虽然民主方案可能行得通，但是与根据个人贡献价值不同而实行的差异化方案相比，它包含的风险更大，缺陷也更多。一般情况下，不同的团队成员很少会对企业做出同样大小的贡献，因此，合理的薪酬制度应该反映出这种差异。

2. 关注业绩

报酬应该与业绩（而不是努力程度）挂钩，而且该业绩指的是每个人在企业早期过程中所表现出来的业绩，而不仅仅是此过程中某个阶段的业绩。有许多企业，他们的团队成员在企业成立后几年内所做出的贡献程度变化很大，但报酬却没有多大变化，这种不合理的薪酬制度使企业很快就土崩瓦解了。

3. 灵活性

团队成员在既定时间段内的贡献或大或小，还可能随着时间的改变而发生变化，而且团队成员的业绩也会和预期的有很大出入。另外，团队成员很可能会由于种种原因而必须被替换，这样的话就需要另外招聘新成员并添补到现有团队中去。灵活的薪酬制度包括年金补助，提取一定份额的股票以备日后调整等，这些机制有助于让人们产生一种公平感。

除了规划科学的激励机制，创业者还要保持开放的心态，要塑造创业团队是一个整体而不是特意突出某个个人的集体印象，这样有助于把团队成员之间的观点争论控制在可管理的范畴之内，而不是演化为团队成员之间的矛盾。一旦发生情感冲突，创业者就应该理性地判断团队存续的可能性，通过替换新成员来及时化解情感冲突，比维持旧成员处理情感冲突往往会更加有效。

【阅读资料6.6】▶▶▶＞＞＞

职场中常见的五大争执

类型一：专业争执
常见情景：不同专业领域、不同部门的人，对同一问题有不同的看法，各执己见，互不相让。
处理原则：我可以不同意你的观点，但我誓死捍卫你发表观点的权利。

类型二：工作争执
常见情景：专业争执，其实多数是为了真理或者是为了术业尊严；而工作争执则是为了利益的争执，这涉及谁少做一点、谁多拿一点的问题。
处理原则：大家都是为了工作，对事不对人。

类型三：正面冲突
常见情景：两人各自叉腰，宁静的办公室里突然传来犀利的高八度，以及凝眉怒目的神情，迫使胆小的人远远驻足，生怕被流弹击中。
处理原则：表现出相当高姿态，淡然一笑而去。

类型四：上司向下属发难
常见情景：老板因为某事或某人的错误行为触犯自己的底线而恼羞成怒，大声指责、呵斥下属。
处理原则：不能把发脾气当成沟通方式。

类型五：下属向上司挑衅
常见情景：当上司给下属的压力达到一定程度，下属认为自己的尊严和利益受到过多侵犯时，也会指着上司的鼻子大骂，然后拂袖而去，留下一个呆若木鸡或者暴跳如雷的上司。
处理原则：三思而后行。

（资料来源：三茅人力资源网 https://www.hrloo.com/rz/113356.html）

四、创业团队的创业精神

创业团队的创业精神对企业绩效的影响程度是决定性的。总体上，创业团队的创业精神包括四个维度：集体创新、分享认知、共担风险、协作进取。

1. 集体创新

一般地说，创业团队并不是一群散兵游勇式成员的简单集合体。它与群体的最大区别在于团队内成员间具有相互依赖和密不可分的联系，而群体则没有这种特征。但是，作为具有团队创业精神的创业团队组织还应当能具备更高的标准：第一，要求创业团队内部能够正确对待个体成员之间所发生的冲突；第二，要求团队内部个体成员与组织之间能够在相互信任的基础上形成有利于企业成长的心理契约关系。在此基础上，创业团队可以凝聚全体团队成员的力量，并通过这种团队成员对团队组织的向心力来推动创新方案的形成和创业决策方案的执行。

2. 分享认知

创业机会可以视为创业的逻辑起点。这种创业机会可以理解为通过创业者对资源的创造性组合来满足市场需求，并为自己获得超利润的一种可能性。相比个体创业来说，采用团队创业方式可以极大地提高对创业机会的认知水平。这是因为：首先，不同的个体成员具有不同的先前知识和多种个性特征，从而可以通过集体意义上的总和"警觉性"，更为有效地保持对外部客观存在的创业机会的认知；其次，团队内具有异质性的成员可以选择不同的角度对创业风险和创业收益进行更为科学的评价，从而获得更为理想的创业租金（表现为组织建立、配利行为、企业成长等多种方式）；最后，通过不同个体创业者所具有的社会关系间的整合，将有助于形成复杂的社会网络系统，从而为团队接近创业机会和获得所需创业资源奠定基础。

3. 共担风险

作为一支富有创业精神的创业团队，在共担风险维度上至少具备以下这样的特征：第一，具有异质性的创业团队成员可能具有不同的风险偏好。创业团队中既可能有极端的风险爱好者，也可能有极端的风险厌恶者，更多的创业团队成员可能处在风险连续统一体中的某一点。如果不同的团队成员能够就同一事件发生的风险偏好最终达成共识，那么，冒险成功的可能性就会加大。第二，利用团队成员的异质性。不同的团队成员可以从自身的知识视野认知、分析和评价风险，如果就不同的风险感知能够得到有效整合，那么，对风险正确感知的可能性就会得到提高，进而可以做出更为有利可图的冒险行为。总体上说，团队创业精神要求具有异质性的创业团队成员能够以一种积极的姿态共同判断事件发生的可能性风险，并采取共同承担风险的方式，以减缓由个体成员独自承担风险所带来的巨大精神压力和经济损失的压力。

4. 协作进取

传统的观点往往把自治作为创业导向的重要维度。它在分析个体创业精神时特别合适，但盲目地套用"自治"的维度来研究创业团队的创业精神是不合适的。创业团队企业精神的进取力量则是建立在协作基础上，这种"协作进取"的创业团队企业精神维度体现在三个方面：第一，团队成员在知识、能力、角色等方面的互补性。具有异质性特点的团队可能会形成"仁者见仁、智者见智"的观点分歧，但协作进取的愿望能够使大家通过有效的观点争辩来达成共识，最大限度地避免在不确定环境下的创业决策失误。第二，团队内充满学习型氛围，个体成员之间愿意就创业决策过程的不同观点进行深度会谈，进而在团队功能最大化的过程中达到个体团队成员的价值实现。第三，团队内具有创业型的组织文化，不会因为团队规模的扩大或者团队成员的进进出出而影响到团体协作进取的愿望和行为。

【教学案例6.4】 ▶▶▶>>>

马化腾五兄弟：难得的创业团队

腾讯的马化腾创业五兄弟，堪称难得，其理性堪称标本。12年前的那个秋天，马化腾与他的同学张志东"合资"注册了深圳腾讯计算机系统有限公司。之后又吸纳了三位股东：曾李青、许晨晔、陈一丹。这五个创始人的QQ号，据说是从10001到10005。为避免彼此争夺权力，马化腾在创立腾讯之初就和四个伙伴约定清楚：各展所长、各管一摊。马化腾是CEO（首席执行官），张志东是CTO（首席技术官），曾李青是COO（首席运营官），许晨晔是CIO（首席信息官），陈一丹是CAO（首席行政官）。

之所以将创业五兄弟称为"难得"，是因为直到2005年的时候，这五人的创始团队还基本是保持这样的合作阵形，不离不弃。直到腾讯做到如今的帝国局面，其中四人还在公司一线，只有COO曾李青挂着终身顾问的虚职而退休。

都说一山不容二虎，尤其是在创业团队迅速壮大的过程中，要保持创始人团队的稳定合作尤其不容易。在这个背后，工程师出身的马化腾从一开始对于合作框架的理性设计功不可没。

从股份构成上来看。五个人一共凑了50万元，其中马化腾出了23.75万元，占了47.5%的股份；张志东出了10万元，占20%；曾李青出了6.25万元，占12.5%的股份；其他两人各出5万元，各占10%的股份。

虽然主要资金都由马化腾所出，他却自愿把所占的股份降到一半以下，47.5%。"要他们的总和比我多一点点，不要形成一种垄断、专制的局面。"而同时，他自己又一定要出主要的资金，占大股。"如果没有一个主心骨，股份大家平分，到时候也肯定会出问题，同样完蛋。"

保持稳定的另一个关键因素，就在于搭档之间的"合理组合"。

据《中国互联网史》作者林军回忆说，"马化腾非常聪明，但非常固执，注重用户体验，愿意从普通用户的角度去看产品。张志东是脑袋非常活跃，对技术很沉迷的一个人。马化腾技术上也非常好，但是他的长处是能够把很多事情简单化，而张志东更多是把一件事情做得完美化。"

许晨晔和马化腾、张志东同为深圳大学计算机系的同学，他是一个非常随和而有自己的观点但不轻易表达的人，是有名的"好好先生"。而陈一丹是马化腾在深圳中学时的同学，后来也就读深圳大学，他十分严谨，同时又是一个非常张扬的人，他能在不同的状态下激起大家的激情。

如果说，其他几位合作者都只是"搭档级人物"的话，只有曾李青是腾讯五个创始人中最好玩、最开放、最具激情和感召力的一个，与温和的马化腾、爱好技术的张志东相比，是另一个类型。其大开大合的性格，也比马化腾更具攻击性，更像个拿主意的人。或许正是这一点，导致了他最早脱离团队后单独创业。后来，马化腾在接受多家媒体的联合采访时承认，他最开始也考虑过和张志东、曾李青三个人均分股份的方法，但最后还是采取了五人创业团队，根据分工占据不同的股份结构的策略。即便是后来有人想加钱，占更大的股份，马化腾说不行，"根据我对你能力的判断，你不适合拿更多的股份。"因为在马化腾看来，未来的潜力要和应有的股份匹配，不匹配就要出问题。如果拿大股的不干事，干事的股份又少，矛盾就会发生。

当然，经过几次稀释，最后他们上市所持有的股份比例只有当初的1/3，但即便是这样，他们每个人的身价都还是达到了数十亿人民币，是一个皆大欢喜的结局。

可以说，在中国的民营创业团队中，能够像马化腾这样，既包容又拉拢，选择性格不同、各有特长的人组成一个创业团队，并在成功开拓局面后还能依旧保持着长期默契合作，是很少见的。而马化腾的成功之处，就在于其从一开始就很好地设计了创业团队的责、权、利。能力越大，责任越大，权力越大，收益也就越大。

（资料来源：金融界http://finance.jrj.com.cn/people/2010/12/1413288775065.shtml?to=pc）

【思考与讨论】
1. 马化腾的创业团队为什么能够取得成功？
2. 马化腾的创业团队有什么特点？

本章小结

创业团队是由技能互补、贡献互补的创业者组成的特殊群体，该群体在一个共同认同的、能使彼此担负责任的程序规范下，为达成高品质的创业结果而共同努力，相互协作、依赖，共同担当。

组建一支优秀的创业团队对任何创业者而言，都是一项至关重要的工作。不同类型的创业团队各有其优势和不足。

创业团队在创造利润和对团队成员及股东承担法律责任的同时，还要承担对创业团队员工、消费者、社区和环境的责任。

创业团队管理的重点是在维持团队稳定的前提下发挥团队的多样性优势。创业团队领导者是创业团队的灵魂。

复习思考题

1. 分析《西游记》中唐僧取经团队的成员构成，根据七维度分析理论，唐僧师徒分别适合在创业团队中担任什么职位？如果你是唐僧，你认为你的哪个徒弟是可以舍弃的？为什么？
2. 调研身边的创业团队，了解它们的组织架构及运行方式。了解优秀创业团队案例，分析它们有何共同点。
3. 如果你打算进行创业，在选择团队成员时有何要求？如果你是团队的领导者，如何更好地凝聚激励团队？

第七章 创业资源的开发与整合

教学目标

学习完本章之后,学生能够达成以下目标:
1. 了解创业资源的内涵与种类;
2. 了解创业资源与一般商业资源的异同;
3. 了解社会资本、资金、技术及专业人才在创业中的作用;
4. 了解创业过程中的资源需求和资源获取方法;
5. 掌握创业资源开发与整合的方法。

导入案例

教学视频

故事一:绝妙的整合

一位优秀的商人杰克,有一天与儿子交谈。
杰克:我已经看好了一位女孩子,我决定要你娶她。
儿子:我自己要娶的新娘我自己决定。
杰克:但我说的这个女孩可是比尔·盖茨的女儿哦。
儿子:哇!那样的话……
在一个聚会上,杰克走向了比尔·盖茨。
杰克:我来帮你的女儿介绍个好丈夫。
比尔:我的女儿还不想嫁人呢。
杰克:但我说的那个年轻人可是世界银行的副总裁哦。
比尔:哇!那样的话……
接着,杰克去见世界银行的总裁。
杰克:我想介绍一位年轻人来当贵行的副总裁。
总裁:我们已经有很多副总裁了,够多了。
杰克:但我说的这位年轻人可是比尔·盖茨的女婿哦。
总裁:哇!那样的话……
最后,杰克的儿子娶了比尔·盖茨的女儿,又当上了世界银行的副总裁。
(案例来源:https://xueqiu.com/3563165262/116361727)

故事二：借力修天桥

国际商场是天津市第一家上市公司，地处南京路商业圈。南京路是一条十分繁忙的主干道，对面就是繁华的商业街。在国际商场开业时，门口并没有过街天桥，行人穿越南京路很不方便，也不安全。应该修天桥！估计经过那里的人都会产生这样的想法，但政府一直没有行动。

一个年轻人没有认为这是政府该干的事情。有一天，他找政府商量，提出用自己的钱修天桥，但政府要允许他在天桥上挂广告牌。

不花钱还让老百姓高兴，政府觉得不错，就同意了。这个年轻人拿到政府批文，立即想到找可口可乐那样的大公司洽谈广告业务。

在这样繁华的街道上立广告牌，这是大公司求之不得的事情。很快，这个年轻人从大公司那里拿到广告的定金。他用这笔钱修建了天桥还略有剩余。天桥修好了，广告也挂上了，年轻人从大公司那里拿到余款，获得了第一桶金。

（案例来源：https://wenku.baidu.com/view/0131d7b06f1aff00bed51e8b.html）

【思考与讨论】
1. 以上两个小故事告诉我们什么道理？
2. 我们在创业初期应该如何整合创业资源呢？

第一节 创业资源概述

一、创业资源的内涵与种类

（一）创业资源的内涵

马克思在《资本论》中说："劳动和土地，是财富的两个原始形成要素。"恩格斯的定义是："其实，劳动和自然界在一起才是一切财富的源泉，自然界为劳动提供材料，劳动把材料转变为财富。"（《马克思恩格斯选集》第四卷，人民出版社1995版，第37页）马克思、恩格斯的定义，既指出了自然资源的客观存在，又把人（包括劳动力和技术）的因素视为财富的另一个不可或缺的来源。可见，资源不仅包括自然资源，而且还包括人类劳动的社会、经济、技术等，即人力、人才、智力（信息、知识）等资源。

资源是一切可被人类开发和利用的客观存在。《经济学解说》（经济科学出版社2000年版）将"资源"定义为"生产过程中所使用的投入"，这一定义很好地反映了"资源"一词的经济学内涵，资源从本质上讲就是生产要素的代名词。"按照常见的划分方法，资源被划分为自然资源、人力资源和加工资源。"（《经济学解说》，经济科学出版社2000年版）综合上述观点，资源可以是任意一个主体，在向社会提供产品或服务的过程中，所拥有或者所能够支配的实现自己目标的各种要素以及要素组合。

通过以上阐述,我们弄清了资源的定义以及范围。接下来,我们就需要弄清楚,作为资源的一部分,什么是创业资源。

(二)创业资源的种类

按照不同的标准,创业资源可以有不同的分类。目前,创业资源主要从以下角度进行分类。

1. 要素资源和环境资源

创业资源是新创企业成长过程中必需的资源,按照资源对企业成长的作用,我们将其分为要素资源和环境资源两大类。

(1)要素资源。对于直接参与企业日常生产、经营活动的资源,我们称之为要素资源。要素资源主要分为以下几种:

① 场地资源。场地资源包括场地内部的基础设施建设、便捷的计算机通信系统、良好的物业管理和商务中心,以及周边方便的交通和生活配套设施等。

② 资金资源。资金资源包括及时的银行贷款和风险投资、各种政策性的低息或无偿扶持基金,以及写字楼或者孵化器便宜的租金等。

③ 人才资源。人才是关系企业生死存亡的要素。对于人才资源的重要性,比尔·盖茨曾经说过:"如果可以让我带走微软的研究团队,我可以重新创造另一个微软。"一个企业要想做大做强,必须把人才资源置于极其重要的战略地位。人才资源指的是人力资源中素质层次较高的那一部分人。对于杰出的、优秀的人力资源,则更强调人力资源的重要性。

④ 管理资源。管理是一种无形的、动态的间接资源。科学技术是第一生产力,人们从自身的实践中已经认识到科学技术能够使生产、交通发展起来,使人民生活富裕起来,但是科学技术现代化只有与管理现代化相结合,科学技术才能转化为现实的生产力。管理资源又可以分为管理人才资源、管理组织资源、管理技术资源和管理信息资源。

事情是靠人来做的,管理组织的改善、管理职能的实施、管理方法的采用以及管理手段的运用都要靠人来实现。管理人员的素质决定着管理水平的高低,决定着管理资源的开发和利用的程度,决定着社会生产力的发展。比如,日本就把对管理人员的培养、使用当作"与日本未来命运息息相关的重大问题"。

管理具有组织功能,有了组织,管理者才有用武之地,开发管理资源也才有组织保证。同时,组织本身也是一种资源,因此开发管理资源必须注意发挥组织的作用。

⑤ 科技资源。科技资源是人类从事科技活动所利用的各种物质与精神财富的总称。它是科技创新的物质基础,也是企业持续稳定发展的重要保障。它包括科学研究所和高校科研力量,与企业产品相关的科技成果以及进行产品开发时需要用到的专业化的科技实验平台等。对于新创企业来说,积极寻找并引进有商业价值的科技成果,将有助于加快产品研发速度,为企业在市场上的竞争提供必要的支持。

(2)环境资源。对于未直接参与企业生产,但其存在可以极大地提高企业运营效率的资源,则称之为环境资源。环境资源主要分为以下几种:

① 政策资源。政策资源包括允许个人从事科技产业活动,允许技术入股,支持海外与国内的高科技合作,为留学生回国创业解决户口、子女入学等后顾之忧,简化政府的办事

手续等。政府作为一种特殊资源已越来越被人们所重视。在确立社会主义市场经济体制的发展过程中，无论是国有企业还是民营企业，都把正确有效地开发和利用政策资源当作自身发展的重要条件。实践证明，谁善于有效地、最大限度地开发和利用政策资源，谁就能在竞争激烈的市场中占据有利地位。

② 信息资源。信息资源是指人通过一系列的认识和创造过程，采用符号形式储存在一定载体（包括人的大脑）之上的、可供利用的全部信息。信息资源与企业的人力、财力、物力以及自然资源一样，同为企业的重要资源，且为企业发展的战略资源。信息资源包括及时的展览会宣传和推介信息、丰富的中介合作信息、良好的采购和销售渠道信息等。

③ 文化资源。文化资源是由企业形象、企业声誉、企业凝聚力、组织士气、管理风格等一系列具有文化特征的无形因素构成的，是以一系列社会形象或文化形象的形式存在于评价者心中，并与其载体密不可分的。文化资源的形成与发展是其他资源效力发挥结果的积累，可以迁移到被兼并或控股的公司和新成立的企业中，企业形象、品牌信誉等还可以从原来产品转移到新产品中。

④ 品牌资源。品牌资源是指企业品牌以及围绕品牌的创建、传播、培育、维护、创新等方面所涉及的一切可利用资源，包括企业内部可利用资源和企业外部可利用资源。在某种意义上，市场经济就是品牌经济，创业的成功是培养品牌的成功。创业者在挖掘自身可供利用的品牌资源时，可以借助大学或优秀企业的品牌，借助科技园或孵化器的品牌，以及借助社会上有影响力的人士对企业的认可等。

2. 内部资源和外部资源

创业资源从控制主体角度，可分为内部资源和外部资源两种。

（1）内部资源。创业者的内部资源主要是指创业者个人的能力及其所占有的生产资料及知识技能。拥有一份良好的内部资源，对创业者个人来说无疑是最重要的。内部资源主要包括以下几种：

① 现金资产。现金资产是指创业者本人及家庭可以随时支配的现金和银行存款。当然，易于变现的国债、股票等可以视同现金资产。这里要注意的是，创业者一定要为家庭生活留有余地，不能将家庭的所有资金都用于创业中。

② 房产和交通工具。这种资源一方面可以作为创业的硬件资源，另一方面也可以作为现金资产的补充，在需要的情况下，可以作为抵押品向银行或其他投资人申请融资。当然创业者需要弄清楚房产和交通工具是不是可以支配，如果是按揭方式购置的，就要大打折扣了。

③ 技术专长。这里说的技术专长包括有形的和无形的。有形的是指已申请成功的发明专利、实用新型专利和外观专利，或者是某一领域公认的专家身份，如注册会计师、律师、高级美工师、设计师、工程师、医生、心理咨询师等；无形的是指专有技术、对某个特殊行业和领域的深入研究的科研成果等。

④ 信用资源。信用资源是利用各种自然资源和社会资源的基础，并且随着市场经济的发展，在经济运行过程中发挥着越来越重要的作用。个人信用资源的主体主要涵盖两个方面。一是个人资产信用。在市场经济条件下，银行会以诚信作为衡量能否贷款的依据之一，但并不会仅仅因为你是老实人、从不说谎而贷款给你；如果你有存款或房产等，则获取银行贷款就会相对容易。二是个人的道德品质和素质能力。个人诚实守信的品质、以往能够

证明其诚信的记录以及在一定程度上说明其素质的受教育程度等，都是其信用资源的一部分，即道德信用部分。你有没有道德信用污点？如果没有，想象一下你能够通过长期积累的信用资源做些什么事？或者有人根据你的信用愿意给你投资，或者有人愿意借钱给你，或者有人愿意为你铺货，或者有人愿意在你还没有支付工资的情况下为你工作。

⑤ 商业经验。商业经验即对市场经济和对游戏规则的了解程度。对于创业者来说，在所有创业所需要的资源中，商业经验显得尤为重要，有了经验，其他的资源会很快被你获取。比如，缺资金，可以凭已获得的经验去赚、去整合，甚至去借贷；缺项目，可以凭借经验去发掘和收集。但要注意，商业经验主要不是向别人学习来的，而是靠自己在实际的工作中去摸索积累的，因为即使别人用得很好的经验，对你也未必适用，一定要具体问题具体分析。有很多创业者会陷入这样一种困惑：没有资金，连做的机会都没有，谈何摸索积累？因此被苦苦地阻挡在创业的大门之外。在这种情况下，你可能由于视野问题忽视了一个最好的机会，那就是去打工——有意识和准备地去打工，在工作的过程中去获得并积累自己最终创业所需要的资本。通过打工，你可以积累管理、营销等很多方面的经验，作为以后创业的铺垫，同时你还可以积累创业所需的资金、人脉、技术等方面的资本。要积累足够的经验和资本，前提只有一个：为创业而打工，把打工当作自己创业的第一步。

（2）外部资源。创业者的外部资源包括朋友、亲戚、商务伙伴以及其他投资者、投资人的资金，也包括借到的人力、场地、设备或其他原材料（有时是由客户或供应商免费或廉价提供的），或通过提供未来服务、机会等换取到的，有些还可能是社会团体或政府资助的管理帮助计划。创业者在开始创业的初期面临的一个重要问题即资源不足：一方面，企业的创新和成长需要消耗大量资源；另一方面，企业自身还很弱小，很难实现资源的自我积累和增值。所以，企业只有从外部获取到充足的创业资源，才能实现快速成长，这也是创业资源有别于一般企业资源的独特之处。在创业初始，如果不善于利用外部资源，也不积极主动寻找创业的机会，是很难创业成功的。今天很多的创业成功者都是利用资源的高手，不管是资本资源还是市场资源或者是技术成果资源，他们都能很好地利用。对创业者来说，利用外部资源是一种非常重要的方法，在企业的创立阶段和早期成长阶段尤其如此。

创业者获取外部资源最重要的一点是人脉资源的积累能力，即创业者构建其人际网络或社会网络的能力。一个创业者如果不能在最短时间之内建立起属于自己的最广泛的人际网络，那么他的创业一定会非常艰难，即使其初期能够依靠其领先于同行业的技术或者自身素质，比如吃苦耐劳或精打细算，获得某种程度上的成功，这种企业也很难持续稳定发展。创业者的人脉资源按其重要性分为两种：

① 同学资源。在创业专家研究的上千个创业者案例中，有许多成功者的身后都可以看到同学的身影，有少年时代的同学，有大学时代的同学，更有各种成人班级如进修班、研修班上的同学。现实生活中就有这样的事例：一个班长，一个体育委员，后来两人合伙创业，在企业做大以后才分了家，分别成立了正泰集团和德力西集团。一位创业者在接受创业专家的采访时说，他到中关村创立公司前，曾经花了半年时间到北大企业家特训班上学、交朋友。他开始的十几单生意，都是在同学之间做的，或是由同学帮着做的。同学的帮助，在他创业的起步阶段起了很大的作用。

② 职业资源。所谓职业资源，即创业者在创业之前，为他人工作时所建立的各种资源，

主要包括项目资源和人际资源。充分利用职业资源，从职业资源入手创业，符合创业活动"不熟不做"的原则。尤其是在国内目前还没有像欧美国家一样普遍认同和执行"竞业避止"的法则的情况下，选择从职业资源入手进行创业，已经成了许多人创业成功的捷径和法宝。

【教学案例7.1】>>>>>

穷小子一暑假赚16万元，毕业当上"富一代"

朱华侨，29岁，海南省海口市金奖福海事业有限公司总经理，海口经济学院2005级市场营销专业毕业生。创业5年，他的公司已拥有员工61人，在海口、三亚开了6家电动自行车大型专卖店，拥有金彭电动三轮车全省总经销权、三亚艾玛电动车总经销权。若不是开了辆价值50多万元的VOLVO越野车，显示出了他创业的小有成就，29岁的朱华侨从外表看上去还是一副学生样：随便套上的T恤衫、牛仔裤和鼻梁上的眼镜。他身高168厘米，体重168斤，当年女朋友向她母亲汇报他时，这两个条件曾经让丈母娘脱口而出："这不成方块了。"他不是帅哥，外表却也不"雷人"，如果置身于人群中，他属于那类你转头就容易忘记长相的人，但只要他说起话来，你很快就会被他感染。他浑身上下洋溢着一种叫作"自信"与"胆识"交织的东西。据说，当年他的研究生妻子正是被他的这种"气场"所吸引，相亲之后两人很快结了婚。

8年前他还是一名来自河南农村的穷小子，为学费发愁，一暑假赚16万元上大学。2005年，在高考复读班里待了一年的他没有考上理想的大学，海经院录取了他，学费一年8500元。父母都是农村种地的，家里还欠着外债。学费的事朱华桥压根没跟父母说，知道他们不可能拿得出来。那个暑假，他思来想去，环顾左右，竟然想出了一招。他敏锐地发现当地很流行办各种培训班，他同学中有一个考上了中央美术学院，是当地反复宣传的典型人物，知名度挺高。他向一个要好的同学借了500元，就去找那位考上中央美院的同学。"我那时也不知哪来的胆，兜里只有借来的500元，就敢对他许诺：我打着你的旗号去招生，你只需每天给我上一节课，结束之后我给你发1500元工资。"同学答应了。另一位同学的父亲看他不容易，借给他一套空房子，他还从补习班找来几位高考落榜的美术考生帮忙。美术培训班办得特别火爆，不仅小学生，连高三的学生都跑来学。到了开学时，他怀揣着赚来的16万元，来到了让他惊叹的美丽的海南岛。火热的军训刚结束，他又一次嗅到了商机。班上有位来自浙江的女生，家里开化工厂，想收集军训服装给家里企业员工当制服，请朱华侨帮忙，答应每套按25元提成给他。朱华侨请了五六位同学，买来了明信簿、笔记本等一堆小礼品，就在校园宿舍里四处换军训服。"军训服本身质地也不是太好，加上穿得很脏了，很多人脱了之后就随便往哪一塞，看见能以脏衣服换礼品，就都拿了出来。"他一共换了好几百套军训服装，赚了8000元。这最初的两桶金，给了他无比的信心。

敢想敢干大学生

在大学里，他属于特别能折腾的那类人，他说这是被逼无奈，因为他得自己想办法筹学费和生活费。他在街头摆过地摊，在海南很多高校卖过特产，他售过汽车票，卖过电脑配件，开过小饭店，尝试过很多事情。循着他的轨迹，能发现他的成功并非偶然。成功，或许正是一不怕苦二不怕累三不怕失败的结果。他在学校最有影响的事情是创办了学校最大的学生社团组织。作为新生的他前去报名参加学校的一个市场营销的社团，上来就要应聘当部长，结果人家连门都没让他进。他跟几个同学一商议，干脆自己组建人马到学校申请成立一个新社团。当时海南有个职业经理人协会，他们给自己的社团起名叫"未来职业经理人协会"。

他们打上领带，西装革履，游走宣传。最后他们竟收会员600名，社团成立伊始就是学校最大的学生社团组织。有一次他应邀参加海南职业经理人协会组织的一个会议活动，由于紧张，本是下午，他上来就说"早上好"，结果引来大家哈哈大笑，但会后，他接到了20多个商家电话，都想找他做宣传礼仪活动。"我当时在社团组织有两个拳头产品，一个是营销团队，另一个是礼仪团队。你知道吗，当时海南车模大赛冠军都是我们礼仪队的会员。"他们开始为企业的销售会议等各种活动出力，参加精功眼镜、力加啤酒、百事可乐等。组织的多种商业活动，风风火火。"我们还赞助学校的活动呢。"未来职业经理人协会成立一周年庆典更是赚足了面子，"300人礼堂座无虚席，来了70多家企业代表，小车就开来30多部，盛况空前，令学校领导刮目相看。"

也曾失败陷低谷

他不是没有失败过。2006年的春节以及随后的半年，是他人生的低潮。学校附近开了许多小饭馆，看起来挺赚钱的，他心动了，也想自己开一家。那个寒假他没回家，而是应聘到国贸一家烤鸭店兼职当服务员。"从早上9时干到晚上9时，一天只挣14元。来回的交通费就得花去4元。"但他的目的不是赚钱，而是学习经验，不在乎工钱多少。那年除夕，他从早上一直忙到晚上11时才回到宿舍。回到宿舍，偌大的楼里空空荡荡，就只有他一个人。或许是因为受寒，当晚他就发烧了，由于他忙得没时间去买年货，宿舍里连一点吃的都没有。撑到天亮，他爬起来去药店，但大年初一的早晨，所有的商店都已关门。他只好回屋，把宿舍里能找到的4床被子全裹在身上蒙头大睡，不吃不喝，整整睡了一天一夜。当时他把自己挣来的所有钱，并另外借了5 000元，凑在一起转来一个小饭店，请了个师傅就开张了。起初生意很红火，但很快就门庭冷落。"师傅就会做那几道菜，动不动就叫人点"地三鲜"，而且做鱼煲，一条鱼竟搞了三个煲。"他想把店盘出去，可刚收了人家交的500元订金，对方就因为听说小饭店面临拆迁，不肯再付转让费，也不肯交还小饭店。那段时间真是落魄，他又身无分文了，每天以泡面度日。他的小弟过来帮着洗碗，在外租住，每月几十元的房租他们都交不上，还拖欠了一个月房租。

"我小弟每天5时起床离屋，深夜1点才赶回去睡觉，就是为了躲避收房租的人。""我拖欠了一学期学费，现在如果你上网查海经院欠费学生名单，那还有我的名字呢。"海口国兴大道举行嘉年华活动，大热天他去卖汽水，卖了五六百元，赚了两百，但收到了两张百元假钞，一天白干了。他不气馁，第二天又继续去卖，活动结束，他挣了七八百元。2006年下半年，他为返乡的大学生代办大巴票，那时，火车没有直通海南，很多学生要到广州去中转回家。赚了去程，为啥不赚返程？一念之下，他又办起接返乡大学生回琼的业务。他包旅游车，并在广州的宾馆开了十几间房接待学生，白天返乡学生可以在宾馆里洗去旅途的风尘，晚上房间可作为工作人员的宿舍。"最多的一天，我送了500多名学生回海南，7天我赚了五六万元。"他说。2008年毕业时，他不但替父亲还了三四万元的债，还揣着净剩的五六万元毕业了。"你有精力学习吗？""我没挂过科，顺利毕业，成绩中等。"他说，大学三年，他读了100多本书，基本以名人传记、兵法和商战类书籍为主，"从书上学了不少思路和点子。"

不一样的选择

毕业找工作时，他又做出了不一样的选择。当时社交活动广泛的他不愁找工作。因为经常帮海南一家外企搞策划、做活动，企业想聘他做市场助理，他婉拒了。他选择到当时一家卖电动车的小店——国英车行打工。国英车行在府城，当时营业面积不过100多平方米，很不起眼，他在那里买电动车结识了老板谢振业。"当时老板开了辆破面包车，但当我跟老板聊过之后，发现他虽然没钱，但很有干劲，学习能力很强。"他决定跟谢振业干。他的选择显示出了远见。国英车行的老板谢振业现在已经是海南电动车销售界的一位响当当的"大佬"，而朱华侨在追随老板干了三个月后就自己加盟老板代理的品牌开店了。他们抓住了海口电动车发展的爆发时机，迅速发展壮大起来。"那时电动车卖疯了，我两三个月就开一家分店。"要不是他有事赶回海口，记者还很难采访得到他，他正忙着三亚电动车新店的开张，脱不开身。虽然已是数百万身家的老板，他还是亲力亲为。回来后，妻子发现他的脚烂了很心疼。虽然穿着阿迪达斯，但鞋湿了他忙得没时间换，硬是把脚给捂烂了。

他说，和国英老板一样，他周围的"创一代"都有一些共同特点：农村出身，肯吃苦耐劳；白手起家，有勇有谋；不怕失败，敢闯敢拼。

在本案例中，朱华侨的创业经历在创业资源获取方面给我们的启示有以下几个方面：

（1）创业者自身是最重要的创业资源。朱华侨一次次的赚钱与创业成功，都是由他个人敏锐的商业嗅觉、团队组织能力和吃苦耐劳精神所决定的。他在赚到第一桶金前压根就没本钱，完全靠他个人的能力。当他有了钱的时候，并不能保证他会更成功，开饭馆失败就是典型的例子，失败的关键仍是他自己的决策失误。而他最终进入电动车代理行业并成功，则是他的决策成功。

（2）创业资源是一种整合的外部资源，朱华侨的每一次成功，无不需要整合外部资源。第一次办美术培训班赚学费表现犹是如此，他向同学借来500元，用未来的工资承诺换来了考上中央美术学院那位同学的旗号和劳动，他又得到同学父亲借给他空房子，还有几个落榜考生来帮忙，除了他自己，没有一项资源是他自身所具备的。

（3）创业资源中隐性资源比重更高、更重要。朱华侨的创业成功显示，隐性资源比重更高、更重要。他回收军训服能成功，主要是因为获得了社会资源和信息资源。首先是他的同学提供了一个关键信息——需要回收军训服，然后他利用学校的社会资源，请五六名同学去帮其回收军训服。

（案例来源：http://www.hi.chinanews.com/hnnew/2013-06-17/307697.html）

【思考与讨论】

1. 通过本案例，请同学们思考，什么是创业资源？创业资源都包含哪些？
2. 结合你的创业项目，说一说你的创业资源都有哪些？应该如何有效地整合呢？

二、创业资源与一般商业资源的异同

创业资源作为商业资源的组成部分之一，与一般商业资源的关系，其实也就是哲学中矛盾的普遍性与特殊性的关系。一方面，创业资源与一般商业资源在本质上都属于商业资源的范畴，因此二者必然具有一定的共同点；另一方面，二者作为商业资源的不同分支，也必然具有各自不同的一些属性。

（一）创业资源与一般商业资源的相同点

创业资源作为商业资源的一部分，具有商业资源所具有的共同特性。

（1）两者都具有稀缺性。资源相对于创业需求是稀缺的，这里所说的创业资源的稀缺性，既不是说这种资源不可再生或可以耗尽，也不是说与这种资源的绝对量与大小无关，而是指这样一个事实，与成熟企业相比，新企业缺少时空上的资源积累，即在给定的时间内，与创业资源的需求相比，其供给量相对不足。

（2）两者包含的内容相同。创业资源和商业资源从包含内容上讲都涵盖了厂房、场地、设备等有形资源，以及企业名称、商标、专利、营销能力、管理制度、信息资料、企业文化等无形资源。

（二）创业资源与一般商业资源的不同点

创业资源作为一种特殊的资源有其典型的特点：

（1）创业资源多为外部资源。新企业创业资源短缺，意味着企业直接控制的内部资源不足，创业者选择的途径是使外部资源内化（股权安排、专业化协作等）。利用外部资源来解决创业资源的短缺问题，能大大减少企业的风险与固定成本，加上创业企业本身的市场地位和市场空间都不稳固，所以利用外部资源可以避免将来废弃这些资源的风险。

（2）创业者在创业资源中的作用举足轻重。创业者开创企业的意图与开创企业前的决定都是之后新企业目标、策略与结构的成形的影响因素，并且对日后新企业的存活与成长也有所影响，所以创业者是创业过程中最重要的创业资源。当然，雇员的素质也是一种特别重要的人力资源，创业者可以利用市场的力量（金钱、竞争等）和个人人格的力量（如承诺、经验、品格等）影响雇员的投入。

（3）专有化高的知识在创业资源中至关重要。创业所需要的资源中，知识是非常重要的一项，它为企业实施差异化战略提供基础，一般是企业核心竞争力的根源所在，可为新企业在某些方面建立一定的竞争优势。这种竞争优势一方面取决于这种资源本身的价值，也和企业对于这项资源的运用方式和其他相关资源的配合密切相关；另一方面，专有知识不容易交易，比显性知识更容易成为竞争优势。

【教学案例 7.2】 ▶▶▶>>>

19 岁大一学生创业 4 年炼成千万富翁

罗敬宇，湖北十堰人，湖北大学艺术学院视觉传达专业大一学生。父亲下海经商，母亲在一所小学工作，并非"豪门子弟"。"爸妈教育我从小要独立，想要什么都要靠自己争取，有时想要点零花钱都得做家务'挣'。"罗敬宇说，受这种教育影响，他从小就有创业的梦想："我想成为马云、俞敏洪那样的创业名流，想干点事业。"

初三那年他 15 岁，开始独自摆地摊挣钱，两天赚到 5 000 元。尝到赚钱甜头的罗敬宇上高中后又筹借 12 万元开店，不曾想店铺定位失败，开业半年就倒闭了，亏光了积蓄。如今走过4年大起大落的创业历程，还在读大一年仅19岁的罗敬宇，已经成为4家公司的主要股东，坐拥8家实体店、3家网站，年销售额1 500万元，雇用29位平均年龄33岁的"叔叔阿姨"员工。

年仅19岁的罗敬宇不像是19岁，身材微胖，穿着成熟，谈吐得体，他有8种名片，分别代表他8种不同的身份。虽已是身价千万的老板，罗敬宇在学校却非常低调，吃在食堂、住在宿舍，和同学关系融洽。他用的是价格499元的手机，从不玩网游，穿的衣服都是从自己的服装店里选的便宜货。他说："赚钱不容易，要花到点上才值得。"公司有6辆车，他从来没有开到学校过："没有必要，那些都没有意义。"罗敬宇说，他希望将来设立一个创业基金，帮助更多的人成功创业。

从小起步——初三少年独自摆摊

初三那年，罗敬宇在广场散步时，发现很多人放孔明灯，赚钱的想法从此萌生，"我一个人到一家批发市场进货，然后摆地摊，2元一个进货，8元一个出售。一个晚上卖了十几个，又累又不挣钱。"罗敬宇感叹道。后来他学会从网上进货，每个进价才5毛钱，发动全班同学帮忙卖，卖价5元，每卖出一个给同学提成2元，自己挣2.5元，仅两天他就赚了5 000多元。

陷入低谷——借贷12万元开店，半年赔光

尝到赚钱甜头的罗敬宇，上高中后继续大胆尝试，筹措12万元租门面开服装店。"当时父母不支持我创业，我只好借贷。"罗敬宇说，他觉得卖服装利润空间很大，于是去了广州、义乌、武汉调查市场行情，拖着半人高的行李箱扫货。不过，因为服装定位太前卫，他的门店少有人问津，只撑了半年就倒闭了。"当时感觉心如刀割，瞬间一无所有了。家人不理解，我也不想回家，就离家出走，晚上睡在桥洞里，思考下一步该怎么走。"罗敬宇说，"有人劝我，说我年纪还小，摆个地摊小打小闹，挣点零花钱就够了，可是我觉得一切都得向前看！"

展翅腾飞——备战高考不忘经营

罗敬宇是美术班的学生，利用自己所了解的行情，他决定卖画材。他找到一位熟人，说服他投资100万元，在十堰开办了一家文化用品商行，主营美术画材和乐器，准备东山再起。当时，他和几个同事跑遍了十堰所有的美术班和画室发传单。一次两次被赶出来就跑第三次、第四次，慢慢地，校方与学生都接受了他们。不到1年时间，店里的销售额达到600万元。

高三备战高考时，他也没将创业甩一边，反而进一步扩大业务，在武汉开办画材店和服装店。2012年高考，罗敬宇以美术联考211分、文化课381分的成绩考进湖北大学艺术学院视觉传达专业。没来武汉上学前，罗敬宇就把公司的触角伸到了武汉。2010年，罗敬宇读高二时，就把服装店迁到武汉的虎泉，聘请两位员工经营店面。2011年5月，他在武汉藏龙岛开了一家美术用品店。这个时候，他已经有了3家直营店和4家加盟店。当他的同学还在十堰准备高考时，他已经成了武汉的老板。

高效管理——学业创业二者兼得

4年多时间，罗敬宇与合伙人入股创办了4家公司，他分别占股份40%、25%、50%、40%，还开了8家实体店、3家网店，年销售额达到1 500万元。他的合伙人之一、武汉融艺100美术培训学校的校长田凯杰说："小罗不仅是我们学校的股东，还担任副校长，这个

小伙子很有闯劲儿。"不过,目前他还是学业与创业两手一起抓。"鱼和熊掌要想兼得,高效是王道。"在他看来,"员工就做员工该做的事情,我是老板,只要把握好方向就行了。"考进湖北大学后,他的业务量迅速增多。"艺考热"升温,美术画材市场的需求很大。现在,公司员工已经达到29名。罗敬宇已经不再具体管理了,他把员工分为四个部门:销售部、人事部、仓储部、财务部,每个部门都设置一名总监,平日由总监管理公司。

巧借高校资源,树典型带来媒体宣传效应

罗敬宇进入大学后,积极与校招生就业处联系,在学院的极力推荐和个人努力下,他获批入驻学校创业园,并在创业园内开辟专门场地,办起了他的"佳宇文化用品有限公司",主要经营美术画材、乐器等。他除了获得场地支持,还在创业政策、一对一创业指导等多方面获得了学校的帮助。2013年以来,湖北大学党委宣传部在对外宣传方面注重宣传师生先进典型,在招生就业处了解到罗敬宇创业的有关情况后,宣传部积极与社会媒体联系,并组织记者前来采访报道。湖北省两家媒体进行深入报道后,引发社会的广泛关注,为罗敬宇带来了良好的宣传效应。社会上一些创业人士打来电话请教他创业经验,一些学校要把艺术学院的美术画材等转给他经营,还有一些家长打电话咨询,要把自己的孩子送往罗敬宇在汉阳开的美术培训学校学习。

在本案例中,罗敬宇的创业经历可以充分体现创业资源获取的影响因素是如何作用的。

(1)从影响罗敬宇创业资源获取的内部因素来看,罗敬宇从小受到的教育使得他产生创业的梦想,15岁就开始创业。但他开服装店却失败了,这是企业宗旨和战略不对,他投入的资源量很大,损失也大。他转而结合自己的专长,看准"艺考热",明确了创业的方向,再次创业。这次宗旨和战略对路,因而发展顺利。他的高效组织与管理,充分调动员工的自觉性与积极性,也使得他既能使业务快速发展又能兼顾学业。

(2)从影响罗敬宇创业资源获取的外部因素看,罗敬宇进入湖北大学,获得创业扶持和媒体宣传,离不开鼓励大学生创业的政策环境。由于武汉市场空间更大,他将业务从十堰扩展到武汉,这离不开经济与社会环境。他开网店离不开技术环境。而罗敬宇进入美术画材和乐器销售行业离不开"艺考热"的行业环境所提供的上升契机。

(案例来源:http://www.360doc.com/content/13/0517/18/7607720_286159812.shtml)

【思考与讨论】

1. 通过本案例,请同学们思考,创业资源的影响因素都有哪些?
2. 作为创业者应该如何挖掘自己的创业资源?

三、创业资源的作用

创业者获取创业资源的最终目的,是通过组织这些资源寻求并抓住创业机会,提高创业绩效,即获得创业的成功。无论创业资源是否直接参与企业的生产,它们的存在都会对创业绩效产生积极的影响。

(一)社会资本在创业中发挥关键作用

社会资本是相对于物质资本和人力资本的一种无形资源形式,是建立在信任和合作基础上的社会关系网络，更多地着眼于一种社会关系、一种文化环境。它以社会关系中的信任、规范和网络为载体，既包括社会关系中的制度、规范和网络化等组织结构特征，又包括公民所拥有的信任、威望、社会声誉等人格网络特征。创业者社会资本是和识别创业机会、开辟新途径、创造新产品或服务、创立新组织并解决社会问题联系在一起的。创业者社会资本是个人拥有的社会资本的一种，表明创业者拥有什么样的社会关系；它依附于创业者个体，以创业者为中心构成网络体系；它建立在企业群体范式上，由信誉、规范所引导，由创业者与新创企业之外的社会成员、创业者与社会组织，以及创业者与新创企业内部成员所构成，是创业者动员内部和外部资源的能力。社会资本会对创业者的创业机会识别、交易费用、个人特质等产生重要影响，而这些变量又直接影响创业活动的绩效。因此，如何更好地建立、积累和运用社会资本，是创业成功的关键因素。

1. 创业者社会资本弥补创业者资源匮乏

一般来说，创业者和新创企业都缺乏相应的资源和支撑创业活动的必备能力。创业者占据了其社会关系网络的中心位置，可以获取网络中的各种资源来满足创业活动的需要。首先，创业者社会资本作为一种实际的或潜在的资源集合体，能够创造剩余价值，而且当创业活动的各方都以一种信任和合作的精神把各自的技能和财力结合起来，就能获得更高的回报。其次，社会资本还可以影响创业者的个人特质。社会资本可以激发个体的主动性、积极性和创造性。同时，社会资本存在于创业者个人的社会网络中，在这个社会网络中，创业者通过与他人的互动并观察学习，可以促进自身素质的提高。这都可以在一定程度上弥补创业者资源匮乏的状况，提升创业的能力。

2. 创业者社会资本提高创业者机会识别能力

创业机会识别能力，是创业者最重要的能力。在创业者的社会关系网络中，既有强联系，即成员之间建立起信任以及情感的联系，也有弱联系，即经济特征不同的个体之间发展起来的一种松散的联系。强联系能够促使信息有效地传递，能够使创业者在信任的基础上更好地获得信息，从而更容易转化为一个切实可行的商业机会，进而影响创业者的机会识别能力。同时，由于弱联系的分布范围较广，它比强联系更能充当跨越社会各界去获得信息和其他资源的桥梁，可以将其他群体的重要信息带给不属于这些群体的某个个体，从而扩展了创业者所能获取的信息，增强了创业机会的识别可能性。

3. 创业者社会资本提升新创企业的动态能力

动态能力，是指企业保持或改变其作为竞争优势基础的能力。创业者通过社会关系网络，取得企业稀缺资源，但这些资源是静态的，它为新创企业实现较高的竞争力提供了一种优势。创业者通过创业者社会网络获得的资源转化为动态能力还需要一个复杂的组织学习和整合过程。创业者社会资本的信息共享和知识创新能力能使团队成员逐渐接受新的思想观念，主动扩展他们的知识基础，并促使他们开始有意识或潜意识地以新的方式进行思考，进而改变他们的行为方式，这样才能实现知识转移，即把局部的、特定的资源和能力上升到全局的高度，在整个企业的范围内根本性地改变思想观念和运作模式。最终，这些关键资源将提升企业的动态技术能力和动态营销能力，增加企业的战略柔性，进而提升创业活动的效果。

由于社会资本具有积累性、易消失、需要维护和更新、刺激活性、投资回报率低的特性，而创业者社会资本的积累和维护又需要大量的资本，因此需要创业者积极刺激才能维持其活性。可见，在资本有限的情况下，如何保持资本投入和社会资本产出之间的平衡是创业者需要认真衡量的一个关键问题。

（二）技术和专业人才在创业中发挥决定作用

随着现代科学技术和知识经济的发展，科技因素越来越成为企业参与市场竞争的核心要素。技术在企业的发展中占有重要地位，如果没有过硬的高科技，企业很难在竞争激烈的市场中站稳脚，这一点对于新创企业来说更重要。在企业创立和发展过程中，积极寻找、引进有商业价值的科技成果，加强和高校科研院所的产学研合作，将有助于加快产品研制和成型的速度，缩短产品进入市场的时间，为企业的市场竞争提供有力支持。

1. 在创业初期，技术资源是最关键的创业资源之一

创业初期，技术资源是最关键的创业资源之一。其原因有三：一是创业技术是决定创业产品的市场竞争力和获利能力的根本因素。二是创业技术的核心竞争力的大小决定了所需创业资本的大小。对于在技术上具有根本创新的创业企业来说，创业资本只要保持较小的规模便可维持企业的正常运营。三是从创业阶段来说，由于企业规模较小，因此对管理及人才的需求度不像成长期那样高。

2. 成功的创业技术是创业成功的核心竞争力

创业企业是否掌握创业所需要的"核心技术"或"根本技术"，是否拥有技术的所有权，决定着创业的成本，最终决定新创企业能否在市场中取得成功，尤其对依托高科技的创业企业而言更是如此。美国的微软公司和苹果公司，最初创业资源都不过几千美元，创业人员也只有几人，它们之所以走向成功，就是因为它们拥有独特的创业技术。所以，创业企业成功的关键是首先寻找成功的创业技术。

3. 在创业的过程中，除了技术，人才同样也会发挥决定作用

创业团队由哪些人才组成，在很大程度上决定着创业过程的成败。人才是推动企业健康发展的力量源泉，无论从宏观角度还是从微观角度来看，人才都是企业发展的决定性因素。因此只有拥有充足的人才，企业才能实现跨越式的发展。随着时间的推进、新技术革命的蓬勃发展，企业之间的竞争日趋激烈。竞争主要表现为技术的竞争、产品的竞争，而技术、产品的竞争实质上就是人才的竞争，人才才是当今最大的竞争力，谁在竞争中拥有掌握知识、技术的人才，谁就能在竞争中处于主动地位。人才往往决定着一个企业的兴衰存亡。纵观当今林立的企业，有的企业曾几何时多么辉煌，可终究是昙花一现，原因何在？有一位研究婚姻家庭的大师说过，"幸福的家庭都是相似的，不幸的家庭各有各的不幸。"把这句话改动一下，"成功的企业都是一样的，失败的企业各有各的原因"，但有一点是共同的，那就是在用人上都是失败者。在折戟沉沙的企业面前，一批批企业巨轮扬帆远航，追寻这些成功企业的足迹，它们都是选人用人的成功者，都聚集了一批人才。美国钢铁大王卡耐基曾说过："将我所有的工厂、设备、市场、资金全部夺去，但是只要保留我的组织人员，四年之后，我仍将是一个钢铁之王。"这充分说明了专业技术人才对一个企业是十分重要的。

（三）资金资源是企业生存和发展的必要条件

1. 资金是企业生存和发展的重要基础

资金被视为企业生产经营的血液，资金活动影响企业生产经营的全过程。企业的资金活动与生产经营过程密不可分，企业生产经营活动的开展，总是依赖于一定形式的资金支

持；生产经营的过程和结果，也是通过一定形式的资金活动体现出来的。因此，资金管理一直被视为企业财务管理的核心内容，企业经营管理的重要部分。

2. 开创新的企业，最大的困难之一就是怎样获得起步资金

对于创业的人来说，拥有的资金越多，可以选择的余地也就越大；创业如果没有资金，一切就无从谈起。对于新创企业来说，无论是进行产品研发还是生产销售，都需要大量的资金，充足的资金将有助于加速新创企业的发展。

3. 如何有效地吸收资金资源是每个创业者都应当关注的问题

很多创业者在创业之前，没有正确看待创业资金的重要性，认为一开始投入就能赢利，能够弥补创业过程中的资金短缺问题。但真正实施起来却没那么简单，很多时候，一个创业项目在起步后的相当一段时间内是没有收入的，或者收入不会像预计的那么容易获得。而且，企业在创立初期往往由于资产不足而缺乏抵押能力，很难从银行得到足够的贷款，这更使得资金资源成为企业高速发展的瓶颈。

 四、创业资源的获取

（一）影响创业资源获取的因素

1. 社会网络对创业资源获取的影响

社会资源的获取与整合是创业企业尤其是中小企业创业成功的关键，而社会网络又是中小企业获取资源的重要渠道。

根据我国的国情，企业特别是中小企业的快速发展与其所嵌入的社会网络，尤其是企业家个人关系网络有着直接关系。从我国大量成功的中小企业实践中可以看出，企业家个人的社会网络是决定中小企业竞争力最关键的因素之一。

创业企业的社会网络由网络主体和社会网络结构组成。下面基于网络主体的构成，对创业企业的社会网络从情感主导的"亲缘关系网络"和利益主导的"利益关系网络"来分析。

亲缘关系网络主要指的是亲朋好友关系，如企业家的亲戚关系、同事关系、同学关系、战友关系、工友关系等。其特点是对中小企业的资源支持中，感情因素考虑较多，利益因素考虑较少，其关系有长期的感情交流基础，信任度高，无须进行大量的关系投资。亲戚、朋友关系一向是中国人重要的社会资源，中小企业家由于势单力薄，往往更需要亲朋好友的支持和关照。

利益关系网络主要指的是企业家在业务和贸易往来中建立的商业交往关系，包括与顾客（包括企业用户）的关系、与产品价值链上其他商家之间的关系（如采购商、经销商和竞争对手等）、与业务支撑组织之间的关系（如与会计师事务所、金融机构、行会等中介的关系）等。其特点是对中小企业的资源支持，利益考虑因素大于情感考虑因素，其与中小企业维系关系的前提是继续维持这种关系对其有利，一旦这种利益失去，这种关系可能断裂。

创业企业在网络内部处于不同位置，以及各联结对象之间不同的联结方式，都会对网络内部各种资源的流动和转换产生影响。创业企业尤其是新创中小企业由于自身条件的限制，其创业阶段的资源整合通常都较为困难。面对企业内部资源相对不足的困境，企业急

需向外部寻求相关资源来加以解决。由于处于创立期的中小企业在实力和声望等方面都显得较为薄弱，很难通过传统市场关系获取自身所需要的资源，因此，新创中小企业通常会利用创业者自身的社会关系网络获取企业所需的相关资源，用以弥补通过市场关系获取资源的不足。社会网络作为介于企业和市场之间的一种资源配置方式，在中小企业活动中起到决定性作用。

根据创业企业社会网络的二元模式，社会网络有利于新创企业资源的获取和整合，这不仅体现在亲缘关系网络和利益关系网络的多种主体所发挥的作用上，还体现在网络规模与网络强度两个维度上，其中包含了各项因素之间复杂的互动关系。

新创企业社会网络的规模与强度，这两个维度也同样会影响其创业资源的获取和整合。网络规模是指创业企业在社会网络中总的接触量，其在一定程度上反映了创业企业从创业网络中汲取各种资源的程度以及新创企业与其他网络成员联系的范围。网络规模越大，表明创业企业获得创业资源的途径越广泛，越有利于网络成员之间的学习和模仿，提高相互间的信任程度，促进资源的流动。

2. 创业导向对资源获取的影响

对机会的开发是创业成功的最重要因素，创业的另外一个重要因素是资源获取。利用机会和整合新资源的过程受创业导向的驱动，企业可以通过将机会和资源两个重要因素相结合，成功实施创业导向。创业导向的实施过程就是机会的识别和开发过程，由于在识别和开发机会的过程中必然会产生大量的资源需求，所以企业在创业导向的驱动下努力获取所需资源，满足资源需求，以成功识别和开发新机会。在机会识别过程中，企业产生知识资源和运营性资源需求，但以知识资源需求为主。企业需要利用知识资源发现、筛选和评估新机会，促使企业获取所需知识资源以满足机会识别的需求。由于运营性资源如人力、资金、技术、物质资源和市场订单等是机会开发应具备的基本条件，因此，在机会开发过程中，以运营性资源需求为主，对运营性资源的需求促使企业去获取所需的运营性资源。可见，创业导向是通过促进机会识别和机会开发，进而促进资源获取。

3. 创业者特质对资源获取的影响

对创业特质的研究涉及心理学、行为学、社会学、管理学等不同的领域。其中创业者的管理才能、风险承担性、成就需求以及内控源这四个方面对于资源获取的影响较大。

（1）创业者的管理才能对资源获取的影响。资源获取是企业生存与发展的必要步骤，是指企业在创建与发展过程中通过一定的手段来获取资源。任何企业都不可能拥有企业发展所需要的全部资源。在创业初始阶段，创业者的个人资源禀赋是创业的前提，创业者自身拥有的基本资源（教育、经验、声誉、行业知识和社会网络），在许多情况下起着至关重要的作用。在企业创建的早期阶段，创业者面临着如何选择资源并把资源运用到新创企业中的问题。获取的方式主要有购买、联盟和并购三类。资源购买主要是通过市场购入所需的资源。资源联盟是指联合其他组织，对一些难以或无法通过自己进行开发的资源实行共同开发，这种方式不仅可汲取显性知识资源，还可汲取隐性知识资源。资源并购是通过股权收购或资产收购，将企业外部资源内部化的一种交易方式，资源并购的前提是并购双方的资源，尤其是知识等新资源具有比较高的关联度。

（2）创业者的风险承担性对资源获取的影响。风险承担性是创业者愿意把资源投入不确定性很高的项目、活动或解决方案中去。风险导向的创业者首先清楚自身所面临的风险是什么，然后他们会将自身的行为与适当的风险承担进行结合，这样就能在一定程度上避免企业停滞在固有的模式上。创业是一个开放的系统，创业者在创业的过程中会遇到许多的困难和风险，他们最终能否成功在很大程度上取决于他们如何面对、分析和承担所面临的风险。与创业活动一样，资源获取同样存在着风险。资源都是有价的，对于企业发展所必需的关键资源的获取需要付出的可能不仅仅是显性成本，也可能是隐性的，它们不能够在市场上流通，对于这些关键资源的获取需要付出的成本是难以量化的，并且存在着极大的不确定性。因此能够勇敢面对获取资源时的困难并敢于承担风险的创业者才会更有效地获取所需的资源。

（3）创业者的成就需求对资源获取的影响。创业者的成就需求，即创业者渴望通过经营好企业进而获得个人的成就感。具有这种强烈成就感的创业者倾向于对自己的判断、决策及结果负责。成就需求分为两种类型：一种是隐性的，另一种是显性的。隐性需求指的是通过主观的方式进行自我评估；显性需求则是通过客观的方式进行自我评估。渴望成功的人更容易发现创业机会，并且他们在创业活动中会比那些对成功渴望程度不是很迫切的人做得更好。成就动机强的创业者会积极地进行资源获取活动，增强获取资源的能力，提高获取资源的效率，在这个过程中，创业者也能够获得满足感和成就感。这样就会形成一个良性循环，促使创业者更加积极地进行资源获取。

4. 环境对资源获取的影响

这里的环境主要指政策环境和市场环境。这两种环境对创业者获取资源会产生较大的作用。政策环境指为新创企业提供支持的法律、法规与政府政策，主要包括支持新创企业发展的政策、法律法规、政府对创业者的间接支持及其他公共机构如大学的支持等。中国当前正处在计划经济向市场经济转变的过程中，在这一过程中，传统的市场管理机制逐渐自由化、分权化。隶属关系是中国目前制度结构的最主要特征，政府的金字塔形的层级结构控制，包括中央政府、省（市、区）政府、市政府、县政府和乡（镇）政府五级政府。

在动态的市场环境中创业，通常会出现创业团队成员因对市场环境视角的不同而产生分歧，导致内部意见不一致，使创业活动遇到阻力的状况，这就会促使创业者必须发挥出强有力的团队协调和领导能力，善于内部沟通，解决矛盾并形成一致意见，从而加强创业团队的内部团结，使其共同参与获取必备的资源。市场环境动态性越强，创业者展示出的团队领导才能和行政管理技能才能越有利于获取资源。市场环境的动态变化使得创业者加强了对外部信息的获取，尤其是无形知识，通过对这些信息的吸收和学习，创业者的学习能力不断得到提升，为下一步的信息获取和学习奠定了基础，这种螺旋式的学习能力的发展，有利于企业不断获取有价值的信息和其他资源。

（二）创业资源获取的途径

创业所需的资源有两个来源：一是自有资源，二是外部资源。自有资源是创业者自身所拥有的可用于创业的资源，如创业者自身拥有而可用于创业的自有资金、自己拥有的技术、自己所获得的创业机会信息、自建的营销网络、控制的物质资源、管理才能等，甚至在有的时候，创业者所发现的创业机会就是其所拥有的唯一创业资源。

1. 获取创业计划的途径

实践表明，创业者可能通过以下途径来获取创业计划：

（1）吸引他人以创业计划作为知识产权资本，加入自己的创业团队，成为未来新创企业的一个股东；

（2）购买他人已有的创业计划，但应注意要进行理性甄别，并借助专家力量对该计划进行完善；

（3）构思自己的创意，委托专业机构研究、编制创业计划。

2. 获取人脉资源的途径

人脉即人际关系、人际网络，体现人的人缘和社会关系。戴尔·卡耐基曾说过："专业知识在一个人成功中的作用只占15%，而其余的85%则取决于人际关系。"在美国有一流行语："一个人能否成功，不在于你知道什么（What you know），而是在于你认识谁（Whom you know）。"对于个人来说，专业是利刃，人脉是秘密武器。如果只有专业，没有人脉，个人竞争力就是一分耕耘，一分收获；但若加上人脉，个人竞争力将是一分耕耘，数倍收获。

（1）要善于结交陌生人。如果不甘于平庸，就必须不断拓展新的交往圈子，积累新的人脉资源。一个很好的办法就是，在不同的场合，勇于并乐于同陌生人说话。这样做，体现的是你的一种积极的态度，表现的是你对新鲜事物有激情和了解的愿望，可以让你不断得到新鲜的感受。在与自己圈子之外的人的谈话中，感受到与自己生活和工作的轨道不一样的新鲜氛围。或许，某个欣赏你的知己或者贵人正在远处等待着你的问候。即使没有什么很大的收获，不断地接触陌生人，不断地接触新生事物，让自己的神经系统处于一种新鲜刺激的应激状态而不是麻木不仁的状态，也是非常有益的，可以让自己始终保持一种活跃的心态。

（2）经常把微笑挂在脸上。微笑是与人交往的良好润滑剂。与人交往，大多愿意看到一副好脸色，冰冷冷的脸色就是告诉人"我烦着呢，别来惹我"！这就给人一种拒人于千里之外的感觉；看到这样的脸色，如果不是必须，大多数人会选择不要碰钉子，自讨没趣。与人交往，实际上就是给人一个信号。不管自己遇到多么不顺心的事情，在公众岗位和公共场合，保持微笑对人不仅是一种礼貌，也是保持和拓展人脉资源的需要。试想，一个整天满面春风的人，整天好像都快乐的人，与他交往肯定是舒服的、没有负担的。

（3）学会与人分享快乐。每个人都有自己的追求，人在追求得到满足的一刹那，是非常有成就感的。如果这时候你去拜访，正好对方有一个满足的心情，什么都可以谈，什么都可以商量，这时候办事成功率自然高。但是这样的时刻不是很多，有的时候赶不上。如果知道对方的爱好，投其所好是一种比较高雅的接近方式，又不影响自己的自尊。分享快乐的同时，就无形中拉近了关系，互相成为对方的人脉资源。分享快乐的方式有很多，包括对于有谈话或倾诉欲望的人，认真倾听对方谈话，就是一种分享快乐的方式。不过这一条要谨慎使用，用得不好，对于上级有巴结拍马之嫌，对于下级有媚下和媚俗之嫌，因此要适当为之。

（4）成人之美，乐于助人，只要有机会就帮助别人。人都会有遇到困难的时候，如果人家求到你这里，只要不是涉及原则问题，大多数情况下应该予以帮助。帮助别人，需要量力而行，需要承诺的时候留有余地，不要大包大揽。总之，人脉资源是每个人自己的一座宝藏，这座宝藏的开发潜力是无限的，在关键时候，这座宝藏能够发挥的能量也是不可估量的。当然，关键还在于宝藏的拥有者，也就是你能不能利用，会不会利用，对于每个人，这可能是一本永远读不完的书，一门永远做不完的学问。

3. 获取外部资金资源的途径

对于外部资金一般可通过以下5种途径获得：

（1）依靠亲朋好友筹集资金，双方形成债权债务关系；

（2）抵押、银行贷款或企业贷款；

（3）争取政府某个计划的资金支持；

（4）所有权融资，包括吸引新的拥有资金的创业同盟加入创业团队，吸引现有企业以股东身份向新创企业投资、参与创业活动，以及吸引企业孵化器或创业投资者的股权资金投入等；

（5）制订一个详尽可行的创业计划，以吸引一些大学生创业基金甚至风险投资的关注。

在获取外部资金之前，记住一个企业家曾经说过的一段话："创业首先要用自己的钱干起来，你自己的钱不先投进去，凭什么让别人为你投钱？"

4. 获取起步项目所依赖技术的途径

获取起步项目所依赖技术的途径有：

（1）吸引技术持有者加入创业团队；

（2）购买他人的成熟技术，并进行技术市场的寿命分析；

（3）购买他人的前景型技术，再通过后续的开发完善，使市值达到商业化要求；

（4）同时购买技术和技术持有者；

（5）自己研发，但这种方式花费时间长，耗资大。

我们应该随时关注各高校实验室、老师或者学生的研发成果，定期去国家专利局查阅各种申请专利，养成及时关注科技信息、浏览各种科技报道、留意科技成果的习惯，并善于从中发现巨大商机。政府机构、同行创业者或同行企业、专业信息机构、图书馆、大学、研究机构、新闻媒体、会议及互联网等，都是我们获取这些信息的渠道，可以根据自己的实际情况与各种方式的特点，选择一种或多种方式，尽可能地获取需要的有效信息。

5. 获取营销网络的途径

营销网络将帮助新创企业产品或服务走向市场，换回用户的"货币选票"。一般情况下，新创企业可通过以下途径获取营销网络：

（1）借用他人已有的营销网络，使用公共流通渠道；

（2）自建的营销网络与借用他人的营销网络相结合，扬长避短，使营销网络更适用于新创企业的要求。

【教学案例7.3】 ▶▶▶>>>

蒙牛借力做"世界牛"

四岁的蒙牛与十岁的伊利站在了势均力敌的位置：同属中国奶业四强；在液态奶市场，蒙牛占有率第一，伊利第二；冰激凌市场，伊利第一，蒙牛第二。蒙牛与伊利，两家奶业巨头同处西北边重镇呼和浩特，尽管蒙牛的诞生比伊利晚十多年，但蒙牛却在短短的4年内奇迹般地成长壮大，从进入市场时在同行业排名第1116位，到2002年以31%的成长速度被商界誉为"成长冠军"，站到了与伊利等同的位置。4岁蒙牛，是如何后来居上的？

又是如何从后来居上的角色成长为中国乳液老大的挑战者的?

虚拟联合　借力社会资本

蒙牛自诞生起,老总牛根生就非常注重借助外部力量发展壮大自己。传统思想是先建工厂,后建市场;蒙牛是逆向思维——"先建市场,后建工厂"。于是,"虚拟联合"诞生了:1999年,蒙牛把区内外8个中小型乳品企业变为自己的生产车间,盘活了7.8亿元资产,经营了冰激凌、液态奶、粉状奶3个系列40多个品种的产品,使蒙牛产品很快打入全国市场,当年销售收入达到4 365万元。半年时间,蒙牛在中国乳品企业销售收入排行榜中,由千名之外升至第119位。"蒙牛现象",一时成为经济界备受瞩目的一个亮点。

牛根生说,在计划经济下,企业就是生产车间的同义语,而当今做企业,可以先建市场,后建工厂。像这样,一个品牌拥有者,运用自己的品牌优势、市场优势、科技优势,将许多个企业联合到自己的名下,只进行资本运营,不发生资金转移,这种联合方式就是"虚拟联合"。2000年,蒙牛一面扩展"虚拟组织",一面杀了个"回马枪",创立自己的"根据地",高起点建起了具有国际先进水平的17条冰激凌全自动生产流水线和22条液体无菌奶生产流水线。

蒙牛有了自己的工厂后,"虚拟联合"不仅没有收缩,反而进一步延伸。目前,参与公司原料、产品运输的600多辆运货车、奶罐车、冷藏车,为公司收购原奶的500多个奶站及配套设施,近10万平方米的员工宿舍,合起来总价值约5亿元,没有一处是蒙牛自己掏钱做的,均由社会投资完成。通过经济杠杆的调控,蒙牛整合了大量的社会资源,把传统的"体内循环"变成"体外循环",把传统的"企业办社会"变作"社会办企业"。

1999年,蒙牛实现销售收入4 365万元,居全国同行业第119位。2000年,蒙牛实现销售收入2.94亿元,是1999年的6.7倍,销售额居全国同行业第11位。2001年,蒙牛实现销售收入8.5亿元,是2000年的3倍,销售额居全国同行业第5位。2002年,蒙牛实现销售收入20亿元,销售额居全国同行业第4位。2002年12月,摩根士丹利等三家国际投资公司联合对蒙牛投资2 600万美元,是目前中国乳业接受的最大一笔国际投资。

经济界人士说,如果不是"先建市场,后建工厂",蒙牛产品的问世至少要晚一年;如果不用经济杠杆撬动社会资金,蒙牛的发展速度至少减慢一半;如果不引入国际资本,蒙牛的国际化至少要晚几年。

品牌和产品　从借势到抢势

牛根生是一个非常讲究策略的人。在蒙牛羽翼未丰的时候,他暂时收起了自己的野心。从品牌上,甘当老二,依附于伊利,借势于伊利。蒙牛巧妙地通过"甘当内蒙古第二品牌"的品牌宣传和"中国乳都"等概念的提出,叫响了蒙牛自己的品牌。

内蒙古乳业第二品牌的创意是这样诞生的。内蒙古乳业第一品牌是伊利,世人皆知。可是,内蒙古乳业第二品牌是谁?没人知道。如果蒙牛一出世就提出"创第二品牌",这就等于把所有其他竞争对手都甩到了后边,一起步就"加塞"到了第二名的位置。这个创意加上蒙牛的实力,蒙牛一下子就站到了巨人的肩膀上,这光沾大了,势借巧了。

蒙牛在宣传上一开始就与伊利联系在一起,他们的第一块广告牌子上写的是"做内蒙古第二品牌";在冰激凌的包装上,他们打出了"为民族工业争气,向伊利学习"的字样。把蒙牛与伊利绑在了一起,既借道伊利之名,提高了蒙牛品牌,使双方利益具备了一定的共同点,又使伊利这个行业老大投鼠忌器,避免了其可能的报复性市场手段。因为此时伊利任何报复性的市场手段，都可能造成一荣俱荣，一损俱损。由于牛根生与蒙牛骨干力量全是从伊利出来的，所以提起伊利董事长郑俊怀，牛根生至今仍出言必称"我们领导"，显示了对伊利极大的尊重。

在牛根生看来，一个品牌并不单单是一种产品的问题，而是一个地域的问题，内蒙古就是一个大品牌。为扩大蒙牛品牌美誉度，蒙牛还提出了建设"中国乳都"的概念。呼和浩特的奶源在全国优先，人均牛奶拥有量也居全国第一。2001年6月，蒙牛以"我们共同的品牌——中国乳都呼和浩特"为主题，在呼和浩特的主要街道高密度投放灯箱广告。从此，"中国乳都"概念被政府官员和媒体频频引用，得到政府和民众的支持。

对于蒙牛的举动，伊利也只能表现出极为乐观的态度：既然你蒙牛是要做大内蒙奶这块大蛋糕，我又何乐而不为呢？而牛根生从一开始就将蒙牛定位于乳品市场的建设者，努力做大行业蛋糕，而不是现有市场份额的掠夺者。他有一句名言：提倡全民喝奶，但你不一定喝蒙牛奶，只要你喝奶就行。

在产品上，一开始蒙牛采取了避实就虚的策略，老大的主力产品是高端的利乐纸盒包装（利乐包），蒙牛就生产低一个档次的利乐枕塑料袋包装；老大的主战场在一线大市场，蒙牛就从二、三线市场做起，俨然一个跟随者的角色。

蒙牛在蓄自己的力量，等待着"牛气冲天"的那一天。

2001年7月10日，离揭晓2008年奥运会主办城市还差三天，蒙牛宣布，一旦北京申办成功，蒙牛捐款1000万元，是国内第一个向奥组委而不是申奥委捐款的企业；2003年3月，伊拉克战争爆发后，蒙牛第一个在央视做字幕广告；"非典"疫情暴发后，蒙牛是国内第一个捐款、捐物的企业，并以1000多万元的捐赠拔得了头筹……这一系列敢为人先、敢为第一的举动，好像是在向世人显示蒙牛要树立中国乳业第一品牌的决心。

2003年，蒙牛已成为不仅包括利乐枕塑料袋，还包括利乐包的液态奶全球产销量第一的品牌；其产品在国内许多城市已坐上领头羊位子。在今天的冷饮和乳品市场上，蒙牛已是伊利的强劲对手，两家企业的产品形式、价格、市场定位都有很大的趋同性，你推"四个圈"、我就来个"随便"，彼此之间早已展开了正面的竞争。

有人问牛根生现在是不是想做"老大"，牛根生说："老大是所有人都想争取的。我们现在考虑的是哪个时间实现销售额一百亿美金的事。"

从以上蒙牛发展的历程来看，牛根生和他的创业团队把一个一无奶源、二无工厂、三无市场的"三无企业"发展成了年销售额达21亿元的大型企业。成功的核心因素之一就是借力。

（1）逆向经营。面对困境，公司董事会在创业之初就确定了"先建市场，后建工厂"的发展战略，并通过"借鸡生蛋"迅速做大企业。

（2）虚拟联合。蒙牛与当地政府协商，让他们组织建奶站，与蒙牛签订常年供应合同。蒙牛品牌的影响和从不拖欠资金的信誉使当地政府放心，奶站是当地人自己出钱建的，自然尽心尽力，质量、数量都有保证，这样就形成了双赢。

（3）统一战线。蒙牛一直宣扬和伊利是兄弟，应相互促进，共建"中国乳都"的形象概念。

（4）国际化之梦。借助摩根士丹利、鼎晖、英联三大国际财团，蒙牛一直在寻找和搭建向国际化发展的平台。

牛根生就是这样用别人的钱干自己的事，用智慧、灵活的战略、战术创造了奶制品世界的神话。

如果从创业资源的角度考察蒙牛成长初期的关键资源是什么，答案是奶源、工厂和市场。那么蒙牛又是怎样整合资源的呢？主要通过四种手段实现：第一，通过造势和品牌打开国内市场；第二，通过品牌、市场和技术换取乳品厂的合作；第三，通过虚拟联合获得稳定奶源；第四，依托产业链赢得巨额风险投资。

（案例来源：https://wenku.baidu.com/view/3a85cf75f46527d3240ce06f.html）

【思考与讨论】

1. 通过本案例，请同学们思考，蒙牛是如何借力的？
2. 资源整合与企业战略之间存在关系吗？你是如何理解的？

第二节 创业资源的开发与整合

创业者识别和获取创业资源之后，并不能保证新创企业一定会存活，创业者必须对创业资源进行开发，挖掘其潜在价值，这样才能发挥资源的最大效用。对于新创企业来说，创业资源在未开发之前，大多是零碎的，未经系统化的。要发挥资源的最大使用价值，为企业带来利润，创业者需要运用科学的方法对各类资源进行整合并合理利用。

新创企业资源极其有限，要竭尽所能，充分挖掘资源的最大使用价值。要想产生最佳效益，就要对有限资源进行创造性的使用、有策略性的推进，使其被综合、集成与激活，从而被企业充分利用。

一、不同类型资源的开发

创业者在获取企业资源之后，如何有效配置使用资源，使其为企业创造最大价值，是创业资源的开发要解决的问题。创业资源总体上可分为显性资源和隐性资源两种。显性资源是看得见、摸得着的人、财、物，而隐性资源是看不见但实际起作用的社会信息与政策资源。两类资源性质不同，有效配置使用的开发路径也有所不同，分别阐述如下。

（一）显性资源的开发

显性资源是企业所获取的人、财、物，其中人是关键，可采用以下的开发路径。

1. 变人为财

新创企业，财与物都很匮乏甚至没有，唯一的资源就是创业者自身，所以创业者就是唯一可被开发的资源。要充分挖掘创业者自身的潜力，激发出人的潜能，通过创业者的智力和体力劳动，实现原始积累，赚取财与物。这一过程，创业者的体力劳动不是决定因素，包括智商和情商的智力更重要。通过正确的决策判断和坚强的毅力，创业者可以事半功倍，达成财富的快速原始积累。

2. 变财为人

人、财、物三者之间可以互相转化，其中人是关键，不要太看重钱财和实物，而看轻人才。钱财和实物是死的，要靠活的人才来使用，才能发挥作用。只把钱财投入实物而没钱雇用好的人才，是十分常见却也十分不明智的。对物的投资要从紧，对人的投资要不吝啬。如此，再加上一套好的机制，便能使人的潜力被充分地挖掘出来。人的努力可极大地弥补实物的不足，使其收获更好的效果；人才可以促使更多的财和物的资源通过良性循环进入公司。

3. 变废为宝

人是创业最宝贵的财富，通过人的脑力劳动和体力劳动，原先劣质的实物资源可以变为优质资源，甚至"变废为宝"，实现价值的倍增。创业初期，企业所能获得的实物资源需要"凑合"，往往不是习惯思维上所谓的优质资源；但实物资源是否有价值不是绝对的，看似"凑合"的劣质资源，在人的手里，也可以"变废为宝"。

（二）隐性资源开发

隐性资源是看不见但实际起作用的社会信息与政策资源，隐性资源具有无形性、私有性和时效性，因此可以有以下开发路径。

1. 化无为有

隐性资源具有无形性，通常虚无缥缈、杂乱无章，创业开发隐性资源就需要化虚无为有形，化无序为有序。例如，开发社会资源中最重要的客户资源，明确了客户在哪里，如何获取客户名单，下一步开发客户资源时就需要接触客户，建立关系，进而获得订单，化无形为有形。又如，开发政策资源，由于政策五花八门，哪些政策对企业有价值，企业就要透过迷雾厘清头绪找出关键，抓住政策机会，化无序为有序。

2. 化私为公

隐性资源具有私有性，即隐性资源总是与人分不开的，为某些私人所掌握。即使某些人已经是创业企业内部的人，也不代表企业掌握了这项资源，因为随着人的离开，这项资源可能也会流失。因此，要化私人的资源为公司的资源，化私为公。如客户资源掌握在销售员手上，倘若销售员跳槽，客户往往也会被带走，所以企业要特别重视运用各种手段，将私人的客户变为公司的客户，留住资源，化私为公。

3. 划分为秒

隐性资源具有时效性，即隐性资源代表着时机，总是有一定的时间期限，过了这个时间期限，资源或是被他人获取开发，或是已无开发价值。因此对待隐性资源，要争分夺秒，关键时刻，哪怕抢先一步，也可获得先机，赢得机会。

【教学案例 7.4】▶▶▶▶

小书签赚三十六万元

作家王朔的书《我的千岁寒》已经面世，用"万人瞩目"来形容一点不为过。可是，您可能会奇怪地看到以下内容：

"尽阅千岁寒，眼睛要保健"，宝岛眼镜温馨提示：爱眼护眼小常识……

《我的千岁寒》的读者，立刻获得金山毒霸一个月的免费试用时间……

王朔这是写的什么东西啊？这不都是广告吗？您可别误会，这些东西的确会出现在《我的千岁寒》里，但不是王朔写的。这是一个叫作司新颖的人，带着他创办的一家名为"诺贝国际"公司的主打项目"诺贝书媒"，往书签上印的广告，而这些书签，则被夹进了王朔的书中。王朔新书还没正式发行，但司新颖靠着书中的三张小小书签就已经赚了几十万元。"我们下一本是《姚明传》现在就已经卖上百万了，广告客户已经有了四家，除书签以外，可能还会出加页，有个银行还准备要加腰封。"

掌握80%的畅销书资源

当记者走进北京西直门西环广场的诺贝国际传媒总裁办公室时，司新颖正在跟一个客户打电话："排在前面的出版商与我们基本上已经签订了独家的排他协议，您要是觉得安妮宝贝分量不够重，那么您觉得刘若英怎么样？她写下的《下楼谈恋爱》这本书是比较火的。或者体育明星和经管类的明星，您应该知道孙正义吧，《孙正义传》您觉得适合吗？或者是惠普前CEO写的《我在惠普的日子》，类似于这种书，您觉得跟您的用户群契合吗？"

听到司新颖亲自向客户进行推销，记者不由惊讶于他手上名人资源的丰富。"诺贝国际现已掌握了中国80%的畅销书资源，已经跟10家全国知名的大型出版机构签好了协议。"司新颖嘿嘿一笑："韩寒、姚明、王朔、郭敬明、安妮宝贝的新书现在全部在我们手里。四月份除了王朔要发新书，美国新闻周刊首席记者布鲁克·拉尔墨写的《姚明传》也将发行，五月份是韩寒的《光荣日》，紧接着是安妮宝贝的一本书，现在我都还不知道书名。"司新颖向记者介绍，作家跟出版机构签完版权协议以后，以往并不介入图书的运营，而出版机构也是维持着多年一成不变的盈利模式：出书、卖书；投入、产出。不是没有人想过利用图书载体进行增值，但是他们往往是有资源的不专业，有专业的又没资源。诺贝国际与出版机构签订了独家经营代理合同。司新颖介绍："我们这叫给图书延伸一米，所得利润由我们和出版机构分享，他们拓展了盈利空间，我们得到了盈利平台，所以很多出版机构愿意跟我们合作。"

以书为媒，作为一个崭新的媒体形式，在说服广告客户的过程中，竟然也是出奇地顺利。"我们都很纳闷，现在跟我们合作成功的客户没有任何一家是超过15分钟的。"诺贝传媒向客户提案的所有幻灯片都不会超过10页，为的就是把客户在15分钟之内搞定。司新颖将这15分钟又分解成三个5分钟："第一个5分钟要让客户知道我们在干吗，第二个5分钟要让客户知道品牌怎么和书媒更好地合作，第三个5分钟就谈价格。"司新颖一边说，一边挥舞着手上的成品书签，对已经通过与书媒合作来推广的银行、眼药水、数码商等如数家珍。

听完上面一段故事，或许你会觉得司新颖的成功来得太容易了。但是为了这看似容易的成功，他已经悄悄地付出了两年的准备，如果算上他之前在传媒和IT行业作为市场职业经理人的经历，也可以说得上是十年磨一剑了。

司新颖，笔名老猫，真名知道的人少，"老猫"知道的人多。干过报纸总编、电视节目总策划，写专栏，出过书，现在还是搜狐的所谓名人博客……用他博客里面的话来描述是："猫猫她爸，专栏作家；傻大笨粗，基本文化。"可就是这个自认为"傻大笨粗"的人，早在2003年，就已经让小小的书签，给他挣回来过一部1万多元的组合音响。那时司新颖的小说《痛苦缓期执行》将由中国青年出版社出版，为全球知名音响厂商做市场的朱星海找到他,问:"你的书发行量不小,读者群又是特定那群人,有没有一个合适的方式把我的产品和你的书结合起来?"

"我当时没有多想,就说那就加个书签吧,把你们的音响印到上面。"司新颖介绍道,"当时也没有什么商业意识,就是想着要帮朋友一个忙。"没想到后来音响公司还付了酬劳——一套组合音响。司新颖一算,乖乖,稿费才1万多块钱,小书签换回来的音响市价却比稿费还要高。

"虽然大家看的是我的书,但我书里面这么一个小小的纸片,创造的价值却比我的书还大,并且潜在价值更大,这是不是可以打破传统图书出版的盈利模式呢?"司新颖当时就和铁哥们儿,也是榕树下出版的总经理路金波商量。他们发现,不但国内就是国际上也没有这种在书里面做广告的模式。"我就纳闷:为什么没有人做呢,我也做过媒体,报纸杂志都是靠发行和广告两条腿盈利,为什么书就不可以呢,要是给书引入一些画龙点睛的广告,说不定还可以把书价给降下来呢。"

司新颖越琢磨越觉得这是个好点子:"我做过近10年传媒,一直在想什么样的东西能够更有效地到达用户群那里而不产生浪费。"他对记者说起了他对书籍市场的理解:"大众媒体针对大众,即使是有了频道或者版面的分类,也无法知道你的读者到底是谁,会不会认真看。但是书就不一样了,书是迄今为止我见过分类最细、最全的媒体,光小说就有爱情小说、微小说、商战小说、官场小说、战争小说……少儿读物也分为学龄前儿童读物,5~7岁读物,7~9岁读物……什么样的书有什么样的读者,这样我们就可以依靠书的分类找到它相应的读者群,而这个读者群恰恰正是商品和厂家要的用户群!"

"所以我就有了'以书为媒',做书籍广告的想法。"司新颖从2004年便开始进行筹划,他知道这个已经不是创意这么简单了,因为这是创业。他说自己的价值是因为自己是个"狙击手","一发子弹撂倒一个客户"。而他并不是大张旗鼓地冒进,而是一家一家地去找知名的出版机构介绍他的想法和项目,并且跟出版机构签独家的、排他的协议。"如果不是王朔这本书把我们抖出来,我们也就是羞答答的玫瑰静悄悄地开"。"我们的目标是要把中国出畅销书的出版社全签下来,现在已经签了10家大型出版社,这样别人想模仿的时候就只有去签小单位了,但那样他的书出版量就会很少,我的书一起手就能够印出10万、100万册,别人只能出一两万册,别人就没有办法和我竞争。"司新颖自信地说道。

2006年6月,万事俱备,只欠东风的司新颖,联合几个重要合伙人,创立了诺贝国际传媒集团。去年上海传力主动找上门来,要在女性书籍中夹带着著名化妆品的广告,这将是一个数百万元的组合投放计划。司新颖对于2007年的市场很有信心,每个月都有一本畅销书主打,其他作为辅助。"现在我们控制的(2007年)畅销书资源是2 000万册,今年的经营目标是1 500万册,明年便可翻番。""我用传统媒体的特质做了一个IT业高爆发、高增长的回报率的项目,关键是我们的团队运营成本还极低,却有着稳定的高回报率。"

现在,已经有风险投资正在和诺贝国际接触,希望投资"中国最大的精准直达媒群"。"现在小钱对于诺贝国际没有任何意义,我们现在的盈利态势不会低于一家知名网站。融资是因为我要迅速做大,这不单纯是一个广告推广形式而是一个巨大的精专传媒平台,下一步我要走向亚洲走向世界!比如说华晨汽车出口到德国,我就希望有一天能够在德文书籍中有一张印有华晨汽车的书签,这个作品来自诺贝国际!全世界所喜欢《哈利·波特》的读者们,都将看到诺贝国际的书签!"

"如果说一个馒头引发了一场血案的话,那么一个小小的书签,将引发中国出版业的一次重大变革,这个重大变革就是:打破图书传统盈利模式,增加传媒矩阵增值服务——我为诺贝,尚未有尔!"司新颖和他的团队要做传媒"诺贝尔。"

小小的书签,甚至会被人们遗忘的一个读书工具却将一个产业推向了一个全新的发展空间,既保留了图书业的本色,又增加了广告对图书价值的增值拓展,打破了单纯利用图书做广告的低品位运作模式,为作者、出版商、广告商和读者四方搭建一个多赢的合作平台,实现了一个产业的全面提升。这一事例充分体现了对现有资源的整合利用,正如司新颖提到的:"不是没有人想过利用图书载体进行增值,而是他们往往是有资源的不专业,有专业的又没有资源。"别人在想到这个创意的同时,却发现他所拥有的资源总是欠缺一些其他资源的支撑。司新颖恰恰做了这个整合者,将有专业的、有资源的整合在一起,形成了合力。同时不得不看到司新颖自身拥有庞大的著名作家群和其他作品,这些强大的资源也是最终促成成功的重要因素之一。这也意味着,如果缺乏这些关键资源,整合的难度将会很大。那么,这样庞大的、优质的作家资源该如何形成?毫无疑问,社会资源在这里发挥了重要的作用。没有大量人脉关系的积累,没有庞大的社会关系网络,要形成这样独一无二的资源绝非易事。

(案例来源:http://www.360doc.com/content/09/0822/20/235269_5153310.shtml)

【思考与讨论】

1. 通过本案例,同学们了解到资源开发的方法了吗?司新颖是如何进行资源的有效整合的?
2. 你还能想出其他的资源开发的方法吗?请举例说明。

二、有限资源的创造性利用

因为创业资源是十分有限的,所以要想将有限资源开发好,实现有效的配置使用,创业者就要充分发挥自己的聪明才智,创造性地利用有限的资源,来获得最多的价值。创造性地利用有限资源的方式方法应该因地制宜,随机应变,但也有一定的规律可循,现总结重要的思维方式如下。

(一)借鸡下蛋

创业者往往自身一无所有,但可通过各种方式方法,从他人那里获得资源,从而解决创业者所亟待解决的一切资源难题,使创业得以起步。例如场地资源问题:有些年轻的创业者在自己父母家中的车库里开始创业;中国很多大学生创业者由于获得政府或社会企业赞助的免场租的场地,才得以开始创业。例如货币资源问题:创业者如果能够与上游供应商搞好关系,获得信任先进货,待卖出后再付钱,就可无偿、无风险地获得货币资源。

(二)东拼西凑

创业者初创阶段,所需资源可以东拼西凑。如从各个渠道筹集,从这借一点,从那筹一点,可能每一个渠道所获得的资源不多,但一个好汉三个帮,积少成多,就很可观了。资源东拼西凑的资源,可能质量不大好,但只要不是核心资源,不影响使用,能勉强应付,从而渡过创业的关键难关，也就发挥自己的价值了。例如创业初期的资金问题，往往是创业团队中每个人东拼西凑出来的，不充足时还要向各种社会关系筹借。

（三）借船出海

创业者创业初期十分弱小，如果能找到一个较好的平台，借船出海，起点就会高很多，创业成功也会容易很多。例如，创业者可通过加盟知名连锁品牌店来获得产品和品牌资源，站在巨人的肩膀上，无疑也抬高了自己的身价，有公司的成熟管理体系和营销攻势支持，生意会轻松许多。又例如，创业者可借大的营销平台，如线上的阿里巴巴和淘宝，线下的苏宁和沃尔玛，来更快更好地接大生意，还可借一个区域的行业扎堆效应，分享丰富的供应商和高涨的客户人气。

（四）以小博大

创业者资源通常是很有限的。要想达到以小博大、四两拨千斤的效果，就必须少花钱多办事，这是创业者应该追求的理想境界，要用自己少量的资源，撬动大得多的外部资源为我所用，为企业创造倍数级的放大效应。例如，在创业企业没什么钱打广告的情况下，抓住机遇通过新闻事件炒作可以以小投入博得大回报。再例如，创业企业通过融资租赁设备或按次购买服务，可以花很少的钱而无风险地撬动本来很贵的资源，并为我所用。

（五）合纵

创业者创造性使用资源的最高境界是合纵，串起战略协作的各种资源，构建一张生态共生的大网。各种资源拥有者风险共担、利益共享，各自投入自己所拥有的资源，企业无须承担使用这些资源的成本，却可控制这些资源为我所用，做大蛋糕。最理想的企业是：企业作为一个平台，其成功模式可以被复制，成为无数创业者乃至客户实现价值的舞台，而创业者与客户共同建设平台的同时共同从平台获益。

【教学案例7.5】 ▶▶▶>>>

2 000元80天游遍中国，借10万元开"师姐的店"

蒋颖清和林有，北京理工大学珠海学院商学院市场营销专业大四的两位女生，同是来自广东，一个来自湛江，一个来自阳江，她们虽不是室友，但对旅游和创业的激情让她们走到一起。蒋颖清从小就具有独立的性格，从高中开始，她就阅读创业者的故事，上大一后，蒋颖清就开始找机会赚钱。四年下来，她的学费和生活费都是自己出一半，姐姐支持一半。

2012年暑假她们俩的一次壮举，让她们成了校园名人。她们俩怀揣着仅2 000元的本钱，用80天游遍了大半个中国十余个省（直辖市、自治区）。出游归来后，她们产生了创业的想法。恰逢听到北京理工大学珠海学院校园内新开设商业街的消息，虽然已经迟了，但在她们的软磨硬泡下，学校终于同意让她们投标租下了一个店面。她们借了10万元在商业街开起了一家美食与旅游小店——"师姐的店"。2013年6月两位掌柜就正式毕业了，她们说，目前经营收入仅能勉强维持平衡，不过她们从未想过放弃。

做"中介"收获第一桶金

蒋颖清从小家庭经济条件不好,她一直想有一天能赚钱帮家人过上好日子。高中开始,她就阅读创业者的故事。上大一后,蒋颖清就开始找机会赚钱。她看到商家在学校搞促销,想过去应聘促销员,但对方说不需要。当时她就想:商家入校,首先要联系学校,我何不做个中间人呢?于是,她就开始找商家谈,谈好后找学生会沟通。第一次成功后,她获得了500元报酬。于是,她开始把业务拓展到珠海甚至珠三角其他高校。短短半年,她就赚了1万元。

旅游达人和摆摊达人

蒋颖清说,她在大二的时候,曾经把校内一家格子店的一半的店面租下,经营服饰等物品,也赚了不少钱。喜欢旅游的她,大二暑假就成为背包族,一个人去了广西。受到网上"穷游"达人的启发,她在旅游时还带了一些挂饰,每到一处就摆地摊,解决了路费。大三第一个学期,2013年12月末,听说珠海举行中山百里徒步活动,蒋颖清又嗅到了商机,她发动林有和另一位女同学赶去出发点摆摊卖旅游头巾,当驴友们出发后,她们又坐车赶去下一个休息站。当时恰逢冬天,太阳很晒,风沙也大,她们的头巾很抢手,着实火了一把,一天赚到了1200元。这次摆摊活动也让林有和蒋颖清成为志同道合的朋友。2015年5月,她们打算去凤凰古城游玩,又提前去香洲百货等地摆摊卖长裙,很是畅销。

2 000元80天穷游大半个中国

2012年暑假,她们决定玩一次大的。"不出去走走,不知道世界有多大,再不疯狂,就老了。"她们从广东省广州市出发,途经浙江、江苏、山西、青海、甘肃、新疆、西藏等10余省(直辖市、自治区),最后由云南回到珠海。她们用了80天,跨越了大半个中国,看过无数风土人情。

除了从广州到杭州搭火车和住旅馆,其他路程她们都是搭乘顺风车和做"沙发客"。出发的时候她们身上仅有2 000元钱,在旅行中,她们网购了手机挂件以及各地的纪念品,摆地摊销售。蒋颖清说,她们在抵达下一个目的地前,就预先让淘宝店家将物品寄到目的地,到达后就开始摆摊。80天旅行,她们靠摆地摊赚了300多元。

回到学校后,她们得知学校新开设的一条商业街正在店铺招租,又看到了商机,立即做出了去租一个店铺的决定。但一打听,报名招标已经截止了。不甘心的她们又去找后勤的老师和商学院的领导,把自己的想法和经历都说了出来,老师们在感动之余,破例让她们参加了投标,还与校园记者和媒体联系,对她们的穷游壮举进行了报道。

借10万元开店,青春不怕失败

原先,蒋颖清只是想把店面租下来,划分为不同区域租给其他人,自己负责管理,收取租金和分成。不料,对政策研究不透让她们吃了大亏,学校有相关规定,不能那样做。她们只好自己开店经营。没钱怎么办?蒋颖清把她要开店的设想告诉了很多通过出游认识的同学与朋友,一名男生慷慨解囊,借出了10万元。蒋颖清也想过向银行贷款,不过听说银行贷款需要毕业证,另外还要等几个月后才能放款,她们等不及了。她们就用借来的10万元开始筹备开店事宜,蒋颖清和林有负责经营,那名借钱的男生算是大股东。

2013年3月22日,"师姐的店"开业了。走进"师姐的店",感觉优雅而温馨。店里主要经营美食,包括饭、面条、甜品、饮料等。店内有一个书架,摆着一些杂志,还有她们旅途中的一些照片。由于店面的位置比较偏僻,人流量少,且宣传力度不足,开店三个月,经营收入勉强能维持基本开支，还谈不上赢利。开店遇到的困难远不止这些。比如，刚开始为了省钱，她们装修和购买桌椅用了不到 2 000 元，后来发现质量比较差，不得不重新装修，足足花了 1 万多元。"现在都有点后悔自己开店了。"蒋颖清说，没有经验、没有系统培训，所有东西都要自己操作。如果是加盟店，一切都是现成的，甚至可以聘请别人打理。

蒋颖清说，按照现在的经营情况，她们打算在校外开一个饭店，校内打算拓展外卖渠道，同时加大宣传力度，不断创新口味。她自己对赢利还是很有信心的。谈起未来，蒋颖清比较乐观，她觉得多尝试，总会有成功的机会。自己的目标是 30 岁以前开几家店，给家里带来稳定的经济收入，之后自己再考虑做点其他事情。

在本案例中，两位女生的创业经历在创业资源获取的途径与技能方面可以给我们一定的启示。

（1）创业资源获取的途径可分为外部获取和内部开发。该案例中两位女生通过摆摊售卖自己的劳动，积累了资金资源，是内部开发，但金额仍然有限；她们穷游大半个中国，搭顺风车和做"沙发客"，是通过外部获取资源，而且是无偿获取，因为一路上总有热心人，她们达成了她们的愿望。当她们开店需要资金时，通过穷游结交朋友获取的社会资源在这时发挥了作用，有一位男生愿意借钱给她们和入股，于是她们通过合作的方式获得了资金资源。事实上，个人开发所获得的资源总是有限的，而她们通过合作从外部获取了多得多的资源。

（2）创业资源获取的技能体现在多用无形资源与多用合作换取资源上。蒋颖清在大学掘得第一桶金，就是敏锐地利用了商家与学校两边的社会资源，一边需要进入学校市场，一边需要商家赞助，她从中牵线搭桥，赚取中介费。她和其他同学能抓住珠海中山百里徒步活动和校园商业街店铺租赁的商机，也是利用了信息资源。而她们能穷游大半个中国，搭顺风车与做"沙发客"，就是基于人与人之间的合作：在你需要的时候，他人在力所能及的范围内帮你一把，下次当别人需要帮助时，你也如此做。这正是社会合作的良性循环。

（案例来源：http://news.ifeng.com/gundong/detail_2013_06/21/26647669_0.shtml）

【思考与讨论】

1. 结合本案例，请同学们讨论，如何理解创业资源的外部获取与内部开发？
2. 创业中的无形资源都包含哪些？怎样有效整合无形资源？

 三、创业资源开发的推进方法

创业资源开发除了要创造性地利用资源，还要讲究推进的方法策略，区分好以下四个方面：

（一）举轻若重

创业资源中所谓"轻"的资源包括隐性资源，如社会资源、信息资源和政策资源，还有显性资源中容易被忽视的"人"，"举轻若重"就是要高度重视容易被忽视的资源，这些资源的显性价值不易被察觉，但又往往十分关键。例如，"人"是创业中最基础和最核心的资源，人的潜力和动力发挥得好，将会弥补其他资源的不足，并能获取、开发其他资源。再例如，社会资源中无论客户资源还是供应商资源、渠道商资源，都是企业的生命线，企业无论做好哪样，都能获得不一般的竞争力。

（二）举重若轻

创业资源中所谓"重"的资源就是一般惯性思维下所重视的"财"与"物"。这两者固然重要，但是在创办初期，企业更应该"举重若轻"，对实物资产要"轻"。实现"轻资产"，更易控制经营风险，"船小好掉头"，不易陷入泥潭。而对"财"也要"轻"，要"轻财"，不要把钱看得太重。钱固然不可缺，但它不是万能的，很多问题不是钱的问题，钱也不是企业的核心竞争力。企业有竞争力，钱自然会主动投怀送抱，企业若没有竞争力，即使拥有的钱也会很快失去。

【阅读资料7.1】 ▶▶▶>>>

"一号土猪"的战略性亏损

现在做得风生水起的"一号土猪"的创始人陈生说，关键时刻的一个选择，决定了你是成为个体户、小企业、中型企业还是大企业。虽然第一年"一号土猪"亏损，但陈生能算出来"再过多少时间就能赚钱"。他把当时的亏损称为"战略性亏损"，即营销费用过高。比方说，要开十家档口，但是已经储备了三十家的人力。如果把运营成本去掉，很多档口当月就能赢利。一个能看得非常清楚的好苗头是，"一号土猪"的营销费用每个月都在递减。"一号土猪"在广州上市时，他让员工牵着一头头戴大红花、浑身漆黑，270斤以上的大土猪在菜市场里面游街，目的是让城市里的人看看土猪的模样。

2012年，"一号土猪"销售额已接近7亿元，连续几年净利润保持在10%以上。他庆幸自己选对了做土猪的时机：2006年中国刚好进入一个转折点，大批涌现的中产阶层对健康食品和生活品质的要求大大提高。再早一点，土猪肉会卖不出去，再晚一点又会失去先机。在猪肉市场上，土猪是留给陈生的唯一机会。现在，别人再跟"土猪一号"竞争都会很困难，尤其在珠江三角洲，"一号土猪"肉已经是高端猪肉，占超市销售量的20%以上。

下一步陈生的构思更宏大——"一号厨房"，他还准备把土鸡、土牛等土字号的食品都纳入囊中，这将是一个事关数亿中国人餐桌的大市场。不少超市看到"一号土猪"卖得不错，希望他能供应些土鸡、土牛肉。2012年，他把关闭的养鸡场又开了起来，还养了几百头牛。2012年已经有些人和他谈对"一号"食品上市的事情，但他认为时间尚早，"做到20个亿的规模再上市是最合适的。"

（资料来源：https://www.ppxmw.com/news/13737.html）

（三）该缓则缓

创业资源开发推进中还有很多时候需要缓。有哪些情况需要缓呢？主要有以下四方面：

一是给钱出去要缓。就是企业平时花钱不能大手大脚，无论是购买原材料、货品，还是租场地、购买设备，都需要三思，都要考虑能否缓缓，这笔钱是否应该花，还有没有更好的替代方法。

二是招人进来时要缓。即在企业发展需要进人的时候缓一缓。企业最怕人浮于事，宁肯人力紧张一些，一个人做多个人的活，也不要随便招人，就怕"请菩萨容易送菩萨难"，人成为包袱。

三是投资进来时要缓。能吸引投资是好事，但这可能会带来企业控制权旁落的风险，也可能使得企业短期收益回报压力陡增而做出短视行为，还可能带来信心爆棚，因而盲目扩张，使得管理失控。

四是开发非主营业务时要缓。新创企业要集中资源于自己擅长而且有长期发展空间的事情，面临其他非主营业务可能轻松获利的诱惑而盲目转向不可取，转向前应缓一缓，多调研，谨慎决策。

（四）该急则急

创业资源开发推进还有很多时候需要急。有哪些情况需要急呢？主要有以下四方面：

一是收钱回来时要急。即向客户和渠道商销售时回收货款要急。货物不能轻易出去，要对客户信用进行分类管理，对信用好的顾客可适当赊销，对新顾客和信誉一般的顾客要现款现结。

二是客户投诉要急。客户是企业利润的源泉，客户的声音要倾听。不要害怕客户的投诉，这是客户对你抱有期望。投诉正是企业发现问题，改进提高的良机，投诉处理得好还能赢得客户忠诚，带来口碑传播。

三是员工抱怨要急。员工是企业的内部客户，企业的一切经营活动要靠员工去执行，客户看到的是企业员工，而员工就代表了企业。只有内部客户——员工满意了，他们才能为外部客户提供满意的服务。所以，对员工的抱怨要重视，及时处理，赢得人心。

四是机制创新要急。一个企业不能老是依靠创业者一个人或少数人来做决策，企业要调动大家的积极性，就要使每一位员工心往一处想，拧成一股绳，同时需要建立一套机制来鼓励和激励人，不断创新提高，只有这样企业才能创新运转。

四、创业资源的整合

获取各种创业资源后，企业需要各自进行高效的开发，包括创造性地使用和有策略地推进，这样才有可能为企业创造最大价值。但企业是一个有机体，企业和外部资源又在不断动态变化，那么各种资源如何才能协调一致地发挥作用，企业又该如何与外部环境合作呢？这就需要企业培育自己的资源整合能力，其主要分为两大类。

（一）内部资源整合：整体大于个体，个体服从整体

企业整合内部资源应遵循整体大于个体，个体服从整体的大原则。整体大于个体是指企业要整合内部资源，实现 1+1＞2 的正效应。这样，各种资源才能充分协调一致，发挥出整体的正效应。要实现内部资源整合就需要通过管理来实现。创业者通过有效地计划、组织、领导和控制，以人力资源为基础，使员工分工协作，人尽其才，高效利用各种资源，财尽其力、物尽其用，让社会、信息和政策资源都能被企业有效消化吸收，使企业像一个有机体一样，有序运转，茁壮成长。

"个体服从整体"是指企业的每一个局部，资源的配置和利用都要服从于整体的利益，

以是否有利于整体为决策判断的依据，而不能只考虑局部、个体或者小集体的利益。当局部利益和整体利益发生冲突时，企业要优先考虑整体利益，这可能会短暂牺牲一下局部利益，但长期而言，企业整体发展会更好，长期的局部利益也会更好。当企业的一个局部不能为企业创造价值，甚至产生负面作用时，企业整体需要及时将这样的局部甄别出来，并加以改造甚至摒弃。当企业局部能为整体创造价值但不是核心价值时，企业就要判别是否能从企业外部购买以获得这部分价值，这样获得的价值可能更高，而付出的总体成本可能更低，也就更能使得企业聚焦于发展核心产业。

（二）外部资源整合：合作大于竞争，竞争谋求共赢

企业整合外部资源应遵循"合作大于竞争，竞争谋求共赢"的大原则。"合作大于竞争，竞争谋求共赢"是指企业想要整合外部资源就要正确处理合作与竞争的关系。外部环境中各种资源的拥有者都可能与企业同时存在着合作与竞争这两种关系，而且这种关系还存在隐蔽性。例如，客户一般来说还是企业的合作者，但客户其实也在和企业竞争者争夺利润，客户希望以更少的付出获得更好的产品或服务。再例如，渠道商一般来说是企业的合作者，但渠道商一家独大时，会店大欺客，让企业承担经营风险和现金流的压力，压榨企业。反之，显而易见的，竞争者之间不仅可以有竞争，其实也可以有合作，合作可以促使双方通过打造区域品牌，共同做大蛋糕。所以，企业应转变思维，既要合作又要竞争，总体上合作要大于竞争，既要实现双赢，满足共同利益的最大化，又要避免恶性竞争，不要做损人不利己的事情。

在企业所面对的的外部环境中，各种资源拥有者都是企业的相关利益者。创业者在整合外部资源时，一定要设计好有助于资源整合的互利共赢的利益分配机制，让共赢利益机制把潜在的和非直接的资源供给者整合起来，借力发展。

【教学案例7.6】 ▶▶▶>>>

打工妹善抓商机变身百万富翁

一个既没有技术又没有资金的打工妹，凭借精明的头脑，善于捕捉商机，成了年轻的百万富翁。丁世燕，出生在河南省宜阳县农村，1998年丁世燕初中毕业，单调的农村生活令她感到非常失望，于是来到北京打工。她怀揣着父母给她的800元，兴冲冲地先来到古城安阳。谁知道来到安阳的第二天，她的钱包就被偷了。她把心一横索性就先在安阳落脚打工。第二天她出去找工作。当她找到一家名叫"溢香"的鲜花店时，花店正需要人手，于是女老板收留了她，丁世燕十分激动。从此她不仅虚心向姐妹们学习鲜花护理技术，而且特别留心女老板的经营之道。

到了2000年8月，由于竞争激烈，鲜花店举步维艰，面临被关门的危险。当天晚上，丁世燕躺在床上左思右想：花店为什么会经营不下去呢？她想，首先是市场饱和，竞争激烈。其次是摊子铺得过大，造成入不敷出。如果能把花卉苗圃卖掉，直接去批发出售，不至于亏损。如果再把员工换成钟点工，生意忙时按点付酬，又能节约开支。如此一来，花店起死回生是不成问题的。第二天她当即找到女老板，希望接手这个花店。女老板看丁世

燕是个干事业的人，同意无偿转给她，以此抵消拖欠她的6个月工资。

鲜花铺路

丁世燕接手鲜花店后，只留下一个要好的姐妹给自己打工。她顶着烈日骑着自行车跑去与郊区的一些鲜花店种植基地洽谈合作事项。转眼到了国庆节，安阳市各大单位庆贺节日都要摆放鲜花装饰，以前与溢香建立合作关系的老客户纷纷前来订货，丁世燕紧急招聘了10名钟点工，雇了6辆货车到市郊拉送鲜花，一个国庆节下来轻松赚了1万多元。

2002年3月的一天，她无意中听到一位老顾客抱怨说花不好养，放家里几天就蔫了。说者无意，听者有心。丁世燕灵机一动，想出提供"免费花木护理项目"的招。这一措施推出后，受到了客户的普遍欢迎，来她这买花的人一下子多了起来，当月的营业额就翻了两番。

雨中商机

2002年5月的一天，丁世燕办事途经安阳市制伞厂，看见许多职工在摆摊卖伞，上前一打听才知道，伞厂倒闭了，发给每个工人1 000把雨伞，以每把两元的价格抵工资，她又发现了商机。这么漂亮的雨伞，才2元一把，在商场每把伞少说也得六七元，如果雨伞倒卖出去，肯定能大赚一笔。她首先把雨伞批发给商场，可大家都想得到的路走起来并不容易，她灵感所至，想到了"雨中送伞"，专在下雨的时候，把伞卖给那些没带雨具的人。想到这，她立即找到卖伞的大嫂，先要了100把雨伞。随后的日子里，丁世燕特别留心天气预报。

机会终于来了，2002年6月1日下午两点多种，安阳天气突变，丁世燕赶紧开着摩托车，带着一大捆雨伞，风驰电掣地向安阳市少儿游乐中心驶去。她心想：今天是六一儿童节，许多家长带孩子出来游玩，出来时晴朗肯定想不起来带雨伞。10分钟后，丁世燕来到儿童游乐园时，天空也噼里啪啦地下起了雨点，毫无准备的父母们带着孩子，四处躲雨。正当他们惊慌失措时，丁世燕从容地打开雨伞叫卖起来，人们蜂拥而至，只是一眨眼的工夫，100把雨伞便被抢购一空。每把雨伞她卖了7元钱，前后不到一小时，轻松赚了500元。

初试成功，她又进了1 000把雨伞。雨伞进回来后，丁世燕一下子变成了气象迷，时刻关注着广播电台的《天气预报》节目。半个月后的一天，丁世燕终于恰到好处又逮住了一次下雨的机会，在安阳市纺织厂门口，她用了短短半个小时的时间，就将1 000把伞卖了个干干净净，除去雇人雇车的成本，丁世燕赚了4 000元。从2002年6月到10月，短短四个月的时间，丁世燕如法炮制，先后在安阳市机床厂、亚细亚商场、安阳市技工学校、新华书店门口卖出100 000多把雨伞，净赚4万多元。

"非典"做卡套丁世燕一举赚了30万元

2003年年初，受"非典"影响，丁世燕的鲜花店门庭冷落，面临关门歇业的困境，心急如焚的丁世燕寻找着商机。这天她发现，经过的人很多都戴着出入证。那时为了严格控制人员出入，几乎所有单位都要求佩戴出入证，一时间制作胸卡的打印店门庭若市。丁世燕正在痛惜未能抓住商机时，一位行人佩戴的胸卡掉了，她拾起来还给了那位行人，行人说："咳，这胸卡总夹不紧，如果能挂在脖子上该有多方便啊。"丁世燕当时眼前一亮，这么多人戴胸卡，如果制作胸卡套出售，一定是个不小的市场。

她立即联系制作胸卡套，以一个5角钱的价格定做了1万个。第二天下午，她带着花店里的所有员工来到安阳市最大的一家国有企业门口出售胸卡套。她的胸卡套正好解决了职工容易丢失胸卡的烦恼，职工们争相购买，一个胸卡套她只卖4元钱，前后一个小时，丁世燕带去的1万个胸卡套所剩无几，从制卡到销售仅一天时间，一个小小的胸卡套让丁世燕赚了3万多元。丁世燕并没有被转眼到手的巨大财富冲昏头脑，事不宜迟，她又火速赶去预定了10万个胸卡套。随后几天，她紧急雇用了100名钟点工在安阳市各大矿厂、学校、小区门口摆摊销售卡套。一星期后，她的10万个胸卡套销售一空。安阳市许多个体户见卖胸卡套市场火爆，纷纷定做销售，可惜偌大的市场几近饱和，他们定做的胸卡套大部分积压在了手中。短短半个月下来，小小的胸卡套让丁世燕赚了30多万元。

几年摸爬滚打下来，丁世燕从一个打工妹，变成了一个百万富翁。她说物质丰富了，头脑也不能贫困。她打算今后一边学习，一边捕捉商机做生意，将来条件成熟还要进大学深造。

丁世燕的创业故事，对我们在创业资源开发与整合上至少有以下启发：

（1）商机就是信息资源，它是隐性资源的一种，对隐性资源的开发要争分夺秒。丁世燕对每一个商机的把握都体现了"化分为秒"的策略。她卖伞的时候，天气预报带来的瞬间商机要时时关注，商机转瞬即逝。而"非典"时抓住胸卡套的机会也是争分夺秒，当其他商户发觉并跟进时，市场已近乎饱和。

（2）创业资源的开发推进中有很多时候需要"急"，"该急应急"。细心的丁世燕听到客户的抱怨则"急"，因而每一次都把客户的抱怨转化成了赚钱的商机。她听到花店客户抱怨将花买回家后不会养的时候，想出了提供免费养护服务的主意，并立即实施，一下抓住了客户的心，生意倍增。当她听到路人对胸卡发出不好夹的抱怨时，她想出了做挂在脖子上的卡套的主意，并立即订货推销，一下子占据了整个具有时效性的市场。

（案例来源：https://www.sohu.com/a/282940827_117373）

【思考与讨论】

1. 通过本案例，请同学们讨论如何理解"整合"二字。
2. 结合自己的创业项目以及创业资源，分小组讨论如何整合自己的创业资源。

【教学案例7.7】 ▶▶▶>>>

大学生从修脚工到开创连锁品牌

胡志国，毕业于东北农业大学，拥有正规本科学历，但改行当起了修脚师傅。8年来，对于胡志国的关注和争议从未停止。对于这些争议，胡志国开创的"健足斋"在全国已经拥有80多家加盟店的创业成果足以说明一切。

胡志国来自一个普通的工人家庭，是独子。胡志国父亲是个打铁的手艺人，目前做点小买卖。小时候，一放学回家，懂事的胡志国总是要去父亲干活的地方帮忙。知道生活艰难的胡志国早早就立下这样的誓言："一定要改变命运，一定要多赚钱，让父母过上好日子。"

2004年，胡志国从东北农业大学的动物科学系毕业，这个学科毕业生的就业方向一般是大型畜牧企业和相关研究机构，但很快就业市场的残酷现实就给胡志国上了一课。胡志国曾去大型畜牧企业山东六合集团实习，在那里胡志国从喂奶牛、铲牛粪、挤牛奶做起，却从不抱怨，因此大家都非常喜欢这个个性踏实的"小胖子"。然而，胡志国很快发现，在那样的大型企业里，自己这样的小本科生根本无法进入遗传育种研究的核心部门。从山东回来后不久，胡志国又接到了沈阳市畜牧局的面试通知。几次面试下来，一切都非常顺利，但胡志国最终却被"我们想招个英语生"挡在了大门外。接下来的半年，胡志国多奔波于各种考场，但始终没有找到自己满意的工作。让胡志国没有想到的是，偶然看到的一个电视专题片从此改变了他的人生轨迹。

创业梦就在脚下

2005年2月的一天，胡志国偶然在电视上看到了一期访谈节目，访谈的对象是扬州的女修脚师陆琴，她的经历一下吸引了胡志国。看完节目，胡志国特意花钱到洗脚中心"消费"了一把，在和修脚师傅的交谈中胡志国茅塞顿开：修脚是个手艺活，劳动强度不大，收入却不低；修脚是个技术活，一般人很难进入这个行业；修脚是个冷门行业，很多人对这个"伺候人的行业"敬而远之。经过半个多月的调查和思考，胡志国很快确认，修脚绝对是一个还没有被别人发现的"金矿"。

决心下定，胡志国坐了30多个小时的火车，南下扬州找陆琴拜师学艺。在确信眼前的这个小胖子并非一时心血来潮后，陆师傅收下了这个与众不同的大学生徒弟。学徒的日子特别艰苦，但这并没有妨碍胡志国不断地思考：修脚事业难道只能走传统修脚师傅的老路？它如何走向专业化、正规化？一年之后，胡志国告别师傅，回到哈尔滨"独闯江湖"。

争议中梦想更近

创业这事，说起来容易做起来难。胡志国一没钱，二没房，这两点硬是难住了这个"英雄汉"。但胡志国没有放弃，没钱租不起房，胡志国每天去街上挨家挨户宣传，借地开店。修脚店开张三个月没有一单生意，胡志国给自己打气——"未来会好的"。他白天看店，晚上去洗浴中心兼职修脚。闲下来的时候，他找来一堆医学书籍不断学习。得知胡志国去当修脚工，胡志国的父母、朋友都表示反对。胡志国的朋友每次见面都苦口婆心地劝他："念了这么多年书，就干这个？"老同学们规劝胡志国："趁早改邪归正，别给咱学校丢脸了！"甚至他的一些顾客听说了他的经历也很惊讶："大学生修脚，太浪费了吧？"胡志国坦言，那一段时间自己也曾怀疑自己的选择对不对，但很快创业初期的困难被胡志国对梦想的坚持打败。人们渐渐发现，这个胖乎乎的小伙子不仅待人热情、心细，而且有一门好手艺，顾客们的口碑让胡志国的生意越来越好，不少人慕名而来，向他学艺。2006年年初，有了几千块钱积蓄的胡志国又向自己的大徒弟借了5 000元钱，在南岗区黄河路开办了自己的"健足斋"足病修治机构。

8年来，胡志国在行业里已经小有名气，拥有了甲沟炎、灰指甲、鸡眼跖疣治疗术三大核心技术，并获得了三项专利。如今"健足斋"在全国已经拥有80多家加盟店，胡志国已经完成了当年改变命运、改善生活的梦想。但，他又酝酿着更大的梦想。

为梦想再次出发

当年在山东六合集团实习，实习生要先过铲牛粪这一关，铲牛粪既是体力活又需要技巧，如果铲得不好，粪没铲走倒弄自己一身，很多实习生受不了这个苦，但胡志国却暗下决心："铲粪我也要做铲得最好的。"结果胡志国成了铲粪水平不亚于牛场工人的实习生。如今胡志国把这股犟劲全都投入了他的修脚事业上。

胡志国说："不要小看修脚，这其中学问大着呢，修脚在我国有着悠久的传统，但目前人们对修脚的认识还不够。今天修脚的情况有些像100年前的牙医，当年牙医也是挑着担子在市场上治牙，但如今牙医已经登堂入室。我期望通过我们的努力让人们对修足行业有一个新的认识，推动修脚这个传统手艺向'足外科'这一医学分支发展。"随着"健足斋"的事业不断发展，如今的胡志国不仅要坐诊，还要花费大量时间在企业管理上。他坦言后者更消耗他的精力。他对记者说："我们这个行业是个新兴产业，很多服务手法和经营管理手段都需要自己不断摸索。目前我们已经不再接受加盟申请了，对现有加盟商的慢慢消化和管理是我们的主要任务。"

现在的胡志国很忙，总感觉时间不够。一本关于足部健康的书他已经酝酿了四年，其间写写改改，一直没能出版。黄河路上的"健足斋"正在准备装修，致力于打造更现代、更专业、更气派的环境。胡志国说："过一段时间你再来可能都认不出来了。"胡志国从修脚工干起，在大家的"误解"中发愤，8年成长，从借店修脚"修炼"成"健足斋"的"斋主"，在全国拥有80多家加盟店，成了名副其实的"老板"。把修脚干成产业，干成事业，胡志国书写的不仅是个人的创业故事，更是一个极有示范意义的成长启示。

胡志国的创业故事，对我们在创业资源开发与整合上至少有以下启发：

（1）俗话说："360行，行行出状元。"胡志国就是抓住了"修脚"这个别人敬而远之的"伺候人的行业"。在有心人胡志国的眼里，修脚事业并非只能走传统修脚师傅的老路，他以大学生的学识看到了一个传统行业走向专业化、正规化的商机，从而"变废为宝"，挖出了金矿。

（2）资源需要开发与整合。胡志国首先是抓住电视专题片的信息资源，然后立即下定决心南下扬州拜师，从门外汉到精通此道的专家，实现了"从无到有"的转变。他从无钱、无场地、无客户到靠自己的坚持和专业，逐渐赢得了社会资源；客户的口碑，拜师的徒弟，他将这些社会资源转化为资金，开了第一家店。他又以小博大，以自己钻研开发的专利技术为核心，实现了从一家店到80多家加盟店的扩张。

（案例来源：http://www.huaxia.com/lthq/ltkx/2013/05/3349899.html）

【思考与讨论】

1. 通过本案例，请同学们讨论胡志国的创业成功关键取决于什么。他是如何实现"从无到有""变废为宝"的过程的？

2. 你是如何理解"资源需要开发与整合"这句话的？作为创业者的你该如何实践呢？

本 章 小 结

本章重点对创业资源的内涵与种类做了详细的介绍,并且对比分析了创业资源与一般商业资源的异同,分析了社会资本、资金、技术及专业人才在创业中的作用。通过本章的学习,学生能够学会如何获取创业过程中的资源;创业资源获取之后还要学会进一步的开发与整合,只有将现有的资源科学、合理地整合之后才能够实现资源的倍增效应,取得创业的成功。

复习思考题

1. 什么是创业资源？创业资源有哪些类型及特点？
2. 请阐述创业资源与一般商业资源有哪些异同。
3. 如果你开始准备创业,应该如何获取创业资源？
4. 如何有效开发与整合现有创业资源,实现资源倍增效应？

第八章　创业资金与创业融资

教学目标

学习完本章之后,学生能够达成以下目标:
1. 掌握创业所需启动资金以及流动资金的测算方法;
2. 掌握创业融资的主要渠道,了解各个融资渠道的差异;
3. 学会创业融资的选择策略。

导入案例

清华科技园"1号会员"的创业融资故事

教学视频

从"清华科技园的一次成果展"上了解到,一家由10名清华学生创办的慧点科技开发有限公司,在自身的艰苦努力以及清华科技园的"孵化"下,成为清华科技体系里面最大的软件企业之一。

据了解,该公司于1999年8月份作为大学生企业进驻清华科技园,是首批进入清华科技园的企业之一,其总裁姜晓丹笑称它是清华科技园的"1号会员"。目前,该公司拥有正式员工300多名,其中博士、硕士占31%,公司总注册资金为4 000万人民币。

创业始于课题研究

说到创业,慧点科技开发有限公司的创始人之一汤涛说:"其实我们走这条路是有机遇因素的,它的起步跟别的创业公司不太一样,它最初在清华的时候是一个研究中心。"

1996清华成立了一个产业中心,叫作清华信息产业中心,是广东省科委、南海市政府和清华合办的,做互联网研究。当时清华大学每年举办一个"南海杯网络设计大奖赛",征集各种各样的网络设计。汤涛说:"那时候的作品跟现在比可能会幼稚很多,能把几台机器联在一起干一点事情就已经很不错了。"

据慧点科技开发有限公司总裁姜晓丹回忆,1997年清华大学举办"三八妇女节"舞会,他带了一帮哥们儿去捧场。可他们都不爱跳舞,就在门口聊天,聊着聊着就决定要"一起干点什么"。这次舞会之后,他们经常凑在一块,做一些研究、想一些点子,最后选择了"集成化办公桌面环境"的课题研究,并在研究成果的基础上开发了一个办公自动化系统。因为一共有7个人参与研究系统开发,所以他们就把这个系统叫作"北斗",这是慧点之前第一个产品原型。后来,这套系统参加了学校1997年举办的"南海杯"软件大赛,获得了一等奖,得到上万元奖金。

"从这以后,我们进入了清华这个信息产业中心,一直做到1998年。"而在这以前,他们所做的事情都跟学生创业没有很大关系,只是课外科技活动。"这个中心给慧点的发展提供了很好的环境,它是以科研为目的的,气氛很活跃,而且可以接项目。"姜晓丹说。

瞒着学校创办公司

进入清华信息产业中心之后,他们不断对技术进行学习和研究,取得了一些成果,人数也由原来的7人增加到10多个人。可是,姜晓丹说:"在临近毕业的时候,我们都突然感到一种危机:如果我们就以毕业为终点,我们庞大的开发计划和即将问世的产品很可能胎死腹中,因为毕业之后,要把大家聚到一块很难,出国的出国,进外企的进外企……"当时,他们的科研成果主要集中在办公自动化系统软件开发方面。于是,在毕业前,1998年8月,姜晓丹、汤涛等10名同学共同出资50万元,注册成立了"慧点科技"。

据姜晓丹称,刚开始创业的时候,身为总裁,他每月只有800元工资,而香港一家大公司给他开出了50万元的年薪,还承诺送他去美国读MBA,但他还是留在这个团队里继续创业。

对于成立公司一事,姜晓丹笑称有点"糊里糊涂":"注册公司的时候,我们找了一家公司代理注册,信了人家说在某远郊区县有税收优惠等诸多好处,便将注册点设在了那个地方,后来才知道那儿的税收比海淀区还贵,而且与那里的政府机构打交道比客户还难,仅申请高科技企业和'三减两免'就让我们跑了无数的冤枉路。直到一年后,我们才将注册点迁到海淀区。"

公司成立后不久,就有单可以接了,但这时候他们正面临研究生毕业准备答辩的关键时刻,所以压力很大。"毕业以后,大家全身心扑在公司上,研发能力增强,也多接一些单来做,公司规模开始扩大,从原来的十几个人扩大到二十几个人,在这期间,投入做新产品。"据汤涛说,他们那时候做公司不敢像现在的学生创业那么大张旗鼓,公司做了一年,学校和老师都被他们瞒得严严的。

没有收入,只有投入

姜晓丹说:"真正一头跌进商海之后,我才开始意识到做企业竟然是如此的艰难。在'慧点'刚刚起步到逐渐发展壮大的那段时间里,艰辛的程度难以言表。"

"50万元的创业资本对于很多人来说可能是不小的数目,但对于一个高科技企业,尤其是还处在研发期的企业而言却是微不足道的。这段时间没有收入,只有投入。开业购置设备和装修花去了5万元,每个月房租支出2万元,虽然我们每个月仅给股东800元的生活费,但工资杂费支出仍要3万多元,还有各种各样的支出……仅仅一年多的时间,1999年底公司便出现了一次严重的现金流断流。"

"虽然我们可以停发股东的工资,但员工工资可是一分钱也不能欠的!我还记得连续3个月,每个月支付工资的日子都成为我最黑暗的一天,我至今仍忘不了那段时间早上起来坐在床边,打电话向家人、向朋友四处借钱时,在我脑子里涌过的悲观甚至绝望。"

融资困难重重

姜晓丹说:"痛定思痛,我明白了办企业的道理,明白了现金流对于企业的重要性,明白了只有技术和资本的有效结合才能实现自己的梦想。"

然而,对于大学生创业者来说,"融资的过程是艰苦的,你需要迅速掌握包括企业战略、财务、人力资源等在内的大量的管理知识，并充分把握自己的优势，写成有足够说服力和可以执行的商业计划书。更重要的是，你要有充沛的体力和坚韧的意志去面对一个又一个挑剔的投资者。"

据汤涛说，他们那时候融资面对的另一个困难是投资人只知道投资，不知道什么是风险投资。"几乎每星期都有几拨投资人过来跟你谈，但由于他们大部分人过去都是做房地产、期货、建筑材料等传统行业的，所以用一种很陈旧的眼光来看待创业。他们不是想做'风险投资'，而是仅仅想投资。比如我这个公司价值是50万元，他们看了一眼想一想：那我是不是投资100万就可以控股呀？在他们看来，对一家价值50万元的公司投资100万元，他们至少应该占51%以上的股份，而公司这边哪怕只占30%的股份，公司也占了很大便宜。而当时我们公司估价是1 000万元，我们说我们公司值1 000万元，他们说不能接受这个价钱。"

获得2 800万元风险投资

不过，姜晓丹说："经过一年的艰苦努力，经过几十个不眠的日子，经过十几次修改的商业计划书，2000年年底，我们终于与一个国际著名的风险投资公司达成了投资意向。但事实是残酷的，IT业经过一段绚烂的泡沫阶段，迅速跌入冰冷的低谷，我们经过一年努力所换来的投资意向书也永远地停在了纸面上。"

"不是没有过想要放弃的时候，不是没有过觉得梦想就要破灭的时候，但是有一个小小的声音一直在我耳边告诉我：坚持，只要坚持，你一定可以实现自己的梦想。我抖擞起精神，调整了公司的规模和方向。"又经过一年努力，姜晓丹终于挺了过来："2002年春天，在IT行业一片冰冻的时候，我们却以14亿元的市场估值成功地获得了2 800万元的风险投资。"

"清华科技园给了我们很多东西"

说到今天取得的成功，姜晓丹说："清华科技园给了我们很多东西，不仅为我们提供了一流的硬件环境，还利用自身的平台优势，帮助我们进行技术转化和市场开拓，使我们能够在短期内成为国内一流软件企业。"

据清华科技园发展中心主任梅萌介绍，创办清华科技园是清华大学于1993年提出来的，1994年开始建设。"建立一个科技园可以增强清华大学的社会服务功能。清华大学作为全国最高学府之一，它应该把它的知识、它的创新进行传播，从而使社会受益。"

姜晓丹说："慧点成立早期，我们真是不知道什么叫经营企业。我们那会儿所看到的经营模式都是教研组，专做科研的模式，对于什么是企业都还不知道。清华科技园孵化器的成立实际上聚集了一批企业，我们那批是17家，大家都是学生出身，没有创业经验，我们在沙龙的互相交流中得到进步和提升。应该说，我的整个企业管理经验，是在清华科技园的生存过程中逐渐摸索学会的。对于我的创业，它是一所学校。"

（案例来源：http://www.sunbus.cn/static/a10050eeb297.html）

【思考与讨论】

1. 结合本案例大家分析一下，创业与课题研究有哪些关系？
2. 创业初期有哪些资金准备？
3. 你能想到的融资渠道有哪些？

第一节 创业资金测算

新创企业时能确切知道需要多少资金很重要：一方面，融资需要成本，资金不足会影响生产经营和投资活动的正常进行，资金过剩则会影响使用效果，增加融资成本，增大财务风险。企业不希望陷于资金短缺，但也不想为不需要的资本付费。另一方面，在与潜在的贷款或者投资者商谈时，对自己企业所需资金量的不确定，会给对方留下准备不充分的印象，投资者对于投资风险的考虑，会影响投资决策的制定。

 一、创业所需资金的前置要求

（一）千万不要低估项目的潜伏期

再好的经营项目也不会马上就有利润收入。任何创业项目从启动到盈利，都需要一个潜伏期，这个潜伏期的长短，跟行业和企业规模有关。和人一样，企业也有生命周期。正所谓"播种有时，开花有时，结果有时"，产业在不同的阶段有不同的特征。所以，在创业初期，启动资金就是创业最初投资的主要资金。在创业者的创业过程中，妥善处理好企业的财务问题是至关重要的一步。

一般创业者都会低估这个潜伏期的时间，你必须做好思想准备，开始时有可能好几个月都没有收入，开销却很大，有时货款也不能马上回笼，因此，必须提前做出预算和储备。

（二）不要把眼光只瞄准基金和银行贷款

许多年轻的创业者在确定了创业项目以后，不去寻找其他融资方式，不去研究市场需求，不去考虑如何白手起家从小做起，而是一开始就只想到融资，把创业基金和银行贷款作为第一融资目标。

（三）设计合理的资金组合有利于降低经营风险

在创业启动资金的组合上，创业指导专家建议最好有一个合理的资金组合比例。例如，你可以用的最高资金金额中有 1/3 是你的自有资金，外来资金最好不要超过 2/3 的份额。研究创业成败案例结论表明：如果你的自有资金不足 1/3 时，你和银行的资金风险都会加大。

（四）尽量多地留好储备金

你必须对从开业到盈利阶段的资金储备做足够的预算与储备，那么首先把个人资金和外来资金各占 1/2 进行估算比较稳妥。因为这个时期的储备金到底需要多少，是一个难以确定的数字。但是无可置疑的是，资金断流会引发经营不下去继而导致创业失败。

一般需要把企业没有收入的时间按 3 个月（或者更长）来计算，所以，储备金应不低于 3 个月的固定成本总和。

在现实中创业者租房时，房租一般的支付方法是押一付三，就是押一个月房租，同时预付 3 个月，先付后用，即一次性需要支付 4 个月的房租。除了合理规划支出外，你必须始终保证储备金的充足,这意味着,你账面上始终有足够的盈余,以防出现支付危机。

二、创业启动资金的预测

确定了企业战略和财务战略,便可在此基础上确立企业财务需求。不同类型企业在经营过程中的营运资本、投资和费用所需资本有较大的差异,大体可以通过预编财务报表、现金流量表进行盈亏平衡分析,来预测资本的需求。

这里主要介绍普通创业企业启动资金的内容。为了保证企业在启动阶段业务运转顺利,在业务经营达到收支平衡之前,创业者需要准备足够的资金以备支付各种费用,这些费用叫作启动资金。专家建议创业企业在启动阶段,至少要备足3~6个月的各种预期费用,公司投入运营之后,很难立即带来收入,创业者最好对所有可能发生的意外情况都有所准备,并测算其总费用。启动资金的类型、所包含的内容及明细如表8-1所示。

表8-1 创业企业启动资金表

启动资金类型	包含内容	明细
固定资产	企业用地和建筑	
	设备	机器、工具、车辆、办公家具等
流动资金	购买并储存原材料和成品	购买原材料和商品存货
	促销	广告、有奖销售、上门推销、搞活动表演等
	工资	自己家庭的生活费用、员工的工资
	租金	办公场所、仓库等租金费用
	保险费用和其他费用	保险费、电费、水费、交通费、办公用品费
开办费	办公费、验资费、装潢费、注册费、培训费、技术转让费(买专利)、营业执照费、加盟费等	

三、预估创业资金的其他财务数据

(一)不确定费用的预留

在估算创业启动资金时,最后在固定资产和流动资产总和上,还要把总额乘以一个系数作为不确定费用,一般估算企业的不确定费用为3%~5%,建议创业者按5%~10%计算即可。这个不确定费用,是为了应对那些意料之外的支出的。

(二)找到保本销量——盈亏平衡点

创业者开始创业后,一定要首先学会计算盈亏平衡点,必须对自己的经营状况做到心中有数,并且在以后的经营活动中,严格财务制度,做好经营情况的统计和分析。

盈亏平衡点（Break Even Point，BEP）又称零利润点、保本点、盈亏临界点、损益分歧点、收益转折点。通常是指全部销售收入等于全部成本时（销售收入线与总成本线的交点）的产量。以盈亏平衡点为界限，当销售收入高于盈亏平衡点时企业盈利，反之，企业就亏损。盈亏平衡点可以用销售量来表示，即盈亏平衡点的销售量；也可以用销售额来表示，即盈亏平衡点的销售额。盈亏平衡点的计算公式为：

$$BEP = C_f/(P - C_u - T_u)$$

其中：

BEP——盈亏平衡点时的产销量；

C_f——固定成本；

P——单位产品销售价格；

C_u——单位产品变动成本；

T_u——单位产品营业税金及附加。

例如：某企业固定费用为2 700万元，产品单价为800元/台，总成本（固定成本+变动成本）600元/台，计算其盈亏平衡点。当年产量在12万台时，为实现目标利润40万元，最低销售单价应定在多少？

盈亏平衡点：2 700万/(800－600) = 13.5（万台）。

最低售价为X：(2 700+40) / (X－600)=12，X=828.33（元）。

最低售价：828.33元。

（三）区分毛利润和纯利润

衡量企业盈利能力的指标是利润，计算公式为：

营业利润=营业额－总成本=营业额－（固定成本+流动成本）

例如：某商店当日营业额为24 000元，总成本为16 000元，则利润为纯利润=24 000－16 000=8 000（元）。

毛利润=营业额－进货成本（这时的成本里不包括摊位费用和营业费用、固定资产折旧等，仅仅是指进价）。

例如：小王在她的服装店里卖了一条裤子，销售收入150元，但这条裤子的进价为100元，则毛利润就是150－100=50（元）。

具体利润表如表8－2所示。

表8－2 利润表

项目	上年数	本年数
一、产品销售收入		
减：产品销售成本		
产品销售费		
二、产品销售毛利润		
减：管理费用		
财务费用		

续表

项目	上年数	本年数
三、利润总额		
减：所得税		
四、净利润		

值得注意的是，创业者必须有成本的概念。就是说，在毛利润中，你还需要支出你的店铺房租、人工费、水电费以及固定资产的折旧等，之后才是你的纯利润。有时候还需要考虑沉没成本。沉没成本是指已经失去的收益或者付出的代价，不论你采取什么方式和方法，均不能挽回的损失。沉没成本与机会成本的不同在于它属于非相关成本，有时是间接的，有时是直接的。由于沉没成本很多时候是在事后发生的，因此有时无法在决策时将其考虑在内，如果在决策时就把沉没成本考虑在内的话，恐怕会造成商机错失或者决策失误。

【阅读资料8.1】 ▶▶▶>>>

美国经济学家斯蒂格利茨对沉没成本的解释

假如你花了7美元买了一张电影票，又怀疑这个电影是否值7美元。看了一会儿，你证实了自己的疑虑；这个影片确实很差。在这种情况下，你是否选择离开这家影院？在做这个决定时，你就应当忽略那7美元，它就是沉没成本，无论你离开影院与否，这7美元都不可能被收回了。

由于沉没成本发生的延迟性，所以许多创业者在决策并进入实施阶段时，才发现以前的判断是错误的。这个时候，就不要再去考虑已经无法收回的沉没成本了，撤得越快损失越小。

（资料来源：https://www.sohu.com/a/302090022_100174756）

（四）现金流量表

现金流量表是反映一定时期内（如月度、季度或年度）企业经营活动、投资活动和筹资活动对其现金及现金等价物所产生影响的财务报表。现金流量表是原先财务状况变动表或者资金流动状况表的替代物，它详细描述了由公司的经营、投资与筹资活动所产生的现金流。

作为一个分析工具，现金流量表的主要作用是决定公司短期生存能力，特别是缴付账单的能力。它是反映一家公司在一定时期现金流入和现金流出动态状况的报表，其组成内容与资产负债表和损益表相一致。通过现金流量表，可以概括反映经营活动、投资活动和筹资活动对企业现金流入流出的影响，对于评价企业的实现利润、财务状况及财务管理，要比传统的损益表提供更好的基础。

现金流量表提供了一家公司经营是否健康的证据。如果一家公司经营活动产生的现金流无法支付股利与保持股本的生产能力，从而它得用借款的方式满足这些需要，那么这就给出了一个警告，这家公司从长期来看无法维持正常情况下的支出。现金流量表通过显示经营中产生的现金流量的不足和不得不用借款来支付无法永久支撑的股利水平，从而揭示了公司内在的发展问题。现金流量表如表8-3所示。

表8-3 现金流量表

项目	本期金额	上期金额
一、经营活动产生的现金流量		
销售商品、提供劳务收到的现金		
现金流入小计		
购买商品、接受劳务支付的现金		
经营租赁所支付的现金		
支付给职工的现金		
支付的所得税		
支付其他与经营活动有关的现金		
现金流出小计		
经营产生的现金流量净额		
二、投资活动产生的现金流量		
构建资产所支付的现金		
投资活动产生的现金流量净额		
三、筹资活动产生的现金流量		
吸收权益性投资所收到的现金		
借款所收到的现金		
现金流入小计		
偿还借款所支付的现金		
分配股利所支付的现金		
现金流出小计		
筹资活动产生的现金流量净额		
四、现金及现金等价物净增加额		

（五）资产负债表

资产负债表是反映企业在某一特定日期（如月末、季末、年末）全部资产、负债和所有者权益情况的会计报表，是企业经营活动的静态体现，根据"资产=负债+所有者权益"这一平衡公式，依照一定的分类标准和一定的次序，将某一特定日期的资产、负债、所有者权益的具体项目予以适当的排列编制而成。它表明权益在某一特定日期所拥有或控制的经济资源、所承担的现有义务和所有者对净资产的要求权。它是一张揭示企业在一定时点财务状况的静态报表。资产负债表利用会计平衡原则，将合乎会计原则的资产、负债、股东权益交易科目分为"资产"和"负债及股东权益"两大区块,在经过分录、转账、分类账、试算、调整等会计程序后,以特定日期的静态企业情况为基准,浓缩成一张报表。其报表功用除了企业内部除错、经营方向、防止弊端,也可让所有阅读者于最短时间了解企业经营状况。

资产负债表为会计方面相当重要的财务报表,最重要功用在于表现企业整体的经营状况。

就程序言,资产负债表为簿记记账程序的末端,是集合了登录分录、过账及试算调整后的最后结果与报表。就性质而言,资产负债表则是表现企业或公司资产、负债与股东权益的对比关系,确切反映公司营运状况。

就报表基本组成而言,资产负债表主要包含了报表左边算式的资产部分,与右边算式的负债与股东权益部分。而作业前端,如果完全依照会计原则记载,并经由正确的分录或转账试算过程后,必然会使资产负债表的左右边算式的总金额完全相同。这个算式终其而言就是资产金额总计=负债金额合计+股东权益金额合计。资产负债表如表8-4所示。

表8-4　资产负债表

资产	年初数	期末数	负债及权益	年初数	期末数
流动资产:			流动负债:		
货币资金			应付账款		
应收账款			短期借款		
减:坏账准备			负债合计		
应收账款净额					
存货					
流动资产合计					
固定资产:					
固定资产原价					
减:累计折旧			所有者权益:		
固定资产净值			实收资本		
无形资产			盈余公积		
减:累计摊销			未分配利润		
无形资产净值			所有者权益合计		
资产合计			负债及权益合计		

(六)投资回收期

投资回收期的计算,可以帮助创业者明白他的所有投入都需要一定的时间才可以挣回来。也就是说不论创业启动资金的来源是亲情融资、个人积蓄、银行贷款还是基金扶持,都需要创业者用利润的积累一点点来抵偿。因此,首期投资越大,导致回收期越长。这就是大多数企业都是从小做大的原因之一。

投资少，回收快，可以很快收到盈利的效果；投资大，回收慢，会有很长时间的经营都是为了收回投资。

投资回收期的计算公式为：

投资回收期=投资总额/月利润=可以回收的月数

例如：某小企业总投资18万元，月盈利8 000元，则投资回收期是180 000/8 000=225（月）。

第二节　创业融资

 一、创业融资概述

（一）创业融资的必要性

企业创建最初需要获得初始资本，随后开展的经营活动需要运营资本，资本是企业创建和生存发展的一个必要条件，从最初建立到生存发展的整个过程都需要融资。创业融资是创业企业在新创、运营过程中，适时、有效地获取所需资金的过程。

多数企业在创业初期需要筹集资本，主要是基于资本投入、启动资金、现金流和漫长的产品研发期的考虑。企业在早期需要购买资产、建造建筑物、购置机器设备等固定资产或者投资于其他资本项目，这需要大笔资本投入。在接下来的运营过程中，企业研发、新产品或新服务的开发、日常经营以及扩大市场规模等也需要巨大的前期投资。

（二）创业融资难的原因

新创企业融资困难，主要是因为创业者和投资者的信息不对称，以及创业过程中存在不确定性，最终增加创业风险。

1. 信息不对称

信息不对称指交易中的各人拥有的信息不同，在创业融资中体现为投资者没有或不能辨别创业者拥有或意识到的关于商业机会的信息。在筹资过程中信息不对称主要有以下两个方面的原因：

第一，创业机会的稀缺和对商机的追寻导致信息不对称。

创业者发现宝贵的创业机会后，不愿向投资者透漏过多的信息，包括创业项目的可行性、创业企业的财务状况等。一方面，投资者拥有开发商业机会所必需的资金，另一方面，如果其他人知道这个消息，也将追逐同样的机会，所以创业者需要对有关商业机会及其开发方法等信息保密，这就导致投资者不得不在信息少于创业者的条件下制定对新创企业的投资决策。

第二，创业者可能存在的道德风险导致信息不对称。

创业者拥有信息优势，一旦他们存在道德风险，就使得他们有可能利用投资谋利而损害投资者的利益。存在道德风险的创业者可以利用他们的信息优势从投资者那里获取资金，

用来谋取自己利益而不是企业的利益，将筹集来的资金挪作他用。

2. 不确定性

创业有风险，新创企业的未来非常不确定，在创业融资中便产生一系列问题。

第一，新创企业的不确定性，导致了投资决策的高风险。通常投资者投资创业项目的前提是：一个好项目，一支好团队。因此，投资者尽量搜集有关项目的信息，评价该项目是否具有投资价值，如新产品需求、企业的财务绩效、创业者管理企业的能力等，并依次作出投资决策。与此相悖的是，在创业者获得融资并开发商业机会之前，以上信息并不能确切地知晓，如果创业者没有一项专利技术或者没有成功创办企业的长期记录（而大多数新创企业不具备这些），投资者就不得不在非常少的可靠信息基础上对新创企业进行投资决策，由此导致了高风险。

第二，新创企业具有不确定性，导致创业者和投资者对新企业价值的认识经常存在分歧。

没有人真正知道一家新创企业会赚取多少利润，创业者处于亢奋期，往往对自己的新创企业会过分乐观，极力说服投资者相信企业的盈利能力，而投资者对新创企业盈利能力的评价往往会低于创业者，以此来制定投资决策时，两者往往面临关于新创企业价值的艰难谈判。

第三，同样由于新创企业的不确定性，投资者希望能够有投资担保。当创业者的新创企业被证明没有价值时，投资者为了减少预期损失，希望创业者能偿付全部所融资金；很明显，如果新创企业经营失败，创业者难以偿付投资者为新创企业投放的资金。因此，投资者要求创业者提供房产等资产作为担保，而许多创业者在早期并没有任何有价值的资产，否则他们就可以自己提供资金。所以，现实中银行愿意将贷款投放给大中型企业，这也导致了小企业创业出现银行贷不到款、家庭支持有限、风险投资不易获得等现实的困难。

二、创业融资的财务战略框架

制订与实施创业计划的一个重要工作是做好创业前期的财务准备，这也是制定创业融资策略的前提。创业企业财务管理与企业战略之间的关系密不可分，具体的财务战略框架如图8-1所示。

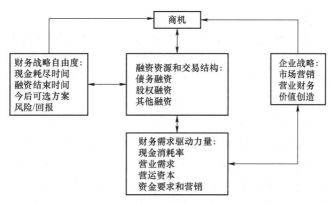

图8-1 财务战略框架

战略框架引导我们如何开始编制财务战略和融资策略,图8-1为此提供了具体的流程并表明了各部分之间的逻辑关系:商机引导并决定了企业战略,然后企业战略又决定了财务需求、融资资源和交易结构以及财务战略。该图不仅为创业企业制定财务战略、确定融资需求奠定了基础,也为企业选择融资方式、制定融资策略提供了一个整体思路。

三、创业融资渠道

据有关数据显示,85%的初次创业者都是在资金不足的情况下走上创业之路的。资金不足并不表示就不可以创业,因为这个时代可以有很多途径获得资金。

(一)自我融资

创业者自我融资主要依赖自己的存款,这是新创企业创建初期的一个重要的资金来源。研究者发现,70%的创业者依靠自己的资金为新创企业提供融资。即使具有高成长潜力的企业,在很大程度上也依赖创业者的存款提供最初的资金。如阿里巴巴最初的资金来源于马云和"十八罗汉"自己凑的50万元,蒙牛的创业资金来源于几个创始人卖掉股票凑的100多万元。

【教学案例8.1】　▶▶▶>>>

"80后"李文6 000元创业　做手绘T恤欲上市

1983年出生的李文,用他积攒下来的6 000元开启了创业之路,一个月内完成了3万元的销售额,净赚12万元,但接下来的资金困难,阻碍了李文的发展。同时,由于季节的原因,销售下滑,引发创业团队散伙。但李文不放弃,用商业计划书引来了"二次创业"的合伙人李文龙。2008年4月8日,南昌诺斯黛尔实业有限公司正式注册成立,注册资本50万元,通过注入资本、改善运营模式,公司实现了新的转机。"创业是部反转剧,不到最后,谁都猜不出来结果。"李文说。在李文自编自导的人生电影中,他就是这部"反转剧"的剧中人。

6 000元开启创业路

李文,1983年出生,就读于江西财经大学财政专业。李文的开场白,像极了一个大学生面试时的自我介绍。他喜欢看书、旅行、交朋友,但对于大学里的数学课程却深恶痛绝,直接的后果就是拿不到毕业证书,对此,李文却从不在意。

"因为喜欢,所以选择。"李文这样回答自己创业的缘由。李文毕业后曾到上海工作过一年多的时间,在上海他看到有人穿"三英战吕布"线条画的T恤衫,觉得非常有意思,却买不到,觉得这是个商机。后来服装网上直销商PPG的广告给了李文创业的灵感,他觉得,如果做一个专门定制和销售个性T恤的个性服饰网站,应该很有前途。

李文用他积攒下来的6 000块钱开启了创业之路。他找到了两个合作伙伴,分别是初中和高中同学,感情不错,相互了解。唯一让李文苦闷的是,他的父母对此并不支持,"他们不懂电子商务和网上购物,觉得电脑就是玩游戏,是不务正业。"李文的父母希望他找到一份"铁饭碗"工作。

但是,家里的压力并没有让李文产生放弃的念头。三个人用两台电脑在2006年6月一个月内完成了3万元的销售额,净赚1.2万元。"我们信心爆棚,觉得肯定会有投资人抢着向我们投资,于是,我们写好了商业计划书,开始了拉投资的过程。"李文心里开始憧憬着美好的未来。

梦想在现实中无依无靠

"当梦想照进现实,你会发现现实倒映出来的梦想是那么缥缈和无依无靠。"在接触了若干潜在投资人之后,李文的信心开始崩溃。不仅投资人不会投资给这个"乳臭未干"的"80后",而且对这种无资产、无抵押的客户,银行贷款的大门也是紧闭的。

这时,缺乏资金投入的李文又遇到了经营上的问题。由于刚开始只做学生班服市场,经营产品的单一导致销售的季节性特征明显,在6月份能拿到3万元的收入,在7月份却急跌至5 000元,到8月份,销售已经十分清冷,公司的利润很快就消耗殆尽。

"屋漏偏逢连阴雨",创业团队的其他两个人也因为家庭压力选择离去,李文成了"光杆司令"。对现实,李文深感无奈,然而对于心中的商业模式,李文并没有失去信心和希望。他坚守南昌:"2007年整整一年,我一边用自己在影视编导上的特长做一个自由职业者养活自己,一边不断寻找资料充实和完善商业模式。"

东山再起后步入"快车道"

"潜伏"了一年多的李文终于在2007年年底东山再起,这一次,他遇到了此生都要感激的人,大学宿舍睡在下铺的兄弟——李文龙。李文龙曾在深圳做外贸模具生意,赚了人生中的"第一桶金"。一个偶然的巧合,李文龙来到李文的住处,看到了留在他电脑桌面上的商业计划书。对于李文的商业模式,李文龙十分感兴趣,他毅然决定放弃在深圳外贸公司潜在的20万元分红,与李文合伙共同"二次创业"。

由于缺乏技术上的经验,兄弟俩又拉来了在服饰烫染行业有多年操作经验的谢隆林一起入股,新的创业团队搭建完毕。2008年4月8日,南昌诺斯黛尔实业有限公司正式注册成立,注册资本50万元,前期投入10万元。

新公司成立,李文有了资本,决定大干一场。这一次,李文的产品不仅涵盖了各种手绘及印刷T恤,而且还包括各种独具创新的手绘鞋,对于追求彰显个性的"80后""90后"来讲,市场前景不容怀疑。

但是,商场如战场,容不得一点头脑发热,经验不足的李文又犯了错误。李文为了追求完美,在一些没有必要的地方花费了过多的资金,比如购买服务器、单反相机,构建专业摄像棚以及开通400免费电话等,每一项花费都不菲,这让公司现金流迅速陷入危机的边缘。

李文决定改变公司的运营模式,转向已经相对成熟且具有一定人流量的B2B平台。这一次,李文的诺斯黛尔终于步入了"快车道"。

"我的公司能上市"

李文的公司取得了突破性进步,公司网络流量节节攀升,全国的代理客户翻倍上涨,法国、美国等地的华人华侨也都看好李文的产品,公司的订单通常排到几个月之后。

2009年,诺斯黛尔总营收超100万元;2010年3月,江西赣州南康分公司成立。目前李文正在和风险投资家接触,他希望能够借助风险投资家的帮助,实现公司更快速的发展。

他认为，电子商务的发展已经不允许他依靠自身的积累去缓慢发展，他必须依靠资本的力量，"站在巨人的肩膀上"，他需要风险投资带来的资本、人脉以及管理经验。李文自信而又坦然地告诉记者："我的公司能上市。"

李文的创业经历，可供我们借鉴以下的融资策略：

（1）多种途径筹集资金。李文在创业种子期，利用自筹资金，从6 000元的存款起步，瞄准商机，赚了第一桶金；在企业启动时期，取得了新合伙人的"天使投资"；在企业的成长期，又积极争取风险投资的关注和帮助，利用不断完善的商业计划书，吸引"天使"的投资和合作。由于处于创业初期，吸引投资困难，遭遇了资金缺乏的瓶颈：一方面，由于是新创企业，且是刚毕业的大学生所创立，企业充满风险和不确定性，投资者对其未来不看好；另一方面，由于没有资产抵押，银行也对其紧闭大门。但李文没有放弃，花了一年的时间不断完善商业模式，最后是商业计划书为其带来了新的机遇。可以说，李文龙扮演了李文的天使投资人的角色，李文龙有一定的创业经验，积累了一定的资金，并对李文的商业计划感兴趣，愿意与李文一起共同创业，不仅为李文带来了资金，也带来了新的创业团队和经验，从而使公司朝着健康的方向发展。创业融资的过程中，大学生处于一定的劣势，善于从小处着手，利用身边的资源，不断积累，便能发现新的机会。

（2）融资策略需要结合企业不同发展阶段。李文在创业前期并不能顺利吸引到投资，由于自筹资金和天使投资是创业企业种子期和启动期惯用并可行的融资策略选择，因此他选择了自筹资金。当企业发展到一定阶段，进入成长期乃至扩展期，资金需求量大，便需要引入更多的融资途径，所以李文开始积极寻找风险投资。

（案例来源：http://www.qncye.com/2011/0203/55920.html）

【思考与讨论】

1. 通过本案例，请同学们思考，创业融资渠道有哪些？
2. 作为创业者首选的资金来源是什么？为什么？

（二）亲朋好友融资

亲朋好友被称为早期创业企业的潜在天使投资人，是常见的启动资金的来源。大多数创业者都知道，比向天使投资和风险投资融资更快、更容易的方式就是向自己认识的人借钱。事实上，大多数天使投资人在投资创业公司之前都"要求"创始人能从朋友和家人那里得到一些资金。

对大学生来讲，无论是出于对其生活的帮助还是对其事业的支持，亲朋好友都会在创业起步阶段给予资金帮助，而不像专业投资者那样要求快速的回报。同时，亲朋好友不会像专业的天使投资人那样要求创业者有精炼的商业模式和准确的财务报表，但是他们也希望看到一些事情，比如激情、沟通、价值、共同分享利润等，这也给创业者提出了不断完善、提高企业价值的挑战。

向亲朋好友融资应当注意以下几点：

（1）"亲兄弟，明算账"。无论你是从家人，还是从朋友那里借款，都要打上一张借条，写明借款的时间、地点、数目与条件。其中的"条件"你可以参照当时的银行利息，写明你还本付息的计划。由于中国传统的习惯，过去人们总是觉得这么做"生分"，破坏家人的亲情和朋友之间的友情；其实这是一种错误的观念，一方面时间在这里本身就是风险；另一方面没有一个人愿意把自己的钱无理由地放在别人的腰包里。此外，你若向家人和朋友借了钱而不支付利息，实际上等于是在剥夺别人的财富。

（2）如实说明借款原因。在借款之前，你应当向家人或亲戚、朋友如实地说明你的经营情况与项目，包括投资额度、预期收入与存在风险，然后把你的资金状况和缺口告诉他们，看看他们是否愿意将钱借给你，不要让家人或亲戚、朋友陷入一种尴尬的境地。如果你获得了他们的支持和贷款，你也要注意让他们不断地获得关于你真实的经营状况信息，尽可能地避免他们对你产生不信任。同时，要切实履行承诺，保障各方利益，减少不必要的纠纷。在你向家人或亲戚、朋友借贷的过程中，如果有人对你的创业项目产生了很大的兴趣，而且他们也觉得有信心，这时你可以询问他们是否愿意进行合作经营。当然，你也得向他们说清楚，合作经营可以取得股权，其收益可能远远大于他将自己的钱借给你而获得的利息，但一旦经营失败，所要承担的风险也要远远大于他将钱借给你的风险。不管怎样，只要你的项目前景良好，而且他们也很信赖你的能力，并相信自己的判断力，那么通过合作方式来筹集资金是完全可能的。

（三）风险投资

风险投资也称"创业投资"（Venture Capital，VC），是指风险投资者寻找有潜力的成长性企业，投资并拥有这些被投资企业的股份，在恰当的时候取得高资本收益的一种商业投资行为。风险投资多来源于金融资本、个人资本、公司资本以及养老保险基金和医疗保险基金等。投资领域主要是高新技术产业，包括计算机、网络和软件产业、医药、医疗保健产业、通信产业、生物科技产业、航天科技等。投资方式可分为一次性投入和分期分批投入，其中，分期分批投入比较常见，既可以降低投资风险，又有利于加速资金周转。

1. 风险投资的起源与发展

1946年世界上第一家风险投资"美国研究与发展公司（ARD）"在美国成立，20世纪70年代后期风险投资得到迅速发展，风险投资的作用与日俱增。近年来，全球风险资本市场已进入新一轮快速发展的周期，除了成熟投资热点国家或地区，包括中国和印度、俄罗斯等新兴热点国家或地区的风险投资市场发展快速升温。

由于高新技术企业与传统企业相比更具备高成长性，所以风险投资往往把高新技术产业作为主要投资对象。在美国，70%以上的创业资本投资于高新技术领域，突破了高新技术产业化过程的瓶颈——资金缺口。美国的创业投资培育造就了一大批世界级著名企业，如微软、苹果、惠普、英特尔、网景、雅虎、数字设备、联邦快递、太阳微系统等公司，也造就了一大批创业企业家，如比尔·盖茨、史蒂夫·乔布斯、安迪·葛罗夫、斯科特·麦克尼利、吉姆·克拉克等，如今他们都成长为世界IT业的佼佼者，为社会创造了惊人的财富和价值。

英国前首相撒切尔夫人曾感慨地承认："欧洲在高技术方面落后于美国，并不是由于技术落后，而是由于欧洲风险投资落后美国数十年。"

风险资本投资者除了为创业企业提供资金，还帮助创业企业识别关键员工、消费者和供应商，并帮助制定实施运营政策和战略。由于风险资本投资者与承担首次公开上市的投资银行有一定的关系，所以风险资本支持的创业企业比其他的创业企业更有可能公开上市，因此风险资本家也是非常苛刻的投资者，很少有创业者能达到他们的融资标准。

【教学案例 8.2】

Yahoo！的第一笔风险投资

　　1995 年的一个夜晚，在斯坦福大学留校从事研究工作的杨致远和费罗翻着韦氏词典，为他们的网站编造名字。其中"Ya"取自杨致远的姓。突然间，他们想到了 Yahoo 这种字母组合，然后迅速翻开手边的韦氏英语词典，发现此词出自斯威夫特的《格列佛游记》，指一种粗俗、低级的人形动物，它具有人的种种恶习。

　　这个词显然不太雅，但仔细一琢磨，"反其意而用之"，在强调平权的因特网上大家都是乡巴佬儿。为增加褒义色彩，后面加上了一个感叹号，于是就有了"Yahoo！"。"没错，太好了，就是它了，这简直是神谕！"

　　初闯上海的杨致远和费罗一方面累得苦不堪言，另一方面为自己突如其来的成功欣喜若狂。他们发现历史赋予的难得机会终于到来了：网景公司的导航器测试版刚刚发行，HotWired 公司发布公告盈利的经验。他们迅速地起草了一份商业计划，带着这份计划书，他们到处寻找风险投资者。

　　他们一边维护日益膨胀的网络资源，一边寻找商机，每天只睡 4 个小时。杨致远找到了红杉（Sequoia）资本公司，它是硅谷最负盛名的风险投资公司，曾向苹果、Atari（食品游戏工业的领袖）、奥拉克（大型数据库供应商）、Cisco 系统（网络硬件商）等公司投资。但红杉公司的莫里兹（Michael Moritz）起初有些犹豫，因为雅虎实在太与众不同了，与"网景"的情况还不一样，雅虎本身只是"在网上提供服务"，而且是免费的，其商业潜力在哪里呢？

　　至今，莫里兹回忆起 1995 年 1 月走访雅虎"办公室"情景，还津津乐道："那里真的可以说是一片狼藉。比萨饼盒扔得满地都是，高尔夫球棒随随便便地搁在角落里，电话机扔在地板上，整个屋子里连张椅子都没有，满屋子黑乎乎的。我觉得杨致远和费罗大概连白天黑夜都分不清了。"

　　不过，莫里兹并没有被吓跑，杨致远和费罗最终使他相信，"这几个小子的确有眼力，抢先占据了网上的有利位置，如果发展顺利，其战略优势十分明显。"1995 年 4 月红杉投资雅虎近 200 万美元，它是雅虎的首家风险资本投资者，也是唯一的风险资本投资者。现在，红杉的股本已升值到了 34 亿美元。

　　（案例来源：http://www.360doc.com/content/11/0115/21/956817_86779936.shtml）

【思考与讨论】

1. 通过本案例，请同学们思考，风险投资青睐于什么样的创业者？
2. 风险投资会给我们的创业项目带来什么？

2. 中国风险投资的概况

中国的风险投资起步于 20 世纪 80 年代。近年来，中国的风险投资实业呈现出强劲的增长态势，投资中国市场的高回报率使中国成为全球资本关注的战略要地。根据中投顾问《2012—2016年中国风险投资行业投资分析及前景预测报告》，2011年中国企业共获得了60亿美元的风险资本股权融资，同比增长了8%，在依国别进行的排名中，中国位列第二。在投资领域方面，20世纪90年代，VC在中国所投资的企业几乎全部是互联网企业，如现在耳熟能详的新浪、搜狐、阿里巴巴等互联网企业都是在这一时期得到风险投资的青睐。但与以往只投资互联网行业不同，目前新一轮风险投资潮热衷传统项目，如教育培训、餐饮连锁、清洁技术、汽车后市场等都是投资热点。传统行业一旦形成连锁品牌，很容易形成整体效应，而且像餐饮连锁、酒店连锁等行业在中国市场的前景很广阔，属于成长性很好且回报非常稳定的行业，受到风险投资青睐实属必然。

风险投资是典型的股权融资形式，与其他股权融资方式不同，风险投资更看重企业发展的未来，因而对投资项目的考察是所有投资方式中最为客观和严格的。对中小企业而言，风险投资为企业长远发展提供了市场化的资金支持，减少了创业者所承担的风险程度。要获得风险资本的支持，创业者需要直接向风险投资机构申请或通过从事此类业务的中介机构来获取，同时，创业项目应当有好的盈利预期和市场前景、包装好的商业计划书、培育优秀的创业团队。

一般而言，无论选择天使投资还是风险投资的融资方式，比较恰当的股权结构是由创业者和他的团队拥有相对多数的股权比例，然后才是由天使投资人与风险投资人拥有次多的股权比例，最后剩余的少部分再邀请策略性企业投资人参与认股。这样的股权结构最有利于创业者与创业精神的发挥，尤其能使创业投入与创业利益最紧密地结合，创业成功的机会也就比较高。

【阅读资料8.2】 ▶▶▶>>>

阿里巴巴创业初期的三轮融资

1999年2月21日，马云和"十八罗汉"凑够了50万元创办了阿里巴巴。当时，马云希望网站能坚持10个月，期望10个月之后能吸引到投资。但没过几个月，就一分钱没有了，这时马云和"十八罗汉"都饿着肚子过日子。马云不能让员工白干活，他只好四处借钱给员工发工资。

第一轮融资：天使投资500万美元

阿里巴巴接触风险投资商源于马云发现了"千里马"，用对了一个关键人物——蔡崇信。蔡崇信是阿里巴巴现任CFO，他来自我国台湾，美国耶鲁大学法学硕士，毕业后在华尔街当了4年的律师，然后被银瑞达（Investor AB）公司派往亚洲负责整个亚洲的风险投资，1999年在同马云接触之后，决定加入阿里巴巴，为此他放弃了当时已经高达数百万美元的年薪。

蔡崇信在华尔街的人脉开始发挥作用。1999年10月，马云私募到手第一笔天使投资500万美元，是由高盛公司牵头，联合美国、亚洲、欧洲一流的基金公司，如汇亚、银瑞达、新加坡科技发展基金参与。蔡崇信本人也作为投资者进入了公司董事会。

第二轮融资：风险投资 2 500 万美元

阿里巴巴的第二轮融资，是软银的介入。正是这个大玩家在此后开始对马云的不断支持，才使得阿里巴巴步步为营，走到今天的规模。

马云结识孙正义（软体银行集团公司的创始人）纯属偶然。2000 年 10 月，摩根士丹利亚洲公司资深分析师印度人古塔给马云发来了一封电子邮件，称有个人"想和你见一面，这个人对你一定有用"，地点就在北京富华大厦，此人正是孙正义。在这次约会中，来自软银、摩根士丹利以及国内众多互联网企业的 CEO 均在座——有人为融资而来，有人为投资而来。由于前来面谈融资事宜的企业太多，孙正义只给每个人 20 分钟时间阐述公司业务规模、商业模式和发展目标。但马云只讲了 6 分钟不到，孙正义就从会议室那头走过来说："我决定投资你的公司。"

2000 年，马云为阿里巴巴引进了第二笔资金，敲定了 2 500 万美元的投资，包括软银、富达创业投资部、寰慧投资和 TDF。三轮融资过后，阿里巴巴的持股结构改变为：马云及其团队占 47%，软银占 20%、富达占 18%，其他几家股东占 15%。三轮融资合计 112 亿美元，但并没有改变阿里巴巴大股东的地位。

（资料来源：http://www.creditsailing.com/HuaDangXinWen/459170.html）

【阅读资料 8.3】

没有风险投资，就没有今日的搜狐

搜狐是互联网上最有影响的中文网上搜索站之一。在国内综合网站的排名中，搜狐也名列前茅。搜狐之所以能够迅速发展壮大，是因为与搜狐的母公司爱特信公司（Internet Technologies China）引入大量海外风险投资密切相关。可以说，没有风险投资，就没有今日的搜狐。

爱特信公司的创办者张朝阳博士在麻省理工学院学习、工作的几年深受硅谷创业文化的熏陶，他很希望能获得硅谷风险投资家的"天使"基金来创办自己的公司。1996 年，张朝阳利用回国做美国互联网商务信息公司（ISI）首席代表的机会了解了国内市场状况。他发现 1996 年中后期，美国的互联网发展得非常快，而中国却几乎是一片空白，只有国联在线、高能所、瀛海威等几家刚起步的小公司。当时，中国网络建设面临许多问题，其中最突出的问题是中文信息严重匮乏，国内真正能提供中文信息内容服务的 ISP（互联网服务提供商）寥寥无几，90% 以上的 ISP 只能提供简单的互联网接入服务。张朝阳看好国内市场的发展前景，并决心在国内创业。他首先遇到的问题是没有资金。向美国著名风险投资专家爱德华·罗伯特求援后，两人共同分析了中国市场，并写了一个简单的商业计划提交给催生 Intel 的风险投资人——尼葛洛庞帝，不久便争取到数百万美元的起步资金，由此成立了 ITC 公司。

公司运营一年后，就已走过了谨小慎微运作的初创阶段，于 1997 年取得 Intel 公司的技术支持，推出了"SOHOO"网上搜索工具，并独家承揽"169"北京信息港 1998 年整体内容设计和发展的任务，发展速度很快，甚至比一般的美国风险投资公司的成长速度还要快。

（资料来源：https://wenku.baidu.com/view/05a2a8c930126edb6f1aff00bed5b9f3f80f72f4.html）

【阅读资料 8.4】 ▶▶▶>>>

"饿了么"二次融资获得风险投资 2 000 万元

"饿了么"是中国最专业的网络订餐平台，致力于推进整个餐饮行业的数字化发展进程。它为用户带来方便快捷订餐体验的同时，也为餐厅提供一体化的运营解决方案。"饿了么"秉承"极致、创新、务实"的信仰，致力于推进餐饮行业的数字化发展进程。

2008 年 9 月，"饿了么"网站正式上线；

2009 年 2 月，平台支持网络订餐；

2009 年 9 月，推出了餐厅运营一体化解决方案，获得上海市教委"觉群大学生创业基金"10 万元；

2009 年 10 月，日均订单突破 1 000 单；

2010 年 5 月，网站 2.0 版本闪现，各方面性能均有所提升；

2010 年 6 月，推出超时配服体系，建立行业新标准；

2010 年 8 月，获得风险投资 2 000 万元，公司规模扩张，喜迁新址；

2010 年 9 月，订餐范围覆盖全上海，合作餐厅超过 10 000 家；

2010 年 11 月，手机网页订餐平台上线；

2011 年 5 月，年交易额突破 2 000 万元；

2011 年 7 月，成立杭州分公司；

2011 年 7 月，成立北京分公司。

（资料来源：https://wenku.baidu.com/view/62eba6a389eb172dec63b723.html）

（四）天使投资

天使投资是指富有的个人直接对有发展前途的创业初期小企业进行权益资本投入，在体验创业乐趣的同时获得投资增值。天使投资是新创企业早期、面向成长时期的重要权益资金来源。天使投资者通常是以下两类人：一类是成功的创业者，他们主要是基于自己的经验提携后来者；另一类是企业的高管或者高等院校和科研机构的专业人员，他们拥有丰富的创业知识和洞察力，他们希望通过自己的资金和专业经验帮助那些正在创业的人们，体验创业激情和社会荣誉，延续他们的创业梦想，期望投资回报，所以称为天使投资。天使投资是风险投资的一种特殊形式。

目前，我国又设立了大学生创业"天使基金"，大学生开办企业可获得 5 万～100 万元的支持，要求创业者自由资金与天使基金是 1:1 的投入比例，天使基金以股份形式加入创业团队，因此，即使创业失败，也无须创业者承担赔偿。这个基金是专门为了激发大学生创业热情而设立的。

一般而论，一个公司从初创到稳定成长期，需要三轮投资。第一轮投资大多是以来自个人的天使投资作为公司的启动资金，第二轮投资往往会有风险投资机构进入，为产品的市场化注入资金，而最后一轮则基本是上市前的融资，来自大型风险投资机构或私募基金。

【教学案例8.3】

精明投资的"天使"

很多美国大学的教授都并不富裕，因为从来没有大学全职教授能够仅靠自己教书匠的薪水成为亿万富翁，然而身为美国斯坦福大学计算机科学教授的切里顿却至少拥有高达13亿美元的丰厚身价。据悉，他在最近一期的福布斯全球富豪排行榜上名列第960位，当仁不让地被看成全世界最有钱的"全职大学教授"。尽管美国还有好几个挂着大学教授头衔的亿万富翁身价超过了切里顿，但他们大多充当着兼职教授或"客座教授"的角色，只是抽空偶尔到大学中给学生们上上课。

投资多名大学生创业，利润回报丰厚。

不可思议的是，切里顿并不是靠教书匠的薪水，而是靠对斯坦福大学寻求创业的学生们进行"精明投资"才奇迹般地创造了他的亿万身价。据悉，切里顿除了自己创办科技公司，还慷慨借钱帮助那些自己十分看好的斯坦福大学学生进行创业，并对他们新创办的科技公司进行大胆投资，在过去10多年实践中，切里顿教授从自己口袋中至少掏出了5 000万美元的财产，大胆投资了17家由斯坦福大学毕业生或他的少数教授同事创办的科技公司，其中包括美国虚拟化软件开发商VMare公司和云计算设备公司阿里斯塔网络公司等，这些公司后来大多成了美国的科技新贵，也给切里顿带来了超过13亿美元的股权资产。

教书之余自己也创业

切里顿教授的第一桶金来自他和斯坦福大学的德国留学生博士安迪·贝赫托尔谢姆共同投资创办的花岗岩系统公司，该公司专门研究生产网络交换机产品，花岗岩系统公司在1996年被美国思科系统公司以22亿美元的价格收购，使切里顿顿时摇身变成了一名亿万富翁。切里顿后来投资的另一家科技公司又被美国太阳微系统公司以12亿美元的价格收购，使切里顿教授的财富再次迅速增加。

最具远见卓识的一次投资

在切里顿的所有"精明投资"中，最具远见卓识的一次投资当数在1998年给两名斯坦福大学博士生拉里·佩奇和谢尔盖·布林签了一张10万美元的支票了，佩奇和布林随后拿这笔钱创办了著名的谷歌公司，切里顿当年10万美元的"微薄投资"，如今已使他拥有了超过10亿美元的谷歌股份，14年的投资收益高达1万倍。

据悉，当年佩奇和布林希望创建尚处萌芽阶段的谷歌搜索引擎公司，囊中羞涩的他们四处募集创业资金。尽管切里顿教授不是他们的导师，但身为斯坦福大学博士生的佩奇和布林仍在1998年8月来到切里顿教授的家，希望他能成为谷歌公司的投资人。

当切里顿教授和陪同佩奇、布林两人来到他家"募资"的德国留学生博士贝托尔谢姆仔细聆听了佩奇、布林两人对他们的搜索引擎算法的介绍后，立即就领会到了这个搜索引擎的精妙之处，于是切里顿教授慷慨地向他们投资了10万美元。然而当时，美国雅虎公司和Excite公司都将谷歌开发的算法拒之门外，拒绝对谷歌进行投资，也因此错过了极好的发展机会。

1998年9月4日，佩奇和布林拿着从切里顿教授和他的合伙人兼好友贝赫托尔谢姆那里募集来的资金正式创办了谷歌公司。

（案例来源：https://www.sohu.com/a/227705970_100147404）

【思考与讨论】
1. 通过以上真实的故事，请同学们思考，如何能够获得天使投资？
2. 你身边还有哪些人可以是你创业项目的天使投资人呢？

1. 我国天使投资的概况

我国天使投资目前发展还不充分，尚处于婴儿期，但近年来中国天使投资人这个群体增速惊人。根据创业邦研究中心最新的一份报告显示，中国大部分"天使"是从2005年以后开始投资的，2005年以前开始投资的人只占约14%。报告指出，"从他们开始做天使投资的时间分布上，也可以看出中国天使投资不断升温的过程，尤其是2009年和2010年，这两年当中第一次做天使投资的人数有了明显的上升。实际上，2009年以后开始天使投资的人的比例接近60%。"

从2011年开始的以移动互联网创业为标志的新一波创业高潮，吸引了更多有条件的人加入中国天使投资行业中来。朱敏、李开复、雷军、周鸿祎等近年来耳熟能详的天使投资人逐渐增多，在新东方徐小平等的带动下，目前国内成功的民营企业家正逐渐成为天使投资的主力军，一批活跃在南方几省的"富二代"投资人也参与构成了我国天使投资人群体。统计表明，近年来，国内单笔天使投资金额平均在100万～300万元。

2. 天使投资的特征

（1）天使投资的金额一般较小，而且是一次性投入，它对风险企业的审查也并不严格。它更多的是基于投资人的主观判断或者由个人的好恶所决定。通常天使投资是由一个人投资，并且是见好就收，是个体或者小型的商业行为。

（2）很多天使投资人本身是企业家，了解创业者面对的难处，是起步公司的最佳融资对象。例如硅谷，相当多的天使投资者是那些成功创业的企业家、创业投资家或者大公司的高层管理者，他们不仅拥有一定的财富，而且还有经营理财或者技术方面的特长，对市场、技术有敏锐的洞察力，同时十分了解创业企业的发展规律。

（3）天使投资人不但可以带来资金，同时也可以带来关系网络，如果他们是知名人士，也可以提高公司的信誉。天使投资往往是一种参与性投资，也被称为增值型投资。投资后，天使投资家往往积极参与被投资企业的战略决策和战略设计，为被投资企业提供咨询服务，帮助被投资企业招聘管理人员，协助公关，设计出渠道和组织企业退出等。

【阅读资料8.5】 ▶▶▶>>>

天使基金给他的梦想插上了翅膀

范志平是上海海洋大学的2007年硕士毕业生。2000年在湖北荆州大学读书期间因为家庭条件困难，要自谋学费，他先后做过家教、卖过电话卡，甚至还开过餐馆。这些经历促使范志平在一毕业就选择了自主创业。

他申请了上海市大学生科技创业基金，并通过了上海捷联投资咨询服务公司的创业项目评估，获得了30万元的天使基金，捷联董事长、总经理郑捷还亲自担任他的创业导师，

"一对一"地对他进行创业辅导,他的"上海齐民信息科技有限公司"便在2008年1月20日开张了。

作为科技型企业,他们研究开发的"农村区域性电子商务与物流"的科研子项目获得了2008年第二批国家科技部中小型企业自主创新基金,无偿资助40万元,使这个毕业不久的创业者干劲更足了。

目前,范志平的公司接纳了多名大学毕业生的创业实训,创造了几十个工作岗位并且优先聘用大学毕业生,他自己也担任"上海市科技创业中心大学生联合党支部"书记,还在业余时间到上海理工大学辅导创业培训班的学生撰写商业计划书,他经常在创业者交流会上和在校大学生交流时说这样一句话:"试一试才能行,拼一拼就能赢,创业不一定使我们成功,但一定可以叫我们成长。"

(资料来源:https://yuedu.baidu.com/ebook/1b0f4e4858eef8c75fbfc77da26925c52cc59190?pn=7)

(五)商业银行贷款

商业银行贷款是中小企业最普遍尝试的融资渠道,但成功率非常低。中小企业从银行获得的贷款不足银行系统贷款总量的10%,主要是因为中小企业经营状况的高风险性与银行业的审慎原则显著冲突,银行在贷款过程中过于注重抵押物,因此不论发达还是发展中国家,中小企业从金融机构贷款数量均受到很大限制。尽管如此,仍有众多中小企业乐此不疲。但当企业发展到一定阶段,具有一定的信誉、资产或其他担保时,商业银行贷款也成为创业资金的主要来源。

(六)担保机构融资

新创企业融资难的一个重要问题就是信用不足。为着眼于解决中小企业融资难的问题,我国从1993年开始设立专业性担保公司,担保公司由此作为一个独立行业出现。担保公司通过放大财务报告不规范且尚未成长起来的小企业的信用,达到为小企业增信的目的,从而解决中小企业融资难题。融资性担保机构,对中小微企业的帮扶作用日益增强,新创企业在没有固定资产等抵押物的前提下,凭借担保公司的信用担保,就能从银行贷到周转资金。同时,担保公司可以利用注册资本最高10倍的杠杆来进行融资性担保,可以为缺乏银行抵押物的中小企业分忧解愁,成为新创企业解决筹资难题的一大途径。

(七)政府创业扶持基金融资

近年来,国家大力倡导创新创业,各级政府出台了一系列相应的创业扶持政策,特别是针对大学生创业的扶持政策。如《2012年国家鼓励普通高校毕业生自主创业政策公告》从放宽市场准入条件、享受资金扶持政策、实行税收减免优惠、提供培训指导服务等方面对大学生创业给予了创业扶持的指导意见,各地政府也相继出台了相关政策,采取了相关行动措施。

各省、直辖市、自治区均有专门成立的大学生创业扶持基金,以及大学生创业大赛项目平台,除了提供奖金、大学生创业服务,还为大学生提供创业信息、就业创业培训等,企业的注册、财务、税务、管理、运营等问题,均可以从中得到不同程度的解决。

【教学案例8.4】

"自净化泳池系统"研发团队

"随着工业和城市的迅速发展,越来越多的城市污水和工业废水使饮用水源受到严重污染,给水源带来了难以或不能生物降解的有机物……"或许,当我们看到这样的信息时,心中的环保基因会不由自主地活跃起来,希望自己能对解决水污染问题做出贡献。而来自汕头大学生物科技专业大三的学生谢伟健从中看出了自主创业的机会。现在,他正和自己的团队一起,研发水资源的生态净化项目,希望既可以缓解水污染问题,又能实现自主创业。他们就是共青团广东省委2009年主办的广东省"U势界"创业项目大赛的主角之一——"增强子"团队。

"增强子"是生物技术领域的专业名词,之所以将这个颇为生僻的词作为自己团队的名称,谢伟健表示,就是因为要凸显他们的项目在生物技术方面的专长。他们研发的"自净化泳池系统"属于生态净化领域,包括队长陈伟健在内,"增强子"团队的三名成员都是汕头大学生物技术专业大三的学生。

该团队在汕头大学"绿色创想"设计大赛中曾获得二等奖。在获知由共青团广州省委主办的"U势界"即将举办后,为了参加比赛,他们多次从汕头前往广州。虽然累,但是他们觉得十分值得,因为他们认为"U势界"是一个非常好的创业平台,既给他们提供了和其他创业团队交流和学习的机会,又让他们看到了将技术转化为创业项目的希望。该团队也顺利通过了广东大学生"U势界"创业项目大赛的三轮评审,成功入围二十强,并且已经荣获了此次创业项目大赛的扶持奖。

在刚上大学的时候,谢伟健给自己定下的目标是要好好学习,争取拿奖学金,出国留学,而对于创业并没有太多的想法,是平时对生活的观察和思考给他带来了创业的契机。

观察生活细节,成就创业项目

现在,环境问题是全世界都头疼的问题,在水资源方面,可以作为饮用水源的水资源越来越少,并且城市的污水处理能力有限,水体污染也越来越严重。但是,一些浪费水的现象却层出不穷,而游泳池正是水资源浪费的一个重点对象。他还观察到,由于对游泳池水的处理要求比普通污水处理要求要高,而且泳池水与其他污水属于不同的水质,因此,现有的污水处理系统很难在泳池水净化方面起到作用,于是泳池水在使用一段时间之后,只能白白放掉,造成了水资源不必要的浪费。为此,他在查阅了大量资料的基础上,决定和好友一起研发"自净化泳池系统",希望可以找到有别于传统的水体处理方式,来解决泳池水的循环利用问题。

在比赛中成长

2008年12月的时候,汕头大学举办了"绿色创想"设计大赛。谢伟健便和好友商量,正式组队,以"自净化泳池系统"作为课题,参加比赛,"增强子"团队自此正式成立。经过他们的努力,"自净化泳池系统"获得了该项设计大赛的二等奖。为了让学校能进一步支持项目的研发,"增强子"团队开始不断地进行试验,从而完善系统的研发。

与此同时,在获知由共青团广东省委主办的"U势界"创业项目大赛即将举行后,为了参加比赛,他们多次由汕头前往广州,参加大赛的有关活动,有几次都是24小时之内来回奔波。虽然累，但是他们觉得十分值得，并希望能借此走上一条新型的创业道路。

资金是创业最大的困难

当然，创业不可能是一帆风顺的，"增强子"团队在做自净化泳池系统项目时，遇到最大的困难，就是"时间"和"金钱"。在时间方面，在进入大三之后，"增强子"团队的成员不但要面临繁重的学业，还要应付各种各样的考试考证，因此，他们只能放弃自己的课余活动，将有限的课余时间都利用到项目实验上去。在实验过程中，他们需要准备实验项目，设计实验方案，然后按照步骤准备，购买材料，找实验场地……那么多的事情挤在一起，他们经常觉得时间不够用。

时间可以挤，但是资金上的缺口却常常让他们感到真正的头疼。实验材料、实验场地都需要资金，这些都意味着不小的开销，对于还是大学在校生的他们来说，经济来源本就有限。在资金不足的时候，他们只能多方面筹集资金，主要包括申请学校的实验经费和申请学校科技基金，另外，他们也常常将自己勤工俭学的钱投入项目的开发上去。幸运的是，学校团委和体育部给予了"增强子"团队大力支持和鼓励，不但让出场地给他们做实验，而且给了他们极大的前进动力。

最终，该团队顺利通过了广东省大学生"U势界"创业项目大赛的第三轮评审，成功入围二十强，并且已经荣获了本次创业项目大赛的扶持奖：成立公司便可获得资助。这为他们成立公司正式运营提供了一定的资金保障。

创业也是一种艺术

虽然"自净化泳池系统"项目小试成功，但谢伟健对项目进一步发展所要面临的问题看得比较清楚："我们现在虽然拿到了'U势界'的项目扶持奖，但需要成立公司才能获得资助。成立公司意味着创业真正进入实质性阶段，将面临许多全新的问题和困难。"同时，他也认为，创业虽然很难，要花费很多心血，特别是在处理人际和社会关系时会遇到很多问题，但对于大学生来说，这些都是难得的学习社会经验的机会，无论创业最终成功与否，这都是一段难得的经历。

而对于其他想创业或准备创业的大学生，谢伟健给出了自己的建议：争取做自己喜欢做的事情，这样会快乐一些，但是要学会面对残酷的现实。对待成功要有一种平常心，将创业作为一个自己喜欢的活动去参加，在其中尽力地创造和发挥。至于成果，还要靠天时地利人和等多方面的因素。他还认为，创业其实就像是搞艺术，要有一定的欣赏眼光，如果只看市场和金钱的话，很难在创业路上走得远。

"增强子"团队尽管还没有将创业推入实质运营阶段，但他们的创业准备为在校大学生提供了走进创业、实施创业、解决创业资金的途径和办法。

（1）立足于自身专业优势，吸引资金。谢伟健结合自身的专业技术特长和生活中存在的现实困境，善于观察生活细节，勤于思考，产生创业的想法，并克服困难，付诸实施，挤时间、挤资金，连勤工俭学的钱也投入实验当中，这些都为争取多方支持奠定了基础。

（2）利用学校、社会平台的支持。"增强子"团队利用学校的比赛这一平台脱颖而出，争取到了学校层面的支持，并申请学校的实验经费和学生科研基金，且解决了场地问题，也从学校得到了鼓励。同时，他们积极走出校园，利用共青团广东省委主办的"U势界"创业项目大赛的平台，并获得了大赛的扶持奖，一旦成立公司便可获得资助这一奖励，为其创业团队将技术转化为创业项目增加了希望，同时，也能得到该大赛创业孵化的帮助。

（3）抓住政策扶持机遇。目前，国家大力倡导创新创业，各级政府及相关部门均为大学生创业提供了平台、政策支持及资金支持。作为在校大学生，应积极利用国家的创业扶持政策和身边的资源，解决创业初期遇到的资金困难。

（案例来源：https://max.book118.com/html/2017/0506/104854955.shtm）

【思考与讨论】

1. 通过本案例，请同学们讨论，"增强子"团队是如何获得政府的扶持的？
2. 我们可以参加的各级各类的创业大赛还有哪些？你还知道哪些政府的扶持政策？

（八）众筹

众筹是指用团购+预购的形式，向网友募集项目资金的模式。众筹利用互联网和社交网络软件传播的特性，让小企业、艺术家或个人对公众展示他们的创意，争取大家的关注和支持，进而获得所需要的资金援助。

现代众筹指通过互联网方式发布筹款项目并募集资金。相对于传统的融资方式，众筹更为开放，能否获得资金也不再是由项目的商业价值作为参考标准，只要是网友喜欢的项目，都可以通过众筹方式获得项目启动的第一笔资金，为更多小本经营或创作的人提供了无限的可能。

四、创业融资的选择策略

对于创业企业来说，处于不同发展时期的企业选择的融资策略应该是不一样的，图8-2即展示出了创业企业发展过程中的资金来源。

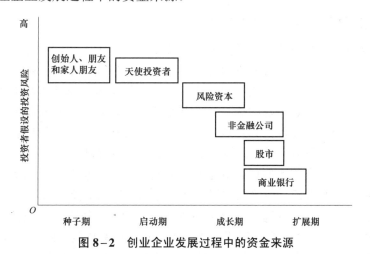

图8-2　创业企业发展过程中的资金来源

创业者应该结合创业发展阶段，选择合适的融资方式，具体选择策略如下：

（一）种子期融资选择

不同发展阶段的创业企业具有不同的融资需求特征。在种子期，创业者需要投入大量资金开发新产品、新工艺，投入新设备等，而企业没有任何销售收入和盈利记录，风险巨大，风险承担能力有限，商业银行和公众化的证券市场不可能为此时期的创业企业提供资本，创业者自己或亲朋好友的资金资助、政府资助是种子期重点考虑的融资手段。除此之外，天使投资者也常为处于起步阶段的企业提供资金。因此，测算创业不同阶段的资金需求量，撰写好商业计划书，争取天使投资者的青睐，是初期阶段创业企业常见的融资准备。

（二）启动期融资选择

在启动创立期，企业产业处于开拓阶段，资金需求量大而急迫。由于企业成立历史短，业务记录有限，投资机构评估比较困难，传统投资机构和金融机构对其提供资金的难度大，担保机构、风险投资机构是其重要选择，可以进一步修改完善商业计划书，吸引包括天使投资在内的风险投资。

（三）成长期的融资选择

在成长期，企业销售量迅速增长，企业希望扩大生产线，实现规模效益，便需要大量外部资金的注入，由于此阶段有了一定的商誉和一定的抵押资产或担保，此时期的融资渠道相对比较通畅，视企业的具体情况可以考虑吸引风险投资等股权融资方式，也可选择银行贷款等债务融资方式。

（四）扩展期的融资选择

在企业的扩展期，企业在一定业绩的基础上迅速扩张，风险显著降低，进入稳步发展的轨道，融资需求规模进一步扩大。由于企业的市场前景已相对明朗，专门为创业企业融资服务的创业板市场能够也愿意提供支持，部分企业开始进入创业板市场，在公众市场上筹集进一步发展所需的资金。整个创业企业发展过程中的资金来源可直观地从图8-2中看出来。

（五）合理选择股权融资与债务融资

企业在特定的时期既需要债务融资又需要股权融资。大多数创业者一开始都采取股权融资来刺激增长，一旦企业自身的价值提高了，他们便转而寻求债务融资。一般情况下，在投资的早期阶段，负债比出让股权更便宜，但股本投资者愿意承担更大的风险，因此，股权融资在早期启动阶段是最好的选择，尤其是在研发以及产品开发阶段；它也适合后阶段的融资，例如，为了市场营销和加速发展而引进高资历的员工并使销售加速增长，通常企业会选择股权融资，而债务融资则较适用于资本营运及基础建设。

债务融资和股权融资到底如何影响企业的盈利能力和现金流呢？债务融资使企业家承担起偿还本金和利息的责任，而股权融资迫使企业家放弃部分所有权和控制权。

极端地说，创业者有两种选择：一是不放弃企业的所有权而背负债务；二是放弃部分所有权以避免借贷。在绝大多数情况下，债务融资和股权融资两者结合起来才是最合适的。许多新创企业发现债务融资是必要的，短期借贷（1年或者更短）通常是营运资金所要求的，并由销售收入或其他收入来偿还。长期借贷（1~5年的贷款或者5年以上的长期贷款）主要用于购买产权或设备，并以购买的资产作为抵押品。表8-5展示了股权融资和债务融资各自的优点和缺点。

表 8-5　股权融资和债务融资的优、缺点

股权融资		债务融资	
优点	缺点	优点	缺点
能提供大量的资金注入	通常仅可获得较大金额的资金	可根据你的要求借贷不同的金额	构成还债义务
无须支付利息	这意味着"卖掉"公司的一部分	只要偿付了，就不会影响你对公司的所有权	收取利息——影响获利能力
无偿付资金的义务	风险资金家期望他们的投资会有高回报（至少增长25%）		一般要求有抵押品，而且银行会保守地看待你的资产价值
	投资者可能会要求你买下他们的股票		如果你是向朋友和亲人借钱的话，你的人际关系就会随着公司破产而被破坏

（资料来源：霍华德·H.费雷德里克，唐纳德·库洛特克，理查德·M.霍杰茨.创业学（亚洲版）[M].北京：中国人民大学出版社，2011.）

【教学案例 8.5】 ▶▶▶>>>

钱并不一定是好东西

"视美乐"曾被媒体誉为中国第一家高科技学生创业公司，核心技术产品叫作"多媒体投影机"，是由清华大学材料系学生邱红云发明的。

1994年4月，清华大学材料系四年级学生邱红云发明的"大屏幕投影电视"在校园名牌比赛"清华大学第二届学生创业大赛"学生课外科技作品大赛上夺得一等奖。视美乐核心技术的多媒体超大屏幕投影电视在当时国内应该算是领先产品，结合了计算机、电子、光学、材料学等多方面领域，这些都是清华大学作为国内一流理工大学的强项。视美乐的创业团队也基本上来自上述学科，成员们学以致用，正当其时。

1999年5月，邱红云、王科和徐中三位清华学生靠打工挣的钱和朋友、家人的资助，筹集50万元注册了视美乐公司。视美乐很清楚地认识到，技术和创新只有与商业和资本结合，完成研发和商品化，产生盈利，才能获得成功，获得经济利益的回报。他们也知道自己欠缺经营能力，更欠缺资本运作能力，因此很积极地寻找资本合作方。

1999年7月，在清华兴业投资管理公司的帮助下，视美乐与上海第一百货公司达成两期共5 250万元用于产业化生产。这是我国首例本土化风险投资案例，在资本市场引起巨大轰动。

1999年年底，视美乐多媒体投影机中试成功。几个月下来，一直关注着中试进展的上海一百意识到，中试后的产业化不像原来的找几个人生产厂家投入资金生产那么简单，其产品的技术非常复杂，国内目前还没有能代理的工厂。要组织全新的生产并且管理生产，商业龙头上海一百并不在行。以把事业做大为目标，视美乐和上海一百协商决定引入有生产管理经验的家电厂家加盟。消息传出，国内外十多家投资公司和家电厂商前来洽谈，希

望能够参与二期投资。视美乐最终选择了澳柯玛集团作为二期投资方，是认定了它发展高科技产业的决心、实力和董事长鲁群生的诚恳与果断。

2000年4月，视美乐公司与青岛澳柯玛集团有限责任公司共同组建北京澳柯玛视美乐信息技术有限公司（简称澳视公司），注册资金3 000万元，双方各占50%的股份。原视美乐公司进入澳视公司，后期将以其商业龙头优势参与市场销售。新公司主要从事研发、生产、销售视听多媒体产品，是中国第一家具有数字投影仪自主研制、生产、销售能力的公司。

而如今，青岛澳柯玛集团控股澳视70%的股份，三位视美乐创始人只作为小股东存在，相继退出了公司管理层。视美乐的创始人之一徐中对外公开表示："我们几个人当初满怀理想创立了视美乐，希望三五年能够上市，20年能发展成为中国的索尼、爱普生；现在，公司已不是当初所想象的样子了，我们几个都转变了方向，可以说是壮志未酬。"

对于过去创业经历以及后来的退出，这些曾经的创业大学生都不愿意再谈。而随着澳柯玛侵略上市公司资金案发的伤筋动骨，视美乐也从此一蹶不振。

视美乐融资发展历程可给我们如下启示：

（1）创业融资环境的改善是视美乐发展前期的有利融资因素。1999年年底教育部出台《教育部关于贯彻落实〈中共中央、国务院关于加强技术创新，发展高科技，实现产业化的决定〉的若干意见》，文件规定：大学生、研究生可以休学保留学籍创办高新技术企业；大学生创业没有资金，允许以其技术成果和其他智力资本折股参与创业。1998年5月，中国首届一指的理工院校清华大学开风气之先举办了首届大学生创业计划竞赛，良好的创业环境为其利用投资加速技术转化提供了支持。

（2）融资策略的选择，要与企业发展战略相结合。创业者必须明确创业的目的，清楚企业长期发展战略。视美乐为了解决企业发展初期的资金困难，选择了风险投资，但是风险投资介入的目的非常明确，就是索取回报，分享股权是最常见的要求。而股权意味着企业的自主权，如果股权融资没得到有效控制，即使解决了短期的发展问题，企业经营管理的自主权却受到威胁，便是得不偿失。或者，如果企业的发展目标是被收购，如何选择一个合适的收购者，才能使企业的利益最大化？

（3）应慎重选择、合理搭配债务融资与股权融资。视美乐在创业初期，因为其技术的先进性而具有很强的生命力，能在市场竞争中凭借技术优势占据有利地位，而技术需要资金的支持才能激发生命活力，并得以赢利，视美乐在发展的初期阶段，为了解决资金短缺问题，采取了大规模的股权融资策略，而最终丧失了对企业经营管理的自主权。试想，如果视美乐采取一定比例的债务融资策略，企业发展会怎样？

（案例来源：https://wenku.baidu.com/view/f3e8973207221 92e4436f610.html）

【思考与讨论】

1. 请同学们讨论，这几位大学生没有坚持到最后，丢失自己的自主权的主要原因是什么？
2. 根据视美乐的案例启示，我们作为创业者在初期融资的时候应该注意哪些问题？

创业企业在融资过程中可以实施融资组合化，合理、有效的融资组合不但能够分散、转移风险，而且能够降低企业的融资成本和债务负担。另外，创业者要经常分析宏观经济形势、货币及财政政策等情况,及时了解国内外利率、汇率等金融市场的利息,预测影响融资的各种因素,以便寻求合适的融资机会,做出正确的融资决策。

本章小结

本章介绍了创业者获取融资的主要来源有自我融资、亲朋好友融资、风险投资、天使投资、商业银行贷款、担保机构融资、创业政策扶持基金等。企业由于处于不同的发展阶段,因此可根据实际情况,选择不同的融资渠道和策略。

复习思考题

1. 如何测算创业所需资金?创业融资的渠道有哪些?
2. 创业融资过程中需要注意什么问题?
3. 应该如何选择创业融资的渠道和方法?

第九章　创业计划书的撰写与展示

教学目标

学习完本章之后，学生能够达成以下目标：
1. 了解创业计划书的内涵与特征；
2. 熟悉创业计划书的格式与作用；
3. 学会运用市场调研的方法；
4. 掌握创业计划书的撰写与展示的方法与技巧。

导入案例

爱语吧的创业故事

教学视频

北京爱语吧科技有限公司（爱语吧）于2012年1月依托于北京航空航天大学软件学院优秀的研究生和本科生成立，致力于为全球用户开发精品的外语学习应用。爱语吧的目标是成为中国最好的英语学习社交应用平台及全球最好的汉语学习与社交平台。截止到2013年8月，爱语吧已经开发了20款应用软件，有了300多万网页端用户和300多万移动端用户，成为国内领先的外语学习应用开发团队。

北京爱语吧的创业故事也会给创业者很大的启示。

一个大学生将参加商业计划大赛、撰写商业计划看作重要手段，帮助自己构建了有关爱语吧网的思路，选定了正确的功能效用，整合了各部分要素，获得了资金等各项支持。

随着互联网与移动技术的发展，越来越多的传统行业被互联网的应用所改变。网上搜索、电子购物的广泛应用、移动终端的普及等给人们的生活带来了极大的便利，互联网对人们生活的改变是巨大的，外语学习也许会成为下一个被互联网应用改变的传统行业。2011年，中国第一届移动云计算硕士研究生专业开学典礼之后，北京航空航天大学软件学院刚刚入学的穆德国向软件学院创业中心的评判专家们陈述了自己的商业意向：在中国，4亿人在学英语，这是一个很了不起的市场，随着移动技术的发展和人们的时间碎片化，移动学习将会极大满足人们对学英语的需求。专家们在赞同这个观点的同时，决定成立软件学院爱语吧创业实验室，聘请穆德国任爱语吧实验室的执行主任，带领云计算和交互式设计硕士研究生，学习、开发、应用相结合，参与创新、创意、创业，打造最好的外语学习应用平台。

对于大学生创业者来说，一份有创意的、有执行力的创业计划书是创业成功的开始。但是如何将计划中的梦想变成现实，将是一件更加困难也更有挑战性的事情。

（案例来源：https://baike.so.com/doc/7312884-7542481.html）

【思考与讨论】

1. 创业计划书中最重要的一部分是什么？
2. 你认为爱语吧融资时有哪些优势？

第一节 创业计划书的内涵与作用

一、创业计划书的内涵

（一）创业计划书的概念

创业计划书，又称为商业计划书，是创业计划的书面表现形式。创业计划书包含创业项目的产生过程、决策的依据、实现路径、存在的问题以及解决途径、财务分析和预测、风险评估及对策等一系列内容，是寻求投资与合作、规范创业行为的可行性报告。创业计划书是构建一个企业的基本思想以及与企业创建有关的各种事项的总体安排性文件。

（二）创业计划书的内涵

当创业者、创业项目、创业机会、创业资源等创业要素都具备之后，就要形成书面的创业计划书，开始创业的筹备了。创业计划书要包括企业的发展目标、企业的产品或服务、企业的商业模式、企业的竞争能力、市场调查等几个核心内容，通过阅读创业计划书，要让读者明确以下几个问题：

（1）你要做什么？即你的产品（或服务）是什么？
（2）你要怎么做？用什么方式做？在哪做？
（3）卖给谁？即你的产品（或服务）的目标顾客是谁？
（4）你的产品或服务是否具有可行性？能给顾客带来哪些价值？
（5）你有哪些优势能做好你要做的？本领域的其他人的经营情况如何？
（6）你有多大的潜在市场？未来的前景如何？
（7）你的团队有能力和实力进行创业吗？

二、创业计划书的基本特征

成功的创业计划书可以对一项新兴业务所带来的机遇和风险进行明确的综合评估，虽然对创意的描述和风险的评估有相当的难度，但这是一份成功的创业计划书所必备的，成功的创业计划书有以下一些共同的特征。

（一）清晰的结构

投资者应当能够在计划中找到他们所关注问题的答案，很容易找到特别感兴趣的话题，这就要求创业计划必须有一个清晰的结构，使读者能够灵活地选择他们想要阅读的部分。说服投资者不仅仅是靠分析和数据的多少，而是靠论点和基本论据的组织结构，因此，对任何能使投资者感兴趣的话题，都应该进行充分而准确的论证。一般情况下，创业计划书的长度在20页左右。

投资者阅读创业计划书时，创业者并不在场，因此不能及时地对其回答问题并提供解释。考虑到这个因素，创业计划书的正文必须能够自圆其说。因此，可能的话，在提交给投资者之前，创业计划书应当先让一些人试读。例如，可以让你的朋友或同事，最好是那些对你的创意不了解的人，先阅读你的创业计划，并提出问题。

（二）以客观性说理

一方面，有些人在讲述他们的创意时会得意忘形。的确，有些事情需要以一种充满激情的方式讲述，但你应该尽量使自己的语气比较客观，使投资者有机会仔细地权衡你的论据是否有说服力。如果一份计划书写得像是一份煽情的广告，那么它很可能会激怒而不是吸引投资者，结果导致投资者产生怀疑甚至拒绝接受。另一方面，因以前曾有过某种计算失误或错误，而使投资者对创业项目过度批评也是危险的，这将使他们对你的能力和动机产生怀疑。应当尽你所能，提供最准确的数据。如果提到弱点或不足，一定要同时指出弥补的方法或措施。这并不是说你应当隐瞒重大的弱点或不足，而是说在制订创业计划书的时候，就应当设计弥补这些不足的方案，并在创业计划书中清楚地表达出来。

（三）让外行也能读懂

一些创业者相信，他们可以用丰富的技术细节、精心制作的蓝图，以及详细的分析给投资者留下深刻的印象。他们错了，只有极少数情况下，会有技术专家详细地评估这些数据。大多数情况下，简单的说明、草图和照片就足够了。如果创业计划书中必须包括产品的技术细节和生产流程，你应当把它们放到附录中去。

（四）前后写作风格一致

一般情况下，会有几个人合作完成一份创业计划书，最后，必须对这项工作进行整合，以避免整个创业计划书风格不一、分析的深度不同，就像一块打满补丁的破格子。考虑到这个因素，最好由一个人负责，由最后定稿的编辑做修改。

 三、创业计划书的基本格式

创业计划书通常包括封面（标题页）、保密要求、目录、摘要、正文（综述）、附录几部分。

（一）封面（标题页）

标题页可以放一张企业的项目或产品彩图，但需留出足够的版面排列以下内容：创业计划书编号、公司名称、项目名称、项目单位、地址、电话、传真、电子邮件、联系人、公司主页、日期等。

（二）保密要求

保密要求可放在标题页，也可放在次页，主要是要求投资方项目经理妥善保管创业计划书，未经融资企业同意，不得向第三方公开计划书涉及的商业秘密。

（三）目录

目录要标明各部分内容及页码，要注意确认目录页码同内容页码的一致性。

（四）摘要（执行总结）

摘要是对整个创业计划书的概括，目的在于用最简练的语言将计划书的核心、要点、特色展现出来，吸引读者仔细读完全部文本。因而一定要简练，一般要求在两页内完成。摘要十分重要，它是出资者首先要看的内容，因而必须能让读者有兴趣渴望得到更多的信息，给读者留下长久的印象。摘要应从正文中摘录出投资者最关心的问题，包括对公司内部的基本情况、公司的能力以及局限性、公司的竞争对手、营销和财务战略、公司的管理队伍等情况的简明而生动的概括。

（五）正文

正文是创业计划书的主体部分，要分别从公司基本情况、经营管理团队、产品、服务、技术研究与开发、行业及市场预测、营销策略、产品制造、经营管理、融资计划等方面对投资者关心的问题进行介绍，要求既有丰富的数据资料、使人信服，又要突出重点、实事求是。

（六）附录

附录是对正文中涉及的相关数据、资料的补充，作为备查。

四、创业计划书的作用

创业计划书的本质是一种创业的行动纲领或投资申请，既可以帮助创业者厘清思路，又可以有效地指导企业的经营，同时还能有效地吸引投资与合作。

（一）认识创业前景

创业计划书是创业者为自己的未来企业量身定制的一面镜子。在创业计划书的撰写过程中，创业者需要谨慎地对自己和即将开始的创业活动进行全面审视，这样才能帮助创业者更好地开展创业活动。

（二）获得风险投资

好的创业计划书是创业者打开风险投资大门的敲门砖。对于尚在雏形中或尚待创办的新企业，风险投资者无从知道它的商业数据，一般只能通过创业计划书来了解企业前景，判断是否具有投资潜力和利益回报。

（三）整合多方资源

创业者在撰写创业计划书之前，总会对创业过程进行全盘思考，完成市场调研、自我评估、市场定位、产品研发、营销策略制定、财务规划和人事安排。实际上，创业计划书就是对这些凌乱、分散的信息和要素进行充分的研究，理出它们之间的联系，并对它们进行整合重组，实现完整的商业运作计划，在此过程中，创业者也对社会资源进行分析和运用，并充分利用行业人脉和优惠政策来获得创业资金和平台。

（四）打造创业团队

创业计划书是创业者展示产品或服务的载体，同时也是展现创业者思想和才华的工具。通过优秀的创业计划书，一方面能使投资者看到创业者的潜力和决心；另一方面，还能让有识之士看到希望和未来，将志同道合的精英吸引到创业团队中来，打造属于这一群人的梦想舞台，实现人生的梦想。

【阅读资料9.1】 ▶▶▶>>>

创业计划书自己写的好处

曹伟是一软件外包公司的总经理，公司有60多名员工，营业收入达到100多万元，业务主要面向美国、日本等国，国外的订单接连不断。然而，面对公司的高速发展态势，曹伟却愁容满面，原因是公司缺乏足够的资金扩大生产规模。

融资心切的曹伟希望能够直接同风险投资人对话，这样就不必再撰写创业计划书了。但风险投资人认为这并不能够取代创业计划书，因为除了一些朋友介绍的项目，他们主要还是通过创业计划书来了解整个项目情况。在创业者与投资经理谈完后，仅有一个人了解，还不如详细地准备一份创业计划书，而且还可递交给多家风险投资公司。

集富亚洲副总裁钟晓林强调创业计划书是风险投资公司必不可少的文件。尽管这并不是决定一个项目本身能否成功融资的关键因素，但是如果没有一个好的创业计划书，风险投资人可能不会理解创业者的项目，因此就谈不上进行风险投资。

曹伟认为自己不擅长撰写创业计划书，与其自己在这上面浪费很多时间，不如让专业中介公司代为撰写创业计划书更好。钟晓林并不赞成这种做法。他认为，创业者整理、撰写创业计划书的过程，也是首先把该项目推销给风险投资公司和创业者自己的过程。一个连创业者自己都不相信的创业计划，是不可能推销给别人的，更不可能说服风险投资者。反过来，即使一个实际上很好的项目，如果没有通过创业计划书这一众多投资者认可的文字方式充分展示出来，其结果很可能是把项目留给了创业者自己。

钟晓林还指出，不仅如此，对创业公司来说，创业计划书还可以为公司的发展定下较具体的重点和发展方向，从而使员工了解公司的经营目标，并激励他们为共同的目标而努力。

另外，从创业计划书对于决策影响方面来说，其价值是无法衡量的。担任几家公司融资顾问并且获得风险投资的锋众网总裁桑均晟对此有深刻的认识。他表示，如果一个企业在决策之前不做一个非常周密的计划，那样的决策是缺乏根据的。创业计划书起到了整合资源、集中精力、修补问题、寻找机会以及对企业未来展望的作用。创业计划书不仅用来申请风险基金，也为了预测企业的成长率并做好未来的行动规划。从这一个角度来讲，创业计划书并不只是风险投资的专用文件，而是公司经营管理的行动指南。

因此，对于需要风险投资的企业和创业者，创业计划书都是必不可少的。创业者通过创业计划书，介绍公司目前发展的状况和需求以及未来的发展方向；而风险投资人面对大量潜在可行的创意时，也只能通过对创业投资方案的评估做出选择。

从国内外风险投资发展的经验来看，创业者是否有一个很好的创业计划书，对于能否成功地吸引风险投资是极为关键的。因而，良好的创业计划书往往被称为创业公司吸引风险投资的"敲门砖"或"金钥匙"。

（资料来源：https://wenku.baidu.com/view/000260e30722192e4536f6df.html）

第二节 创业计划书的撰写

一、撰写计划书的前期准备

【教学案例9.1】 ▶▶▶>>>

罗小姐"午睡店"的市场调查

在罗小姐开办"午睡店"之前，她花费了整整一年的时间做市场调研。白天，她作为一名职员在一家会计师事务所工作，晚上利用自己休息的时间潜心准备周到细致的创业计划。她与潜在的顾客交谈，认真研究一些重要信息，学习关于经营店面的一切知识。经过不懈的努力，罗小姐终于制订了一份创业计划书，这份创业计划书较为详细地描述了她所希望的"午睡店"的架构。而且在制订创业计划书的过程中，罗小姐厘清了运作思路，即"午睡店"能为消费者提供什么、如何建立自己企业的信誉以及如何赢利等。最终她有了自己的店面。周密的计划加上潜心的经营，小店自开张以来效益蒸蒸日上，目前她准备实施第二步创业机会，再开几家连锁店。用她的话说："我经营午睡店的核心思想和目标，从来没有偏离过最初制订的那份创业计划书，那些数字就像大多数创业计划书中的数字一样，虽然不是很准确，但它可以确保一切工作都能按照预期的方向进行。"

（案例来源：武春友，王国红. 创业管理［M］. 北京：高等教育出版社，2008.）

【思考与讨论】

1. 你认为撰写计划书之前需要做哪些准备？
2. 如何进行市场调研？

（一）进行有效的市场调研

在市场调研中最重要的是对潜在的客户市场进行调研，同时市场调研还应包含其他一些信息，例如，建立一般的销售渠道与售后网络需要的成本。另外，如果客户对公司的预想产品提出特殊要求，那么要考虑对于公司来说这种要求付出的代价是多大。作为创业者在与一些特殊的大众进行讨论时，是否坚持自己的意见，也是要靠市场调查来实现的。

（二）研究新产品的构想

创业者需要在撰写计划书之前就想好自己的产品与服务，作为新创企业，产品的创新是企业生存与发展的动力。创业者与创业团队，需要围绕新产品产生的业务进行构想，要对产品的技术、设计、专利及目标用户都十分清楚。创业者可以用换位思考的方式对产品进行优化，特别是一些新技术、新产品，创业者应当确定自己的产品是一件成熟的、市场化的商品，而不是一件实验室产品。一旦产品上市，出现微小的问题首先失去的不仅仅是用户而是竞争对手的赶超，因为对已有产品进行改进要比发明一件新产品简单得多。失去竞争优势的新创企业，其生存的机会会明显减少。如果创业者对自己的产品充满信心，那么在创业计划书中就要表现出这种自信，这对于投资者也具有相当大的诱惑。

（三）财务分析与预测

创业者首先需要关心的问题就是企业的财务状况，虽然企业都有自己专门的财务人员，但是作为领导者，应当知道企业的财务状况，特别是新企业创业者要对财务做出预测。在创业计划中，要有详细清晰的财务状况分析与预测，以便投资者了解未来可预见的风险。因此这些要在写进计划书之前就充分了解，特别是公司的现金流状况，创业者要充分了解现金流的情况，在向投资者介绍企业时，这些问题都是投资者关心的问题。

（四）团队讨论与修改

创业计划书并不是创业者自己的任务，在创业团队中，每个人都是相关的撰写者，撰写创业计划书的过程，是团队不断讨论统一思想的过程。团队中的成员在计划拟订的时候应该了解计划的内容，因为计划的执行是由团队来完成的。

（五）研讨产品或服务

1. 概念陈述

"概念陈述"由布鲁斯·R.巴林格提出。他认为，概念陈述是包括向行业专家、潜在顾客提交产品或服务的基本的描述，并征求反馈意见的活动。概念陈述写好以后，至少要交给10个人看，这10个人应该是能够提供公正、有见识的反馈或意见的人，这10个人最好不包括家人或朋友，因为他们已经在前期做出了积极反馈。如果时间充裕，概念陈述要反复提炼，以夯实产品或服务创意。

2. 研讨需求

企业所研发的产品或提供的服务是否被消费者需要，需求的程度有多大，是研讨产品或服务可行性的重要指标。

这一指标往往要靠调查或调研来完成。调查表连同概念陈述一并发放给消费者，调查内容主要是消费者购买产品或服务的愿意程度，是明确购买还是明确不购买，是有可能购买还是有可能不购买，都要在问卷中列出来，以供不同的消费者选择；此外是附加的相关话题，比如能够接受的价格是多少，希望在哪里买到，对产品或服务的后续服务有什么要求等。

相对于调查，调研是一种悄悄的行动。借助资料、书籍、相关数据、互联网等提供的信息，结合自己在街头巷尾、校园内外、公共场所的主动问询，你能够搜集到更多的信息，从而进一步明确你的产品或服务是否可行。

3. 研讨行业或目标市场

中国有句老话，"同行是冤家"。这句话实际上道出了行业间的竞争。如何为将来的产品或服务打开销路，如何在激烈的市场竞争中取胜，首先要做的是对计划中的投产行业进行分析。

如果你提供的产品或服务所属的行业是新兴的，处于生命周期的早期阶段且正在成长，结构相对分散化，空间不拥挤，是顾客必定要买的，具有较高营业利润且不依赖关键原材料的历史低价来维持盈利的，那么，它就是可行的。

目标市场是针对广大的市场空间而言的。现实经验告诉我们，某种产品或服务只有集中到特定群体才有更大的发展空间。现实经验还告诉我们，企业获得成功的关键要素之一就是对目标市场进行成功的价值定位。价值定位中经常会涉及这些问题：

（1）为什么我要从你这里买而不是从其他竞争者那里买？
（2）为什么你的产品对我更加有用？
（3）产品或服务是否给我带来了独一无二的价值？
（4）产品或服务怎样优于竞争者？

可以说，目标市场的规模与占有率、市场竞争的状态与特性是衡量市场的主要指标。1962年"野马之父"李·艾柯卡就任美国福特汽车公司分部总经理后，便产生了策划生产一种新车的念头。经过充分的调研之后他发现：第二次世界大战以后出生的几千万婴儿如今即将长大成人，购买新车的18~34岁年轻人可望占到一半，今后几年的汽车销售量将会大幅度增长，购车者就是年轻人；与此同时，人们的消费模式在发生变化，正在追求样式新视的轻型豪华车。由此，李·艾柯卡提出了一个目标车——车型要像跑车还要胜过跑车，消费群体是年轻人。接下来，样车经过再三改最后定型为方顶、流线型、前长后短，低矮不失大方，整体上显得既潇洒又矫健；再过多轮筛选，"野马"这一地道的美国名字也一锤定音。之后的工作是定价，当来自底特律的52对有中等收入的青年夫妇见到这款新车时，他们对造型感到相当满意，当李·艾柯卡宣布车价将在2 500美元以内时，他们都表示将购买这种能显示身份和地位的新车。最后，李·艾柯卡把车价定在2 368美元，并开始设计下一步的营销策略，这就全面为"野马"车打开了销路。

（六）分析创业可能遇到的问题和困难

现实中，我们很难将行动和计划分开，缺乏创业计划会使创业举步维艰，而任何一个创业者又无法在所有问题都计划好之后才开始创业行动。创业计划只是既定阶段的前行方向，随着创业行动的进展做出相应调整才具备真正意义上的可行性。这与创业活动本身的复杂程度有关，与创业者的能力相连，也与事物不断变化、发展的特性分不开。因此，创业过程中的问题和困境终究是不可避免的。那么，创业过程中究竟可能会出现哪些问题呢？创业者又应如何应对？

1. 资源方面

创业者在资源方面遇到的问题不少，资金断流、人才缺失、客户流失、技术创新性不强、财务管理出现漏洞，等等，都有可能使创业者在激烈的竞争中败下阵来。

首先是资金短缺的问题。资金短缺几乎是任何一家新创企业会面临的问题，而资金又是创业启动的基本要素之一。很多人在初次创业时，都面临资源欠缺特别是启动资金缺乏的困境。企业步入了正轨之后，自然要发展壮大，而这时难免因扩大规模、增加项目、急于扩张、成本控制不得力等而出现现金流中断，资金又成了影响企业发展的瓶颈。

其次，是人才缺失的问题。作为创业资源中最核心的要素，专业技术人才、管理高手、销售精英等人力资源是必不可少的。人才缺失主要表现在：企业初创期因企业缺乏资金而难以招来人才；发展壮大期因用人不善、利益不均或员工自身原因而无法留住人才。有些新创企业中，员工跳槽成了企业的常态，而关键性人才的缺失如果正好发生在企业的关键性发展阶段就更让创业者头痛。

2. 市场方面

当创业者满怀信心宣布企业成立或店铺开张后，发现产品销量或顾客数量远非想象中的态势良好，这与产品或服务质量不过关、销售方式不对路、市场需求转向、市场环境变化等都有关联。而当新创企业经过一定时间的发展，提升了产品质量、顺应需求、扩大销路、熟悉市场环境后，也许会出现知名企业在同行业跟进、后来者居上的尴尬，这个问题相当致命，如果应对不力，严重时会造成企业破产倒闭。

3. 团队方面

不少企业在新创期，团队成员都对产品研发和销售倾注了十分的心力而无暇计较得失，等企业步入正轨了才发现，因疏于管理，责权不明确、利益不均衡等问题接踵而至。最令人心痛的结果便是团队分裂，企业元气大伤。据国外一家研究机构对 100 家成长最快的小公司所做的调查结果显示，其中有 50%的创业团队没能在公司中共事 5 年。另一家机构在他们所研究的 12 个创业团队的个案中发现，只有两个创业团队在创立 5 年以后还保持着创立初期时的完整。创业团队流失如今已成为一个普遍现象，不少创业团队可以患难与共却不能荣誉共享。团队分崩离析，企业陷入什么样的困境也就可想而知了。

4. 发展策略方面

在发展策略方面，创业者可能出现盲目扩张、停滞不前、贻误战机等决策失误问题。有的创业者急功近利，一个项目刚刚打开市场，便急于上另一个项目，一个项目的创业计划还没有完全施展开来，就想着扩大规模。这样做势必会打乱原有的计划，给企业的执行与发展带来致命后果，如造成企业资金吃紧，产品出现质量问题，市场信誉下降，市场预测、管理、协调困难等问题。有的创业者准备不足，创业前定位不准，市场分析、竞争对手分析有闪失，自身定位不确切；有的没有及时抓住市场机会等进入行业市场时，该行业市场已成气候；有的则在制定发展策略时，倾向于理论市场的推理，而对实际的市场调查不足，缺乏真正的了解。这些都会使其陷入决策失误的泥沼。

5. 法规方面

创业过程是一个问题、困境和风险不断出现的过程，如果创业者忽视法律规范，在合作协议、项目合同、劳动合同等与法律法规密切相关的领域没有谨慎对待，就有可能面临财资纠纷、股权之争，甚至遭遇处罚、制裁。

创业团队散伙的一个主要原因就是合作双方没有拟定好合作协议，以致随着企业的发展在利润分配、权利义务、财务管理等方面的分歧。而项目合同不论是投资合同还是销售合同，如果没有拟定相关条款约束甲方乙方行为，就可能出现经济纠纷。劳动合同直接保护的是劳动者的利益，如果新创企业无视相关法规或者对雇佣人员权利义务规定不合理，再加上创业者在处理此类问题上经验不足，就容易产生劳务纠纷，对企业和创业者名誉造成极为不利的影响。

实际上,创业过程中出现的问题远远不止这些。创业是问题和风险的同义语。创业的过程是解决一个又一个问题、摆脱一个又一个困境的过程,这不仅是对企业的考验,更是对创业者能力和素质的考验。创业者可能对创业目标、实现目标的策略胸有成竹,却对创业中可能出现的问题或遇到的困境手足无措,这就需要创业者制订一份切实可行的创业计划。创业计划的内容不能仅仅限于未来目标和实现方案,还应包括创业过程中可能出现的问题和困境及其解决方式,这样才能将创业风险降到最低。

二、创业计划书的写作步骤与撰写原则

拥有完整的创业计划,在整个创业活动中格外重要,创业计划书的撰写最终是为了完成融资的任务,那么商业计划的实施要比创业计划书的写作更加紧要。在前面我们已经了解创业计划书的重要性了,如何撰写创业计划书,并且能够向投资者展示创业计划书获得融资成功,是创业者最终的目的。

创业者对创业计划的了解还来自将要对不同的角色进行不同的陈述,他们必须为潜在的投资者、新的加盟者、新员工、财务顾问和潜在的商业伙伴陈述重点不同的创业计划,但是最为核心的一点是不会变的,那就是企业的未来——创业计划中的部分特征。因此,创业计划书应该体现公司是如何由一个部分组建成为整体,从而形成一个可以实现目标的并且具有生存能力的创业团队,创业计划书还应该向那些对企业投资有兴趣的人显示企业拥有的与众不同的争力,这些都是创业计划书中必不可少的内容。

(一)写作步骤

1. 确定目标

创业者在撰写创业计划书时,要问清自己几个问题,分别是听众是谁,他们想要了解什么,他们会如何运用你给他们的信息等。创业者要清楚的是,你将面对一组投资者,投资者想从创业计划书中看到企业的发展目标,再决定是否值得风险投资。创业者作为管理人员,会把创业计划当作发展目标,对未来的发展产生动力,创业者制订创业计划时,会明确地考虑自己企业拥有的竞争优势、新机遇、有利的形势。创业计划书是一份创业者的执行路线图,投资者、创业者、合伙人都会明确地了解自己想要知道的事情。

2. 起草大纲

目标明确之后,接下来的大纲讨论就容易得多了,创业计划书的大纲越详细越好,这对于创业者与阅读者都有益处,创业者应该列出所有信息,为下一步起草做准备。

3. 审查大纲

创业者要进一步细化创业计划书中需要演示的内容。加入细致的市场调查,对大的内容进行修改,使自己的每一项断言与假设都有详细的信息作为支撑。

4. 起草计划

如果有足够的信息作为支撑,计划起草之前的市场研究就会顺利进行,但是这一步不能省略,创业者通过市场调研收集企业或行业的历史财务信息。在完成初步调查之后,就可以开始起草初步的财务报表和计划了,通过准备这些报表,创业者从财务的角度出发,

先确定战略,之后再花时间撰写详细的内容。

在创业计划书的财务部分,创业者要展示企业如何生存。一般情况下,创业计划书中会展示第1年至以后3年内的每个月和每季度的财务计划。由于创业者自身的原因,创业计划书有时会存在不切实际的弊端,因此创业者需要对创业计划书思考再三,并在将计划书交给他人阅读之前做合适的修改。创业者也应该仔细记录阅读者在创业计划书中提出的建议,便于以后对某些内容提出复议。

5. 执行概要

执行概要对于创业计划书来说非常重要,创业者应单独拿出时间进行准备。因为它是对创业计划书的概括文件,它的内容随文件其他部分的变动而变动,只有在其他所有部分彻底完成后才能完成执行摘要。创业者应该按照下面的内容起草执行摘要以确保将所有内容都包含进去。如果创业者希望得到投资者的青睐,就需要将创业计划书的每一项内容都做得非常完备,一份执行概要则是对全部计划书的高度概括,需要在整个计划书完成之后再来撰写,内容包括:① 企业概述,用来描述企业以及企业的产品与服务,以及市场与竞争,重要的是要在这部分内容中清楚地表明企业销售的产品、对象、为什么会具有竞争优势;② 成功因素,或者叫作竞争优势,这一部分应详细介绍企业的成功发展,包括专利、技术优势、设施地址、产品与服务的重要合同、试营销的结果等,因为投资者最看重的就是优势;③ 目前状况,在这部分创业者应当提供关于公司的所有信息,企业的所有制形式,需要记住的是,一定要实事求是,因为投资者对公司的评估会非常严格,任何虚假的信息都会影响投资者对创业者的信任,并且一旦这种信任失去,有可能带来长久影响;④ 财务特征,这部分会提供有关公司的财务信息,包括销售收入、利润、现金流以及投资回报等。

6. 检查并更新创业计划书

在完成创业计划书大纲后,创业者还需要从专业化的角度检查这份计划书的完备性和有效性,创业者可以找到专业的咨询机构为自己把关。创业计划书是随着目标的改变而改变的,一般情况下6个月更新一次;并且创业计划书应当是创业者手边的一份文件,需要创业者不断检查与适时更新。但是在实际情况中,创业者很少使用最初的创业计划书,这是因为在创业过程中,实际的情况更加复杂。创业计划书的主要作用是获得银行贷款,找到其他股权投资者,创业者可以根据产生的偏差对计划书及时调整。总之,创业计划书是企业发展的未来规划,随着企业的不断发展,创业计划书也在不断调整,银行与投资者会从创业计划书中对企业加以判断与考虑。

（二）撰写原则

1. 目标明确,优势突出

优秀的创业计划书一定要有一个明确的目标,能够呈现出项目的具体优势。优势不能面面俱到,一定要抓住核心。以下几点能够帮助你明确计划书目标,突出项目优势:

(1) 突出产品或服务的核心价值,在阐述中让投资者相信产品或服务的发展空间;

(2) 写明目标市场规模,让投资人看到预期销售前景;

(3) 分析竞争对手,阐明自己居于竞争态势中的位置,让投资人相信该企业是同行中的有力竞争者并能成为某领域中的领先者;

(4) 介绍企业运营模式和盈利途径,让读者尤其是投资方对风险的担心降到最低;

（5）描述整个创业团队和管理团队的职责与目标，让投资人从你的创业团队中看到企业的未来。

2. 内容真实，体现诚意

创业计划书不是为创业者及其团队和企业唱赞歌，而是体现项目的真实情况，包括企业可能面临的风险。成功与风险并存，优势与不足同在，任何一家企业都是如此，因此，创业计划书一定要实事求是，而不要为了吸引投资者夸夸其谈。在具体成文时，创业者一定要明确指出企业的市场机会、竞争威胁、潜在风险并尽量以具体资料为依据，关键还要分析可能的解决方法，绝不能含糊交代。同时对所采用的假设、预估、会计处理方法等也要明确地说明。总之，一定要实话实说，言辞妥帖，否则，许诺不能兑现，只会搬起石头砸自己的脚。

3. 要素齐全，内容充实

创业计划书内容和格式不是千篇一律的，但无论哪种项目的创业计划书都要涉及这些内容：计划摘要、产品与服务、团队和管理、市场预测、营销策略、生产计划、财务规划、风险分析。

在创业计划书写完之后，可以试着从以下几个方面查漏补缺：

（1）你的创业计划书是否明确了产品或服务；

（2）你的创业计划书是否体现了自身的优势和能力；

（3）你的创业计划书是否已经做过市场分析；

（4）你的创业计划书是否交代了可能的风险以及应对策略；

（5）你的创业计划书是否明确指出了融资的风险与价值。

4. 语言平实，通俗易懂

撰写创业计划书时，要尽量运用平实准确、通俗易懂的文字来表述。一要贴切，避免歧义；二要通俗，切忌晦涩；三要朴实，规避浮夸。

通俗易懂，表达准确，也是创业计划书的成功之处。尽管有的项目包含高新技术，对项目的分析需要用到一些专业术语，但在内容的表述上也要做到通俗易懂，一味高深、玄妙只会将投资者拒之门外。事实上，只有少量的技术专家会在意复杂的技术原理，许多读者不完全懂技术，所以他们喜欢简单通俗的解说，排斥术语和行话。为了收到理想的信息传递效果，创业计划书可适当配以图表，以图文并茂的形式将内容形象化、直观化。

5. 结构严谨，风格统一

如果你的创业计划书读起来感觉很乱，表明它是失败的。

受创业者精力、计划书篇幅、完成时间等因素影响，一份创业计划书通常由多人合作完成，这就难免存在体例不一、风格迥异、结构松散等问题，为了创业计划书的完美，最后应由创业团队中的某一个成员统一定稿。

首先，创业计划书的论述必须有条理，应当做到结构清晰，观点到位，数据真实。基本要求如下：

（1）目录完整。创业计划书都应当有一个完整的目录，以帮助投资者更方便地找到所需要的信息，写作时要注意目录中的页码与内容页码一一对应。

（2）每段论述应有标题。标题中的关键词应当对内容有引领作用，以帮助投资者快速理解内容。

（3）层次要合理。比如，"一"里面要分段落时用（一）、（二）、（三），（一）里面再分类时用 1、2、3。

其次，创业计划书前后风格要统一。比如，整份计划书前后假设要相互呼应，数据和事实要前后一致，引用之处要有明确记录并标记统一。举个简单的例子：如果你提出有 1 亿元的市场，后面又提出要占有 20%的市场份额，那么阅读这份计划书时，投资者就认为你最后的收入将达到 2 000 万元，如果出现了冲突的话，就会让投资者对你的计划书产生怀疑。

6. 有理有据，循序渐进

资料准备很重要，我们常说，"巧妇难为无米之炊"，创业计划书的写作也是如此，没有详细的第一手材料，创业者很难在制订计划书时做到有理有据，打动投资者。写计划书前应准备的材料包括市场调查报告、财务数据分析、运营具体案例、行业基本情况等。前期的资料准备得越完整，越能做到有的放矢，胸有成竹。经过以下 3 个阶段的工作，就能基本保证资料准备的完备。

（1）确立目标，准备资料。创业者要做以下一些准备工作：确定企业的整体规划；确定创业计划书所需要的材料，包括行业情况、市场分析等；确定信息搜集的途径，以保证资料的真实性与完整性。

（2）拟定纲要，整合信息。首先根据企业自身的发展需要，制订并编写计划纲要，在编写纲要的过程中，根据实际情况，对搜集的材料作进一步的整合与筛选，对创业企业的概况、竞争、销售、组织、管理、技术、财务、风险等进行全面分析，最后撰写摘要，以便初步形成较为完整的创业计划方案。

（3）反复修改，完善计划。文不厌改，对材料的整合与运用也是如此，材料经过整合，数据经过分析，可以形成相对完善的定稿，接下来就可以编写资料完备、数据详尽的计划书了。

7. 详略得当，篇幅适当

创业计划书是否有必要写得详细，历来有两种不同的声音：一说是酒香不怕巷子深，没有必要对创业计划书认真准备；另一说是酒香也怕巷子深，创业计划书越详细越好。事实上，过长或过短都不好。太长，则显得啰唆；太短，会缺少可行性和说服力。

要调和这种矛盾，关键是详略得当。如果你的创业计划书详述产品如何先进、前途多么广阔，而对营销方案、风险分析、团队管理等轻描淡写，显然是避重就轻，不会获得投资者的青睐。一份创业计划书，不能因为创业者熟悉哪些方面就详细叙述哪些方面，也不能哪些方面容易驾驭就将其作为整篇的重点，计划书的对象可以是投资者，可以是银行，也可以是企业自身，不同的目的也会使计划书的侧重点有所不同。

因此，创业计划书一定要把握适度原则。一般情况下，要着重强调企业的优势和持续盈利的原因，比如市场分析、制造计划、竞争分析、营销方案、成本预算、风险分析与应对策略等。而企业基本情况、人员基本情况、企业前景和目标等内容要相对略写，交代清楚即可。

三、创业计划书的基本内容

投资家克雷那说过，如果你想踏踏实实地做一份工作，那么请写一份创业计划书，它能促使你进行系统的思考。有些创意可能听起来很棒，但是当你把所有的细节和数据写下来的时候，自己就崩溃了。也就是说，创业计划讲出来和写出来并不是一回事儿，关键要写出来，写出来能发现很多问题，然后根据问题进行调整，以完善创业计划。

(一) 创业计划书的形式

确定创业计划书的最佳形式是每一个创业者写作之前要考虑的问题，不同的创业计划书有不同的写作规范，一般创业计划书分为3个类型：

1. 完整的创业计划书

当创业者需要吸引投资者、战略合伙人和买方时他需要一份完整的创业计划书向投资人详细地介绍企业。

2. 执行摘要

执行摘要是创业计划书的精华，要涵盖创业计划书要点，以求一目了然。如果创业者明白他自己所做的事情，执行摘要就不需要写得过多，通常用两页纸的篇幅、6~8个段落就足够了。如果创业者不了解自己正在做什么，就可能要写10页、20页纸。执行摘要通常用来满足投资者的兴趣和寻找战略合伙人，其用途是让投资者用最短的时间"将珍珠从沙砾中挑出来"，然后再比较"珍珠"质量的优劣。

3. 行动计划书

一份行动计划书是管理者用来执行计划的文件，它一般详细地介绍了行动的内容和执行计划的时间表，其中每一项任务都应该有大致的执行时间，这些任务必须在限定的时间内完成。行动计划书是创业者团队的内部计划书，针对具体目标制定执行时间可以保证创业路线图的正确方向及完成的时间，便于创业者对计划做出正确评估。

(二) 创业计划书的内容

1. 制作封面和目录

创业计划书的封面一般包括企业的名称、地址、电子邮件地址、电话号码、日期、主创者的联系方式等信息，如果企业有网址的话，也应该将网址写在封面上。公司名称的字体要选用自己固定使用的文字字体，如果已经设计了商标，商标最好也要放在封面上，以表明自己企业的文化。目录紧随封面页后，其作用是便于查找计划书的内容，因此，目录需要列出计划书的主要章节、附录和对应页码。

2. 执行摘要

创业计划书执行摘要是风险投资者首先要看到的内容，它浓缩了创业计划书之精华，反映创业内容之全貌，是全部计划书的核心之所在。它必须让风险投资者有兴趣，并渴望得到更多的信息。因为它是对创业计划的概括性文件，它的内容会随着文件的其他部分的变化而改变，因此通常只有完成了其他所有的部分，才能完成执行摘要。执行摘要包括公司概述、产品与服务、行业及市场、营销策略、生产经营计划、组织情况、财务部分等正文各部分内容的高度概况，这部分必须清楚地介绍企业销售的对象是什么、对象是谁、为什么企业会有竞争力等内容，篇幅一般控制在2 000字左右。

3. 计划书正文内容

正文部分一般包括公司概述、研究与开发、产品与服务、行业及市场、营销策略、生产经营计划、管理团队和管理组织情况、财务计划与融资需求、风险因素、退出机制等。

(1) 公司概述。创业计划书要介绍公司过去的发展历史、现在的情况以及未来的规划，具体而言主要有：公司概述——包括公司名称、地址、联系方法等；公司的自然业务情况——

公司的发展历史；对公司未来发展的预测——本公司与众不同的竞争优势；公司的纳税情况。

（2）研究与开发。本部分介绍投入研究开发的人员和资金计划及所要实现的目标，主要包括：

① 研究资金投入；

② 研发人员情况；

③ 研发设备；

④ 研发的产品技术先进性及发展趋势。

（3）产品与服务。创业者必须将自己的产品或服务创意向风险投资者进行介绍。主要有下列内容：

① 产品与服务的名称、特征及性能用途；

② 产品与服务的开发过程；

③ 产品与服务处于生命周期的哪一阶段；

④ 产品与服务的市场前景和竞争力如何；

⑤ 产品与服务的技术改进和更新换代计划及成本多少。

（4）行业及市场。这一部分在整个创业计划中起着举足轻重的作用。如果对市场调研和分析的重视程度不够，你的创业计划书将会变得很糟糕。

市场调研是为了了解你的客户。顾客是否喜欢并愿意购买你的产品？他们为什么购买你的产品？通过什么方式购买？这都是要详细分析的内容。另外，通过市场调研能够了解行业竞争对手，明确竞争对手实际上是为了定位自己的企业，了解自己企业在竞争中的位置，从而明白企业今后的发展方向。但是，完成市场调研并非易事，创业者需要投入大量的时间和精力。

① 目标市场分析。目标市场由著名的市场营销学者麦卡锡提出。他认为应当按消费者的特征把整个潜在市场细分成若干部分，根据产品本身的特性，选定其中部分消费者作为一个特定的群体，这一群体称为目标市场。比如说手机消费群体。手机更新换代异常频繁，也早就进入了寻常百姓家，但手机又有诸多消费群体，高端人士青睐外观精巧、质量上乘、功能先进的手机，商务人士喜欢手机具备多样化的商务功能，学生一族追求时尚，普通百姓则以结实耐用为首选。

对目标市场的阐述，应该从以下几个问题入手：

a. 你的细分市场是什么？

b. 你所拥有的市场有多大？

c. 你的市场份额是多少？

d. 你的目标顾客群是哪些或哪类人？

e. 你的 5 年生产计划、收入和利润是多少？

f. 你的营销策略是什么？

详细的目标市场分析，能够促进投资者判断企业目标的合理程度以及他们承担的风险大小。在对市场的分析中，创业者需要阐明这样的观点：企业处在一个足够大、成长前景非常广阔的市场中，并有足够的能力应对来自各方面的竞争。

② 行业分析。行业是企业要进入的市场，在创业计划书中，创业者要分析所入行业的

市场全貌以及关键性的影响因素。行业分析需要从以下几个方面来把握：

　　a. 该行业现状：处于萌芽期还是成熟期？发展到了何种程度？总销售额多少？总收益如何？

　　b. 该行业发展趋势：未来走向如何？

　　c. 该行业的影响因素：国家的政策导向、社会文化环境、竞争者的现状、行业壁垒等。

　　d. 该行业市场上的所有经济主体概况：竞争者、消费者、供应商、销售渠道等。

　　在进行行业分析时，应该对所选行业的基本特点、竞争状况以及未来趋势有准确的把握，这些是建立在对所选行业充分了解的基础之上的，创业者只有做到这一点才能了解行业发展规律，认清行业发展方向，确立企业发展目标。

　　③ 竞争对手分析。竞争对手是这样一类企业：它们在市场上和你的企业提供着相同或者类似的产品和服务，并且在配置和使用市场资源过程中与你的企业具有一定的竞争性。如何打败竞争对手，如何在竞争中胜出是每个企业家都需要考虑的问题。信息搜集是进行竞争对手分析的前提，公司内部信息库、传统媒体、互联网、商业数据库、咨询机构、服务机构、人际关系网络等，都是搜集竞争对手信息的重要途径。当你获得竞争对手的基本情况、产品情况、营销策略、技术含量、商界信誉等信息后，做好了相关准备工作，你的创业计划书行文就会有据可循、表述充分。在这里必须回答以下问题：

　　a. 你的竞争对手有哪些？你的主要竞争对手有哪些？你最大的竞争对手是谁？

　　b. 你的竞争对手的优势在哪里？有什么新动向？

　　c. 竞争中你具备怎样的优势和劣势？优势如何发扬，劣势怎样消解？

　　d. 你能否承受竞争所带来的压力？

　　e. 你采取什么策略战胜竞争对手？

　　（5）营销策略。市场营销，这是风险投资者十分关心的问题，创业者的市场营销策略应该说明以下问题：

　　① 营销机构和营销队伍；

　　② 营销渠道的选择和营销网络的建设；

　　③ 广告策略和促销策略；

　　④ 价格策略；

　　⑤ 市场渗透与开拓计划；

　　⑥ 市场营销中意外情况的应急对策。

　　（6）生产经营计划。生产经营计划，主要讲述创业者的新产品的生产制造及经营过程。这一部分非常重要，风险投资者从这一部分要了解生产产品的原料如何采购，供应商的有关情况，劳动力和雇员的情况，生产资金的安排以及厂房、土地等，内容要详细，细节要明确。这一部分是以后投资谈判中对投资项目进行估值时的重要依据，也是创业者原始股权的一个重要组成部分。

　　生产经营计划主要包括以下内容：

　　① 新产品的生产经营计划；

　　② 公司现有的生产技术能力；

　　③ 品质控制和质量改进能力；

　　④ 现有的生产设备或者将要购置的生产设备；

⑤ 现有的生产工艺流程；
⑥ 生产产品的经济分析及生产过程。

（7）管理团队和管理组织情况。在风险投资者考察企业时，"人"是非常重要的因素。在某种意义上讲，创业者的创业能否成功，最终要取决于该企业是否拥有一个强有力的管理团队，这一点特别重要。全面介绍公司管理团队情况，主要包括：公司的管理机构、主要股东、董事、关键的雇员、薪金、股票期权、劳工协议、奖惩制度及各部门的构成等情况都要用明晰的形式展示出来；展示公司管理团队的战斗力和独特性及与众不同的凝聚力和团结战斗精神。

（8）财务分析和融资需求。财务分析是一个需要花费创业者相当多时间和精力来编写的部分。风险投资者期望从创业者的财务分析部分来判断其未来经营的财务损益状况，进而从中判断能否确保自己的投资获得预期的理想回报。财务分析包括以下3方面的内容：

① 过去3年的历史数据，今后3年的发展预测。过去3年的历史数据主要提供过去3年现金流量表、资产负债表、损益表以及年度的财务总结报告书。对比过去3年的数据，结合公司的发展战略和市场状况，可以预测未来3年的发展状况，分析资金缺口并制定解决方案。

② 投资计划。投资计划主要包括预计的风险投资数额、风险企业未来的筹资资本结构如何安排、获取风险投资的抵押和担保条件、投资收益和再投资的安排、风险投资者投资后双方股权的比例安排、投资资金的收支安排及财务报告编制、投资者介入公司经营管理的程度几方面内容。

③ 融资需求。资金需求计划内容包括为实现公司发展计划所需要的资金额、资金需求的时间性、资金用途（详细说明资金用途，并列表说明）。

融资方案：公司所希望的投资人及所占股份的说明，资金的其他来源，如银行贷款等。

（9）风险因素。创业计划书前面的章节写得再出色，没有风险分析的创业计划书也是不完美的。因为创业本身就带有一定的冒险性，创业过程中的风险也通常会让人始料不及，风险分析不仅能减轻投资者的疑虑，让他们对企业有全方位的了解，更能体现管理团队市场的洞察力和解决问题的能力。在这一部分，创业者可以试着从以下方面进行阐述：

① 市场风险。包括生产中可能遇到的问题、销售中未知的因素、竞争中难以预料的方面、顾客的不同需求与反馈。

② 技术风险。主要是技术研发中的困境，比如技术力量不够强大，研发不到位，员工熟练程度不高，经验不足，研发资金短缺，等等。

③ 资金风险。创业者需要阐明有可能出现的资金周转不畅和资金断流等问题，也要讲明万一企业遭遇清算的后果以及遭遇清算后有无偿还资金的能力。

④ 管理风险。与成长期的企业相比，新创企业难免会遇到各种各样的问题和不利于引资的种种因素，管理上的风险往往显得尤为突出。创业者要实事求是，不能刻意隐瞒管理方面的缺陷和漏洞，而要如实反映情况，诸如人手不足、经验欠缺、资源匮乏之类，真诚是企业最好的名片。

⑤ 其他风险。企业的其他风险有很多，比如政策的不确定性、经营中的突发情况、财务上的不确定因素等，都可以归入此类。

创业者的任务是，在对市场、技术、资金、管理等各个方面风险进行分析之后将这些风险以及相应的解决方案用清晰的文字在创业计划书中反映出来,风险并不可怕,可怕的是没有应对风险的能力与对策。主动识别和讨论风险会极大地增加企业的信誉,使投资者更有信心。

(10)投资者退出方式。投资者退出方式主要包括以下几方面内容:

① 股票上市:依照创业计划书的分析,对公司上市的可能性做出分析,对上市的前提条件做出说明。

② 股权转让:投资者可以通过股权转让的方式收回投资。

③ 股权回购:依照创业计划书的分析,公司对实施股权回购计划应向投资者说明。

④ 利润分红:投资者可以通过对公司利润分红达到收回投资的目的,按照创业计划书的分析,公司对实施股权利润分红计划应向投资者说明。

【阅读资料9.2】 ▶▶▶>>>

创业计划书的撰写技巧

创业计划书在撰写时如果能对以下十一个问题有清晰的认识,则一方面可以提高创业计划书的易读性,另一方面可以提高企业融资的概率。

第一,5分钟的考试。一般来说,风险投资家或评审专家阅读一份创业计划书的时间在5分钟左右,主要关注业务和行业性质、项目性质(借钱还是风投)、资产负债表、团队、吸引人的地方等内容。因此,创业者在撰写创业计划书时要着重从这五个方面予以重视。

第二,内容要完整。一份好的创业计划书起码要涉及以下内容:计划摘要、产品与服务、团队和管理、市场预测、营销策略、生产计划、财务规划、风险分析。创业计划书不应该遗漏任何要素。

第三,投资项目中最重要的因素是人。对于创业团队一定要按照团队组建原则和优秀团队特征等进行如实描述,对团队成员的构成及其分工情况进行重点介绍。

第四,提高撰写水平的途径是阅读他人的创业计划书。阅读他人的创业计划书是帮助创业者提高自己写作能力的最有效的途径之一。撰写创业计划书之前阅读十几份他人的创业计划书将会有很大帮助。

第五,记住43.1%规则。一位风险投资者一般会希望在5年内将其资金翻6倍,相当于每年的投资回报率大约是43.1%。因此,一份承诺40%~50%投资回报的创业计划书对于风险投资者来说比较靠谱,如果是借款则需要有还本付息计划。

第六,打中11环。做最充分的准备,对创业计划进行最详细的论证,准备回答所有和创业计划有关的负面问题,以降低创业风险。另外,在会见风险投资者之前,创业者可以将所有负面问题的答案以"小纸条"的方式进行准备,给自己足够的心理支持和勇气。

第七,熟悉吸引投资者的方法。取得企业家名录是一种事半功倍的吸引风险投资者的方法,可以帮助创业者增强对风险投资者的认识和了解,以便有针对性地展开融资活动。

第八,准备回答最刁钻的问题。对于创业者来说,也许"你的创业计划书给其他风险投资者看过吗?"是一个两难的问题,建议创业者遵循诚实守信的原则,如实回答。

第九,对待被拒绝。审阅创业计划书是风险投资者日常工作的一部分,拒绝大多数的创业计划也是风险投资者的工作常态,创业者没必要因为创业计划书被拒绝而伤心欲绝,而是应该把其当作不断完善创业计划书的手段。如果创业者在每一次被拒绝之后，都能够很好采纳风险投资者的建议，进一步优化其创业计划，则被拒绝一次就离被接受近了一步。

第十，创业计划书中最重要的内容。对于投资者来说，创业计划书中最重要的内容永远是资产负债表以及团队的介绍。资产负债表说明企业的财务状况，能否及时偿债以及有多少尚未分配的利润归属于投资者；创业团队的介绍则是创业项目能否成功的关键。

第十一，把本收回来。任何人进行投资，其最低的要求都是把本金收回来。因此，在融资时能够基于这条原则进行阐述，使投资者在最短时间内将本金收回，则得到资金的概率会大为增加。

（资料来源：http://www.ijiacheng.com/chuangyejihuashu/wendd_12160.html）

第三节 创业计划书的展示

一、创业计划书与创业计划大赛

对于大学生来说，绝大多数创业计划书的撰写目的是参加创业计划大赛。创业计划大赛是借用风险投资的实际运作模式，要求参赛者组成优势互补的竞赛小组，提出一个具有市场前景的技术产品（或服务），围绕这一产品（或服务），以获得风险投资者的投资为目的，通过深入研究和广泛的市场调查，完成一份完整、具体、深入的创业计划书，最终通过书面评审和秘密答辩的方式评出获奖者。大学生创业计划大赛是近几年风靡全球高校的重要赛事，不同于其他的大学生第二课堂比赛，它是以实际技术为背景，跨学科的、团队之间的综合较量的比赛。竞赛的意义也不局限于大学校园，从某种程度上讲，创业计划大赛是高等院校与现实社会、大学生与企业之间的互动与沟通。

【阅读资料9.3】 ▶▶▶>>>

创业计划大赛的起源及发展

创业计划大赛起源于1983年的美国。目前，美国已有包括麻省理工学院、斯坦福大学等10多所世界一流的大学每年举办这一竞赛。Yahoo!、Excite、Netscape等公司就是在斯坦福校园里的创业氛围中诞生的。

创业计划竞赛活动在知识经济时代的风险投资浪潮中渐露峥嵘，目前，全球已有30余所大学举办创业计划竞赛，并已形成了一个全球商业计划竞赛网络，成员来自美国、欧洲、亚洲。全球商业计划竞赛每年举行一次年会，1999年度的年会于11—14日在新加坡国立大学举行，来自清华大学、新加坡国立大学、麻省理工学院、香港中文大学、台湾政治大学、韩国科技大学、日本早稻田大学、以色列MIT企业论坛等大学、研究机构和企业组织的代表共120余人参加了本次会议。

（资料来源：https://www.shangxueba.com/ask/11089980.html）

二、创业计划书展示的方法与技巧

【教学案例 9.2】 ▶▶▶>>>

考研复习发现商机 大学生开发 App 获 300 万元投资

2014 年,两名在校大学生在考研复习过程中发现商机,开发出"边学边问"App,掘金"大学学霸圈"。

之后,在中国创业服务峰会暨中国创业咖啡联盟年会上,"边学边问"App 项目在"挑战 120 秒"环节亮相,吸引了众多投资人的目光。而就在不到两个月前,他们通过 5 分钟的项目路演,获得了来自武汉博奥投资有限公司的 300 万投资。

李凯是武汉纺织大学大四学生,与他同龄的古望军就读于湖北工业大学,两人是高中同学,双双从外地考到武汉读书,去年,两个好兄弟又决定一起考研。

在考研复习数学时,古望军每当遇到难题不会解答,就会上网搜索,但常常找不到答案。各大考研资料社区大多是文本材料下载,没有题库搜索能力;论坛发问,得到的答案却并不权威……

古望军和李凯碰面交流时"吐槽":为什么中小学都有这样的问答类 App,唯独在大学这一块是空白?两人灵光一闪:能不能做一个大学生的学习问答社区,方便大家在考研、英语四六级考试乃至各种考证的过程中实现互助学习?

"边学边问"应运而生。他们开发的这款 App,是针对大学生群体打造的问答平台,使用者可以将问题发到 App,由系统、网上高手或老师给出解答过程和思路。同时,还可以为用户提供高质量的考试考证经验、课程视频、学习笔记等干货内容,以及周边院校的讲座、选课指南、老师在线课程等。同时,App 附加社交功能,设有"学霸圈""留学圈""四六级圈"等多个圈子,供大学生扎堆儿。

5 分钟路演吸引投资人

2015 年 1 月考研结束后,李凯、古望军正式开始创业。

李凯回忆,创业初期,他们没有贸然开始 App 开发,而是进行充分的市场调研。他们将市面上可以找到的所有问答类 App,都下载在手机上试用,最后选择了 5 个进行详细解剖,逐一分析各自的优劣。一个月后,他们决定在采用文字录入模式的同时,加入一键拍照的方法,采取图像识别技术,从图片中提取文字,再匹配题库。

2015 年 1 月中旬,项目团队正式入驻光谷创业咖啡,准备参加今年首场青桐汇路演,路演时间为 5 分钟。

为了准备路演,他们特地撰写了创业计划书并制作了 PPT,在光谷创业咖啡工作人员的指点下,对 PPT 进行了三次大改。

2015 年 1 月 24 日,古望军穿着租来的西装登上路演舞台,由于创业"角度刁"、项目特点突出,当场就有投资人表达了投资意向。

(资料来源:https://edu.qq.com/a/20150316/017371.htm)

【思考与讨论】
1. 作为创业人，怎样打动投资人？上面的案例给大家什么启发呢？
2. 在产品还未正式上线的情况下就获得了投资，有何秘诀？
3. 投资在路演就当场敲定，讨论创业计划书从中起到的重要作用。

1. PPT 的制作

制作的 PPT 不要篇幅太多，长度要适宜；母版的选用要简洁大方，避免花哨；色彩搭配要合理，内容清晰，易于观看；要条理清晰，提纲挈领，不宜使用过多文字；论证部分巧妙使用图形图表。

2. 创业计划的讲解

要吐字清晰，易于接受；最好由团队的一个善于演讲的人独立完成，不要每一个团队成员轮换进行；脱稿讲解，忌讳照 PPT 读；讲解者要富于激情，充满自信。

3. 尽量进行成果展示

如果你的产品能制作成模型或进行产品展示，这将是最直观的展示方法，也有助于别人理解项目的可行性。

4. 进行一分钟电梯演讲训练

要求你在一分钟之内必须简明地告诉读者创业计划的内容：用第一句话概括清楚你要做的事；在第二句话中，说明申请资金的数量和用途；第三句话说明未来的市场潜力有多大。

【阅读资料 9.4】

60 秒征服你的投资人

谁都不希望话说一半投资者就有人离场。

投资者见过的自荐人数不胜数，他们听完推荐几分钟内就可以决定你是否值得他们花时间、花心思、花银两。以下是沟通技巧，供融资者参考。

1. 以 3 个"你知道吗？"问句开头，紧扣主题

介绍惊人的研究数据，让听众瞠目结舌，"真的吗？！"

无论你准备解决什么问题、应对什么议题、满足什么需求，援引最新数据，为这个难题提供全新见解。

引用德高望重的名人名言，证明某个突如其来的转变趋势、目标人群的骤增或法律法规的相关变化。

2. 用 3 个形容词修饰你所"想象"的答案

"想象"这个词能够抓住听众的注意力，他们会愿意放下手头的事，乖乖设想你所说的事物，全神贯注。把你所提出的承诺浓缩为一句简洁的话，带动决策者思考："谁会不想要呢？！"

3. 黄金过渡句，"不劳您想象，我们已经发明出来……"

接着，介绍先例、给出证据，证明这不是天马行空，也不是胡乱猜想。一切木已成舟，你就是负责传递信息。或者提供案例研究，证明你所做工作的可信度。再或者引用某位行业权威的推荐,为你的自荐增加真实性。为什么"你知道吗"问句屡试不爽?因为吸引老练决策者的最快方法,是介绍他们未知但渴望了解的东西,几十秒时间,他们就长知识了。你证明了你是值得他们花时间的,于是他们充满动力,专心听讲。短短一分钟,你就成功把自己卖出去了。

(资料来源:https://www.cyzone.cn/article/103058.html)

三、创业计划书模板示例

辽宁省第三届大学生创业大赛创业计划书模板

第一部分　填写要求

一、封面格式

参赛团队可以将公司的产品或服务的理念设计成一个LOGO图案放置在首页,但需要留出足够的版面排列以下内容:

1. 公司名称(拟建或已建)
2. 技术领域
3. 推荐院校
4. 指导教师
5. 负责人
6. 电话

二、填写说明

1. 本创业计划书中列出的所有问题是为了保证专家评审时对参赛团队及创业项目做客观、深入、细致的了解,请按照计划书模板格式详细填写创业计划书中的相关问题。

2. 各参赛团队根据申报项目的具体情况,选择确定适当的拟建企业中文名称,已建企业请填写经工商行政管理部门核准的企业名称。

3. 各参赛团队根据申报项目的具体情况选择以下技术领域:

(1)装备制造业及机械能源类;(2)农林、畜牧、食品及相关类;(3)生物、医药类;化工技术、环境科学类;(4)新型材料类;(5)电子信息及应用类;(6)互联网技术应用及物联网开发;(7)现代服务业类;(8)教育、文化与传媒及应用类;(9)其他。

4. 各参赛团队如果拥有自主知识产权(包括:专利、软件著作权、论文〈摘要〉、产品检测报告、技术成果鉴定证明等),请将相关证明材料转换成数码照片或扫描件格式,以附件形式附后。

5. 此创业计划书模板仅供参考,各参赛团队可以根据自己的情况填写,补充完善。

6. 填写说明主要是为了便于参赛团队撰写计划时的文字说明或解释,最终文本中不得出现此类内容。

三、保密承诺

承　诺

本创业计划书内容可能涉及参赛团队的商业秘密,仅对有投资意向的投资者或有意向孵化的机构公开，要求收到本创业计划书时做出以下承诺：

妥善保管本创业计划书，未经大赛组委会及项目填报人同意，不得向其他各方公开本创业计划书内容。

第二部分 目录

各参赛团队在初步确定创业计划书后，需要注意确认目录的页码与内页页码的一致性。

1. 摘要
2. 公司概述
3. 产品/服务
4. 市场分析
5. 营销战略
6. 生产经营
7. 组织管理
8. 融资说明
9. 财务分析
10. 风险分析

附录

第三部分 创业设计的具体内容

一、摘要（执行总结）

创业计划书摘要应该涵盖计划书的所有要点，浓缩所有精华。

主要内容包括：企业名称、成立时间、注册资本、产品和服务、技术水平、行业状况、市场规模、营销策略、生产运营状况、组织管理、融投资计划及财务分析、风险分析及控制等相关内容。

要求简明、扼要、可信，能有效概括整个创业计划；具有鲜明的个性，具有吸引力；有明确的思路和目标；能突出自身优势。

二、企业概述

（一）企业名称

拟建企业请根据申报项目的具体情况，选择适当的中文名称；已建企业请填写经工商行政管理部门核准的企业名称。

（二）注册日期

拟建企业的注册时间由参赛团队自行拟定（时间为2015年5月—2015年12月）；已建企业请填写工商行政管理部门核发的企业营业执照的时间。

（三）注册资本

拟建企业的注册资本请选择填写与未来项目运行相符的注册资本；已建企业请填写工商行政管理部门核发的企业营业执照上的注册资本金数额。

（四）企业地址

拟建企业的公司地址请选择填写与未来项目运行市场相符的地址；已建企业请填写工商行政管理部门核发的企业营业执照上的地址。注意：如果另有生产加工或经营地址请同时注明。

（五）联系方式

电话、传真、邮箱、网址、QQ、微博、微信等。

（六）企业性质（类型）

按照现代企业制度的要求，创建企业应采取公司制企业、合伙制企业或个人独资企业三种组织形式。如果拟建企业采用公司制组织形式，需填写有限公司、股份有限公司，其他可以填写合伙企业、个人独资企业等；对于已建企业，请填写工商行政管理部门核发的企业营业执照上的企业类型。

（七）企业宗旨

描述企业存在的目的或对社会发展应做出的贡献，主要是回答"企业是什么"的问题，包括企业的长远目标、企业文化、企业精神、经营理念等，体现企业的根本思想与发展线路。

（八）股东情况

列表说明目前股东的名称及其出资情况。

（九）主营业务

对于拟建企业主要是未来公司的经营业务、主要收入情况预测；对于已建企业主要是目前的经营业务、未来的经营业务情况，尤其是过去主要收入情况及未来收入预测。

三、产品/服务

用简洁的方式，描述企业的产品/服务。

主要介绍产品/服务的名称、特征、性能、用途以及应用领域、市场前景等，可以附图说明。注意：不需要透露公司的核心技术。

说明产品/服务如何向消费者提供价值，提供的方式有哪些，产品/服务填补了哪些市场空白（国际或国内），可以添加产品/服务的相关照片。

（一）产品/服务的优势

产品/服务的背景、目前所处的发展阶段，与同行业同类产品/服务的比较；产品/服务的新颖性、先进性和独特性，产品的竞争优势（包括性能、价格、服务等方面）。

（二）技术描述

企业已有的技术成果及技术水平（包括技术鉴定情况、获国际、国家、省、市及有关部门和机构奖励情况），现有和正在申请的知识产权（专利、商标、版权等）情况；公司是否已签署了有关专利权及其他知识产权转让或授权许可的协议？如果有，请说明（并附主要条款或授权书）。

（三）研究与开发

企业现有技术开发资源以及技术储备情况，研发队伍技术水平、竞争力及对外合作情况，已经投入的研发经费及今后投入计划，对研发人员的激励机制，保持关键技术人员和技术队伍的稳定。

（四）未来产品/服务

下一代产品/服务的定位，更新周期。

（五）相关支持

产品的售后服务网络和用户技术支持。

四、市场分析

描述企业所处的行业、市场以及补充区域。分析市场的特征是什么。分析是否有新生市场，如何发展新生市场。分析国内外行业状况、市场容量，分析该产品在市场中的需求趋势，要有数据分析、对比。

（一）行业及市场情况

产品/服务所在行业的发展历史及趋势，行业中的哪些变化对产品利润、利润率影响较大，进入该行业的技术壁垒、贸易壁垒、政策限制等，行业市场前景分析与预测，相关数据必须注明资料来源。

（二）目标市场定位

产品/服务的细分市场、目标顾客群，阐述什么因素促使人们购买你的产品，产品/服务对于消费者的吸引在何处，人们为什么选择公司的产品/服务，产品/服务的目标市场份额为多大，产品/服务的可能占有率有多少。可以用图表说明目标市场容量的发展趋势。

（三）竞争对手分析

分别根据产品、价格、市场份额、地区、营销方式、管理手段、特征以及财务力量等划分重要竞争者。

产品/服务的价格、性能、质量在市场竞争中所具备的优势、劣势分析。

可以列表描述目标市场内主要竞争对手的优势、劣势。

（四）市场准入

说明产品/服务的市场销售有无行业管制，对产品/服务进入市场的难度进行分析。

五、营销战略

1. 描述产品销售成本的构成及销售价格制定的依据。

2. 如果产品已经在市场上形成了竞争优势，请说明与哪些因素有关（如成本相同但销售价格低、成本低形成销售优势，以及产品性能、品牌、销售渠道优于竞争对手产品等）。

3. 建立销售网络、销售渠道、设立代理商、分销商方面的策略与实施。可以依据消费群特点、地理优势、季节变化引起的消费特点、资金的有效运用等确定销售策略。

4. 确定广告促销方面的策略与实施，产品销售价格方面的策略与实施，建立良好销售队伍方面的策略与实施，产品售后服务方面的策略与实施。

六、生产运营

如果是生产制造企业需要描述产品制造情况，如果是非生产制造业，则不需要填写。

1. 产品生产制造方式。描述企业是自建厂生产、委托生产或其他方式，请说明原因。

如果是企业自建厂生产，说明是购买厂房，还是租用厂房？厂房面积是多少？生产面积是多少？厂房地点在哪里？交通、运输、通信是否方便？

2. 生产设备情况。说明是采用专用设备，还是采用通用设备？设备的先进程度如何？价值是多少？是否投保？最大生产能力是多少？能否满足产品销售增长的要求？

如果需要增加设备，需要描述设备的采购计划、采购周期及安装调试周期。

如果设备操作需要特殊技能的员工，请说明如何解决这一问题。

3. 产品的生产制造过程、工艺流程。描述产品的生产制造过程、工艺流程。

如何保证主要原材料、元器件、配件以及关键零部件等进货渠道的稳定性、可靠性、质量及进货周期？要求列出3家主要供应商名单及联系方式。

正常生产状态下，成品率、返修率、废品率控制在怎样的范围内？描述生产过程中产品的质量保证体系以及关键质量检测设备。

4. 产品成本和生产成本如何控制？有怎样的具体措施？

5. 产品批量销售价格的制定，产品毛利润率是多少？纯利润率是多少？

七、组织管理

1. 描述公司的组织结构，需要用图表示企业运营初期的组织结构和运营成熟期的组织结构。

2. 简要介绍企业各部门的设置及职能情况。

3. 介绍公司的管理团队，介绍各团队成员与管理公司有关的教育背景和工作背景，描述各团队成员的工作职责，注重管理分工和技能互补。

4. 介绍公司主要的投资人及持股情况。

5. 描述创业团队优势与不足之处、人才战略与激励制度。

6. 介绍公司拟聘请的法律顾问、投资顾问、技术顾问、会计、管理咨询等外部支持力量。

八、融资说明

为保证项目实施，需要资金多少？需要融资多少？其中，风险投资多少？如果需要对外借贷，借贷金额多少？来源有哪些？借贷比例是多少？担保措施是什么？

1. 请说明投入资金的用途和使用计划。

2. 拟向外来投资方出让多少权益？

3. 预计未来3～5年平均每年净资产收益率是多少？

4. 外来投资方可享有哪些监督和管理权力？

5. 说明外来投资方以何种方式收回投资，具体方式和执行时间。

九、财务分析

1. 产品/服务形成规模销售时，计算毛利润率和净利润率。

2. 需要提供未来3～5年的资产负债表、损益表和现金流量表。

3. 每一项财务数据要有依据，要进行财务数据说明。

十、风险分析

请对创业过程中的各种可能出现的风险因素分别进行分析。

主要包括市场、技术、财务、管理、资本、政策等风险，并说明如何规避、化解风险。

附录

如有以下材料，请列出：

1. 公司背景及组织结构

2. 团队人员构成及简历

3. 公司宣传品

4. 市场研究数据（或合同）

5. 专利证书（授权证书）

6. 股权或合作协议

7. 其他需要说明资料

创业计划书样例

本章小结

创业不是头脑的一时冲动，而是需要经过深思熟虑的过程。在头绪纷繁的创业初期，创业者应当反复推敲经营思路和创业设想，创业计划书就是整个创业想法的概况总结和行动纲领。一份完整的创业计划书，可以厘清创业者的创业思路，说服创业团队、客户及投资人。创业计划书没有通用的固定模板，必须个性地体现出自身的独特之处，但优秀的创业计划书还是有一些共同的内容特征，其撰写和展示也有一定的原则和技巧。大学生通过撰写和展示创业计划书的练习，不仅可以为创业提供思路梳理和准备，也能为其他行动计划的撰写和展示以及文案的撰写提供经验和借鉴。

复习思考题

1. 有的人认为撰写创业计划书占用了创业者很多的时间和精力，这些时间和精力不如为创业做些其他的事情，对此你怎么看？
2. 你认为在创业计划书中不能缺少的内容有哪些？为什么？
3. 你认为市场调查有没有作用？为什么？
4. 撰写和展示创业计划书有哪些方法和技巧？

第十章　新企业开办与创业风险管理

教学目标

学习完本章之后,学生能够达成以下目标:
1. 了解开办新企业的相关法律法规,认识到开办企业是法律行为;
2. 掌握大学生开办新企业的优惠政策,并利用好优惠政策;
3. 掌握开办新企业的程序,重点掌握各类企业注册的流程和需要准备的材料;
4. 了解创业风险,认识到大学生创业风险高的成因;
5. 学会防范与控制创业风险,使企业平稳发展。

导入案例

有关合伙企业的法律问题

教学视频

2000年1月,赵、钱、孙、李四人决定设立一合伙企业,并签订书面协议,内容如下:(1)赵、钱、孙、李四人按 2:2:1:1 比例分配利润和承担风险;(2)由赵执行合伙企业事务,对外代表企业,但签订大于1万元的销售合同应经其他合伙人同意。

之后该合伙企业办理了营业执照并发生了以下事实:(1)2000年5月赵擅自以合伙企业名义与红天公司签订合同,红天公司不知道其内部限制。钱获知后,向红天公司表示不承认。(2)2001年1月,李提出退伙,并未给企业造成任何不利影响。2001年3月李经清算退伙。4月新合伙人周出资4万元入伙。2001年5月,合伙企业的债权人绿光公司就合伙人李退伙前的24万元,要求现合伙人和李共同承担连带责任。李以自己退伙为由,周以自己新入伙为由拒绝承担。(3)赵为了改善企业的经营管理,于2001年4月独自聘任田某为合伙企业的经营管理人,并以合伙企业的名义对蓝海公司提供担保。

(案例来源:https://www.ppkao.com/shiti/5773203/)

【思考与讨论】
1. 他们的合伙协议是否合法,为什么?
2. 赵跟红天公司的合同是否有效?为什么?
3. 李的主张是否成立?为什么?如果李向绿光公司偿还24万元,可以向哪些当事人追偿,金额多少?

4. 周的主张是否成立？为什么？

第一节　开办新企业的法律与政策

创建者在组建了创业团队，通过市场调研和分析找到了创业机会，制订了创业计划，获得了创业启动资金之后，就可以开办新企业了。从某种意义上说，开办新企业是创业过程中最关键的环节，因为与创业过程的其他环节相比，成功创建新企业更能突出体现创业的成果。创业者注册新企业有了合法的资格，就可为社会和消费者认可企业的信誉打下基础。

 一、开办新企业相关的法律法规

（一）企业组织形式方面的法律法规

企业的组织形式，根据不同的标准有不同的分类。按照投资主体划分，可将企业分为国有企业和非国有企业；按照承担的职能划分，可将企业分为竞争型企业和非竞争型企业；按照是否独立享有权利、承担义务和责任划分，可将企业分为法人企业和非法人企业。

这里讲的企业的组织形式也叫企业的法律形态，是指企业财产及其社会化大生产的组织形态，它表明一个企业的财产构成、内部分工协作与外部社会经济联系的方式。开办新企业不能随心所欲任意塑造企业形态，只能选择法律规定的企业组织形式。新企业可选择的组织形式主要有公司制企业（包括有限责任公司和股份有限公司）、合伙企业、个人独资企业，它们之间的比较如表 10-1 所示。大学生创业者可以选择的企业组织形式有五种：有限责任公司、合伙企业、农民专业合作社、个人独资企业、个体工商户。

表 10-1　企业组织形式的比较

企业组织形式	法律依据	投资者要求	出资	财产权性质	责任形式	利亏分担
有限责任公司	《中华人民共和国公司法》	50人以下法人、自然人	全体股东认缴的出资额	法人财产权	有限责任	投资比例
股份有限公司	《中华人民共和国公司法》	2人以上200人以下法人、自然人	认购的股本总额或者募集的实收股本	法人财产权	有限责任	投资比例
合伙企业	《中华人民共和国合伙企业法》	2个人或2个以上具有完全民事行为能力的自然人。	协议约定无资本数量限制	合伙人共同所有	无限连带责任	按约定，未约定则均分

续表

企业组织形式	法律依据	投资者要求	出资	财产权性质	责任形式	利亏分担
农民专业合作社	《中华人民共和国农民专业合作社法》	以农民为主体，农民至少百分之八十	其账户内记载的出资额和公积金份额	法人财产权	有限责任	盈余主要按照成员与农民专业合作社的交易量（额）比例返还
个人独资企业	《中华人民共和国个人独资企业法》	1个人，具有完全民事行为能力的自然人	投资者申报	投资者个人所有	无限责任	投资者个人
个体工商户（不是企业）	《中华人民共和国个体工商户条例》	1个人，具有完全民事行为能力的自然人或家庭	投资者申报	投资者个人或家庭所有	无限责任	投资者个人或家庭

1. 有限责任公司

公司是指依照《中华人民共和国公司法》在中国境内设立的有限责任公司和股份有限公司。《中华人民共和国公司法》是为了规范公司的组织和行为，保护公司、股东和债权人的合法权益，维护社会经济秩序，促进社会主义市场经济的发展而制定的。1993年12月29日第八届全国人民代表大会常务委员会第五次会议通过；根据1999年12月25日第九届全国人民代表大会常务委员会第十三次会议《关于修改〈中华人民共和国公司法〉的决定》第一次修正；根据2004年8月28日第十届全国人民代表大会常务委员会第十一次会议《关于修改〈中华人民共和国公司法〉的决定》第二次修正；2005年10月27日第十届全国人民代表大会常务委员会第十八次会议修订，根据2013年12月28日第十二届全国人民代表大会常务委员会第六次会议《关于修改〈中华人民共和国海洋环境保护法〉等七部法律的决定》第三次修正；根据2018年10月26日第十三届全国人民代表大会常务委员会第六次会议第四次修正。

（1）有限责任公司的定义：有限责任公司是指由一定人数的股东组成，股东只以其出资额为限对公司承担责任，公司只以其全部资产对公司债务承担责任的公司。

（2）有限责任公司的特征：

① 有限责任公司是企业法人，有独立的法人财产，享有法人财产权。

② 有限定的股东人数，有限责任公司的股东人数为50人以下。

③ 有限责任公司以其全部财产对公司债务承担责任。

④ 有限责任公司的股东以其认缴的出资额为限对公司承担责任。

⑤ 有限责任公司股东共同制定公司章程。

（3）设立有限责任公司应当具备的条件：

① 股东符合法定人数。

② 有符合公司章程规定的全体股东认缴的出资额；股东可以用货币出资，也可以用实物、知识产权、土地使用权等可以用货币估价并可以依法转让的非货币财产作价出资；但

是，法律、行政法规规定不得作为出资的财产除外。股东应当按期足额缴纳公司章程中规定的各自所认缴的出资额。股东以货币出资的，应当将货币出资足额存入有限责任公司在银行开设的账户；以非货币财产出资的，应当依法办理其财产权的转移手续。股东不按照前款规定缴纳出资的，除应当向公司足额缴纳外，还应当向已按期足额缴纳出资的股东承担违约责任。有限责任公司的注册资本为在公司登记机关登记的全体股东认缴的出资额。公司成立后，股东不得抽逃出资。

③ 股东共同制定公司章程。有限责任公司章程应当载明下列事项：公司名称和住所；公司经营范围；公司注册资本；股东的姓名或者名称；股东的出资方式、出资额和出资时间；公司的机构及其产生办法、职权、议事规则；公司法定代表人；股东会会议认为需要规定的其他事项。股东应当在公司章程上签名、盖章。

④ 有公司名称。建立符合有限责任公司要求的组织机构，必须在公司名称中标明有限责任公司或者有限公司字样。

⑤ 有公司住所。公司以其主要办事机构所在地为住所，是法定的注册地址。

特殊的有限责任公司：一人有限责任公司（简称"一人公司""独资公司"或"独股公司"），是指只有一个自然人或一个法人股东（自然人或法人），持有公司全部出资的有限责任公司。一人有限责任公司是独立的企业法人。一个自然人只能投资设立一个有限责任公司。一人有限责任公司的股东不能证明公司财产独立于股东自己的财产的，应当对公司债务承担连带责任。一人有限责任公司应在公司登记中注明自然人独资或者法人独资，并在营业执照中载明：一人有限责任公司。一人有限责任公司章程由股东制定。一人有限责任公司有两个基本法律特征：一是股东人数的唯一性；二是股东责任的有限性。

2. 股份有限公司

（1）股份有限公司的定义：股份有限公司是指将全部资本分为等额股份，股东以其所认购的股份为限对公司承担责任，公司以其全部资产对公司债务承担责任的公司。

（2）股份有限公司的基本特征：

① 股份有限公司是独立的企业法人，有独立的法人财产，享有法人财产权。

② 股份有限公司的发起人数不得少于法律规定的数目，应为2人以上200人以下。

③ 股份有限公司的股东对公司债务负有限责任，其限度是股东应交付的股金额。

④ 股份有限公司以全部资产对公司债务承担责任。

⑤ 股份有限公司的设立采取发起人设立或募集设立的方式，其全部的资本划分为等额的股份，可通过向社会公开发行的办法筹集资金。任何人在缴纳了股款之后，都可以成为公司股东，没有资格限制。

⑥ 公司股份可以自由转让，但不能退股。

⑦ 公司账目须向社会公开，以便于投资人了解公司情况，进行选择。

⑧ 股份有限公司的股东共同制定公司章程。

⑨ 公司设立和解散有严格的法律程序，手续比较复杂。

（3）设立股份有限公司应当具备的条件：

① 发起人符合法定人数。设立股份有限公司，应当有2人以上200人以下为发起人，其中须有半数以上的发起人在中国境内有住所。股份有限公司发起人承担公司筹办事务。发起人应当签订发起人协议，明确各自在公司设立过程中的权利和义务。

② 有符合公司章程规定的全体发起人认购的股本总额或者募集的实收股本总额。股份有限公司采取发起设立方式设立的,注册资本为在公司登记机关登记的全体发起人认购的股本总额。在发起人认购的股份缴足前,不得向他人募集股份。股份有限公司采取募集方式设立的,注册资本为在公司登记机关登记的实收股本总额。

③ 股份发行、筹办事项符合法律规定。

④ 发起人制定公司章程,采用募集方式设立的经创立大会通过。

⑤ 有公司名称,建立符合股份有限公司要求的组织机构。

⑥ 有公司住所。

3. 合伙企业

(1) 合伙企业的定义:合伙企业是指自然人、法人和其他组织依照《中华人民共和国合伙企业法》,在中国境内设立的,由两个或两个以上的自然人通过订立合伙协议,共同出资经营、共负盈亏、共担风险的企业组织形式。《中华人民共和国合伙企业法》于1997年2月23日第八届全国人民代表大会常务委员会第二十四次会议通过;2006年8月27日第十届全国人民代表大会常务委员会第二十三次会议修订,自2007年6月1日起施行。

我国合伙组织形式仅限于私营企业。合伙企业无法人资格。合伙企业,是指自然人、法人和其他组织依照《中华人民共和国合伙企业法》在中国境内设立的普通合伙企业和有限合伙企业。普通合伙企业由普通合伙人组成,合伙人对合伙企业债务承担无限连带责任。《中华人民共和国合伙企业法》对普通合伙人承担责任的形式有特别规定的,从其规定。有限合伙企业由普通合伙人和有限合伙人组成,普通合伙人对合伙企业债务承担无限连带责任,有限合伙人以其认缴的出资额为限对合伙企业债务承担责任。国有独资公司、国有企业、上市公司以及公益性的事业单位、社会团体不得成为普通合伙人。

普通合伙企业与有限合伙企业的区别:

① 合伙人要求不同:普通合伙企业的投资人数为2个普通合伙人以上,没有上限规定,而有限合伙企业的投资人数为2人以上50人以下且至少有一个普通合伙人。

② 承担责任不同:普通合伙企业的所有出资人即全部普通合伙人都必须对合伙企业的债务承担无限连带责任;而有限合伙企业中一部分出资人对企业债务承担有限责任,有限合伙企业只有一个普通合伙人时对合伙企业的债务承担无限责任,有限合伙企业中有2个或以上普通合伙人时承担无限连带责任。

(2) 合伙企业的特征:

① 合伙企业的设立主体包括自然人、法人和其他组织。

② 合伙人承担连带责任。即所有的合伙人对合伙企业的债务都有责任向债权人偿还,不管自己在合伙协议中所承担的比例如何。一个合伙人不能清偿对外债务时,其他合伙人都有清偿的责任,但当某一合伙人偿还合伙企业的债务超过自己所承担的数额时,有权向其他合伙人追偿。

③ 合伙人对企业债务承担无限连带责任,即所有的合伙人不以自己投入合伙企业的资金和合伙企业所有的全部资金为限,而以合伙人自己所有的财产对债权人承担清偿责任。

④ 合伙企业要依法签订书面协议,订立的书面协议必须由全体合伙人协商一致。

⑤ 合伙企业解散时,合伙企业财产的清偿顺序如下:合伙企业所欠招用的职工工资和劳动保险费用;合伙企业所欠税款;合伙企业的债务;返还合伙人的出资。

⑥ 合伙企业财产按上述顺序清偿后仍有剩余的，则按协议中约定比例分配。如协议中没有约定的，则平均分配。

（3）设立合伙企业应当具备的条件：合伙企业分为普通合伙企业和有限合伙企业，它们设立条件有所不同。

普通合伙企业（名称中应当标明"普通合伙"字样）设立的条件：

① 有2个以上合伙人。合伙人为自然人的，应当具有完全民事行为能力。

② 有书面合伙协议。

③ 有合伙人认缴或者实际缴付的出资。合伙人可以用货币、实物、知识产权、土地使用权或者其他财产权利出资，也可以用劳务出资。

④ 有合伙企业的名称和生产经营场所。

⑤ 法律、行政法规规定的其他条件。

有限合伙企业（名称中应当标明"有限合伙"字样）设立的条件：

① 有限合伙企业由2个以上50个以下合伙人设立。有限合伙企业至少应当有一个普通合伙人。

② 有书面合伙协议。

③ 有合伙人认缴或者实际缴付的出资。有限合伙人可以用货币、实物、知识产权、土地使用权或者其他财产权利作价出资。有限合伙人不得以劳务出资。

④ 有合伙企业的名称和生产经营场所。

⑤ 法律、行政法规规定的其他条件。

4. 农民专业合作社

（1）农民专业合作社的定义：农民专业合作社是指在农村家庭承包经营基础上，农产品的生产经营者或者农业生产经营服务的提供者、利用者，自愿联合、民主管理的互助性经济组织。

《中华人民共和国农民专业合作社法》于2006年10月31日第十届全国人民代表大会常务委员会第二十四次会议通过；2017年12月27日第十二届全国人民代表大会常务委员会第三十一次会议修订，自2018年7月1日起施行。

（2）农民专业合作社的特征：

① 农民专业合作社依照《中华人民共和国农民专业合作社法》登记，取得法人资格；国家保障农民专业合作社享有与其他市场主体平等的法律地位。

② 农民专业合作社对由成员出资、公积金、国家财政直接补助、他人捐赠以及合法取得的其他资产所形成的财产，享有占有、使用和处分的权利，并以上述财产对债务承担责任。

③ 农民专业合作社以其成员为主要服务对象。

④ 开展以下一种或者多种业务：农业生产资料的购买、使用；农产品的生产、销售、加工、运输、贮藏及其他相关服务；农村民间工艺及制品、休闲农业和乡村旅游资源的开发经营等；与农业生产经营有关的技术、信息、设施建设运营等服务。

⑤ 农民专业合作社应当遵循下列原则：成员以农民为主体；以服务成员为宗旨，谋求全体成员的共同利益；入社自愿、退社自由；成员地位平等，实行民主管理；盈余主要按照成员与农民专业合作社的交易量（额）比例返还。

（3）设立农民专业合作社应当具备的条件：
① 有 5 名以上符合《中华人民共和国农民专业合作社法》第十九条、第二十条规定的成员。《中华人民共和国农民专业合作社法》第十九条规定：具有民事行为能力的公民，以及从事与农民专业合作社业务直接有关的生产经营活动的企业、事业单位或者社会组织，能够利用农民专业合作社提供的服务，承认并遵守农民专业合作社章程，履行章程规定的入社手续的，可以成为农民专业合作社的成员。但是，具有管理公共事务职能的单位不得加入农民专业合作社。农民专业合作社应当置备成员名册，并报登记机关。《中华人民共和国农民专业合作社法》第二十条规定：农民专业合作社的成员中，农民至少应当占成员总数的百分之八十。成员总数二十人以下的，可以有一个企业、事业单位或者社会组织成员；成员总数超过二十人的，企业、事业单位和社会组织成员不得超过成员总数的百分之五。
② 有符合《中华人民共和国农民专业合作社法》规定的章程。
③ 有符合《中华人民共和国农民专业合作社法》规定的组织机构。
④ 有符合法律、行政法规规定的名称和章程确定的住所。
⑤ 有符合章程规定的成员出资。

5. 个人独资企业

（1）个人独资企业的定义：个人独资企业是指依照《中华人民共和国个人独资企业法》在中国境内设立，由一个自然人投资，财产为投资人个人所有，投资人以其个人财产对企业债务承担无限责任的经营实体。《中华人民共和国个人独资企业法》由中华人民共和国第九届全国人民代表大会常务委员会第十一次会议于 1999 年 8 月 30 日通过，自 2000 年 1 月 1 日起施行。

（2）个人独资企业的特征：
① 个人独资企业由一个自然人投资设立。
② 个人独资企业设立要符合国家法律法规明确规定的在场所、资金、人员等方面的条件，是一个独立的企业实体。
③ 个人独资企业投资人的个人财产与企业财产不分离，投资人以其个人财产对企业债务承担无限责任。
④ 个人独资企业是非法人企业。
⑤ 个人独资企业的出资人可以自行管理企业事务，或委托聘用其他具有民事行为能力的人负责管理企业事务。
⑥ 个人独资企业规模较小，设立条件比较宽松，设立程序比较简便，开办或退出比较灵活。

（3）设立个人独资企业应当具备的条件：
① 投资人为一个自然人。
② 有合法的企业名称。
③ 有投资人申报的资金。
④ 有固定的生产经营场地和必要的生产经营条件。
⑤ 有必要的从业人员。

6. 个体工商户

（1）个体工商户的定义：有经营能力的公民，依照《个体工商户条例》规定，经工商行政管理部门登记，从事工商业经营的，为个体工商户。个体工商户可以个人经营，也可以家庭经营。《个体工商户条例》于2011年4月16日中华人民共和国国务院令第596号公布。根据2014年2月19日《国务院关于废止和修改部分行政法规的决定》第一次修订，根据2016年2月6日《国务院关于修改部分行政法规的决定》第二次修订。

（2）个体工商户的特征：

① 个体工商户不是企业，不具有法人资格，但它是市场主体之一。个体工商户的合法权益受法律保护，任何单位和个人不得侵害。国家对个体工商户实行市场平等准入、公平待遇的原则。

② 财产权归投资者个人或家庭所有。

③ 投资人以其个人财产对外债务承担无限责任。

④ 盈亏归投资者个人或家庭所有和承担。

（3）设立个体工商户应当具备的条件：

① 一个人具有完全民事行为能力的自然人或家庭。

② 有投资人申报的资金。

③ 可以起字号。

④ 有固定的生产经营场地和必要的生产经营条件。

⑤ 投资人本人或家庭成员为从业人员。

（二）企业注册登记以及运营管理的法律法规

1.《注册资本登记制度改革方案》

根据2014年2月18日国务院批准的《注册资本登记制度改革方案》，新企业注册资本登记便捷高效，规范统一，宽进严管。

（1）实行注册资本认缴登记制。公司股东认缴的出资总额或者发起人认购的股本总额（即公司注册资本）应当在工商行政管理机关登记。公司股东（发起人）应当对其认缴出资额、出资方式、出资期限等自主约定，并记载于公司章程。有限责任公司的股东以其认缴的出资额为限对公司承担责任，股份有限公司的股东以其认购的股份为限对公司承担责任。公司应当将股东认缴出资额或者发起人认购股份、出资方式、出资期限、缴纳情况通过市场主体信用信息公示系统向社会公示。公司股东（发起人）对缴纳出资情况的真实性、合法性负责。

（2）现行法律、行政法规以及国务院决定明确规定，实行注册资本实缴登记制的银行业金融机构、证券公司、期货公司、基金管理公司、保险公司、保险专业代理机构和保险经纪人、直销企业、对外劳务合作企业、融资性担保公司、募集设立的股份有限公司，以及劳务派遣企业、典当行、保险资产管理公司、小额贷款公司实行注册资本认缴登记制问题，需另行研究决定。在法律、行政法规以及国务院决定未修改前，暂按现行规定执行。

（3）已经实行申报（认缴）出资登记的个人独资企业、合伙企业、农民专业合作社仍按现行规定执行。

（4）鼓励、引导、支持国有企业、集体企业等非公司制企业法人实施规范的公司制改革，实行注册资本认缴登记制。

（5）放宽注册资本登记条件。除法律、行政法规以及国务院决定对特定行业注册资本最低限额另有规定的外，取消注册资本最低限额。

（6）简化住所（经营场所）登记手续。申请人提交场所合法使用证明即可予以登记。

（7）推行电子营业执照和全程电子化登记管理。电子营业执照载有工商登记信息，与纸质营业执照具有同等法律效力。包括网上申请、网上受理、网上审核、网上公示、网上发照等全程电子化登记管理。

2.《公司注册资本登记管理规定》

《公司注册资本登记管理规定》是为规范公司注册资本登记管理而制定的法规，经中华人民共和国国家工商行政管理总局局务会审议通过，2014年2月20日国家工商行政管理总局令第64号公布，自2014年3月1日起施行。国家工商管理总局发布并实施了修改后的《公司注册资本登记管理规定》，按公司类型及其设立方式分别对公司注册资本、实收资本、出资方式等进行了明确。

（1）有限责任公司的注册资本为在公司登记机关依法登记的全体股东认缴的出资额。股份有限公司采取发起设立方式设立的，注册资本为在公司登记机关依法登记的全体发起人认购的股本总额。股份有限公司采取募集设立方式设立的，注册资本为在公司登记机关依法登记的实收股本总额。

（2）股东或者发起人可以用货币出资，也可以用实物、知识产权、土地使用权等可以用货币估价并可以依法转让的非货币财产作价出资。股东或者发起人以货币、实物、知识产权、土地使用权以外的其他财产出资的，应当符合国家工商行政管理总局会同国务院有关部门制定的有关规定。

（3）股东或者发起人必须以自己的名义出资。股东或者发起人不得以劳务、信用、自然人姓名、商誉、特许经营权或者设定担保的财产等作价出资。

（4）对有限责任公司和股份有限公司注册资本的最低限额分别予以明确。对于首次出资额，《公司注册资本登记管理规定》也分别做出规定：有限责任公司全体股东的首次出资额不得低于公司注册资本的百分之二十，也不得低于法定的注册资本最低限额，其余部分由股东自公司成立之日起两年内缴足；其中，投资公司可以在五年内缴足。发起设立的股份有限公司全体发起人的首次出资额不得低于公司注册资本的百分之二十，其余部分由发起人自公司成立之日起两年内缴足；其中，投资公司可以在五年内缴足。

（5）公司增加注册资本的，股份有限公司以公开发行新股方式或者上市公司以非公开发行新股方式增加注册资本的，还应当提交国务院证券监督管理机构的核准文件。

（6）非公司企业按《中华人民共和国公司法》改制为公司、有限责任公司变更为股份有限公司时，折合的实收股本总额不得高于公司净资产额。有限责任公司变更为股份有限公司，为增加资本公开发行股份时，应当依法办理。

（三）知识产权方面的法律法规

知识产权是指人们就其智力劳动成果所依法享有的专有权利，通常是国家赋予创造者对其智力成果在一定时期内享有的专有权或独占权。从我国目前的立法现状看，知识产权法不是一部具体的制定法，主要由著作权法、专利法、商标法等若干法律法规或规章、司法解释、相关国际条约等共同构成。

1.《中华人民共和国著作权法》

著作权是指文学、艺术、科学作品的作者依法对他的作品享有的一系列的专有权。著作权是一种特殊的民事权利。在我国,"著作权"与"版权"为同一法律概念。著作权在作者的作品创作完成之后,即依法自动产生,而不需要经过任何主管机关的审查批准。我国公民、法人或其他组织的作品不论是否发表,都依法享有著作权。外国人、无国籍人的作品首先在中国境内出版的,也依法享有著作权。外国人、无国籍人的作品根据其作者所属国或者经常居住地国同中国签订的协议或共同参加的国际条约享有的著作权,受我国著作权法保护。《中华人民共和国著作权法》于 1990 年 9 月 7 日第七届全国人民代表大会常务委员会第十五次会议通过。根据 2001 年 10 月 27 日第九届全国人民代表大会常务委员会第二十四次会议《关于修改〈中华人民共和国著作权法〉的决定》第一次修正。根据 2010 年 2 月 26 日第十一届全国人民代表大会常务委员会第十三次会议《关于修改〈中华人民共和国著作权法〉的决定》第二次修正。根据《中华人民共和国著作权法》制定的《中华人民共和国著作权法实施条例》于 2013 年 1 月 16 日进行了第二次修正,并自 2013 年 3 月 1 日起施行。

2.《中华人民共和国专利法》

专利是国家依法在一定时期内授予发明创造者或者其权利继受者独占使用其发明创造的权利。专利权是一种专有权,这种权利具有独占的排他性。非专利权人要想使用他人的专利技术,必须依法征得专利权人的授权或许可。专利法可以有效地保护专利权人的合法权益。《中华人民共和国专利法》于 1984 年 3 月 12 日第六届全国人民代表大会常务委员会第四次会议通过。根据 1992 年 9 月 4 日第七届全国人民代表大会常务委员会第二十七次会议《关于修改〈中华人民共和国专利法〉的决定》第一次修正,根据 2000 年 8 月 25 日第九届全国人民代表大会常务委员会第十七次会议《关于修改〈中华人民共和国专利法〉的决定》第二次修正,根据 2008 年 12 月 27 日第十一届全国人民代表大会常务委员会第六次会议《关于修改〈中华人民共和国专利法〉的决定》第三次修正。

3.《中华人民共和国商标法》

商标是商品的生产者、经营者在其生产、制造、加工、拣选或者经销的商品上或者服务的提供者在其提供的服务上采用的,用于区别商品或服务来源的,由文字、图形、字母、数字、三维标志、颜色组合或上述要素的组合,具有显著特征的标志。声音也可用于注册商标。根据商标的管理来分类,可划分为注册商标和未注册商标。经使用商标人按照法定手续向国家商标局申请注册,经过审核后准予核准注册的商标,被称为注册商标。注册商标具有排他性、独占性、唯一性等特点,属于注册商标所有人所独占,受法律保护。任何企业或个人未经注册商标所有权人许可或授权,均不可自行使用,否则将承担侵权责任。我国实行商标自愿注册,但对人用药品、烟草实行强制注册。注册商标的有效期为十年,有效期满,需要继续使用的,应当在期满前六个月内申请续展注册,每次续展注册的有效期仍为十年。我国于 1982 年 8 月 23 日颁布了《中华人民共和国商标法》,并于 2001 年 10 月 27 日进行了第二次修正。2013 年 8 月 30 日,第十二届全国人大常委会第四次会议第三次审议并表决通过了《中华人民共和国商标法》修正案。

二、大学生创办新企业的国家优惠政策

习近平总书记在给2013年全球创业周中国站活动组委会致贺信中指出：全社会都应当重视和支持青年创新创业。2013年8月18日李克强总理在兰州大学调研时说：大学生既要创新也要敢于创业。大学生创业对于中国经济转型升级、建设创新型国家意义重大。2014年，国务院制定了"大学生创业引领计划"：国家将创业纳入就业工作的总体布局，就业和创业并举。为支持大学生创业，国家和各级政府出台了许多优惠政策，涉及融资、开业、税收、创业培训、创业指导等诸多方面，来扶持大学生实现创业。2015年出台《国务院关于进一步做好新形势下就业创业工作的意见》（国发〔2015〕23号）、《国务院办公厅关于深化高等学校创新创业教育改革的实施意见》（国办发〔2015〕36号），是高等学校创新创业的政策指导性文件。2015年4月21日和6月10日，有关扶持大学生创业的内容也两次被列为国务院常务会议议题，并出台大学生优惠政策。2017年4月和7月，教育部依托中国"互联网+"大学生创新创业大赛平台，组织开展了"青年红色筑梦之旅"实践活动，两批参赛团队分赴延安，通过大学生创新创业项目对接革命老区经济社会发展需求，助力精准扶贫脱贫。实践活动结束后，全体队员给习近平总书记写信汇报了他们的收获和体会，表示要像习近平青年时代那样，立下为祖国、为人民奉献自己的信念和志向，把自己创新创业梦融入伟大的中国梦，以青春和理想谱写信仰和奋斗之歌。中共中央总书记、国家主席、中央军委主席习近平2017年8月15日给第三届中国"互联网+"大学生创新创业大赛"青年红色筑梦之旅"的大学生回信："希望你们扎根中国大地了解国情民情，在创新创业中增长智慧才干，在艰苦奋斗中锤炼意志品质，在亿万人民为实现中国梦而进行的伟大奋斗中实现人生价值，用青春书写无愧于时代、无愧于历史的华彩篇章。"2019年又出台了一系列税收优惠政策。

（一）加强大学生创新创业能力培养

2015年起全面深化高校创新创业教育改革。2017年取得重要进展，形成科学先进、广泛认同、具有中国特色的创新创业教育理念，形成一批可复制可推广的制度成果，普及创新创业教育，实现新一轮大学生创业引领计划预期目标。到2020年建立健全课堂教学、自主学习、结合实践、指导帮扶、文化引领融为一体的高校创新创业教育体系，人才培养质量显著提升，学生的创新精神、创业意识和创新创业能力明显增强，投身创业实践的学生显著增加。

1. 享受创新人才培养计划

创业大学生可享受各地各高校实施的系列"卓越计划"、科教结合协同育人行动计划等，同时享受跨学科专业开设的交叉课程、创新创业教育实验班等，以及探索建立的跨院系、跨学科、跨专业交叉培养创新创业人才的新机制。"卓越计划"，全称是"卓越工程师教育培养计划"，是国家教育部贯彻落实《国家中长期教育改革和发展规划纲要（2010—2020年）》和《国家中长期人才发展规划纲要（2010—2020年）》的重大改革项目。"卓越计划"具有三个特点：一是行业企业深度参与培养过程；二是学校按通用标准和行业标准培养工程人才；三是强化培养学生的工程能力和创新能力。

2010年6月23日，教育部在天津大学召开"卓越工程师教育培养计划"启动会，联合有关部门和行业协（学）会，共同实施"卓越工程师教育培养计划"。"卓越计划"实施的层次包括工科的本科生、硕士研究生、博士研究生三个层次，培养现场工程师、设计开发工程师和研究型工程师等多种类型的工程师后备人才。目前已经公布三批"卓越计划"院校名单，共209所。

2. 开设创新创业教育课程

自主创业大学生可享受各高校挖掘和充实的各类专业课程和创新创业教育资源，以及面向全体学生开发开设的研究方法、学科前沿、创业基础、就业创业指导等方面的必修课和选修课；同时享受各地区、各高校推出的资源共享的慕课、视频公开课等在线开放课程，和在线开放课程学习认证和学分认定制度。

3. 强化创新创业实践

自主创业大学生可共享学校面向全体学生开放的大学科技园、创业园、创业孵化基地、教育部工程研究中心、各类实验室、教学仪器设备等科技创新资源和实验教学平台，参加全国大学生创新创业大赛、全国高职院校技能大赛，各类科技创新、创意设计、创业计划等专题竞赛，以及高校学生成立的创新创业协会、创业俱乐部等社团，提升创新创业实践能力。

4. 改革教学制度

自主创业大学生可享受各高校建立的自主创业大学生创新创业学分累计与转换制度；还可享受学生开展创新实验、发表论文、获得专利和自主创业等情况折算为学分，将学生参与课题研究、项目实验等活动认定为课堂学习的新探索。同时享受为有意愿有潜质的学生制订的创新创业能力培养计划，以及创新创业档案和成绩单等系列客观记录并量化评价学生开展创新创业活动情况的教学实践活动。优先支持参与创业的学生转入相关专业学习。

5. 完善学籍管理规定

有自主创业意愿的大学生，可享受高校实施的弹性学制，放宽学生修业年限，允许调整学业进程、保留学籍休学创新创业。

（二）放宽市场准入条件

对自主创业高校毕业生进一步放宽准入条件，降低注册门槛，初创企业时，允许按行业特点放宽资金、人员准入条件。比如，2010年财政部、国家税务总局发出《关于支持和促进就业有关税收政策的通知》，明确允许高校毕业生将符合条件的自有住房、租赁房、临时商业用房作为登记注册的住所，可实行一址多照和一照多址。各级注册登记大厅为大学生创业开辟绿色通道。2014年3月1日注册资本实缴登记制度转变为认缴登记制度，工商部门只登记公司认缴的注册资本总额，无须登记实收资本，不再收取验资证明文件。申请企业登记不用再为注册资本发愁。

（三）享受资金扶持政策

1. 对符合条件的高校毕业生自主创业的，可在创业地按规定申请小额担保贷款

从事微利项目的，可享受不超过10万元贷款额度的财政贴息扶持。对合伙经营和组织起来就业的，可根据实际需要适当提高贷款额度。在电子商务网络平台开办"网店"的高校毕业生，可享受小额担保贷款和贴息政策。微利项目主要有家庭手工业、修理修配、图

书借阅、旅店服务、餐饮服务、洗染缝补、复印打字、理发、小饭桌、小卖部、搬家、钟点服务、家庭清洁卫生服务、初级卫生保健服务、婴幼儿看护和教育服务、残疾儿童教育训练和寄托服务、养老服务、病人看护、幼儿和学生接送服务等。

2. 视当地情况，可申请"大学生创业资金"

"大学生创业资金"是专项用于支持大学生创业，作为大学生创业项目的引导性资金。资金使用类型主要为无息借款型、股份投资型和贷款贴息型。大学生创业项目申请无息借款型资金的额度一般为 2 万~10 万元，3 年内归还本金。申请股份投资型资金的额度一般为 5 万~20 万元，以参股形式分阶段注入创业企业，并对项目运作进行监督和指导，3 年内以股权转让形式退出，退出后的资金本金和增值部分要全部投入"大学生创业资金"中，用于扶持其他项目。辽宁省政府设立的"大学生创业资金"5 000 万元，专项用于扶持大学生创业。

3. 创业担保贷款和贴息

对符合条件的大学生自主创业的，可在创业地按规定申请创业担保贷款，贷款额度为 10 万元。鼓励金融机构参照贷款基础利率，结合风险分担情况，合理确定贷款利率水平，对个人发放的创业担保贷款，在贷款基础利率基础上上浮 3 个百分点以内的，由财政给予贴息。

（四）实行税费减免优惠

1. 管理类、登记类和证照类免收费

毕业 2 年以内的普通高校学生从事个体经营（除国家限制的行业外）的，自其在工商部门首次注册登记之日起 3 年内，免收管理类、登记类和证照类等有关行政事业性收费。

2. 减免征所得税

2015 年，持人社部门核发的《就业创业证》（注明"毕业年度内自主创业税收政策"）的高校毕业生在毕业年度内（指毕业所在自然年，即 1 月 1 日至 12 月 31 日）创办个体工商户、个人独资企业的，3 年内按每户每年 8 000 元为限额依次扣减其当年实际应缴纳的营业税、城市维护建设税、教育费附加和个人所得税。对高校毕业生创办的小型微利企业，按国家规定享受相关税收支持政策。2016 年至今，财政部、国家税务总局出台了一系列的税收优惠政策，与大学生创业密切相关的有 7 个。

（1）《财政部 国家税务总局关于国家大学科技园税收政策的通知》（财税〔2016〕98 号）。

（2）《关于进一步扩大小型微利企业所得税优惠政策范围的通知》（财税〔2018〕77 号）。

（3）《国家税务总局关于小规模纳税人免征增值税政策有关征管问题的公告》（国家税务总局公告 2019 年第 4 号）。

（4）《财政部 税务总局 发展改革委 民政部 商务部 卫生健康委关于养老、托育、家政等社区家庭服务业税费优惠政策的公告》（财政部公告 2019 年第 76 号）。

（5）《国家税务总局关于实施便利小微企业办税缴费新举措的通知》（税总函〔2019〕336 号）。

（6）《财政部 税务总局 人力资源社会保障部 国务院扶贫办关于进一步支持和促进重点群体创业就业有关税收政策的通知》（财税〔2019〕22 号）。

（五）享受创业指导免费服务

1. 有创业意愿的大学生，可免费获得公共就业和人才服务机构提供的创业指导服务

这包括政策咨询、信息服务、项目开发、风险评估、开业指导、融资服务、跟踪扶持等"一条龙"创业服务。

2. 自主创业大学生可享受各地各高校对自主创业学生实行的扶持政策

自主创业大学生可享受各地各高校对自主创业学生实行的持续帮扶、全程指导、一站式服务以及地方、高校两级信息服务平台，为学生实时提供的国家政策、市场动向等信息，和创业项目对接、知识产权交易等服务。可享受各地在充分发挥各类创业孵化基地的作用基础上，因地制宜建设的大学生创业孵化基地，和相关培训、指导服务等扶持政策。鞍山市青年创业孵化园在达道湾工业园区，面积 3 300 多平方米，鞍山户籍，毕业 5 年内，有创业项目，并办理了自主创业证的毕业生，创业项目无污染、无噪声，具有一定科技含量，而且能带动大学生就业，适合在创业园内的，都可以申请。

（六）享受培训补贴

对大学生创办的小微企业新招用毕业年度高校毕业生，签订 1 年以上劳动合同并缴纳社会保险费的，给予 1 年社会保险补贴。对大学生在毕业学年（即从毕业前一年 7 月 1 日起的 12 个月）内参加创业培训的，根据其获得创业培训合格证书或就业、创业情况，按规定给予培训补贴。

（七）享受中介免费服务

政府人事行政部门所属的人才中介服务机构，免费为自主创业毕业生保管人事档案（包括代办社保、职称、档案工资等有关手续）2 年；提供免费查询人才、劳动力供求信息，免费发布招聘广告等服务；适当减免参加人才集市或人才劳务交流活动收费；优惠为创办企业的员工提供一次培训、测评服务。

（八）取消高校毕业生落户限制

高校毕业生可在创业地办理落户手续（直辖市按有关规定执行）。需要提醒同学们的是：大学生享受国家优惠政策的前提是先办《自主创业证》。《自主创业证》的发放对象：毕业两年内未就业的普通高校毕业生，不包括普通高校结业生、肄业生、已考取研究生和专升本的毕业生、其他不具备派遣资格的毕业生。

鞍山市《自主创业证》的办理地点：在市内就业的非师范类毕业生到市人力资源和社会保障局申请办理，师范类毕业生到市教育局申请办理。海城、台安、岫岩毕业生应到当地县（市）毕业生就业主管部门申请办理。

【教学案例 10.1】▶▶▶>>>

大学生马羿创业落户鞍山市青年创业孵化园

斯文又不失魄力，谦虚中透着锋芒，挫折后百折不挠，敢想敢干敢闯，这就是鞍山羿凤阁电器制造有限公司总经理马羿，一个 25 岁的大学生创业者，"创富大赛"辽宁赛区总

第十章　新企业开办与创业风险管理

冠军,鞍山民企新锐。

初生牛犊志存高远

出生于1987年的马羿,彬彬有礼,说话时总爱笑。已经在商场打拼5年,依然透着学生的气息,但他的内心却比同龄人成熟老练得多。

2007年时的马羿,还是辽宁工程技术大学计算机专业大二的学生,当同学们都在享受大学的悠闲时光时,马羿却在谋划着自己的未来。他利用学业之余到北京的一家网络公司实习,但理想中职场白领的生活被现实打得粉碎,马羿觉得这不是他想要的生活。

2007年的冬天,一个商机出现在他的面前:北漂生活中,马羿租的房子里没暖气,他买了一台2000瓦的油汀电暖气。用了一个月,电费将近1000元,供暖效果却不尽如人意。马羿发现,市面上的电暖设备,不但耗电,热量散发也不充分。北方供暖前和停暖后的一个月室内阴冷;南方冬天无集中供暖,取暖主要靠空调,耗电量非常高。"要是有省电、供暖效果好的电暖气,肯定有市场。"想到这,马羿拿定了主意,就研究电采暖,开创一份属于自己的事业。

商海试水一炮打响

2008年,马羿一边攻读学业,一边拿着父母辛苦积攒的50万元,创办了鞍山羿凤阁电器制造有限公司,组建了自己的研发团队。刚创业不久,马羿就得到了鞍山市人社部门的帮助,免费为其在鞍山市青年创业孵化园内提供了场地,又给他提供了一笔5万元的免息贷款。

经过几番研究,碳纤维发热材料闯进了马羿的视野,这种材料具有发热和节能两种性能,经过半年的研发,凤阁牌电暖气问世了。马羿公司的碳纤维电暖器是新型节能电采暖产品,采用铝合金结构和速热发热材料,具有节能、环保、智能控制的特点,而且在同类产品中率先通过3C认证。由于市场需求把握得准确,产品一经上市就得到了用户的欢迎和代理商的青睐。

就这样成功了?马羿自己都觉得有些突然,有些不真实。果然,麻烦接踵而至。当他的第一批产品没卖出去多久,就遭遇了客户出于各种原因的退货。经过前期的历练,只有22岁的马羿已经成熟了很多。为了树立自己的品牌,他答应给所有客户退货。挫败和伤心过后,他挨个给客户打电话,询问退货原因,希望得到谅解。在他的诚意下,很多用户给出了中肯的建议,仅记录客户的意见就记了厚厚一本。

一位成功人士曾跟他说过这样的话:"年轻真好,可以犯错。"这时,马羿多少理解了这句话的含义。马羿振奋精神组织团队进行改进,当升级后的产品问世后,那些曾经退货的老客户基本重新购买了凤阁牌电暖器,当年公司的销售收入就突破了100万元。

遭遇挫败百折不挠

对供暖需求巨大的南方市场,如同一块巨大的蛋糕,仅是想象就令马羿无比激动、兴奋。2010年,当凤阁牌电暖气在东北地区得到认可之际,马羿大举进军南方市场,想在南方一展拳脚,果然一周的时间,就卖出去500台。但出乎意料的是南方市场又让马羿碰了钉子。南方与北方不同,房屋的保温程度、生活习惯以及对产品外观要求不同,没过多久,又遭遇了退货,退货2000余台的巨大损失,让马羿从南方市场败下阵来。

就这样放弃吗？这不是马羿的性格。针对养殖户开发出新产品——厢式智能速热炉，只要海水经过速热炉就能瞬间加热到一定温度，然后放回参池中，除去中间过程的热损耗，正好达到要求的温度。他的这项技术也获得了国家专利。他又开始带着团队潜心研究，在多位高校热学教授的帮助下，采用国际上广为应用的远红外纳米发热技术，设计了多个铝合金单体翼式散热片，采用了先进的可视化智能温控系统等，使产品发生了质的飞跃，并获得了6项国家专利。不但热传导效果好，大大提高了散热量，扩大散热面积，还可定时开关、自动温控，并实现了双重漏电保护、高温警报等功能，保障了用户安全，更主要的是比空调和其他电暖气节电一半左右。

马羿知道，这次他一定行。马羿说："到目前为止，国内的电采暖厂家还没有做过这么大的工程，之所以我敢做，是因为对自己的产品有信心。"马羿说："作为一名大学生创业者，时时刻刻都不能停歇，要不断学习，无论是客户还是合作伙伴身上，都有值得学习的经验。同时，要利用好人社等部门的政策，这样能达到事半功倍的效果。"

锋芒显露勇往直前

经过挫折洗礼的马羿，更加坚韧，更加谦虚，但是并没有遮掩住这个年轻人的锋芒，他依旧敢闯敢拼。2012年1月，邮储银行"创富大赛"的举办，激起了马羿的兴趣。马羿带着羿凤阁FG远红外速热采暖器项目参赛，大赛竞争异常激烈，既有52岁二次创业的老将，也有年轻的"80后"新秀。凭借着低碳环保、节能速热的特点，马羿的羿凤阁项目从5 893个创富项目中脱颖而出，他一路过关斩将，最终一举夺得了辽宁赛区的总冠军。后来马羿又参加了由国家创业企业协会举办的全国创业黑马大赛，获得全国第六名的好成绩。国家科技部创办的创新创业大赛中，马羿获得辽宁省总冠军。马羿并不是冲着这些冠军的头衔去的，更多的是展示和宣传。

2012年，凭借成熟的产品，马羿在鞍山开了一家直营店，随即在鞍山刮起了"凤阁"风，平均每天的销售量达到300台左右，最多的一天卖了1 000多台。前不久，马羿胸有成竹地再次进军南方市场，一个月的时间就卖掉了2 000多台，目前市场反应十分良好，货品供不应求，公司的销售收入也达到了1 500余万元。

如今，鞍山羿凤阁电器制造有限公司已经成为电采暖节能环保领域的领军企业。凤阁FG智能速热采暖器已经在国内市场占有重要地位，拥有北京代理加盟店68家，全国各地代理商118家，产品畅销北京、山东、江苏、辽宁、西藏等地区。与此同时该公司还坚持国际化战略，积极开拓国外市场，产品远销美国、加拿大、英国、俄罗斯、西班牙等欧美国家。

这次，马羿真的成功了。未来等待着这个25岁小伙子的还有很多，马羿已经做好准备——勇往直前！

（案例来源：http://blog.sina.com.cn/s/blog_64c87486010186rl.html）

【思考与讨论】

1. 通过本案例，请同学们思考，马羿创业为什么能够成功？
2. 他身上具有哪些创业实践能力？

第二节 开办新企业的程序

（一）新企业组织形式的选择

开办新企业选择何种组织形式，要根据国家有关法规的要求和企业的具体情况来决定，还需要结合自己的偏好、中长期需求、税收环境等来权衡每种组织形式的利弊，确认最符合企业需求的组织形式。各种组织形式没有绝对的好与坏，创业者必须分析研究各种组织形式的优缺点，根据创办企业的实际情况，来选择某种合适的组织形式。选择一种适合的企业组织形式不是一件容易的事，如果创业者最初选择的企业形式不再适合企业的发展，也可以在企业经营过程中择时变更企业的组织形式。创业者选择企业组织形式时，必须考虑的重要因素有以下 7 个：

1. 承担责任

这是指企业参与者个人对企业负债的责任被控制在具体的有限数量范围内。股份有限公司、有限责任公司、农民专业合作社、一人有限责任公司的股东对于公司债务承担有限责任，而合伙企业、个人独资企业和个体工商户的投资者对企业债务承担无限责任。

2. 资产保护

这是指如果企业失败，企业组织形式将决定个人资产的风险有多大。股份有限公司、有限责任公司、农民专业合作社、一人有限责任公司的股东由于承担有限责任，无须以个人资产清偿债务，个人资产风险小。而合伙企业、个人独资企业和个体工商户的投资者由于对企业债务承担无限责任，不足部分需要用个人资产清偿债务，个人资产风险大。

3. 财务管理

随着企业的发展，创业者可能需要筹集更多的资金，为此，在选择企业组织形式时需要考虑未来是否容易筹集资金。股份有限公司可以向社会公开募集资金，未来可以发行股票、上市交易，有利于筹集更多的资金，对企业的发展壮大有利；有限责任公司次之；而合伙企业和个人独资企业的投资者难以筹集更多的资金，对企业的发展壮大不利。

4. 资金分配

不同的企业组织形式决定了不同的资金分配方式，如营业利润、资金收益、税务减免等。

5. 税收差异

选择不同的企业组织形式意味着企业上缴的税收不同。合伙企业和个人独资企业无须缴纳企业所得税，只须投资者缴纳个人所得税即可。

6. 企业环境

企业环境包括受规章限制的被认可系统的苛刻性和技术风险。

7. 个人关系

不同企业组织形式对参与者的所有权、管理权和风险承担能力都有规定，这是企业良性运转必不可少的。

企业组织形式优缺点的比较如表10-2所示。

表10-2 企业组织形式优缺点的比较

企业组织形式	优点	缺点
公司企业	公司的股东只对公司承担有限责任，与个人的其他财产无关，因而股东还可以转让股份或股票而转移风险；通过公开发行股票，提高了公司的社会声望，因而融资能力很强；公司具有独立存续时间，除非因经营不善导致破产或停业，否则不会因个别股东或高层管理人员的意外或离职而消失；与个人独资企业和合伙企业相比，公司的所有权与经营管理权分离，可以聘任专职的经理人员管理公司，因而管理水平高，能够适应竞争激烈的市场环境	公司设立的程序比较复杂，创办费用高；按照相关法律要求，股份有限公司需要定期披露经营信息，公开财务数据，容易造成商业机密的外泄；由于公司是从社会吸纳资金，为了保护利益相关者，政府对公司的限制较多，法律法规的要求也较为严格
合伙企业	由于出资人较多，扩大了资本来源和企业信用能力；由于合伙人具有不同的专长和经验，能够发挥团队作用，增强了企业的管理能力；资本实力和管理能力的提高，增强了企业扩大经营规模的可能性	在合伙企业存续期，如果某一个合伙人有意向合伙人以外的人转让其在合伙企业中的全部或部分财产时，必须经过其他合伙人的一致同意；当合伙企业以其财产清偿合伙企业债务时，其不足部分，由各合伙人用其在合伙企业出资以外的个人财产承担无限连带清偿责任；尽管合伙企业的资本来源以及信用能力比个人独资企业有所增加，但其融资能力仍然有限，不易充分满足企业进一步扩大生产规模的资本需要
农民专业合作社	农村经济发展，农产品加工、销售、购买都控制在农民手里，从而保证了农产品附加值都归还于农民；合作社不仅对内是非盈利性的，而且可以享受国家的某些减免税收待遇，有利于增加农民收入，带动农民增收；合作社是农民在自愿基础上联合起来的独立经济法人，有利于吸收农民手里的闲散资金，消化剩余劳动力和劳动时间，从而降低成本，规避风险	规模小，不具有品牌效应，产品价格低廉；管理人才少，机制不健全
个人独资企业	企业设立、转让和解散等行为手续非常简单，仅需向登记机关登记即可；企业主独资经营，制约因素较少，经营方式灵活，能迅速应对市场变化；利润归企业主所有，不需要与其他人进行分享；在技术和经营方面易于保密，利于保护其在市场中的竞争地位；若企业因个人努力而使企业获得成功，则可以满足个人的成就感	当个人独资企业财产不足以清偿债务时，企业主将依法承担无限责任，必须以其个人的其他财产予以清偿，因此经营风险较大；一般来说，个人独资企业受信用限制不易从外部获得资金，如果企业主资本有限或者经营能力不强，则企业的经营规模难以扩大；一旦企业主发生意外事故或者犯罪、转业、破产，则个人独资企业也随之不复存在

续表

企业组织形式	优点	缺点
个体工商户 （不是企业）	申请手续较简单，费用少，经营起来相对更灵活	不具备法人资格，承担无限连带责任，经营风险比较大； 一个人只能注册一家个体户，个体户不能开分店，个体户不能转让，个体户享受的各类扶持奖励政策比较少，缴纳个人所得税； 信用度及知名度低，无法以个体户营业执照的名义对外签合同

（二）新企业名称的选择

企业名称，又称企业字号、企业商号，是指从事物质产品生产或提供有偿服务的组织或者群体的代号，用于和其他从事同样活动的组织或者群体进行区别。一个企业要成功开办，首先必须打出自己响亮的名称。企业名称好比一面旗子，它所代表的是企业在大众中的形象问题，也是一个公司走向成功的第一步。响亮的名字能让更多的人识别企业，进而了解企业的产品或服务，而企业和产品有广泛的知名度和良好的信誉，才能吸引更多的客户，产生更大的效益。给企业起名对一个企业未来的发展而言，是至关重要的，因为企业起名不仅关系到企业在行业内的影响力，还关系到企业所经营的产品投放市场后，消费者对本企业的认可度。例如，百度是出自众里"寻她千百度"，因为百度是从事搜索引擎的行业，所以这个名字用在这是非常贴切的，既符合搜索引擎行业特点、有深层次的文化底蕴，又是广大消费者熟知的、有中国特色的名称。从某种程度说，就是这个吉祥如意的名字，使百度明显地区别于行业内的其他企业，为知名品牌的打造奠定了基础。

1. 依法确定企业名称

注册企业之前，首先把企业名字起好。新企业的名称设计应符合《企业名称登记管理规定》。《企业名称登记管理规定》1991年5月6日中华人民共和国国家工商行政管理局令第7号发布，根据2012年11月9日《国务院关于修改和废止部分行政法规的决定》第一次修订，2020年12月14日国务院第118次常务会议修订通过，自2021年3月1日起施行。

企业只能登记一个企业名称，企业名称受法律保护。企业名称应当使用规范汉字。民族自治地方的企业名称可以同时使用本民族自治地方通用的民族文字。企业名称由行政区划名称、字号、行业或者经营特点、组织形式组成。跨省、自治区、直辖市经营的企业，其名称可以不含行政区划名称；跨行业综合经营的企业，其名称可以不含行业或者经营特点。企业名称中的行政区划名称应当是企业所在地的县级以上地方行政区划名称。市辖区名称在企业名称中使用时应当同时冠以其所属的设区的市的行政区划名称。开发区、垦区等区域名称在企业名称中使用时应当与行政区划名称连用，不得单独使用。企业名称中的字号应当由两个以上汉字组成。县级以上地方行政区划名称、行业或者经营特点不得作为字号，另有含义的除外。企业名称中的行业或者经营特点应当根据企业的主营业务和国民经济行业分类标准标明。国民经济行业分类标准中没有规定的，可以参照行业习惯或者专业文献等表述。企业应当根据其组织结构或者责任形式，依法在企业名称中标明组织形式。组织形式如果是公司，必须加上"有限责任公司"或"股份有限公司"；组织形式如果是农民专业合作社,必须加上"农民专业合作社"字样。而合伙企业、个人独资企业、个体工商户后缀则不许有公司字样,多用"中心""社""厂""店""馆""所""工作室"等。

企业名称不得有下列情形:损害国家尊严或者利益;损害社会公共利益或者妨碍社会公共秩序;使用或者变相使用政党、党政军机关、群团组织名称及其简称、特定称谓和部队番号;使用外国国家(地区)、国际组织名称及其通用简称、特定称谓;含有淫秽、色情、赌博、迷信、恐怖、暴力的内容;含有民族、种族、宗教、性别歧视的内容;违背公序良俗或者可能有其他不良影响;可能使公众受骗或者产生误解;法律、行政法规以及国家规定禁止的其他情形。

2. 应考虑的其他因素

俗话说:人有好名,一生平安;店有好名,风调雨顺;公司有好名,兴旺又发达。那么如何给你新开办的企业起个好名字呢?由于企业的名称是企业外观形象的重要组成因素,好的名称会产生一种魅力,有利于企业形象的塑造,因此,从传播的角度来说,企业的名称设计还要考虑到企业经营范围、经营理念、企业价值观等。具体而言,公司起名应注意以下5点:

(1)简单好记。企业名称的字数对其认知度具有一定的影响,名称越简洁明快,越容易与产品用户进行沟通,越有利于企业形象的传播。比如,欧美许多著名公司往往将其完整的名称简化,全称只用于涉及法律的场合,在一般商业活动中则使用缩略名称,如International Business Machines Corporation,简称为IBM公司。不要取带洋味的名字,因为我们中华民族有自己悠久的历史和灿烂的文化,有自己的道德、伦理和价值观,取一个不中不洋的名字,缺乏亲和力,反而不利于建立良好的人际关系。

(2)富有创意。这样的名称能够吸引消费者的注意力,引发其遐想、思考。选字要吉祥健康,意义好;既不可太俗太露,又不可牵强附会;既要寄予厚望,又要寓意深刻;既要形美义美,又要音美艺美。阿里巴巴的名称会让人联想起阿里巴巴战胜四十大盗,满载着金银和财富而归的故事,由此大家会思考,这样的名字是不是意味着阿里巴巴企业就是一个勇往直前,带领人们打开财富大门的勇者。而马云也正是因为阿里巴巴故事在全世界范围内的广泛熟知,才以其作为企业名称,意在创建一家全球化的、可以做100年的优秀公司。

(3)新颖上口。店名必须新颖而不落俗套,能迅速抓住消费者的视觉吸引他们光顾商店,如一口鲜、狗不理,都能使消费者产生兴趣和好奇心。名字应该好读上口、响亮好记。发音响亮、朗朗上口的名称比那些难发音或音韵不好的名字容易传播。如果名称比较拗口,节奏感不强,不利于发音,也不利于传播,那么而很难让大众熟识。

(4)名字唯一。首先得到当地工商网站上进行搜索,看要注册的名字是否已经被别人注册了。即使没有冲突,也要百度或谷歌一下,看同名程度是否高。给企业起名字的常用方法:以创业者的姓名或其谐音字作为名称中的字号,如"冠生园"食品厂的字号,取自老板冼冠生的名字。直接用产品或核心产品的名称来反映企业的业务或核心业务,如"马兰拉面"中的"拉面"。从宣传企业的角度,选用表示企业精神、美好愿望、远大理想、事业兴旺,或吉利好记的字词,如联想公司、海尔公司。从让客户喜欢的角度,选用反映客户喜爱的人或事、价值观念、吉祥富贵等的字词,例如以个性休闲男装为品牌诉求的福建七匹狼实业股份有限公司的名称"七匹狼"。

（5）价值观。企业的名字必须符合社会和消费者的价值观念，体现企业对社会的责任，内涵美好，例如国美、苏宁、华为等。因为只有这样，企业才能够被社会所认可，才能够被社会接纳，获得良好的社会效应。

（三）新企业地址的选择

创业者的成功，除了战略定位、团队建设、商业模式和市场运营等因素，企业的选址往往也是十分关键的一环。对于有创业打算的首次创业者来说，选择将创业地点放在哪个城市或者哪个地理区域，是一件非常重要的事情，需要在最初的创业计划中予以重点考虑。

企业的选址是一项复杂的工程，需要兼顾到新企业各个方面的功能需求：一是要考虑到区域，二是要考虑到具体的位置。例如，对于新创的高新技术企业而言，其选址要考虑到政策环境、产业环境、孵化器水平等。一家店地址的好坏直接关系到今后的顾客流量和营业额。对于进行店面经营的公司来说，成功的秘诀更是只有一个：选址、选址、再选址。经营地点的选择是创业者在创业初期面临的一大难题。影响新企业地址选择的因素很多：从宏观方面来说，主要有政治、经济、社会、技术、自然以及法律环境；从微观方面而言，主要涉及新企业的产品、技术、战略、市场、相关支持产业等因素。

1. 产业区位

产业区位环境是很多类型新企业选址的一个重要保障。因为新企业只有融入良好的产业环境中，才能依托于产业集群规模经济与范围经济的优势，获取资源，降低成本，提高质量，打造自身的核心竞争力。硅谷模式的成功就是源于政策环境与产业环境的双重支持。一方面，各种类型的资源在企业与高校之间、企业与风险投资家之间能够做到无障碍共享，高技术知识与金融手段交叉，股票市场与技术市场融合，风险投资家和风险企业家联手推动着高技术产业发展，最大限度发挥了智力资本、货币资本的价值。另一方面，源于政府的支持与引导。例如，政府的需求为硅谷的形成和发展提供了一个重要的市场条件。在硅谷建立之初，美国国防工业多次通过订单方式向硅谷提供联邦补贴。联邦政府多年的军事电子采购等都是硅谷发展的资金来源。美国政府也出台了一系列的法律、法规及相应政策，以鼓励硅谷创新。

2. 地理交通区位

成熟高效的交通体系是决定创业企业生存与发展的重要因素。交通状况的优劣直接影响到创业企业的商务成本、员工的通勤成本及办公效率，甚至会影响其对商业机会的把握。具有交通优势的城市核心区域通常会是新企业的选择。依托于轨道交通优势，也能最大化激活企业的效率。

3. 企业本身

新企业的选址除了要考虑区位因素，企业本身的情况也是重要的决定因素。如企业的市场定位、目标顾客、产品特点、发展战略等。以培训为核心产品的新东方教育科技集团的选址策略通常是"要么贴近学校，要么贴近家庭"。所以，一些中青年密集居住的地方，以4~14岁儿童为服务对象的业态关注的餐饮、游乐场、书店等场所将成为培训地点所在。

4. 市场因素

新企业选址必须从顾客和竞争对手两个角度来考虑。从顾客角度看，要考虑经营地是否接通顾客，周围的顾客是否有足够的购买力。对于零售业和服务业，店铺的客流量和客流的购买力决定着企业的业务量。从竞争对手角度看，经营地点的选择有两种不同的思路：一是选择同行聚集林立的地方，同行成群有利于人气聚合与上升，比如当下的服饰一条街、建材市场、家电市场、小商品市场等；另一种思路则是"别人淘金我卖水"，别人都蜂拥到某地去淘金，成功者固然腰缠万贯，失败者也要维持生存，如果到他们中间去卖水，肯定稳赚不赔。商圈因素，就是指要对特定商圈进行特定分析。如车站附近是往来旅客集中的地区，适合发展餐饮、食品、生活用品；商业区是居民购物、聊天、休闲的理想场所，除了适宜开设大型综合商场，特色鲜明的专卖店也很有市场；影剧院、公园名胜附近，适合经营餐饮、食品、娱乐、生活用品等；在居民区，凡能给家庭生活提供独特服务的生意，都能获得较好发展；在市郊地段，不妨考虑向驾车者提供生活、休息、娱乐和维修车辆等服务。

二、企业登记注册的流程

大学生创业可注册的企业形式有五种：有限责任公司、合伙企业、农民专业合作社、个人独资企业、个体工商户。

（一）企业登记注册的流程

企业注册登记的机关：市场监督管理局。它是根据党的十八大会议精神要求，按照新一轮"大部制"改革方案及《国务院机构改革和职能转变方案（草案）》组建合并的一个新机构，以前的工商总局、质检总局、国务院食品安全办公室不再保留。

1. 企业名称自主申报

名称是企业商业信誉的载体，同时包含了一定的财产价值。作为市场准入的基础性、专业性制度和规定。根据国务院修订的《企业名称登记管理规定》（以下简称《规定》），原来的《规定》的核心是"预先核准"，是行政许可事项，名称能不能用，要由审查人员主观判断，标准不一；修订后的《规定》实行"自主申报"，申请人依法自主选择符合规定的企业名称，承诺自行承担法律风险，减少政府对企业名称资源的直接配置和对企业自主选择名称权利的干预。

修订后的《规定》建立了企业名称自主申报制度，企业登记机关为申请人提供查询、选择名称等服务，申请人自主选择企业名称，登记机关不再对企业名称是否与其他企业名称近似作审查判断，申请人可以通过企业名称申报系统或者在登记机关服务窗口提交有关文件、资料，对拟定的企业名称进行查询、比对和筛选，选取符合规定的名称。同时申请人还应承诺因企业名称与其他企业名称近似侵犯他人合法权益的，应自行承担法律责任。

目前，我国市场主体数量已超过 1 亿户，如何给企业起个叫得响、记得住的名字，有一定难度。为帮助市场主体了解现有企业已经使用的名称，我国 2017 年就实现了省市县三级企业名称库全部开放。在此基础上，我国建立了企业名称自主申报系统，企业可以申报想要登记的名称，系统自动进行过滤，按照规定对名称进行比对，拦截不合规的名称。这项改革不光赋予了企业自主选择名称的权利，还提高了工作效率。

需要注意的是，企业名称自主登记不要走偏，比如企业名称太过奇葩，在网络上引起争议，产生不良影响；企业名称"傍名牌"、打擦边球，涉嫌侵权。为此，《规定》明确了企业认为其他企业名称侵犯本企业名称合法权益的,可以向人民法院起诉,也可以请求涉嫌侵权企业的登记机关进行处理;企业登记机关发现已经登记的企业名称不符合本规定的,例如存在违背公序良俗或者可能有其他不良影响的,应当及时纠正。其他单位或者个人认为已经登记的企业名称不符合本规定的,可以请求企业登记机关予以纠正。利用企业名称实施不正当竞争等行为的,依照有关法律、行政法规的规定处理。

2. 提交资料

(1) 设立登记申请书;

(2) 已经通过企业名称申报系统提交完成的企业名称。

(3) 经营场所证明。创业者可以购买营业场所,或者租写字楼,申请人提交场所合法使用证明即可予以登记。民宅可以用于注册成立公司,但社区必须出具经营场所证明,已定动迁的民宅不能注册成立公司。租房后要签订租房合同,物业提供产权证明,再在设立表上盖章。

(4) 认缴注册资本。注册资本的认缴,准备投入的资本金,只要在营业期限内缴足即可。创业者应去银行办理个人结算卡,到市场监督管理局指定银行办理入资手续,需要携带核名通知、身份证原件、存折或银行卡。如果法人或者股东不能亲自办理,需准备委托书。

(5) 公司章程或合伙协议。

(6) 股东的资格证明或者自然人身份证明。

3. 领取营业执照

创业者在 7 个工作日后收到准予设立登记通知书后。携带准予设立登记通知书、办理人身份证原件,到市场监督管理局领取营业执照正、副本。现在的营业执照是"一照一码",折射出我国登记制度改革带来的营商环境更加便利化了。2015 年 10 月 1 日,实现"三证合一",即将企业依次申请的工商营业执照、组织机构代码证和税务登记证三证合为一证,在此基础上进一步深化改革,将工商注册号、税务登记号、组织机构代码三个编号合并为一个编号,实现"一照一码",即通过"一口受理、并联审批、信息共享、结果互认",实现由一个部门核发加载统一社会信用代码的营业执照。"一照一码"大大提高了市场准入效率,它是深化商事制度改革之举,是顺应群众干事创业期望之举,也是创新政府行政管理之举,利民利企利国,对于激发市场内在活力、增添经济发展新动力具有重要意义。

4. 刻章

创业者刻各种章都要到市场监督管理局备案,去公安局指定刻章处刻。共刻五个章:公章、财务章、合同章、人名章、发票专用章。

5. 去银行开基本账户

创业者需凭执照、公章、财务章、身份证原件去银行开立企业基本账户。开立基本账户时,按各银行要求办理开户许可证、信用代码证和开户密码。其中中国农业银行要求购买创业者密码器,密码器主要用于公司开支票、划款时生成密码。

6. 税务登记

创业者应该到税务局先进行企业的基本信息登记,办理税种核定,然后办理发票领购簿和票种核定,最后签订三方协议(企业、银行、税务机关)、开通网上申报。发票申请分两种:一是按定税方法,即每月不管有没有营业额都要每月缴纳相同的税额;二是根据开具发票的金额每月按税率缴税。报送资料：营业执照副本及复印件；企业法人代表身份证及复印件；全国组织机构统一代码证副本及复印件；企业公章财务专用章等印鉴；开户银行账号证明；生产经营地址的产权证书或租赁协议复印件；主管税务机关需要的其他资料。

7. 社会保险登记

社会保险登记是社会保险费征缴的前提和基础，也是整个社会保险制度得以建立的基础。县级以上劳动就业保障局主管社会保险登记。依据《中华人民共和国社会保险法》第五十七条规定：用人单位应当自成立之日起三十日内凭营业执照、登记证书或者单位印章，向当地社会保险经办机构申请办理社会保险登记。用人单位的社会保险登记事项发生变更或者用人单位依法终止的，应当自变更或者终止之日起三十日内，到社会保险经办机构办理变更或者注销社会保险登记。

第八十四条规定：用人单位不办理社会保险登记的，由社会保险行政部门责令限期改正；逾期不改正的，对用人单位处应缴社会保险费数额一倍以上三倍以下的罚款，对其直接负责的主管人员和其他直接责任人员处五百元以上三千元以下的罚款。

【教学案例10.2】▶▶▶>>>

社会保险缴费基数和工资

陈某是某公司的员工。该公司对员工的工资分配实行结构工资形式，即将工资分解成基本工资、奖金、津贴、补贴等几部分，根据具体考核计算每月工资。由于企业生产经营随着市场情况不断调整变化，陈某的每月工资收入变化也较大。为了确定社会保险费的缴费基数，公司与陈某约定：以基本工资的标准作为缴纳社会保险费的基数。陈某虽然对公司的说法有异议，但为了能够在公司长期工作下去，因此也就同意了公司的做法。于是，公司就按双方约定的数额为陈某缴纳社会保险费。

三年后，公司在合同终止时通知陈某不再续签劳动合同。陈某对公司不再续用自己感到失望。在办理离职手续时，陈某向公司提出了社会保险费缴费基数与自己工资收入不符的问题，希望公司予以解决。公司表示双方对社会保险费缴费基数已有约定，公司按约定为陈某缴费不存在问题，对陈某的要求予以拒绝。双方于是发生争议，争议焦点是当事人是否可以约定社会保险费的缴费基数。

（资料来源：https://wenku.baidu.com/view/67dd4841900ef12d2af90242a8956bec0875a54e.html）

【思考与讨论】

1. 请同学们思考，为什么必须缴纳社会保险费？
2. 社会保险费是如何计算的？

（二）不同类型企业具体注册流程

不同类型的企业在注册时，提交的资料不同，具体注册流程也有所不同。

1. 有限责任公司的注册流程

（1）需准备的材料。公司法定代表人签署的设立登记申请书；全体股东指定代表或者共同委托代理人的证明；公司章程；股东的主体资格证明或者自然人身份证明；载明公司董事、监事、经理的姓名、住所的文件以及有关委派、选举或者聘用的证明；公司法定代表人任职文件和身份证明；企业名称预先核准通知书；公司住所证明；国家市场监督管理总局规定要求提交的其他文件。法律、行政法规或者国务院决定规定设立有限责任公司必须报经批准的，还应当提交批准文件。

（2）办理流程：

① 申请：由全体股东指定的代表或者共同委托的代理人向公司登记机关申请设立登记。

公司登记机关根据下列情况分别做出是否受理的决定：申请文件、材料齐全，符合法定形式的，或者申请人按照公司登记机关的要求提交全部补正申请文件、材料的，决定予以受理。申请文件、材料齐全，符合法定形式，但公司登记机关认为申请文件、材料需要核实的，决定予以受理，同时书面告知申请人需要核实的事项、理由以及时间。申请文件、材料存在可以当场更正的错误的，允许申请人当场予以更正，由申请人在更正处签名或者盖章，注明更正日期；经确认申请文件、材料齐全，符合法定形式的，决定予以受理。申请文件、材料不齐全或者不符合法定形式的，当场或者在5日内一次告知申请人需要补正的全部内容；当场告知时，将申请文件、材料退回申请人；属于5日内告知的，收取申请文件、材料并出具收到申请文件、材料的凭据，逾期不告知的，自收到申请文件、材料之日起即为受理。不属于公司登记范畴或者不属于本机关登记管辖范围的事项，即时决定不予受理，并告知申请人向有关行政机关申请。

② 受理、审查和决定：公司登记机关对通过信函、电报、电传、传真、电子数据交换和电子邮件等方式提出申请的，自收到申请文件、材料之日起5日内做出是否受理的决定。

公司登记机关对决定予以受理的登记申请，根据下列情况在规定的期限内分别做出是否准予登记的决定：对申请人到公司登记机关提出的申请予以受理的，当场做出准予登记的决定。对申请人通过信函方式提交的申请予以受理的，自受理之日起15日内做出准予登记的决定。通过电报、电传、传真、电子数据交换和电子邮件等方式提交申请的，申请人应当自收到受理通知书之日起15日内，提交与电报、电传、传真、电子数据交换和电子邮件等内容一致并符合法定形式的申请文件、材料原件；申请人到公司登记机关提交申请文件、材料原件的，当场做出准予登记的决定；申请人通过信函方式提交申请文件、材料原件的，自受理之日起15日内做出准予登记的决定。公司登记机关自发出受理通知书之日起60日内，未收到申请文件、材料原件，或者申请文件、材料原件与公司登记机关所受理的申请文件、材料不一致的，做出不予登记的决定。公司登记机关需要对申请文件、材料核实的，自受理之日起15日内做出是否准予登记的决定。

公司登记机关做出准予公司设立登记决定的，出具准予设立登记通知书，告知申请人自决定之日起 10 日内，领取营业执照。

公司登记机关做出不予登记决定的，出具登记驳回通知书，说明不予登记的理由，并告知申请人享有依法申请行政复议或者提起行政诉讼的权利。

2. 合伙企业的注册流程

（1）需准备的材料。全体合伙人签署的合伙企业登记（备案）申请书；全体合伙人的主体资格证明或者自然人的身份证明；全体合伙人指定代表或者共同委托代理人的委托书；全体合伙人签署的合伙协议；全体合伙人签署的对各合伙人缴付出资的确认书；主要经营场所证明；名称预先核准通知书（设立申请前已经办理名称预先核准的须提交）；全体合伙人签署的委托执行事务合伙人的委托书；执行事务合伙人是法人或其他组织的，还应当提交其委派代表的委托书和身份证明复印件（核对原件）；以非货币形式出资的，提交全体合伙人签署的协商作价确认书或者经全体合伙人委托的法定评估机构出具的评估作价证明；法律、行政法规或者国务院规定设立合伙企业须经批准的，或者从事法律、行政法规或者国务院决定规定在登记前须经批准的经营项目，须提交有关批准文件；法律、行政法规规定设立特殊的普通合伙企业需要提交合伙人的职业资格证明的，提交相应证明；国家市场监督管理总局规定提交的其他文件。

（2）办理流程：

① 申请：由全体合伙人指定的代表或者共同委托的代理人向企业登记机关申请设立登记。

② 受理、审查和决定：申请人提交的登记申请材料齐全、符合法定形式，企业登记机关能够当场登记的，应予当场登记，发给合伙企业营业执照。除前款规定情形外，企业登记机关应当自受理申请之日起 20 日内，做出是否登记的决定。予以登记的，发给合伙企业营业执照；不予登记的，应当给予书面答复，并说明理由。

3. 农民专业合作社的注册流程

（1）需准备的材料。农民专业合作社登记（备案）申请书；全体设立人签名、盖章的设立大会纪要；全体设立人签名、盖章的章程；法定代表人、理事的任职文件和身份证明；载明成员的姓名或者名称、出资方式、出资额以及成员出资总额，并经全体出资成员签名、盖章予以确认的出资清单；载明成员的姓名或者名称、居民身份号码或者登记证书号码和住所的成员名册，以及成员身份证明；能够证明农民专业合作社对其住所享有使用权的住所使用证明；全体设立人指定代表或者委托代理人的证明；名称预先核准通知书（设立申请前已经办理名称预先核准的须提交）；农民专业合作社的业务范围有属于法律、行政法规或者国务院规定在登记前须经批准的项目的，应当提交有关批准文件；法律、行政法规规定的其他文件。

（2）办理流程：

① 申请：由全体设立人指定的代表或者委托的代理人向登记机关申请设立登记。

② 受理、审查和决定：申请人提交的登记申请材料齐全、符合法定形式，登记机关能够当场登记的，应予当场登记，发给营业执照。

除前款规定情形外，登记机关应当自受理申请之日起 20 日内，做出是否登记的决定。予以登记的，发给营业执照；不予登记的，应当给予书面答复，并说明理由。

4. 个人独资企业的注册流程

(1) 需准备的材料。投资人签署的个人独资企业登记(备案)申请书；投资人身份证明；投资人委托代理人的，应当提交投资人的委托书原件和代理人的身份证明或资格证明复印件(核对原件)；企业住所证明；名称预先核准通知书(设立申请前已经办理名称预先核准的须提交)；从事法律、行政法规规定须报经有关部门审批的业务的，应当提交有关部门的批准文件；国家市场监督管理总局规定提交的其他文件。

(2) 办理流程：

① 申请：由投资人或者其委托的代理人向个人独资企业所在地登记机关申请设立登记。

② 受理、审查和决定：登记机关应当在收到全部文件之日起15日内，做出核准登记或者不予登记的决定。予以核准的发给营业执照；不予核准的，发给企业登记驳回通知书。

5. 个体工商户的注册流程

(1) 需准备的材料。经营者签署的个体工商户注册登记申请书；委托代理人办理的，还应当提交经营者签署的委托代理人证明及委托代理人身份证明；经营者身份证明；经营场所证明；个体工商户名称预先核准通知书(设立申请前已经办理名称预先核准的须提交)；申请登记的经营范围中有法律、行政法规和国务院决定规定必须在登记前报经批准的项目，应当提交有关许可证书或者批准文件；申请登记为家庭经营的，以主持经营者作为经营者登记，由全体参加经营家庭成员在个体工商户开业登记申请书经营者签名栏中签字予以确认，提交居民户口簿或者结婚证复印件作为家庭成员亲属关系证明，同时提交其他参加经营家庭成员的身份证复印件；国家市场监督管理总局规定提交的其他文件。

(2) 办理流程：

① 申请：申请人或者委托的代理人可以直接到经营场所所在地登记机关登记。登记机关委托其下属机构办理个体工商户登记的，到经营场所所在地登记机关下属机构登记。申请人或者其委托的代理人可以通过邮寄、传真、电子数据交换、电子邮件等方式向经营场所所在地登记机关提交申请。通过传真、电子数据交换、电子邮件等方式提交申请的，应当提供申请人或者其代理人的联络方式及通信地址。对登记机关予以受理的申请，申请人应当自收到受理通知书之日起5日内，提交与传真、电子数据交换、电子邮件内容一致的申请材料原件。

② 受理审查和决定：对于申请材料齐全、符合法定形式的，登记机关应当受理。申请材料不齐全或者不符合法定形式，登记机关应当当场告知申请人需要补正的全部内容，申请人按照要求提交全部补正申请材料的，登记机关应当受理。申请材料存在可以当场更正的错误的，登记机关应当允许申请人当场更正。登记机关受理登记申请，除当场予以登记的外，应当发给申请人受理通知书。对于不符合受理条件的登记申请，登记机关不予受理，并发给申请人不予受理通知书。申请事项依法不属于个体工商户登记范畴的，登记机关应当即时决定不予受理，并向申请人说明理由。

登记机关对决定予以受理的登记申请，根据下列情况分别做出是否准予登记的决定：申请人提交的申请材料齐全、符合法定形式的，登记机关应当当场予以登记，并发给申请人准予登记通知书。根据法定条件和程序，需要对申请材料的实质性内容进行核实的，登记机关应当指派两名以上工作人员进行核查，并填写申请材料核查情况报告书。登记机关应当自受理登记申请之日起15日内做出是否准予登记的决定。对于以邮寄、传真、电子数据交换、电子邮件等方式提出申请并经登记机关受理的，登记机关应当自受理登记申请之日起 15 日内做出是否准予登记的决定。登记机关做出准予登记决定的，应当发给申请人准予个体工商户登记通知书，并在 10 日内发给申请人营业执照。不予登记的，应当发给申请人个体工商户登记驳回通知书。

第三节　创业风险防范与控制

一、风险的内涵与类型

（一）风险的内涵

关于"风险"的含义，美国学者海尼斯认为"风险就是一种损害的可能性"。1901 年，美国学者威利特在他的博士论文《风险与保险的经济理论》中为风险下了定义，指出"风险是关于不远发生的事件发生的不确定性的客观体现。"这一定义强调了两点：一是风险是客观存在的，二是风险的本质是不确定性。1921 年，美国经济学家奈特在其《风险、不确定性和利润》一书中提出："风险是一种可能出现的决策结果和各种结果出现的概率都已知的情景。" 1964 年，美国明尼苏达大学教授威廉和汉斯在《风险管理与保险》中，从新的角度分析了风险与不确定性的问题。他们认为，"风险是客观的状态，对任何人都是同样存在、同等程度的，但不确定性却是认识者的主观判断，不同的人对同一风险会有不同的看法。"1983 年，日本学者武井勋归纳提出了风险的三个基本要素：第一，风险的不确定性有差异；第二，风险是客观存在的；第三，风险是可以预测的。

综合来讲，风险的含义可以从以下几个方面进行界定：

（1）风险是指损失的可能性。

（2）风险是发生不愿意看到的损失的一种不确定性，这种不确定性也许是可以测度的。

（3）风险是对特定情况下未来结果的一种客观的权衡考虑，其中可能出现的结果和各种结果出现的概率都是可以预测的。

（4）风险是一种实际后果与预测结果之间出现的偏差，或者指两者之间出现差异的倾向性。

（5）风险是潜在的损失出现的概率或其变化的范围与幅度等。

（二）创业风险的特征

创业风险是一种不以人的意志为转移的客观存在。迄今为止，国内外所有的创业统计研究均表明，创业是一种高风险的活动。以 3 年为限，创业企业的成活率不足 30%。

1. 不确定性

不确定性是指创业风险的发生是不确定的。风险何时发生，在什么地方发生，风险的程度有多大均是不确定的。由于对客观世界的认识受到各种条件的限制，因而人们不可能准确预测风险的发生。在创业过程中，创业者面临着各种各样的不确定性，如新技术难以产业化,创业资金筹集不足,市场需求预测过于乐观,竞争对手采取狙击行动,政府政策出现调整等,均可能导致创业失败。

2. 可测量性

尽管创业风险具有不确定性,但任何事物的发生都是有其必然性的,都是有规律可循的。随着科学技术的进步和创业者自身素质的不断提高,随着创业研究的不断深入和人们对创业活动的认知不断提升,创业风险的规律性是可以被认识和掌握的。创业者可以通过定性或定量的方法,对创业风险进行测量和评估,并在此基础上推断创业风险的分布、强度及发生的概率。

3. 相对性

创业风险是相对变化的。不同的对象有不同的风险,而且随着时间、空间的改变,创业风险也会发生变化。不同的创业主体,面对同一风险事件,会产生不同的风险体验和风险结果,因为他们对风险的认知是有差异的,所拥有的创业资源的数量、质量和结构也不一样,风险承受能力也各不相同,所采取的风险管理决策也不尽一致。

4. 双重性

与自然灾害、意外事故等带来的风险只会产生损失不同,创业活动所面临的主要风险是和创业的潜在收益共生的。对创业者而言,为了获得潜在的创业收益,必须承担相应的创业风险。如果能够很好地防范和化解创业风险,创业收益就会有很大程度的增加,即风险是收益的代价,收益是风险的报酬。

(三)创业风险的类型

要对创业风险进行有效的管理,首先需要对创业风险按照多个标准进行分类。

1. 按创业风险的内容划分

(1)项目风险。项目风险是指由各种主客观因素导致的项目选择错误和项目运行失败。在商业机会的识别与评估过程中,由于各种主客观因素的影响,如信息获取不足、逻辑推理偏误、项目评估不科学、高估商业可行性、低估风险与难度等,错误地选择创业项目,或错误地放弃原本有价值的创业项目,使创业面临一开始就出现方向错误的风险。

(2)市场风险。市场风险是指由于市场情况具有不确定性而导致创业企业收益或损失也具有不确定性。市场风险包括市场对新产品的接受时间与接受能力的不确定性、产品扩散速度的不确定性、售后服务的不确定性、新企业市场竞争能力的不确定性等。

(3)管理风险。管理风险是指在创业过程中因管理不善而导致创业失败的风险。创业者并不一定是个出色的创业家,也并不一定具备出色的管理才能,当企业发展到一定规模,原来松散的管理方式很容易导致风险事件的发生。创业的管理风险主要包括人力资源管理风险、营销管理风险、管理制度风险等。其中,人力资源管理风险主要包括创业团队分裂、员工招募不当、关键员工流失、人员配置不科学等风险;营销管理风险包括新产品市场定位不准、营销策略失误、营销人员管理松懈、营销执行力不足等风险;管理制度风险包括管理制度缺失、制度制定不科学、制度执行不力等风险。

(4)财务风险。财务风险是指企业财务结构不合理、融资不当,使企业丧失偿债能力而导致投资收益下降或破产的风险。创业企业的财务风险主要包括筹资风险、投资风险、现金流风险。

（5）技术风险。技术风险是指由于拟采用技术的不确定性，以及技术与经济互动过程的不确定性，导致创业活动达不到预期目标的风险。技术的不确定性既包括企业现在拥有的技术本身功能和成长的不确定性，也包括与之相关的配套技术和替代技术的变动所带来的不确定性。特别是对于高新技术企业而言，企业之间的技术竞争十分激烈，技术的生命周期越来越短，现有技术很容易被更新的技术替代。

2. 按创业风险的来源划分

（1）系统风险。系统风险源于企业之外，是微观决策主体无法左右、无法影响的与宏观的政治、经济、社会等方面相联系的风险。系统风险由共同的宏观因素引发，一旦发生，通常对所有的行为主体均产生影响，因此又称不可分散风险。政治方面，如政权更迭、战争冲突等；经济方面，如利率上升、汇率调整、通货膨胀、能源危机、宏观经济政策与货币政策等；社会方面，如体制变革、所有制改造等。

（2）非系统风险。非系统风险则源自企业内部，是微观决策主体本身的商业活动和财务活动所引发的风险。非系统风险跟外部宏观环境无关，只由某一企业自身的特殊因素引发，往往也只对个体企业产生影响。创业企业的非系统风险包括创业团队风险、创业融资风险、投资风险、技术风险、市场风险、新创企业管理风险等。

3. 按是否可通过保险转嫁划分

（1）可保风险。可保风险是指可以通过购买保单、支付保险费向保险公司进行转嫁的风险，如员工医疗保险、养老保险、失业保险、工伤保险、生育保险、交通车辆的第三者责任险、建筑物的火灾保险等。可保风险建立在大数法则和统计规律的基础上。当有众多同类标的处于相同的风险之中时，保险公司就可以通过收取保险费的方式使风险在众多标的之间进行分摊。某一个保险对象一旦发生损失事故，就可以从保险公司获得补偿以减少损失。

（2）不可保风险。不可保风险是指由于风险发生的概率不确定，或处于相同风险中的标的数量不够多，导致相应的保险品种缺失而不能使风险在风险标的之间进行分摊。

可保风险与不可保风险的分类为创业企业提供了一种基本的风险管理方法：对于可保风险，创业企业应该向保险公司转嫁；对于不可保风险，创业企业应采取防范、避免、自留、抑制等方式降低风险事故发生的危害。

 二、大学生创业风险高的原因

创业对于大学生来说是极具诱惑的，可以做自己喜欢的项目，又不用被其他的规则束缚。然而事实是残酷的，都说创业的结果是九死一生。有数据显示，近年来浙江大学生创业的成功率只有5%，而其他地方大部分大学生创业的成功率更低。这不禁让我们思考：大学生创业失败率那么高的原因到底是什么？主要原因是对企业风险不能预判和不能有效管控。

（一）管理经验不足

创业失败者，基本上是在管理方面出了问题，其中包括决策随意、信息不通、理念不清、患得患失、用人不当、忽视创新、急功近利、盲目跟风、意志薄弱等。创业不只是一个人的事,还需要组建属于自己的创业团队。特别是大学生知识单一、经验不足、资金实力和心理素质明显不足,更会增加管理上的风险。大学生在创业的实践中,实际的管理能力比课本上所学的管理知识更为有用,而刚毕业的大学生,社会实践经历太少,自身的管理能力相对较差,无论是对人的管理,还是对公司运转的管理,都较缺乏。而往往管理不力,公司的各方面就容易出问题。

【教学案例10.3】▶▶▶>>>

决策失误是最大的风险

1990年10月,飞龙集团只是一个注册资金仅有75万元,员工几十人的小企业,而1991年实现利润400万元,1992年实现利润6 000万元,1993年和1994年都超过2亿元。短短几年,飞龙集团可谓飞黄腾达,"牛气"冲天。您一定还记得这样的广告语:"大风起兮龙腾飞,五洲蔽日起飞龙","问鼎世界,再铸辉煌"。可自1995年6月飞龙集团突然在报纸上登出一则广告——飞龙集团进入休整,然后便不见踪迹,似乎在逃避所有的热点时间和热点场合,过上一种隐居生活,谁也说不清他们在干什么。1997年6月消失两年的姜伟突然从地下"钻"出来了。在记者招待会上坦言:这两年,我拒绝任何采访,完全切断与新闻界的来往,过着一种近乎与世隔绝的生活,闭门思过,修炼内功,以求脱胎换骨,改过自新。姜伟两年的反省和沉思,姜伟的复出,为中国企业提供了一笔堪称"宝贵财富"的是他自称为"总裁的二十大失误"。姜伟用"一塌糊涂"来形容管理。头三条赫然是:"决策的浪漫化、决策的模糊性、决策的急躁化。"可见决策失误给姜伟带来的切肤之痛。

(案例来源:https://www.asklib.com/view/fbf31a1ba6f3.html)

【思考与讨论】

1. 请同学们思考,为什么管理对于企业这么重要?
2. 你在大学阶段如何积累管理企业的经验?

(二)创业资金短缺

是否有足够的资金创办企业是创业者遇到的第一个问题。企业创办起来后,创业者就必须考虑是否有足够的资金支持企业的日常运作。对于新创企业来说,如果连续几个月入不敷出或者因为其他原因导致企业的现金流中断,都会给企业带来极大的威胁。相当多的企业在创办初期因资金紧缺而严重影响业务的拓展,甚至错失商机而不得不宣布倒闭。由于大学生没有资金积累,大多的创业资金都是从亲人朋友那里东拼西凑起来的,创业的场地租用、人工等方面都是需要资金支撑的,且更严酷的是,没有充足的资金的话,无法应对日常突发的情况,最后导致资金链断裂,创业项目自然也无法继续下去。

(三)项目缺乏竞争力

如何面对竞争是每个企业都要随时考虑的事情,而对新创企业更是如此。市场竞争是非常激烈的,创业之初极有可能受到同行的强烈排挤。一些大企业为了把小企业吞并或挤垮,常会采用低价销售的手段。大企业由于规模效益或实力雄厚,短时间的降价并不会对它造成致命的伤害，而对新创企业来说则可能意味着彻底毁灭。因此，考虑好如何应对来自同行的残酷竞争是创业企业生存的必要准备。创业项目可以说是创业的核心，一个好的创业项目是有真正市场需求的，是有发展潜力的；但是很多大学生选择的创业项目，表面上看起来光鲜亮丽，实际上根本没有核心竞争力，甚至没有市场，没有盈利模式。仅仅有一个"好想法"就进行创业，是一个非常不成熟的行为。

（四）团队分歧不欢而散

现代企业越来越重视团队的力量。创业企业在诞生或成长过程中最主要的力量来源一般都是创业团队。一个优秀的创业团队能使创业企业迅速地发展起来，但与此同时，风险也就蕴含在其中。团队的力量越大，产生的风险也就越大。一旦创业团队的核心成员在某些问题上产生分歧不能达到统一，就极有可能会对企业造成强烈的冲击。事实上，做好团队的协作并非易事，特别是与股权、利益相关联时，很多初创时合作良好的伙伴会闹得不欢而散。

（五）风险意识不足

意识上的风险是创业团队最内在的风险，这种风险虽是无形的，却有强大的毁灭力。风险性较大的意识有投机心态、侥幸心理、试试看的心态、过分依赖他人、回避责任的心理等。企业在发展过程中，随时都可能遭遇灭顶之灾，要保持积极的心态，多学习，多汲取优秀经验，并结合大学生既有的特长优势。我们相信，大学生创业的脚步，会越走越远，越走越稳。

 三、创业风险的防范与控制

关于创业风险的 12 问追问：
（1）经商经验不够，怎么办？
（2）决策不准确，怎么办？
（3）信息不灵通，怎么办？
（4）关系不广泛，怎么办？
（5）人手不够，怎么办？
（6）资金短缺，怎么办？
（7）管理不善，怎么办？
（8）效益下降，怎么办？
（9）销路不畅、业务不多，怎么办？
（10）供应商或销售商不合作，怎么办？
（11）人才要跳槽，怎么办？
（12）时间不够用，怎么办？

关于创业风险的 12 个追问，涉及创业的方方面面，通过不断地追问，引发创业者对创业问题的不断思考，并寻找解决这些问题的方法。

(一)创业风险的防范

企业在成长发展中一般会出现的风险规律是：开业后头 3 年可能出现开业风险、现金风险、市场风险、技术风险和人员风险；第 3~7 年可能出现授权风险和领导风险；第 7~10 年可能出现财务风险和兴旺风险；开业 10 年后可能出现管理上的接班风险。所以风险无处不在，无时不在，重在防范。

1. 坚持不懈战风险

创业者开始创业，首先要提高心理素质，提高抗打压能力。在创业中遇到各种困难与风险是非常正常的现象，所以，创业者要摆正自己对于困难与风险的态度。战略上要藐视它，战术上要重视它；遇事沉稳冷静，多思考解决方法；坚持不懈战风险，才能永立市场潮头。

2. 稳扎稳打慎扩张

创业者对市场上冒出的暂时需求匆忙做出反应，或者看到别人赚了大钱，也盲目跟着上；多数创业者缺乏全面管理能力，没有建立必要的财务会计管理系统，致使企业制定重大决策缺乏可靠依据；草率估算或低估企业的资金需求；错误选择设备和技术。防范风险的对策是：在你最熟悉的行业办企业；制订符合实际的，而不是过分乐观的计划；反复审查项目建议，删除其中过热的设想。

3. 财务清晰严监控

小企业筹措资金的渠道很多，问题在于每种融资渠道都会各有利弊，如果创业者不善于趋利避害、为我所用，便会陷入困境。不自量力，盲目扩张，往往是小企业陷入财务危机的主要原因。在预测资金流动时，对收入要谨慎一点，对支出要留有余地；一般要留出所需资金10%的准备金，以应付意外；没有足够资金不要勉强上项目，发现问题时要立即调整。猴王集团的发展堪称是借债的历史，其扩张的基础就是不断借钱，最后破产。

4. 合作共赢险共担

企业要树立"以客户为中心"的经营理念。以客户为中心，为客户创造价值是现代企业管理的必然趋势，提供有价值的产品和服务是连接企业和客户的重要纽带，也是实现企业价值的重要途径。因此，企业要注意捕捉和了解不同客户的新需求，并通过业务创新和产品创新等来满足客户不断变化的新需求，不断提高客户的满意度和忠诚度。在为客户创造价值的同时，企业的效益和价值也不断得到提升。通过与客户共担风险、合作共赢来发现、争取优质客户的做法，企业与客户形成紧密的共担风险的利益体，才能达到互利共赢的目的；只有为客户多创造价值，才能实现长期的、可持续的发展。

5. 团队管理利共享

团队成员利益分配应该和价值贡献密切相关，团队内应该以价值输出为利益分配的唯一规则。工作量的多少不代表价值贡献，团队内的人缘也不代表价值贡献。价值贡献通常具体到销售收入的增加、成本的降低、关键业务的突破，以及令团队获得其他重大进展的重要贡献。任正非曾讲过：钱给多了，不是人才也变成人才了。这就是任正非的用人观。华为的员工持股，就是一种利润分享。让员工成为公司的主人，享受分红，公司效益越好，员工收入越高。这样的利润共享之下，员工怎么可能不努力呢？在这样的薪酬和分红体系下，华为 18 万员工里，上千人年入 500 万元，上万人年薪百万。华为分给单个员工的钱，甚至超过有的小公司一整年的营收。但是任正非却仅仅持有公司 1.01%的股份。华为历年来一直坚持把每年的净利润拿出来分红，但并不是所有的员工都能拿到分红，拿到分红的员工需要在 15 级以上，当年考核达到 A 和 B+ 的员工才有资格。据一位刚毕业的研究生说：去华为做技术工程师，通常为 13 到 14 级，可以看出，想在华为拿到虚拟股份的门槛并不算高。据了解，华为一位 20 级的老员工，大概有 100 万股，按照分红比例，这 100 万股就能获得足足 283 万元的现金分红。

（二）创业风险防范与控制的策略

风险的防范与控制主要是在风险分析的结果上，采取必要的风险应对手段，最大限度地减小损失的频率和幅度，或使这些损失更具可预报性。常用的风险应对策略和措施有风险规避、风险缓解、风险转移、风险自留以及这些策略的组合。

1. 风险规避

风险规避是指考虑到风险事件的存在和发生的可能性，主动放弃或拒绝实施可能导致损失的方案。通过规避风险，可以在风险事件发生之前完全消除某一特定风险可能造成的损失。风险规避比较适用于两种情况：一是某种特定风险所致的损失频率和损失程度相当高；二是采用其他风险防范措施所需成本超过该项活动所产生的经济效益。

2. 风险缓解

风险缓解是指在损失发生前消除损失可能发生的根源，并减少损失事件发生的频率。风险缓解的基本点在于消除风险因素和减少风险损失。风险缓解的措施主要包括降低风险发生的可能性、控制风险损失、分散风险和采取一定的后备措施等。采取预防措施，以降低风险发生的可能性是风险缓解的重要途径。如生产管理人员通过加强安全教育和强化安全措施，减少事故发生的机会，从而减少民营科技创业过程中的生产风险。控制风险损失是指在风险损失不可避免地要发生的情况下，通过各种措施以遏制损失继续扩大或限制其扩展范围。如，在创业过程中，严格控制内部核算，制定各种资金运作方案以达到减轻财务风险的目的。

3. 风险转移

风险转移是指企业为避免承担风险损失而有意将损失或与损失相关的收益转移给其他企业的方式。其表现为三种形式：控制型非保险转移、财务型非保险转移、保险。控制型非保险转移是指企业通过契约或合同将损失的财务负担和法律责任转移给非保险业的其他人，以降低风险发生频率和减小其损失幅度。具体有三种方法：出售、转包（或分包）、租赁。民营科技创业者可以通过引入风险投资或者其他资金参股的形式，降低创业者自身所承担的风险。当民营科技企业发展到相当规模的时候，还可以公开上市，把企业的风险部分地转移给股东。通过保险实现风险转移，是指民营科技企业，根据有关法律与保险类企业签订保险合同。这是由保险公司提供的一种通过多数人的力量分散风险并及时、有效地给予经济补偿的办法。

4. 风险自留

风险自留又称为承担风险，它是一种由创业者自身承担风险损失的措施。风险自留有时为主动自留，有时为被动自留；有时为全部自留，有时为部分自留。对于承担自留风险需要的资金，创业者可以通过事先建立内部意外损失基金和从外部取得应急贷款或特别贷款的方法解决。风险自留以具有一定的财力为前提条件，这样才能使风险发生后的损失得到补偿。在一定程度下,风险自留可能使创业者面临更大的风险。风险自留这一策略更适合于应对风险损失后果不严重的风险。

5. 风险应对组合策略

风险应对组合策略是指在风险应对中,根据实际情况将风险规避、风险缓解、风险转移、风险自留等策略综合起来进行运用,以更好地应对风险,降低风险发生的概率或者减少风险事件发生后所造成的损失。创业的环境是复杂的,在创业的过程中,更多的时候是同时面对较多的风险冲击,这时候就需要针对具体情况,采用不同的风险应对组合策略。

【教学案例10.4】▶▶▶>>>

华为为什么历年来一直坚持员工持股,享受分红

任正非曾针对华为不上市回答道:"华为采用的是员工持股制,一旦上市,员工纷纷暴富,只想着抛股获利,而且会变得不思进取,上市只会害了自己。"

虽然大家都知道,任正非仅占华为股份的1.01%,但他仍然拥有华为的主要控制权。员工持股制的好处是,能够在初期发展时,保持业绩的高速增长,因为针对员工的很多激励政策都是与股份挂钩的,这就让华为团队人人以一敌百,为自己而战。

2018年,华为全年营收7590亿元,净利润4031亿元,其中1500亿元全部用于科技研发投入。科学的股权设计,让华为在经济寒冬时期,仍能实现高增长。目前华为拥有高新技术专利达74307项,这部分技术资产就价值万亿元之上,这与任正非秉持的"财散人聚"的理念有直接关系。在这思想上,华为建立了大量且广泛的利益分享机制。

在华为控股中,股权大致分为了两个部分:一是华为工会,包括董事及集体员工,持有公司98.99%的股份,股本总和为134.4亿元;二是任正非个人,占有1.01%股权,股本总和为1.37亿元。虽然股份被分出去了,但是公司做大了。

按照公司法规定,有限责任公司可设置同股不同权,因此任正非的每一股份都有一票表决权。而在华为内部章程里又标明,任正非在华为控股中,享有特别权利。另外通过协议和委托的形式,任正非可代为行使华为技术的股东权利,并且代为行使工会的股东权利。不管是书面法律上,还是公司内部管理上,任正非均对华为公司拥有合法控制权。

其实华为早期激励机制源于1990年,由于公司资金紧张,发不出人员工资,所以把股份当作工资发给员工。后来华为将计就计,以1元的股价向员工出售股份,然后以15%的利润作为分红,员工持股的模型就有了。

1998年,华为公司高层到美国考察时发现,实体股可以转为虚拟股,用以激励员工。因此在2001年,华为推出了虚拟股票期权计划,员工手上的实体股变为了虚拟股。虚拟股就是,员工可以出钱入公司股,签订合同后,钱交给公司保管,没有副本,没有持股凭证。只有一个内部账号,可以查看自己的持股数量。

虚拟股票没有实际股权,只有分红和增值的权利。10年时间,华为的虚拟股收益超过了华为从员工融资资金数。

后期华为推出的激励政策,则更加把利益分享给员工。过去华为的虚拟股都是针对本地户籍员工,现在所有员工包括外籍员工都可以分享利润。另外所有员工不用出钱都可以

分配到一定数量的 5 年期股份，这些股份产生的分红和增值，全部归员工所有，5 年后这些股份则清零。

（案例来源：https://baijiahao.baidu.com/s?id=1631959632482334676&wfr=spider&for=pc）

【思考与讨论】
1. 请同学们思考，任正非为什么坚持要员工持股？
2. 从风险应对的角度思考，企业还有哪些激励机制？

本章小结

　　新企业的开办是大学生创业过程最关键的环节，也是创业意图是否实现的检验成果，更是新企业真正生产经营的前提。新企业的开办是按照相关法律的规定，依法进行的法律行为。新企业的相关法律既体现实体性又体现程序性。主要程序包括企业工商登记注册的流程、企业税务登记的流程、办理社会保险登记的流程。创业者必须按照规定提供相应的资料才能成立企业。只有取得营业执照的企业在社会上才会得到同行的认同，这是企业建立良好信誉的基础。

　　创业在某种意义上就是机会与风险同在的过程。创业风险的识别与管理，有效地预防和控制风险，是大学生创业过程中必须掌握的技能。只有不断提高创业风险的识别能力、分析能力和管理能力，才能增加企业生存的时间长度，才能在市场竞争中立于不败之地。

复习思考题

1. 关于开办新企业的相关法律法规有哪些？
2. 大学生创业的优惠政策有哪些？
3. 开办新企业最常见的企业法律形式有哪几种？它们的优势劣势是什么？
4. 开办新企业的注册流程是怎样的？
5. 大学生创业有哪些风险？如何规避和控制这些风险？

附录：创业计划书模板

_____公司（项目）

创业计划书

公司（项目）名称：_____

公司（项目）负责人：（班级学号）_____

公司（项目）成员：（班级学号）_____
_____

指导教师：_____

所在学院：_____

完成日期：_____

目 录

第一部分　摘要（执行总结）
　（一）产业背景
　（二）公司情况
　（三）产品或服务
　（四）发展战略
　（五）市场与竞争分析
　（六）营销策略
第二部分　企业概述
　（一）企业名称
　（二）注册日期
　（三）注册资本
　（四）企业地址
　（五）联系方式
　（六）企业性质（类型）
　（七）企业宗旨
　（八）股东情况
　（九）主营业务
第三部分　产品或服务
　（一）产品或服务内容与客户价值
　（二）产品或服务的技术描述
　（三）产品或服务的研究与开发
　（四）产品或服务的竞争优势
　（五）产品或服务的规划与支持
第四部分　市场分析
　（一）行业及市场情况
　（二）目标市场定位
　（三）竞争对手分析
　（四）市场准入
第五部分　营销战略
　（一）营销目标
　（二）产品品牌战略
　（三）成本与价格策略
　（四）渠道策略
　（五）促销策略
第六部分　生产运营
　（一）产品生产制造方式
　（二）生产设备情况
　（三）产品的生产制造过程、工艺流程
　（四）生产成本控制
　（五）产品批量策略
第七部分　组织管理
　（一）公司组织结构（图）
　（二）部门职能介绍
　（三）团队成员、技能与分工
　（四）投资人持股情况
　（五）团队优势与不足
　（六）公司顾问等支持情况
第八部分　财务分析
　（一）利润预测
　（二）现金流量表（未来3～5年）
　（三）资产负债表（未来3～5年）
　（四）投资回收计划
第九部分　融资需求
　（一）投资计划与融资需求
　（二）资金用途及使用计划
　（三）权益分配
　（四）预计收益率
　（五）投资方权利
第十部分　风险分析
　（一）市场风险
　（二）技术风险
　（三）财务风险

（四）管理风险
　　（五）政策风险
　　（六）其他风险
第十一部分　投资者退出方式
附录
　　（一）公司背景及组织结构
　　（二）团队人员构成及简历
　　（三）公司宣传品
　　（四）市场研究数据（或合同）
　　（五）专利证书（授权证书）
　　（六）股权或合作协议
　　（七）公司营业执照
　　（八）其他需要说明资料

第一部分　摘要（执行总结）

　　提示：本部分应涵盖计划书正文的所有要点，浓缩所有精华。要求简明、扼要、可信，能有效概括整个创业计划；具有鲜明的个性，具有吸引力；有明确的思路和目标；能突出自身优势。建议最后撰写。

（一）产业背景

　　提示：介绍产品或服务的产业背景。

（二）公司情况

　　提示：介绍公司的名称、宗旨、口号、结构、定位等总体情况。

（三）产品或服务

　　提示：介绍所提供的产品或服务的中心内容。

（四）发展战略

　　提示：介绍公司的短期、中期和长期规划。

（五）市场与竞争分析

　　提示：总体概况产品或服务的市场需求、项目的可行性、竞争者目前的发展状况及自身的竞争优势等。

（六）营销策略

提示：总体概括本公司关于项目的营销策略。

第二部分　企业概述

提示：未注册公司的写拟成立公司的基本情况。

（一）企业名称

（二）注册日期

（三）注册资本

（四）企业地址

（五）联系方式

（六）企业性质（类型）

（七）企业宗旨

（八）股东情况

（九）主营业务

第三部分　产品或服务

提示：首先，在段前用简洁的方式，描述企业的各类产品/服务。

（一）产品与服务内容与客户价值

提示：主要介绍产品/服务的名称、特征、性能、用途以及应用领域、市场前景等，可以附图说明。注意：不需要透露公司的核心技术。说明产品/服务如何向消费者提供价值，提供的方式有哪些，产品/服务填补了国际或国内哪些市场空白，可以添加产品/服务的相关照片。

（二）产品与服务的技术描述

提示：企业已有的技术成果及技术水平（包括技术鉴定情况、获国际、国家、省、市及有关部门和机构奖励情况），现有和正在申请的知识产权（专利、商标、版权等）情况；公司是否已签署了有关专利权及其他知识产权转让或授权许可的协议？如果有，请说明（并附主要条款或授权书）。

（三）产品与服务的研究与开发

提示：企业现有技术开发资源以及技术储备情况，研发队伍技术水平、竞争力及对外合作情况，已经投入的研发经费及今后投入计划，对研发人员的激励机制，保持关键技术人员和技术队伍的稳定。

（四）产品与服务的竞争优势

提示：产品与服务的背景、目前所处的发展阶段，与同行业同类产品与服务的比较；产品与服务的新颖性、先进性和独特性，产品的竞争优势（包括性能、价格、服务等方面）。

（五）产品与服务的规划与支持

提示：下一代产品与服务的定位，更新周期；产品的售后服务网络和用户技术支持等。

第四部分 市场分析

提示：本部分描述企业所处的行业、市场以及补充区域。分析市场的特征是什么。分析是否有新生市场，如何发展新生市场。分析国内外行业状况、市场容量，分析该产品在市场中的需求趋势，要有数据分析、对比。

（一）行业及市场情况

提示：产品与服务所在行业的发展历史及趋势，行业中的哪些变化对产品利润、利润率影响较大，进入该行业的技术壁垒、贸易壁垒、政策限制等，行业市场前景分析与预测，相关数据必须注明资料来源。

（二）目标市场定位

提示：产品与服务的细分市场、目标顾客群，阐述什么因素促使人们购买你的产品，产品与服务对于消费者的吸引在何处，人们为什么选择公司的产品与服务，产品与服务的目标市场份额为多大，产品与服务的可能占有率有多少。可以用图表说明目标市场容量的发展趋势。

（三）竞争对手分析

提示：分别根据产品、价格、市场份额、地区、营销方式、管理手段、特征以及财务力量等划分重要竞争者；产品与服务的价格、性能、质量在市场竞争中所具备的优势、劣势分析；可以列表描述目标市场内主要竞争对手的优势、劣势。

（四）市场准入

提示：说明产品与服务的市场销售有无行业管制，对产品与服务进入市场的难度进行分析。

第五部分　营销战略

（一）营销目标

提示：说明不同时期的营销目标。

（二）产品品牌战略

提示：如果产品已经在市场上形成了竞争优势，请说明与哪些因素有关（如成本相同但销售价格低、成本低形成销售优势，以及产品性能、品牌、销售渠道优于竞争对手产品等）。

(三)成本与价格策略

提示：描述产品销售成本的构成及销售价格制定的依据。

(四)渠道策略

提示：建立销售网络、销售渠道、设立代理商、分销商方面的策略与实施。可以依据消费群特点、地理优势、季节变化引起的消费特点、资金的有效运用等确定销售策略。

(五)促销策略

提示：确定广告促销方面的策略与实施，产品销售价格方面的策略与实施，建立良好销售队伍方面的策略与实施，产品售后服务方面的策略与实施。

第六部分　生产运营

提示：如果是生产制造企业需要描述产品制造情况，如果是非生产制造业，则不需要填写。

(一)产品生产制造方式

提示：描述企业是自建厂生产、委托生产或其他方式，请说明原因；如果是企业自建厂生产，说明是购买厂房，还是租用厂房？厂房面积是多少？生产面积是多少？厂房地点在哪里？交通、运输、通信是否方便？

(二)生产设备情况

提示：说明是采用专用设备，还是采用通用设备？设备的先进程度如何？价值是多少？是否投保？最大生产能力是多少？能否满足产品销售增长的要求？如果需要增加设备，需要描述设备的采购计划、采购周期及安装调试周期；如果设备操作需要特殊技能的员工，请说明如何解决这一问题。

(三)产品的生产制造过程、工艺流程

提示：如何保证主要原材料、元器件、配件以及关键零部件等进货渠道的稳定性、可靠性、质量及进货周期？要求列出 3 家主要供应商名单及联系方式。正常生产状态下，成

品率、返修率、废品率控制在怎样的范围内？描述生产过程中产品的质量保证体系以及关键质量检测设备。

（四）生产成本控制

提示：产品成本和生产成本如何控制？有怎样的具体措施？

（五）产品批量策略

提示：产品批量销售价格的制定，产品毛利润率是多少？纯利润率是多少？

第七部分　组织管理

（一）公司组织结构（图）

提示：描述公司的组织结构，需要用图表示企业运营初期的组织结构和运营成熟期的组织结构。

（二）部门职能介绍

提示：简要介绍企业各部门的设置及职能情况。

（三）团队成员、技能与分工

提示：介绍公司的管理团队，介绍各团队成员与管理公司有关的教育背景和工作背景，描述各团队成员的工作职责，注重管理分工和技能互补。

（四）投资人持股情况

提示：介绍公司主要的投资人及持股情况。

（五）团队优势与不足

提示：描述创业团队优势与不足之处；人才战略与激励制度。

(六) 公司顾问等支持情况

提示：介绍公司拟聘请的法律顾问、投资顾问、技术顾问、会计、管理咨询等外部支力量。

第八部分　财务分析

提示：每一项财务数据要有依据，要进行财务数据说明

(一) 利润预测

提示：产品/服务形成规模销售时，计算毛利润率和净利润率。

利润表

项目	上年数	本年数
一、产品销售收入		
减：产品销售成本		
产品销售费		
二、产品销售毛利润		
减：管理费用		
财务费用		
三、利润总额		
减：所得税		
四、净利润		

(二) 现金流量表（未来3~5年）

现金流量表

项目	本期金额	上期金额
一、经营活动产生的现金流量：		
销售商品、提供劳务收到的现金		
现金流入小计		
购买商品、接受劳务支付的现金		

续表

项目	本期金额	上期金额
经营租赁所支付的现金		
支付给职工的现金		
支付的所得税		
支付其他与经营活动有关的现金		
现金流出小计		
经营产生的现金流量净额		
二、投资活动产生的现金流量：		
构建资产所支付的现金		
投资活动产生的现金流量净额		
三、筹资活动产生的先进流量：		
吸收权益性投资所受到的现金		
借款所受到的现金		
现金流入小计		
偿还借款所支付的现金		
分配股利所支付的现金		
现金流出小计		
筹资活动产生的先进流量净额		
四、现金及现金等价物净增加额		

（三）资产负债表（未来3~5年）

资产负债表

资产	年初数	期末数	负债及权益	年初数	期末数
流动资产：			流动负债：		
货币资金			应付账款		
应收账款			短期借款		
减：坏账准备			负债合计		
应收账款净额					
存货					
流动资产合计					
固定资产：					

续表

资产	年初数	期末数	负债及权益	年初数	期末数
固定资产原价					
减：累计折旧			所有者权益：		
固定资产净值			实收资本		
无形资产			盈余公积		
减：累计摊销			未分配利润		
无形资产净值			所有者权益合计		
资产合计			负债及权益合计		

（四）投资回收计划

提示：说明企业的盈亏平衡点及投资获得预期。

第九部分　融资需求

提示：此部分需要说明为保证项目实施，需要资金多少？需要融资多少？其中，风险投资多少？如果需要对外借贷，借贷金额多少？来源有哪些？借贷比例是多少？担保措施是什么？

（一）投资计划与融资需求

（二）资金用途及使用计划

（三）权益分配

（四）预计收益率

（五）投资方权利

第十部分 风险分析

提示：请对创业过程中的各种可能出现的风险因素分别进行分析。主要包括市场、技术、财务、管理、资本、政策等风险，并说明如何规避、化解风险。

（一）市场风险

（二）技术风险

（三）财务风险

（四）管理风险

（五）政策风险

（六）其他风险

第十一部分 投资退出方式

提示：（股票上市/股权转让/股权回购/利润分红/其他）

附 录

（一）公司背景及组织结构

（二）团队人员构成及简历

（三）公司宣传品

（四）市场研究数据（或合同）

（五）专利证书（授权证书）

（六）股权或合作协议

（七）公司营业执照

（八）其他需要说明资料

参 考 文 献

[1] 李家华. 创业基础 [M]. 北京：北京师范大学出版社，2013.
[2] 辽宁省普通高等学校创新创业教育指导委员会. 创业基础 [M]. 北京：高等教育出版社，2013.
[3] 李肖鸣. 大学生创业基础 [M]. 2版. 北京：清华大学出版社，2013.
[4] 陈龙春，杨敏. 大学生创业基础 [M]. 杭州：浙江大学出版社，2007.
[5] 董青春. 大学生创业基础 [M]. 北京：经济管理出版社，2012.
[6] 李时椿. 创业基础 [M]. 北京：清华大学出版社，2013.
[7] 关晓丽. 创业基础 [M]. 北京：人民出版社，2014.
[8] 郭占元. 创业基础理论应用与实训实练 [M]. 北京：北京大学出版社，2014.
[9] 郑晓燕. 创业基础案例与实训 [M]. 成都：西南财经大学出版社，2014.
[10] 陈倩. 大学生创新创业案例 [M]. 北京：旅游教育出版社，2013.
[11] 张玉华. 创业基础 [M]. 北京：清华大学出版社，2014.
[12] 任荣伟，梁西章，余雷. 创新创业案例教程 [M]. 北京：清华大学出版社，2014.
[13] 赵伊川，马鹤丹，赵宇哲. 创业基础 [M]. 大连：东北财经大学出版社，2013.
[14] 王杜春. 大学生创业基础 [M]. 北京：化学工业出版社，2013.
[15] 张玉华，王周伟. 创业基础 [M]. 北京：清华大学出版社，2014.
[16] 吴晓义. 创业基础：理论、案例与实训 [M]. 北京：中国人民大学出版社，2013.
[17] 张汝山，张林. 大学生创业案例解析 [M]. 南京：南京大学出版社，2013.
[18] 李慧波. 团队精神 [M]. 北京：中国城市出版社，2007.
[19] 葛玉辉. 人力资源管理 [M]. 北京：清华大学出版社，2012.
[20] 张圣兵. 企业为什么应承担社会责任 [N]. 人民日报，2012-07-19.
[21] 冯林. 创造性思维与创新方法 [M]. 大连：大连理工大学出版社，2008.
[22] 杨乃定. 创造学教程 [M]. 西安：西北工业大学出版社，2004.
[23] 吴寿仁. 创新知识基础 [M]. 上海：上海社会科学出版社，2011.
[24] 蔡文. 创意的革命 [M]. 北京：科学出版社，2010.
[25] 古真. 创造性培养 [M]. 郑州：河南科学技术出版社，2000.
[26] 姚凤云. 创造学理论与实践 [M]. 北京：清华大学出版社，2006.
[27] 俞文钊，刘建荣. 创新与创造力：开发与培育 [M]. 大连：东北财经大学出版社，2008.
[28] 于连涛，刘伟，等. 创新与创业教育 [M]. 青岛：中国海洋大学出版社，2004.
[29] 辽宁省普通高等学校创新创业教育指导委员会. 创造性思维与创新方法 [M]. 北京：高等教育出版社，2013.
[30] 郭强. 创新能力培训全案 [M]. 北京：人民邮电出版社，2011.
[31] 胡飞雪. 创新思维训练与方法 [M]. 北京：机械工业出版社，2009.
[32] 赵卿敏. 创新能力的形成与培养 [M]. 武汉：华中科技大学出版社，2002.
[33] 王非，思维决定人生 [M]. 北京：光明日报出版社，2012.

［34］周延波，郭兴全. 创新思维与能力［M］. 北京：科学出版社，2004.
［35］陶学忠. 创新创造能力训练［M］. 北京：中国经济出版社，2005.
［36］王健. 创新启示录：超越性思维［M］. 上海：复旦大学出版社，2007.
［37］张丰河. 大学生创新创业［M］. 南京：东南大学出版社，2016.
［38］张玉利. 创业管理［M］. 3版. 北京：机械工业出版社，2013.
［39］李秀华，刘武，赵德奎. 大学生创新与创业［M］. 长春：吉林大学出版社，2015.

项目编辑：周艳红
执行编辑：江　立
封面设计：

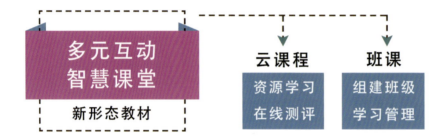

普通高等教育新形态系列教材

创业基础实训教程

（第2版）

北京理工大学出版社
BEIJING INSTITUTE OF TECHNOLOGY PRESS

通信地址：北京市海淀区中关村南大街5号
邮政编码：100081
电　　话：010-68918351　82562903
网　　址：www.bitpress.com.cn

爱习课专业版

ISBN 978-7-5682-9394-5

定价：56.00元

普通高等教育新形态系列教材

创业基础实训手册

■ 主编 ◎ 李莉

（第2版）

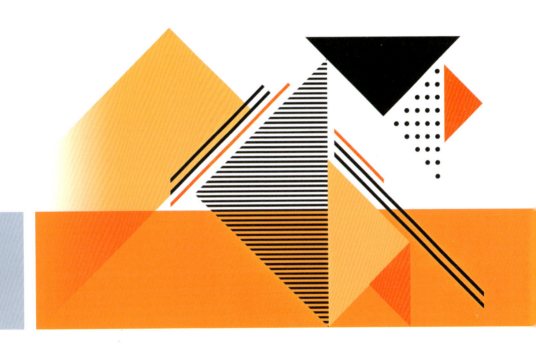

北京理工大学出版社
BEIJING INSTITUTE OF TECHNOLOGY PRESS

创业基础实训手册
（第 2 版）

姓　　名：＿＿＿＿＿＿＿＿

所在学院：＿＿＿＿＿＿＿＿

班　　级：＿＿＿＿＿＿＿＿

学　　号：＿＿＿＿＿＿＿＿

总 成 绩：＿＿＿＿＿＿＿＿

北京理工大学出版社
BEIJING INSTITUTE OF TECHNOLOGY PRESS

目　录

实训活动一 …………………………………………………………………… 1

实训活动二 …………………………………………………………………… 6

实训活动三 …………………………………………………………………… 9

实训活动四 …………………………………………………………………… 14

实训活动五 …………………………………………………………………… 19

实训活动六 …………………………………………………………………… 24

实训活动七 …………………………………………………………………… 27

实训活动八 …………………………………………………………………… 29

实训活动九 …………………………………………………………………… 36

实训活动十 …………………………………………………………………… 37

实训活动一

一、实训目的

1. 了解自我,认识自我,客观评价自身开展创业活动的优势、不足和潜力。
2. 锻炼自我表达能力,鼓励自我创业的信心和勇气。
3. 培养学生的创业素养提升的意识,使学生掌握提升创业素养的方法。
4. 让学生正确理解创业教育的收益,为自己在大学期间开展创业实践打下思想基础。

二、实训活动

实训活动1　中国的创业英雄

列出当今中国的创业英雄名字,至少 5 人以上。列出他们所创造的公司和业绩,试谈他们创业对中国经济发展起了哪些作用。

_____
_____
_____
_____
_____
_____
_____
_____
_____

实训活动 2　课程期待

请同学们谈一谈大学生的创业教育还有哪些问题需要解决。你如何看待创业教育的收益？对本课程的期待有哪些？

_____

_____

_____

_____

_____

_____

_____

_____

实训活动 3　遇到不同的生活状况

实训要求：此实训为课堂当堂完成讨论并进行小组分享。首先将学生分成若干讨论小组，每小组 4~6 人，要求每个小组在下面提供的不同生活情形中选择一个，然后思考并回答后面的问题。

遇到不同的生活状况
（1）考试失利
（2）学生会干部竞选
（3）寻找兼职工作
（4）参加演讲比赛
（5）组织一次班级郊游
（6）创建一个社团
（7）参加运动会比赛
（8）失恋

请同学们思考并回答一下问题：
1. 你现在处于什么样的情形和环境之中？
2. 面对这种情形或生活境遇，你需要做什么？你会怎么做？
3. 谁去做？为什么需要这个人去做？
4. 什么时候去做？
5. 做的时候需要些什么？
6. 做的方法和步骤是什么？
7. 你在这当中的职责是什么？

回答问题要求：小组讨论，派代表回答，回答问题采用1分钟电梯演讲。

实训活动4　创业精神探索

请同学们阅读书上案例1.2，进行小组讨论，回答以下问题：
1. 请同学们思考文中的三个案例，哪个人更适合创业？为什么？
2. 创业精神的本质应该如何深层次地理解？

_____

_____

_____

实训活动5　创业素质自测

指导语：对人生是否充满好奇与渴望，反映了你对新奇事物的追求和对生活的充分体验、享受的能力。

下面介绍10道自测题，每题都有A、B、C三种选择，每种答案无所谓正确与错误，请你看清楚每一道题的意思，根据自己的实际情况和真实想法，以最快的速度诚实作答，每题只有一个选项。

1. 办公室里安装了一台新的电脑打印机，你会（　　）。
 A. 尽量避免使用它
 B. 很愿意使用它
 C. 向别人请教它怎么使用
2. 在迪斯科舞会上，别人在跳一种你不会的舞，你会（　　）。
 A. 站起来学着跳
 B. 看别人跳，直到改奏慢节拍舞曲
 C. 请一位朋友私下里教你这种新舞步
3. 和朋友去一家西式餐厅吃饭，你想用刀叉吃，可又不会，于是你会（　　）。

A. 看着别人怎样使用刀叉，自己跟着学

B. 仍旧使用筷子和勺子

C. 在别人不知道的情况下，请教服务员

4. 你身处异地，对其方言仅知只言片语，于是你会（　　）。

A. 依然讲普通话，因为你还不能熟练地使用当地方言

B. 只用有把握的词句

C. 尽可能多地使用它

5. 参加一次你不了解的会议，你会（　　）。

A. 提出许多问题

B. 会后查询一下没懂的地方

C. 假装能领会别人的意思

6. 最近一段时间你需要复习功课准备考试，朋友约你去看电影，你会说（　　）。

A. 对不起，等我忙完这段日子再去看吧

B. 这段时间很忙走不开，免了吧

C. 你说得对，今晚不复习功课了，明天再复习吧

7. 你走进一家时装店，结果却发现店里只有几件衣服，而且衣服上都没有价目标签，于是你会（　　）。

A. 转身出去

B. 举止自然，并询问是否有适合你的衣服

C. 为避免尴尬，看一下陈列的衣服，然后离开

8. 你的老师让你去做一项你从未做过的事，你会（　　）。

A. 答应试试，并说"不过我需要帮助"

B. 有礼貌的拒绝

C. 投入这项工作里，尽量把它做好

9. 街上流行一种很时髦的衣服，你会（　　）。

A. 仍旧穿着以前的衣服，觉得你的穿着很时尚

B. 立即买一套穿上

C. 观望一段时间，如果周围的朋友都买了，再去买一套

10. 如果你做的某项事情需要根据某一公式重复计算10次，但这在电脑上很容易解决，并且现在有一台电脑可供你使用，可你却不会用，这时你会（　　）。

A. 查计算机使用手册，在电脑上把结果算出来

B. 仍旧愿意多花点时间，用手重复计算

C. 请别人上机代你算出来，你在旁边看

计分：

题号	A	B	C	得分
1	0	1	2	
2	2	0	1	
3	2	0	1	

续表

题号	A	B	C	得分
4	0	1	2	
5	2	1	0	
6	1	0	2	
7	0	2	1	
8	1	0	2	
9	0	2	1	
10	2	0	1	

你的得分是：＿＿＿＿＿＿＿

实训活动 6 微软的智力题

如果你是一个名人，你会怎样改进提问的方法？

这是一道微软用来测试应聘者的试题。它主要考查应聘者的逻辑思维和判断能力，同时也给受训者一些关于问题解决方法上的启示。

游戏规则和程序如下：

1. 有两个房间，一房间里有三盏灯，另一房间里有三盏灯的开关，这两个房间是分隔开的，从一间里不能看到另一房间的情况。
2. 现在要求应聘者分别进这两个房间一次，然后判断出这三盏灯分别是由那个开关控制的。
3. 有什么办法呢？

相关讨论：

1. 请受训者说出解决这个问题的关键所在。
2. 有没有想过电能发热的特性？

总结：

在工作中经常会有一些难题需要用平时积累的生活经验知识来解决，这个游戏就是一个很好的提示。

形式：个人完成。

时间：3 分钟。

材料：无。

场地：不限。

应用：创造性思维的产生；打破传统思维的局限。

实训完成时间：＿＿＿＿＿＿＿

实训成绩：＿＿＿＿＿＿＿

实训活动二

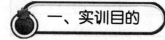一、实训目的

1. 发现和培养自身的创业者特质。
2. 通过采访创业者认识自己的创业动机。

二、实训活动

实训活动1 头脑风暴

此实训为课堂当堂完成：请同学们用头脑风暴法说出成功的创业者应该具备哪些素质特征？

_____

_____

_____

_____

实训活动2 创业者潜质测试

创业充满了诱惑，但并非每一个人都适合。美国创业协会设计了一份测试题，假如你正在想着自己单挑，不妨做做下面的题。

计分：选A得4分、选B得3分、选C得2分、选D得1分。

1. 在急需决策时，你是否在想"再让我考虑一下吧"？（   ）
   A. 经常　　　　　B. 有时　　　　　C. 很少　　　　　D. 从不
2. 你是否为自己的优柔寡断找借口说"得慎重，怎能轻易下结论呢"？（   ）
   A. 经常　　　　　B. 有时　　　　　C. 很少　　　　　D. 从不

3. 你是否为避免冒犯某个有实力的客户而有意回避一些关键性的问题，甚至有意迎合客户呢？（　　）
   A. 经常　　　　　B. 有时　　　　　C. 很少　　　　　D. 从不
4. 你是否无论遇到什么紧急任务都先处理日常的琐碎事务呢？（　　）
   A. 经常　　　　　B. 有时　　　　　C. 很少　　　　　D. 从不
5. 你是否非得在巨大压力下才肯承担重任？（　　）
   A. 经常　　　　　B. 有时　　　　　C. 很少　　　　　D. 从不
6. 你是否无力抵御妨碍你完成重要任务的干扰和危机？（　　）
   A. 经常　　　　　B. 有时　　　　　C. 很少　　　　　D. 从不
7. 你在决策重要的行动和计划时，常忽视其后果吗？（　　）
   A. 经常　　　　　B. 有时　　　　　C. 很少　　　　　D. 从不
8. 当你需要做出很可能不得人心的决策时，是否找借口逃避而不敢面对？（　　）
   A. 经常　　　　　B. 有时　　　　　C. 很少　　　　　D. 从不
9. 你是否总是在晚上才发现有要紧的事没办？（　　）
   A. 经常　　　　　B. 有时　　　　　C. 很少　　　　　D. 从不
10. 你是否因不愿承担艰苦任务而寻找各种借口？（　　）
    A. 经常　　　　　B. 有时　　　　　C. 很少　　　　　D. 从不
11. 你是否常来不及躲避或预防困难情形的发生？（　　）
    A. 经常　　　　　B. 有时　　　　　C. 很少　　　　　D. 从不
12. 你总是拐弯抹角地宣布可能得罪他人的决定吗？（　　）
    A. 经常　　　　　B. 有时　　　　　C. 很少　　　　　D. 从不
13. 你喜欢让别人替你做你自己不愿做而又不得不做的事吗？（　　）
    A. 经常　　　　　B. 有时　　　　　C. 很少　　　　　D. 从不

分析：
1. 得分 50 分以上，说明你的个人素质与创业者相去甚远；
2. 40~49 分，说明你不算勤勉，应彻底改变拖沓、低效率的缺点，否则创业只是一句空话；
3. 30~39 分，说明你在大多数情况下充满自信，但有时犹豫不决，不过没关系，这也是稳重和深思熟虑的表现；
4. 15~29 分，说明你是一个高效率的决策者和管理者，有望成为成功的创业者，你还等什么？

实训活动 3　创业人物访谈

具体要求：
1. 以小组为单位进行；
2. 自行确定访谈对象 1~2 名；

3. 自拟访谈提纲；
4. 撰写访谈报告；
5. 注意跟踪创业者的成长足迹，分析其为什么会创业成功。

访谈对象 1（姓名及工作单位）：_____

1. 访谈提纲：

_____
_____
_____
_____
_____

2. 访谈报告：

_____
_____
_____
_____
_____
_____

访谈对象 2（姓名及工作单位）：_____

1. 访谈提纲：

_____
_____
_____
_____
_____

2. 访谈报告：

_____
_____
_____
_____
_____

实训完成时间：_____
实训成绩：_____

实训活动三

1. 掌握破除思维障碍的方法。
2. 学会运用发散思维与收敛思维等各种创新思维去解决生活、学习和创业中遇到的问题和困难,进而提升创新能力。
3. 通过头脑风暴法的训练,能够在以后的创业与工作中找到解决问题的方法。
4. 通过奥斯本检核表法锻炼新产品(服务)的创新能力,找到自己创业的产品(能力)。

实训活动1 破除思维障碍训练

实训要求:此实训为课堂当堂完成讨论并进行小组分享。首先将学生分成若干讨论小组,每小组4~6人,然后进行小组讨论并回答下面的智力题。

有无穷个答案的智力题

许多父母都喜欢给自己的孩子出这样的智力题:树上10只鸟,被人用枪打死1只,还剩几只?孩子一般都把它当作算术题做,10-1=9(只)。此时父母往往哈哈大笑说,打死的一只掉了下来,其余的全飞走啦。似乎这是唯一正确的答案。

其实,此题的答案可以有无数多个,请写出你能想到的答案。

_____
_____
_____

实训活动 2　发散思维训练

小组讨论并分享：通过学习发散性思维，运用发散性思维进行下面的问题讨论。

红砖的用途

_____
_____
_____

实训活动 3　形象思维的训练

1. 在你的想象中，未来的医院应当是什么样子？你作为院长是怎样经营医院的？

_____
_____
_____
_____

2. 运用想象思维：三个和尚的故事大家都不陌生，换个角度重编三个和尚的故事，他们会如何解决吃水的问题？

_____
_____
_____
_____
_____
_____

实训活动 4　头脑风暴法训练

1. 老牛肉很难炖烂,你有什么好办法吗?
_____
_____

2. 假如你家在广州,寒假回家往返路途很远,你能找到一种省钱省时又不太苦累的交通方式吗?
_____
_____

3. 一名学生家庭经济困难,每年的学费、生活费都无法提供,你能策划一个使他坚持完成学业的好方案吗?
_____
_____

4. 有一位南方小企业经理,在东北买了两车皮木材,准备回去制造纺织用的木梭子,但运力紧张,几个月后才能排上,他等了一个月,连回去的运费都不够了。你能帮他想个好办法吗?
_____
_____

实训活动 5　检核表法训练

以手电筒为例,通过检核表法提出创新思路。

检核项目	手电筒
能否他用	
能否借用	
能否改变	
能否扩大	
能否缩小	
能否替代	
能否调整	
能否颠倒	
能否组合	

实训活动 6 创新素质自测

指导语：对于创新能力的最好诠释，当推一位著名学者的话："既要异想天开，又要脚踏实地。"是的，创新能力指的不仅仅是良好的发散思维能力，还指对事物持之以恒的忍耐力。当然更重要的是将这两者有机结合起来的综合能力。你的创新能力到底怎么样呢？做做下面的能力测试题，看看你的创新能力。

下面是 10 个题目，如果符合你的情况，则回答"是"，不符合则回答"否"，拿不准则回答"不确定"。

1. 你认为那些使用古怪和生僻词语的作家，纯粹是为了炫耀。
2. 无论什么问题，要让你产生兴趣，总比让别人产生兴趣要困难得多。
3. 对那些经常做没把握事情的人，你不看好他们。
4. 你常常凭直觉来判断问题的正确与错误。
5. 你善于分析问题，但不擅长对分析结果进行综合、提炼。
6. 你审美能力较强。
7. 你的兴趣在于不断提出新的建议，而不在于说服别人去接受这些建议。
8. 你喜欢那些一门心思埋头苦干的人。
9. 你不喜欢提那些显得无知的问题。
10. 你做事总是有的放矢，不盲目行事。

计分：

题号	"是"评分	"不确定"评分	"否"评分	得分
1	−1	0	2	
2	0	1	4	
3	0	1	2	
4	4	0	−2	
5	−1	0	2	
6	3	0	−1	
7	2	1	0	
8	0	1	2	
9	0	1	3	
10	0	1	2	

你的得分：_____

评价：

1. 得分 22 分以上，则说明被测试者有较高的创造思维能力；

2. 得分 21～11 分，则说明被测试者善于在创造性与习惯做法之间找出均衡，具有一定的创新意识；

3. 得分 10 分以下，则说明被测试者缺乏创新思维能力，属于循规蹈矩的人，做人总是有板有眼，一丝不苟。

实训活动 7　创新能力训练

案例一：情侣餐厅的特色创意

王明同学想在学校新食堂开设一家情侣餐厅，但现在市场上已有多家经营的情侣餐厅。王明非常希望自己的情侣餐厅办得有声有色，与众不同，为此，王明的六七个朋友一起为他的情侣餐厅在设计、产品和服务等方面出谋划策。要求：以小组为单位，大胆提出创新设想，制定出情侣餐厅的特色创意方案。

_____
_____
_____
_____

案例二：手机电池的新产品

目前，智能手机已经被越来越多的人所使用，并且用手机听歌、打游戏、看视频和刷朋友圈等已经成为人们打发时间的方法。这种状况下手机电池电量消耗过快，大部分人发现现在手机一天一充电都不够用了。针对手机电池的现状，请各学习小组应用学到的创新方法，畅想手机电池的新产品。

_____
_____
_____
_____

实训完成时间：_____

实训成绩：_____

实训活动四

 一、实训目标

1. 理解创业机会的类型。
2. 学会通过多种途径识别创业机会。
3. 学会通过多种方法展开备选项目。
4. 学会评价创业机会的方法。

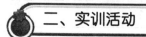 二、实训活动

实训活动1 创业机会的类型

请对以下14种商机分别举出实例：
1. 短缺商机：_____
2. 时间商机：_____
3. 价格与成本商机：_____
4. 方便性商机：_____
5. 通用需求商机：_____
6. 价值发现性商机：_____
7. 中间性商机：_____
8. 基础性商机：_____
9. 战略商机：_____
10. 关联性商机：_____
11. 系统性商机：_____
12. 文化与习惯性商机：_____
13. 回归性商机：_____
14. 灾难性商机：_____

实训活动 2　识别创业机会

请以小组为单位，根据教师在课堂上组织的讨论，识别出至少 10 个创业机会。请在下面横线处简单描述该创业机会：

创业机会 1：
_____

创业机会 2：
_____

创业机会 3：
_____

创业机会 4：
_____

创业机会 5：
_____

创业机会 6：
_____

创业机会 7：
_____

创业机会 8：
_____

创业机会 9：
_____

创业机会 10：
_____

其他：
_____

实训活动 3　创业备选项目的展开

将以上识别出的创业机会展开成备选项目，以小组为单位，产生不少于 100 个创业备选项目，写在下面的横线上：

_____
_____
_____

实训活动 4　评价创业机会

在上述 100 个创业备选项目中找出一个与自身条件最匹配的项目进行 SWOT 分析，将分析结果写在下面：

选择的创业机会：_____

请对该项目进行具体描述：

1. 该项目提供的产品/服务是什么？
_____

2. 向谁提供这个产品/服务？
_____

3. 如何向客户提供这个产品/服务？
_____

4. 你的这个产品/服务满足顾客什么需求？
_____

SWOT 分析：

	优势因素（S）	劣势因素（W）
内部环境因素	1. 2. 3. 4. 5. 6.	1. 2. 3. 4. 5. 6.

实训活动五

一、实训目标

1. 了解商业模式的特点,以及成功商业模式的前瞻性、适用性、有效性。
2. 学会根据自己拟定的创业项目,设计商业模式。
3. 学会制定市场营销策略与方案。

二、实训活动

实训活动1 盈利战略组合

根据埃森哲咨询公司对 70 家企业的商业模式所做的研究分析,有效的商业模式应该具有以下 3 个共同的特点:

1. 它必须是能够提供独特价值的。有的时候,这个独特可能是新的思想,或者是用同样的价格获得更多的利益。
2. 它必须是难以模仿的。企业通过确立与众不同的商业模式,如对顾客的悉心照料,无与伦比的实力等,来提高行业的进入门槛,从而保证利润来源不受侵犯。
3. 它必须是脚踏实地的。脚踏实地就是实事求是,就是把商业模式建立在对客户行为的准确把握上。

所以,有效的商业模式是丰富的和细致的,并且它是与企业的经营目的相联系的,是具有前瞻性、适用性、有效性的。

问题:

1. 找出三个企业,它们的商业模式分别具有哪些前瞻性、适用性、有效性的特点,并说明为什么。

_____
_____
_____
_____

2. 你认为哪个企业的商业模式是最具有创新性、最独特的？为什么？

实训活动 2　商业模式设计

实训要求：请以小组为单位，根据下图，设计一个创业项目的商业模式。将价值链条上的内容写在实训手册上，并将关键词填写在彩色便利贴上，贴在活页挂纸上的表格中，在全班进行展示并分享小组设计过程与结果。

重要伙伴	关键业务	价值主张	客户关系	客户细分
	核心资源		渠道通路	
成本结构		收入来源		

1. 价值主张

_____
_____

2. 关键业务

_____
_____

3. 核心资源

_____
_____

4. 客户关系

_____
_____

5. 渠道通路

_____
_____

6. 客户细分

_____
_____

7. 重要伙伴

_____
_____

8. 成本结构

_____
_____

9. 收入来源

_____
_____
_____
_____

实训活动 3　制订营销计划

要求：分小组讨论，请结合具体的创业项目，开展市场调查并完成以下营销计划。

_____创业项目市场营销计划

一、产品策略

产品或服务	主要特征

对于以上产品定位的说明：

_____
_____
_____
_____

二、价格策略

产品或服务	成本价	销售价	竞争对手的价格

对于以上价格策略的说明：
_____
_____
_____
_____
_____
_____

三、地点与渠道策略

1. 选址细节：

地址	面积（平方米）	租金或建筑成本

选择该地址的原因：
_____
_____
_____

2. 销售渠道设计：
_____
_____
_____

选择该销售渠道的原因：
_____
_____
_____

四、促销策略
_____
_____
_____
_____

实训完成时间：_____
实训成绩：_____

实训活动六

1. 理解团队的重要性。
2. 掌握组建团队时需要考虑的因素。

实训活动1 "口"字添两笔

活动规则:"口"字添两笔是什么字?
1. 每个人在一分钟内尽可能多地写出答案,独立完成:
_____
_____
_____

通过你自己的苦思冥想,你一个人写出了____个字。
2. 以小组为单位,一分钟内通过讨论写出答案:
_____
_____
_____

通过小组共同的努力,你们小组一共写出____个字。
3. 全班将答案汇总。
通过全班同学智慧的结晶,你们最终一共写出____个字!
思考问题:通过三次活动的对比,你受到什么启发?
_____
_____
_____

实训活动 2 西天取经

活动规则：从以下备选人物中选出 4 人组成你们的创业团队，给出选择的理由：
1. 爱迪生 2. 李时珍 3. 瓦特 4. 诸葛亮
5. 武则天 6. 林黛玉 7. 郑和 8. 李逵
活动时间：讨论时间 10 分钟
我选择的团队成员是：_____、_____、_____和_____。
理由是：_____

_____

_____

_____

_____

实训活动 3 创业团队组建

请根据你的创业项目组建创业团队，在下方的方框里画出你团队的组织架构，注明职位，在横线处写出各职位的工作职责。

职位一：_____

工作职责：_____

职位二：_____

工作职责：_____

职位三：_____

工作职责：_____

职位四：_____

工作职责：_____

职位五：_____

工作职责：_____

实训完成时间：_____

实训成绩：_____

实训活动七

一、实训目标

通过本次实训,学生学会理论联系实际,结合具体的项目,分析项目实施所具备的相关创业资源,并提出资源开发与整合的可行性方案。

二、实训活动

请选择一个创业项目,根据创业项目具体情况列出所需要的资源和需要继续获取的资源,同时分析项目实施已经具备的资源,提出资源开发整合的具体途径和方法。

项目名称:_____

项目实施需要的资源(包括内部资源、外部资源、人力资源、资金资源、技术资源、场地资源等):

_____
_____
_____
_____
_____
_____

已经具备的资源(包括显性资源和隐性资源):

_____
_____
_____

资源的开发途径和方法:

_____
_____
_____
_____

资源的整合利用途径和方法:

_____
_____
_____
_____
_____
_____
_____

实训完成时间:_____
实训成绩:_____

实训活动八

一、实训目标

1. 学会创业初期启动资金的预测与计算方法。
2. 学会固定资产投入需求分析、流动资金需求分析。
3. 学会销售收入预测分析、成本与利润分析。
4. 学会现金流量表的制定。

二、实训活动

实训活动1　开家饼屋

背景材料：

张莉在一家饼屋店已经工作了好几年。饼屋主要制作馅饼和蛋糕，她们的主要客户是居住和生活在附近的人。遇到婚礼和生日等活动，她们也送货上门。

张莉学会了店里各种产品从原材料到成品的制作工艺，也掌握了客户关系方面的很多知识。她的薪水也不错，每月1 500元。

张莉早就想有一家自己的饼屋，因此她很早就开始尽一切可能把节省下来的钱都存进了银行。

她列出了开一家饼屋店所需的机器设备，并且了解了它们的价格。比较贵重的设备主要有：电烤箱（3 500元），和面机（1 000元），秤（100元），碗、碟、盆、盒子、工具等（400元）、桌子、架子等家具（1 100元），一台能存放三天产品的大冰柜（1 500元），还需要装修一间销售的房间，摆上展柜和一些货架、一台收款机（1 250元）。她计划为自己隔出一间小的办公室，再隔一个小的员工休息室，这两个房间如果使用二手家具，约需500元。

现在有一机会，她可以租一个比较合适的店铺。在那个地方，人们的收入水平中等，客户基础较好。租下后大概需要两个月就可以正式营业了。

做过市场分析后，张莉决定把它租下来，租金为每月2 000元。

张莉现在非常忙，她既要进一步完善她的创业计划，又要估计所需的前期投资和劳动资金。她把存在银行的钱全提了出来（仅够所需总投入的30%）。接下来她要为她的饼屋店登记注册（500元），订购机器设备（要两个月才能交货）。因为有这么多事情要做，所以张莉一个月前就已经辞去了工作，一心一意干起了自己的事情。

水、电、电话都要重新接通，这些大概需要1 500元。还得为房屋做保险，这是必须做的，一年要500元。

她选好了员工——两名工作间女工和一名年轻的学徒。她已经选好了人，等执照一办下来就把她们请来。每月员工工资要2 400元。她想趁设备还没到货期间对员工进行培训，大概需要一周时间。设备安装费用估计要1 000元。

张莉计划做的业务中有外卖服务，所以需要一辆二手车，要8 000元。一个司机，月薪1 200元，车辆保险每年1 000元。

张莉打算在开始营业前做些广告宣传工作，准备请广告公司来做，大概需要1 800元。

在所有设备安装好后，需要两个星期才能正式营业。张莉要利用这两个星期的时间生产各种蛋糕和饼，对生产一线员工进行培训。生产一周所需的原料费为5 000元，其他成本如水、电、电话、汽车用油等估计得500元。为确保生产顺利进行，张莉计划开始的时候备够两周生产用的原材料。

实训要求：请同学们计算张莉开饼屋店所需资金，请列出计算项目与过程。

实训活动 2　创业初期财务预算

选择自己团队感兴趣的创业项目，思考企业发展战略和财务战略，明确企业的财务需求，测算创业初期启动创业项目所需要的资金量。

（一）固定资产投入预测

1. 工具和办公设备。根据预测的销售量，假设达到 100% 的生产能力，企业需要购买以下设备。

名称	数量	单价	总费用（元）

2. 交通工具。根据交通及营销活动的需要，拟购置以下交通工具。

名称	数量	单价	总费用（元）

3. 固定资产和折旧概要。

项目	价值	年折旧（元）
交通工具		
办公家具和设备		
其他		
合计		

（二）流动资金预测（3～6个月）

1. 原材料和包装。

项目	数量	单价	总费用（元）

2. 其他经营费用（不包括折旧费和贷款利息）。

项目	费用（元）	备注
业主的工资		
雇员的工资		
租金		
营销费用		
公用事业费		
维修费		
保险费		
登记注册费		
其他		
合计		

（三）盈亏平衡点预测

盈亏平衡点的计算公式为：

$$BEP = Cf/(P - Cu - Tu)$$

其中：

  BEP——盈亏平衡点时的产销量；

  Cf——固定成本；

  P——单位产品销售价格；

  Cu——单位产品变动成本；

  Tu——单位产品营业税金及附加。

项目	第一年	第二年	第三年	第四年	第五年
盈亏平衡点/保本点					

（四）收益表

项目	第一年	第二年	第三年	第四年	第五年
一、产品销售收入					
减：产品销售成本					
产品销售费用					
二、产品销售毛利润					
减：管理费用					
财务费用					
三、利润总额					
减：所得税					
四、净利润					

（五）现金流量表

项目	第一年	第二年	第三年	第四年	第五年
一、经营活动产生的现金流量					
销售商品、提供劳务收到的现金					
现金流入小计					
购买商品、接受劳务支付的现金					
经营租赁所支付的现金					
支付给职工的现金					
支付的所得税					
支付其他与经营活动有关的现金					
现金流出小计					
经营产生的现金流量净额					
二、投资活动产生的现金流量					
构建资产所支付的现金					
投资活动产生的现金流量净额					

续表

项目	第一年	第二年	第三年	第四年	第五年
三、筹资活动产生的现金流量					
吸收权益性投资所收到的现金					
借款所收到的现金					
现金流入小计					
偿还借款所支付的现金					
分配股利所支付的现金					
现金流出小计					
筹资活动产生的现金流量净额					
四、现金及现金等价物净增加额					

（六）资产负债表

资产	第一年	第二年	第三年	第四年	第五年	负债及权益	第一年	第二年	第三年	第四年	第五年
流动资产：						流动负债：					
货币资金						应付账款					
应收账款						短期借款					
减：坏账准备						负债合计					
应收账款净额											
存货											
流动资产合计											
固定资产：											
固定资产原价											
减：累计折旧						所有者权益：					
固定资产净值						实收资本					
无形资产						盈余公积					
减：累计摊销						未分配利润					
无形资产净值						所有者权益合计					
资产合计						负债及权益合计					

（七）投资回收期预测

投资回收期=投资总额/月利润=可以回收的月数

（八）融资策略选择

1. 已有资金数额？根据预测资金缺口数额？

_____
_____
_____

2. 资金缺口融资途径、策略以及选择理由。

_____
_____
_____

3. 资本撤出方式。

_____
_____
_____

实训完成时间：_____

实训成绩：_____

实训活动九

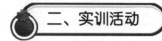

1. 掌握市场调研的方法。
2. 熟悉创业计划书的基本结构,掌握创业计划书的撰写方法。

二、实训活动

实训活动　撰写创业计划书

参考下面的创业计划书模板,结合本团队创业项目,撰写一份创业计划书。（创业计划书模板请扫描二维码进行下载）

实训活动十

一、实训目标

1. 了解各种企业组织形式,并能根据实际情况选择。
2. 给企业起名称,培养学生的创新能力。
3. 了解当地省市大学生优惠政策,培养学生搜集创业信息的能力。
4. 培养学生撰写公司章程或合伙协议的能力,使学生对企业的内部结构有深入的了解。

二、实训活动

实训活动1 企业组织形式

1. 分组:6人一组,组成创业团队。
2. 教师准备好学校、餐厅、医院、IT、咨询等创业领域,由每组派学生抓阄选择。
3. 资金1万~10万元,由每组派学生抓阄选择。
4. 由学生选择企业组织形式。
5. 给自己的企业起一个合适的名称。
6. 撰写企业简介。

_____
_____
_____
_____
_____
_____
_____
_____

实训活动 2　了解大学生创业优惠政策

1. 每个同学收集自己所在的省、市的大学生创业优惠政策。
2. 小组成员之间进行相互分享。

_____
_____
_____
_____
_____
_____

实训活动 3　撰写企业章程

1. 分组：6 人一组，组成创业团队。
2. 教师准备好学校、餐厅、医院、IT、咨询等创业领域，由每组派学生抓阄选择。
3. 确定企业主要管理人员。
4. 确定企业组织形式后，撰写公司章程或合伙协议。

_____
_____
_____
_____
_____
_____

实训完成时间：_____
实训成绩：_____